AF523766

Dimitri Speck

Geheime Goldpolitik

Dimitri Speck

Geheime Goldpolitik

Warum und wie die Zentralbanken den Goldpreis steuern

FBV

Bibliografische Information der Deutschen Nationalbibliothek
Die Deutsche Nationalbibliothek verzeichnet diese Publikation in der Deutschen Nationalbibliografie; detaillierte bibliografische Daten sind im Internet über **http://d-nb.de** abrufbar.

Für Fragen und Anregungen:
info@m-vg.de

5. Auflage 2024

© 2013 bei FinanzBuch Verlag, ein Imprint der Münchner Verlagsgruppe GmbH,
Türkenstraße 89
80799 München
Tel.: 089 651285-0

Alle Rechte, insbesondere das Recht der Vervielfältigung und Verbreitung sowie der Übersetzung, vorbehalten. Kein Teil des Werkes darf in irgendeiner Form (durch Fotokopie, Mikrofilm oder ein anderes Verfahren) ohne schriftliche Genehmigung des Verlages reproduziert oder unter Verwendung elektronischer Systeme gespeichert, verarbeitet, vervielfältigt oder verbreitet werden. Wir behalten uns die Nutzung unserer Inhalte für Text und Data Mining im Sinne von $ 44b UrhG ausdrücklich vor.

Korrektorat: Marion Reuter
Satz: Grafikstudio Foerster, Belgern
Druck: GGP Media GmbH, Pößneck
Printed in Germany

ISBN Print 978-3-89879-837-2
ISBN E-Book (PDF) 978-3-86248-345-7
ISBN E-Book (EPUB, Mobi) 978-3-86248-346-4

Weitere Informationen zum Verlag finden Sie unter
www.finanzbuchverlag.de
Beachten Sie auch unsere weiteren Verlage unter
www.muenchner-verlagsgruppe.de

Inhalt

»...was passierte,
wenn das Schatzamt etwas Gold in diesen Markt verkaufte.«
Fed-Chef Alan Greenspan im Mai 1993

»Wir können den Goldpreis sehr leicht halten.«
Fed-Gouverneur Wayne Angell im Juli 1993

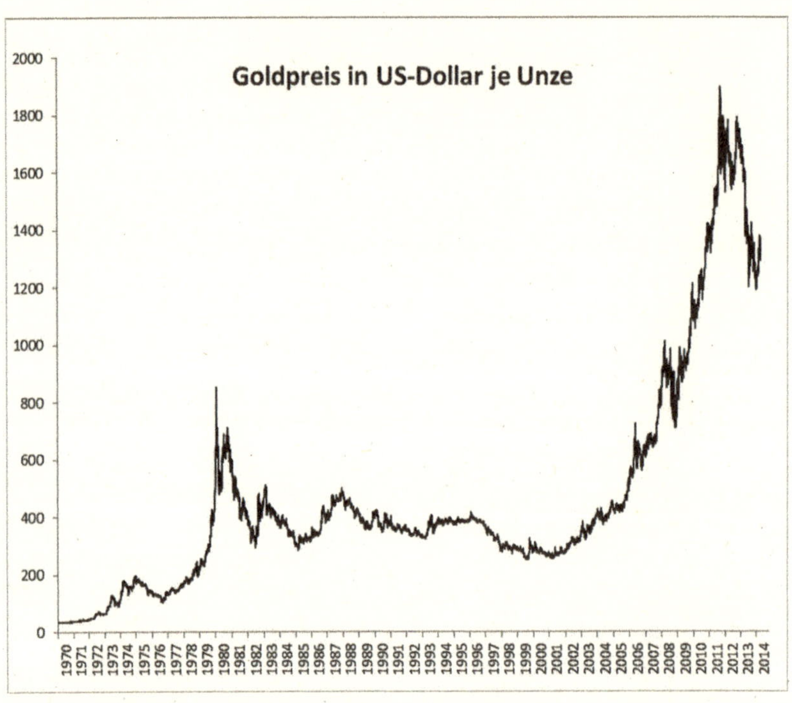

Abb. 1: Goldpreis ab 1970, in US-Dollar je Unze (31,1 g)

Vorwort

Werfen wir einen Blick zurück auf die Finanzkrisen der vergangenen Jahre: Im Jahr 2008 löst die Pleite der US-Großbank Lehman Brothers die größte Finanzkrise seit Jahrzehnten aus. Die Aktien fallen, viele Anleihen sind unverkäuflich. Die Banken misstrauen einander und leihen sich kein Geld mehr. Vor einigen Banken bilden sich lange Schlangen, panikartig wird Geld abgehoben. Mit kaum fassbarer Schnelligkeit folgt eine Schreckensnachricht der anderen. Man befürchtet den totalen Zusammenbruch des Finanzsystems. Institutionelle Anleger und private Sparer reagieren und schichten ihre Anlagen in sichere Staatsanleihen und in Gold um. Und was macht der Goldpreis? Er fällt.

Nur wenig später hält die Eurokrise die Menschen in Atem. Die seit der vorangegangenen Finanzmarktkrise angefallenen Rettungsmaßnahmen kosteten die Staaten viele Milliarden. Nun sind die Staaten selbst gefährdet. Viele haben hohe laufende Defizite. Immer mehr Menschen zweifeln an der Bonität von Griechenland, Portugal oder selbst Spanien. Erneut bringen die Anleger ihr Geld in Sicherheit, kaufen die verbliebenen sicheren Anleihen sowie Gold. Und was macht der Goldpreis während der kritischsten Phasen der Krise? Er fällt.

Bereits in den Krisen der Neunzigerjahre, der Asien-, Russland- oder LTCM-Krise, schien Gold seine typische Rolle als »sicherer Hafen« nicht wahrzunehmen. Es muss eine Erklärung dafür geben, dass Gold fällt, obwohl Panik an den Märkten herrscht. Verkäufe aufgrund krisenbedingten Liquiditätsbedarfs kommen dafür nicht in Frage, denn dann müsste dieses Gold auch verfügbar sein. 2008 etwa aber gab es sogar einen Mangel an Münzen und Barren. Es stellt sich die Frage, ob es einen »geheimen Spieler« gibt, der auf den Goldpreis einwirkt.

Seit Jahren kursieren Gerüchte, die Zentralbanken würden im Goldmarkt intervenieren. Sie wollten unkontrollierte Anstiege verhindern und würden dafür sogar Teile ihrer Bestände des edlen Metalls in den Markt geben. Zu den Anlässen für diese Gerüchte gehören auch extreme Auffälligkeiten im kurzfristigen Verlauf des Goldpreises. Immer wieder fällt der Goldpreis wie ein Stein, binnen Minuten um Beträge von 10 Dollar oder mehr. Ohne jeden äußeren Grund wie eine Marktnachricht. Der nachfolgende Chart zeigt einen solchen Rückgang im Innertagesverlauf, von denen es davor und danach hunderte gab.

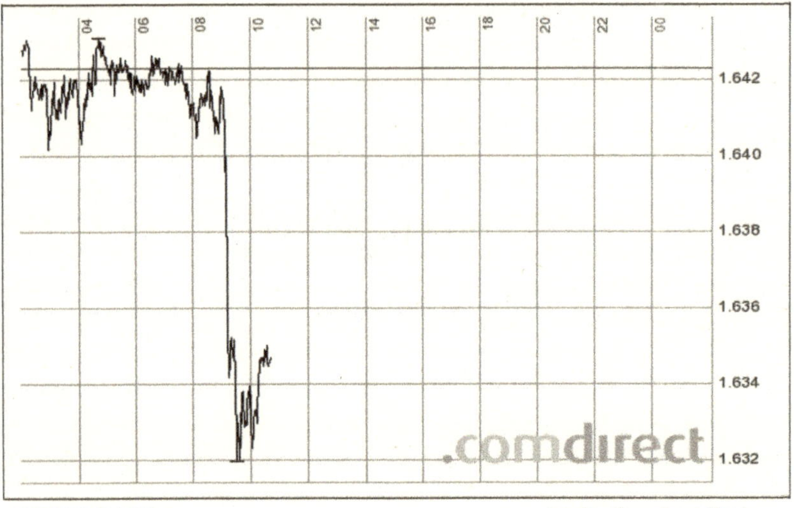

Abb. 2: Der Intraday-Verlauf des Goldpreises am 23.4.2012

Doch wieso sollten die Zentralbanken Gold drücken? Sie halten sehr viel Gold und müssten an einem steigenden Kurs interessiert sein, das wäre ihr Gewinn. Denn auch Zentralbanken müssen die ihnen anvertrauten Mittel, die »Reserven«, nicht nur sicher, sondern auch rentabel anlegen. Zudem stellt sich die Frage, ob man eine solche Aktion langjährig durchführen kann, ohne dass es offiziell publik wird. Müssten nicht viele Personen involviert sein, was sich nur schwer verbergen ließe? Außerdem gibt es unzählige Geschichten, mit denen Anleger ihren Misserfolg auf andere abzuwälzen versuchen. Handelt es sich bei der These, dass regelmäßige Goldpreisinterventionen stattfänden, nicht auch um eine solche Schuldzuweisung, in diesem Fall auf die mächtigen Zentralbanken?

Zentralbanken bestimmen die kurzfristigen Zinssätze und kaufen in großem Stil Anleihen, um deren Kurse zu befestigen. An den Devisenmärkten haben sie immer wieder interveniert. In ihren Tresoren befindet sich aber auch Gold in Höhe des Vielfachen des Jahresverbrauchs. Sie können also auch problemlos auf diesen Markt Einfluss nehmen. Gründe dafür gäbe es, etwa die Beruhigung der Märkte in Krisenzeiten. Die breite Öffentlichkeit hat Kenntnis von Interventionen etwa im Devisenbereich, weil sie von den Zentralbanken selbst veröffentlicht werden. Volle Publizität ihrer Aktionen ist aber nicht gegeben. Sowohl an den Devisenmärkten als auch an den Anleihenmärkten haben Zentralbanken nicht nur offen, sondern oft verborgen Interventionen durchgeführt. Sie versprechen sich dadurch eine bessere Wirkung. Die Interventionen hinterlassen aber Spuren in Kursen oder Bilanzen, auf die Marktbeobachter oder Wissenschaftler in der Vergangenheit aufmerksam wurden. Viele der heute allgemein bekannten Interventionsaktionen waren ursprünglich geheim und wurden erst im Nachhinein zugegeben.

Auch für den Goldmarkt muss gelten, dass lange anhaltende Interventionen Spuren hinterlassen. Dies sind insbesondere Spuren am Kurs selbst. Denn der Kurs ist das unmittelbare Ziel von Interventionen, an ihm sollen sie sich ja auswirken. Der Kurs ist somit ein primärer Untersuchungsgegenstand für die Identifizierung von Interventionen. Schwieriger wird es im Fall von Gold bei den Bilanzen. Manche Bilanzposition, die in der Privatwirtschaft zwingend in eine Bilanz gehört, fehlt in den Zentralbankbilanzen. Stattdessen gibt es aber Spuren in Form von Zitaten von Zentralbankern. Einige ihrer Überlegungen zu Mitteln und vor allem Motiven der eigentlich verborgenen Interventionen im Goldbereich sind veröffentlicht worden.

Wir gehen diesen Spuren nach. Fundierte Quellen bilden die Basis aller wesentlichen Schlussfolgerungen. Nur am Rande, um das Bild abzurunden, streifen wir, was am Markt kolportiert wird, auch wenn tatsächlich mehr davon stimmen dürfte. Es geht darum, die Situation um den mächtigsten Teilnehmer am Goldmarkt, die Zentralbanken, darzulegen. Wir werden sehen, dass seit vielen Jahren interveniert wird, wie diese Goldinterventionen funktionieren und welchen Zwecken sie dienen sollen.

Die Zentralbanken agieren aber nicht alleine, sondern kooperieren mit privaten Instituten. Solche Kooperationen gibt es auch in anderen Bereichen, etwa bei der Übernahme angeschlagener Bankhäuser. Auch beim 2012 aufgedeckten Libor-Skandal, bei dem Privatbanken langjährig den Referenzzinskurs manipulierten, scheint mit der Bank of England eine Zentralbank involviert zu sein. Motive für solche Kooperationen gibt es viele, etwa das Delegieren von Tätigkeiten. Außerdem können Kooperationen Aufwand und Zahl der unmittelbar involvierten Personen reduzieren, denn nicht jeder, der an einer Intervention mitwirkt, dürfte wissen, dass er sich an einer Intervention beteiligt. Viele dürften einfach ihre Arbeit im Gewinninteresse der Bank machen. Die involvierten Privatbanken agieren dabei nicht so nur als Agenten, sondern verfolgen aus Gewinnstreben dasselbe Ziel wie die Zentralbanken.

Wenn Zentralbanken am Goldmarkt intervenieren, betrifft das nicht nur die Edelmetalle, sondern auch andere Märkte. Denn sie wollen nicht ein paar Schmuckhändler begünstigen, sondern Einfluss auf eben diese anderen Märkte nehmen. Aber nicht nur die Devisen- und Zinsmärkte sind das eigentliche Ziel der Interventionen, sondern das Finanzsystem insgesamt. Zentralbanker wissen, dass das Kreditgeldsystem von Vertrauen abhängt, und sie stärken dieses auch mit Methoden, die erst auf den zweiten Blick einleuchten.

Wie bei jedem Markteingriff gilt auch für Goldinterventionen: Wenn man an einer Stelle eine Schraube dreht, rührt sich an anderer Stelle etwas, was gar nicht beabsichtigt und gewünscht war. Die Goldinterventionen sind seit den Neunzigerjahren ein prägendes Element der Finanzarchitektur. Sie waren eine der Grundlagen für das große Leistungsbilanzdefizit der USA. Vor allem aber unterstützten sie ein außergewöhnlich hohes Ausmaß der Verschuldung. Der weltweite Schuldenstand in allen Sektoren – Staat, Private und Wirtschaft – konnte so ein Rekordniveau erreichen.

Das mengenmäßig begrenzte Gold steht dem unbegrenzt vermehrbaren Kredit diametral gegenüber. Bei diesem sind die Schulden des einen immer auch die Forderungen des anderen. Den hohen Schuldenstand kann man deswegen nicht einfach abbauen, ohne einen Schaden anzurichten. Die gängigen Richtungen, die eine Wirtschaft dann einschlägt, sind gegensätzlich, nämlich Deflation oder Inflation. Bei der Deflation fallen die Schuldner und damit reziprok die Guthaben aus. Sie geht mit oft schweren Rezessionen einher. Bei der Inflation wird das Geld weniger wert. Bei ihr bleibt das eigentliche Problem, die Überschuldung, meist ungelöst.

Die Höhe des weltweiten Verschuldungsniveaus ist ohne historisches Beispiel in Friedenszeiten. Durch die Aufhebung der Goldbindung des Dollars Anfang der Siebzigerjahre und mit Hilfe der Goldinterventionen seit Anfang der Neunzigerjahre konnte die Kreditmenge exzessiv gesteigert werden. In der Geschichte folgten auf hohe Verschuldungsniveaus meist Finanzkrisen und darauf Wirtschaftskrisen. Auch diesmal werden nicht ein paar geldpolitische Maßnahmen reichen. Vielmehr steht zu befürchten, dass mindestens eine Generation vom Schuldenabbau geprägt sein wird. Gold ist das Gegenstück zum kreditbasierten Geld. Es ist schuldnerfrei und kann nicht weginflationiert werden. Es ist der natürliche Gegenspieler des Hauptgegenstandes der Zentralbanken, des »Papiergeldes«.

Das vorliegende Buch ist eine gründlich überarbeitete und aktualisierte Version der ersten beiden Auflagen der »Geheimen Goldpolitik«. Der englische Wissenschafts- und Wirtschaftsverlag Palgrave Macmillan hat sich erfreulicherweise bereiterklärt, eine englische Ausgabe der Thematik unter dem Titel »The Gold Cartel« zu veröffentlichen. Dazu mussten Text und Abbildungen gründlich überarbeitet werden. Die vorliegende Ausgabe ist der geringfügig an die Bedürfnisse einer deutschen Leserschaft angepasste deutsche Text dieser englischen Ausgabe.

1. Wieso Gold?

Jahrhundertelang verband man Gold oder Silber mit dem Begriff »Geld«. Meist wurde unmittelbar mit dem Edelmetall bezahlt, beispielsweise mit silberhaltigen Münzen. Oft waren aber auch mit Gold unterlegte Geldscheine gebräuchlich. Dies war etwa im »Goldstandard« der Fall, bei dem zwar nicht mit physischem Gold bezahlt wurde, bei dem aber jede Währungseinheit (wie »Dollar«) durch eine festgelegte Menge Gold definiert war und in sie umgetauscht werden konnte. Es lag weitgehend außerhalb der Vorstellungskraft, dass mit »ungedecktem Papiergeld« gezahlt würde, und es gab in der Geschichte auch nur sehr wenige, zeitlich und örtlich begrenzte Episoden, in denen Geld nicht mit einer Ware gedeckt war. Heute, genauer seit den Siebzigerjahren, zahlt man weltweit mit Geld, das nur noch auf Forderungen basiert, die auf eine abstrakte Einheit lauten. Es berechtigt zu nichts, außer zum Tausch gegen andere Forderungen gleicher Art.

Diese »Dollar«, »Yen« oder »Euro« können als Geld fungieren, da ihr Entstehungsprozess Reglementierungen unterliegt, was sie zahlenmäßig begrenzen soll. Historisch kam es zu dieser Entwicklung, da auf Gold oder Silber basierende Geldsysteme Nachteile aufweisen. Deswegen wurde der Gebrauch von Edelmetallen als Geld häufig kritisiert, und sie wurden mit Bezeichnungen wie »barbarisches Relikt« oder »nutzloses Metall« belegt. Sprüche wie »Gold kann man nicht essen« sollen die vermeintliche Nutzlosigkeit suggerieren.

Die Nachteile beginnen bereits bei der Produktion, denn man muss Gold mit großem Aufwand aus der Erde herausholen. Dabei wird die Umwelt in mitunter bedenklichem Ausmaß verschmutzt. Die Verteilung der Bestände an Gold ist zudem aus historischen und geografischen Gründen regional sehr unterschiedlich. Außerdem ist die Menge begrenzt, sodass es mit dem »Bedarf« einer wachsenden Wirtschaft – oder eines ausufernden Staatshaushaltes? – nicht Schritt halten kann (wobei genau dieser Aspekt bei den Gold-Anhängern als Vorteil gesehen wird).

Heute ist Gold kein Zahlungsmittel mehr. Es spielt auch bei großen Geschäften, im Außenhandel und selbst zwischen Staaten keine Rolle mehr. Es wird jedoch weiterhin als Wertaufbewahrungsmittel gehalten. Bei Privatpersonen geschieht dies meist in Form von Münzen oder Barren (in manchen Gegenden auch in Form von Schmuck, wenn dieser dort kaum teurer ist als der Materialwert). Auch bei den Zentralbanken lagert noch eine größere Menge Gold, nach offiziellen Angaben etwa 31 000 Tonnen. Dies ist ein Vielfaches des Jahresverbrauchs des Metalls.

Damit ist ein wichtiger Unterschied zu anderen Waren benannt. Denn diese Wertaufbewahrungsfunktion findet man in erwähnenswertem Maße ansonsten allenfalls noch bei Silber. Man schätzt, dass bisher etwa 170 000 Tonnen Gold gefördert wurden[1] und dass das meiste davon heute noch zugänglich vorhanden ist. Dem stehen eine jährliche Minenproduktion von derzeit etwa 2800 Tonnen und ein jährlicher Verbrauch (Industrie, Schmuck, Zahnmedizin) von vielleicht 2400 Tonnen entgegen. Damit liegt der Bestand des bisher geförderten Goldes beim gut 70-fachen des jährlichen Verbrauchs. Dies ist eine ganz außergewöhnlich hohe Relation. Während bei anderen Waren der Bestand allenfalls für Monate reicht, könnte man bei Gold die Produktion für viele Jahre einstellen und dennoch den Verbrauch decken. Von den beiden wichtigsten Geldfunktionen hat Gold eben nur die Tauschmittelfunktion verloren, die Wertaufbewahrungsfunktion hat es weiterhin inne. Die nachfolgende Abbildung zeigt die Relation des Bestandes zur Produktion von verschiedenen Metallen. Auch wenn die Werte nur Schätzungen sind, abhängig vom Wirtschaftszyklus stark schwanken und definitionsabhängig sind (gehört Schmuck-Gold zum Bestand oder ist es verbraucht?), verdeutlichen sie doch die außergewöhnliche Rolle von Gold im Vergleich zu anderen Waren. Die nachfolgende Abbildung soll den Sachverhalt verdeutlichen (für sie wird nur die Hälfte des bisher geförderten Goldes als verfügbarer Bestand gewertet).

---

[1] Fundamentale Schätzungen bei Gold sind grundsätzlich sehr unsicher. Man kann nur sehr vage schätzen, was historisch gefördert wurde, was an den Büchern vorbei produziert wird, was in diesem verschwiegenen Markt tatsächlich gehandelt wird und was Private und Institutionen wirklich halten.

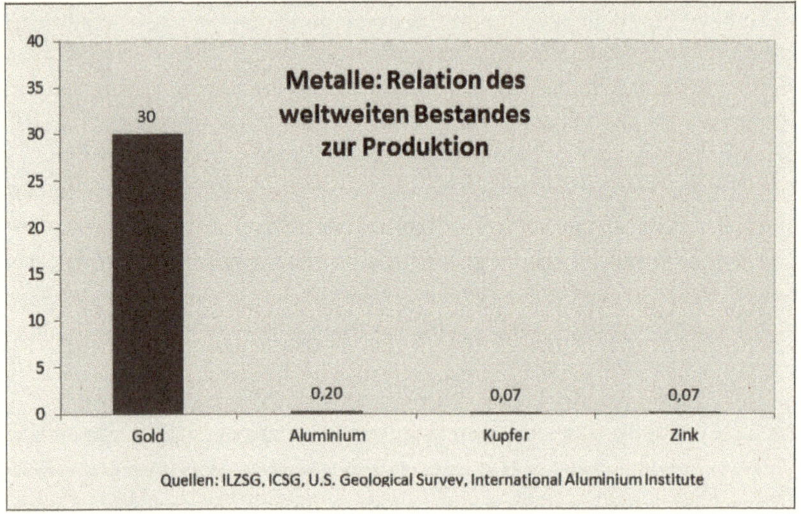

Abb. 3: Metalle: Relation des weltweiten Bestandes zur Produktion

Gold unterscheidet sich aber auch von anderen Geldanlagen. Werte aufbewahren kann man auch mit Sachwerten wie Aktien und Immobilien. Im Unterschied zu Gold sind diese aber weniger liquide, oft nicht langlebig und Sonderrisiken ausgesetzt, etwa unternehmerischer Art. Es gibt aber auch Unterschiede zu Finanzkapital, also zu Forderungen, Anleihen und Kreditgeld. Denn da unser Geld nicht mehr durch eine Ware gedeckt ist, ist es letztlich von der Forderungserfüllung durch Schuldner abhängig. Auch wenn durch das Zentralbanksystem niemand befürchten muss, dass sein Geld wertlos wird, weil irgendwo ein Wechsel platzt, ist diese Abhängigkeit immer noch gegeben, bloß dass sie jetzt auf die staatliche Ebene verlagert ist. Wenn der Staat seine diesbezügliche Aufgabe nicht mehr erfüllen kann oder will, ist das Geld schlagartig wertlos (was auch in der Vergangenheit immer wieder passierte).

Gold kann zudem nur äußerst mühsam vermehrt werden, nämlich durch Förderung. Darin besteht ein Unterschied zu auf Forderungen basierendem Finanzkapital, denn dies kann gesamtwirtschaftlich durch einfache Neuverschuldungsvorgänge entstehen. Dabei droht Inflation, wobei die einzelne Einheit, die Währung, weniger wert wird. Im Unterschied zu »Papiergeld«

ist Gold somit weder vom Willen und Vermögen eines Schuldners abhängig, noch kann es weginflationiert werden. Dies macht Gold einmalig, es macht es zum ultimativen Wertbewahrungsmittel – und es macht es zum Gegenstand von Geld- und Zentralbankpolitik.

Gold ist staatenübergreifendes und staatenunabhängiges Geld. Es ist unabhängig von der Fähigkeit einer Gesellschaft, den Wert des Geldes aufrechtzuerhalten. Es behält seinen realen Wert über Inflationsphasen. Der Wert verschwindet selbst dann nicht, wenn Staaten oder ihre Währungen kollabieren. Gold aus der Antike ist heute noch etwas wert, die meisten der vor hundert Jahren umlaufenden nationalen Währungen sind es nicht. Gold steht als staatenunabhängiges Geld in direkter Konkurrenz zu dem Geld, für das heutige Zentralbanken verantwortlich sind. Wenn Gold steigt, denken Anleger und Sparer typischerweise, die Währungen seien schwach, es drohe Inflation, oder sie befürchten gar Schlimmeres wie einen totalen Verlust durch Bankenzusammenbrüche.

Umgekehrt wirkt es vertrauenerweckend, wenn Gold nicht steigt. Die Inflationserwartung wird gemindert, wenn der bekannteste Indikator für Preisentwertung keine Warnzeichen von sich gibt. Aber auch in Zeiten von Anspannung und Krisen an den Finanzmärkten wirkt ein nicht steigender Goldpreis beruhigend: Es besteht dann offensichtlich noch kein ausreichender Grund, in die ultimative Sicherheit zu gehen. Die Krise scheint nicht schlimm zu sein. Es könnte also im Interesse der Zentralbanken liegen, dass Gold nicht oder nicht unkontrolliert steigt. Genügend Gold hätten sie, um einen Anstieg zu bremsen, ein Vielfaches des Jahresverbrauchs lagert in ihren Tresoren. Aber haben Zentralbanken konkret dafür gesorgt, dass Gold in Krisen nicht steigt?

2. Krisen der Neunziger

Die Finanzmarktkrise 2008 und die Eurokrise gehören sicher zu den bedrohlichsten Krisen der letzten Jahrzehnte. Es gab aber auch vorher Krisen, wenn ihre Auswirkungen auch meist regional begrenzt blieben (dort aber durchaus für gewaltige wirtschaftliche Probleme sorgten). Im September 1992 machte die Krise um das Britische Pfund Schlagzeilen. Das Pfund war im Rahmen des Europäischen Währungssystems (EWS) fest an die übrigen Währungen des europäischen Raums gekoppelt. Dies führte allerdings dazu, dass das Pfund relativ zur britischen Wirtschaftskraft überbewertet war. Politiker und Zentralbanker wollten dies nicht sehen, zumindest zogen sie daraus keine Konsequenzen (ein zusätzlicher Hintergrund waren Spannungen im EWS nach der deutschen Wiedervereinigung und im Vorfeld der Europäischen Währungsunion). Verschiedene Fondsmanager jedoch, darunter George Soros, erkannten die Überbewertung des Pfundes und setzten mit Milliardenbeträgen dagegen. Sie verkauften Pfund und veranlassten damit die Briten, die Stützung ihrer Währung aufzugeben. Das Pfund fiel, die Fonds machten große Gewinne. In der Folge wurden sie beschuldigt, für die Krise verantwortlich gewesen zu sein. Allerdings mussten die Fonds genau die gleiche Summe, die sie auf ein fallendes Pfund gesetzt hatten, danach wieder eindecken. Wären die Fonds für die Krise verantwortlich gewesen, hätte das Pfund danach im Zuge der Eindeckungen wieder auf das Ausgangsniveau steigen müssen. Das tat es aber nicht. Die Fonds gaben somit nur den Anstoß. Der eigentliche Grund war zuvor gelegt worden, im Zuge der Fixierung des Wechselkurses. Das Pfund war in Relation zur Leistung der britischen Wirtschaft überbewertet.

»Der Mann, der die Bank von England knackte«, wie man Soros später nannte, konnte einen Milliardengewinn erzielen, da er eine Fehlbewertung erkannte, die Politiker erst geschaffen hatten. Vor allem aber zeigte er den Politikern die Grenzen ihrer Macht auf. Grundlegende Wirtschaftsgesetze wie das von Angebot und Nachfrage lassen sich nicht per Verordnung abschaffen. Allerdings zogen nicht alle Politiker die Konsequenz, im Rahmen dieser Gesetze zu agieren. Vielmehr scheint die EWS-Krise die Vorstellung geweckt zu haben, dass es besser sei, Interventionen an den Märkten möglichst zu verbergen. Wenn Spekulanten wie Soros sie nicht bemerken, können diese auch nicht gegen die Interventionen vorgehen. Interventionen könnten länger erfolgreich sein. Die EWS-Krise sei an dieser Stelle aus noch zwei weiteren Gründen aufgeführt: Sie ereignete sich nämlich, wie wir noch sehen werden, nur zehn Monate vor Beginn der Interventionen gegen Gold. Es ist deshalb davon auszugehen, dass die Politiker und Zentralbanker unter dem Eindruck der EWS-Krise standen. Auf jeden Fall entschieden sie sich dafür, die Interventionen beim Gold möglichst unauffällig durchzuführen. Außerdem ist Soros von Bedeutung, da er auch im Goldmarkt aktiv geworden sein soll.

Im Dezember 1994 folgte eine weitere Währungskrise. Sie wird oft als Tequilakrise bezeichnet. Der mexikanische Peso war an den Dollar gebunden, und wie im Falle Großbritanniens war er relativ zur Wirtschaftsleistung überbewertet. Hinzu kam eine geringe politische Stabilität. Der Peso geriet unter Druck und musste abgewertet werden. Der Währungskrise folgte eine Wirtschaftskrise. Der Internationale Währungsfonds (IWF), der diese Krise für neuartig erachtete und als »erste Finanzkrise des 21. Jahrhunderts« bezeichnete, half mit Milliardenbeträgen aus.

Auch aus den USA kamen Mittel. Diese wurden über den Exchange Stabilization Fund (ESF) erbracht. Der von der Regierung geführte ESF wurde 1934 gegründet, vor allem um den Dollar und die Devisenmärkte zu stabilisieren. Er agiert relativ autonom und weitgehend im Verborgenen. Im Zuge der Pesokrise geriet er aber in die Schlagzeilen, da mit seiner Hilfe der Kongress umgangen wurde, der Mexiko Hilfen verweigert hatte. Die Stützung anderer Länder wurde von vielen amerikanischen Politikern nicht als Aufgabe eines amerikanischen Stützungsfonds angesehen.[2] Der ESF ist in Bezug auf die Goldpo-

---

[2] Tatsächlich geschah dies aber bereits in den Dreißigern, siehe Bordo, Michael; Humpage, Owen; Schwartz, Anna: »The Historical Origins of U.S. Exchange Market Intervention Policy« (NBER Working Paper 12662), 2006, http://michael.bordo.googlepages.com/w12662.pdf, S. 20.

litik von Bedeutung, da von einigen Beobachtern vermutet wird, dass er ein Akteur bei den Goldinterventionen ist. Er hätte wohl am ehesten die rechtliche Handhabe, an den Devisen- und den Goldmärkten zu intervenieren. Dazu später noch mehr.

Es folgten weitere Krisen nach vergleichbaren Mustern: 1997 die Asienkrise in Thailand, Indonesien und Malaysia und 1998 die Russlandkrise. Jeweils waren die Währungen von Schwachwährungsländern mit hohem Zinsniveau an eine härtere Währung mit geringem Zinsniveau gekoppelt worden. Ein solcher fester Wechselkurs führt zu Investitionen von Ausländern, die ihre Investitionen sicherer wähnen. Er begünstigt aber auch eine stärkere Verschuldung von Inländern in Fremdwährung. Sie müssen einen geringeren Zins bezahlen als vorher. Beides führt zu einem Wirtschaftsboom, der aber in hohem Maße vom überproportionalen Kreditwachstum getragen ist. Er wird begleitet von einem hohen Leistungsbilanzdefizit, einem Überschuss an Importen und Dienstleistungen. Auch diese werden durch Schulden finanziert. Das bedeutet, dass diese Länder mehr verbrauchen, als sie produzieren. Eigentlich ist klar, dass solche Entwicklungen nicht ewig anhalten können. Es kommt auch regelmäßig im Anschluss an solche Exzesse zu Anpassungskrisen mit teilweise heftigen Wirtschaftseinbrüchen.

Dennoch entscheiden sich Politiker immer wieder dafür. Auch die europäischen Politiker taten dies. Obwohl durch solche Beispiele genug gewarnt, haben sie mit der Einführung des Euro ebenfalls Schwachwährungen an Hartwährungen gebunden (mit dem einzigen Unterschied, dass durch eine Einheitswährung eine bereinigende Trennung erschwert ist). Die Fixierung von Schwachwährungen an eine Hartwährung ist dabei ein wichtiger Hintergrund der seit Ende 2009 ablaufenden Euro-Krise. Solche Krisen aufgrund von Währungsfixierung haben meist eine jahrelange Vorgeschichte mit schweren Fehlallokationen aufgrund zu niedriger Zinsen, ohne die sich die spätere Krise nicht entwickelt hätte. Wie der Goldkurs sich in der Eurokrise und in der Finanzkrise 2008 entwickelte, werden wir später noch genauer untersuchen. Doch gibt das Verhalten des Goldpreises in Krisen auch grundsätzlich einen Hinweis auf Goldinterventionen?

3. Das eigenartige Verhalten von Gold in Krisen

Vorab: Gold ist keine gute Geldanlage. Über viele Jahrzehnte bleibt sein Kurs gleich, während Immobilien, Anleihen und Aktien Erträge abwerfen oder auch im Preis steigen. Selbst in Zeiten moderater Geldentwertung schützt Gold entgegen einer weitverbreiteten Meinung oft nicht vor realen Wertverlusten. Ganz anders sieht es aber aus, wenn die Risiken für die Geldstabilität erheblich sind. Hier kommt bei Gold eine Schutzfunktion zum Greifen, denn es ist weder von einem Zahlungsversprechen abhängig noch weginflationierbar. Gold schützt somit bei Finanzkrisen mit Ausfallrisiken und bei stärkerer Geldentwertung. Das wurde für vergangene Zeiten auch statistisch untersucht.[3]

Sobald Menschen um die Sicherheit und den Wert ihrer Anlagen fürchten, fliehen sie in Sicherheit. Sie verkaufen panikartig alles, was fallen oder wertlos werden könnte, und investieren ihr Geld dort, wo sie es für sicher halten. Wir wollen nun zuerst untersuchen, wie Gold sich 1998 im Zuge der Russlandkrise verhielt. Diese Krise war eine der letzten schweren Krisen vor der Finanzmarktkrise 2008. Zu ihren Folgen gehörte, dass Anleger generell aus Anleihen nicht sehr guter Schuldner flohen. In der Folge kam es beim amerikanischen Hedgefonds »Long Term Capital Management« (LTCM) zu Schwierigkeiten, denn er war mit hohem Fremdkapitaleinsatz Geschäfte auf Zinsdifferenzen eingegangen. Ein Kollaps des Finanzsystems drohte. Die amerikanische Zentralbank Fed (Federal Reserve Bank) organisierte eine damals einzigartige Rettungsaktion, um eine Kettenreaktion abzuwenden.[4]

---

3 Jastram, Roy: »The Golden Constant: The English and American Experience, 1560–1976«, New York 1977.

4 In Bezug auf Gold ist die Krise auch deshalb von Bedeutung, da es Gerüchte gab, dass LTCM 300 Tonnen Gold leer verkauft hätte. Diese Gerüchte wurden nie offiziell bestätigt und konnten auch nicht weiter untermauert werden, weshalb hier nicht weiter auf sie eingegangen wird. Sie waren jedoch Anlass für viele Marktteilnehmer zu glauben, dass Zentralbanken am Goldmarkt hinter den Kulissen tätig sind.

Zwischen Mitte Juli und Ende September 1998 fielen die Aktien in den USA um etwa 20 Prozent. Im gleichen Zeitraum stiegen die Staatsanleihen massiv, da sie als »sicherer Hafen« angesehen wurden. Und was machte Gold? Insgesamt bewegte es sich kaum, phasenweise fiel es sogar! Als wäre es keine sichere Anlage, sondern unsicher wie die Anleihe eines zweifelhaften Schuldners. Der nachfolgende Chart zeigt die Wertentwicklung einer Unze Gold in US-Dollar, eines Investments in zehnjährige US-Staatsanleihen und von US-Aktien im Maße des Dow-Jones-Aktienindex.

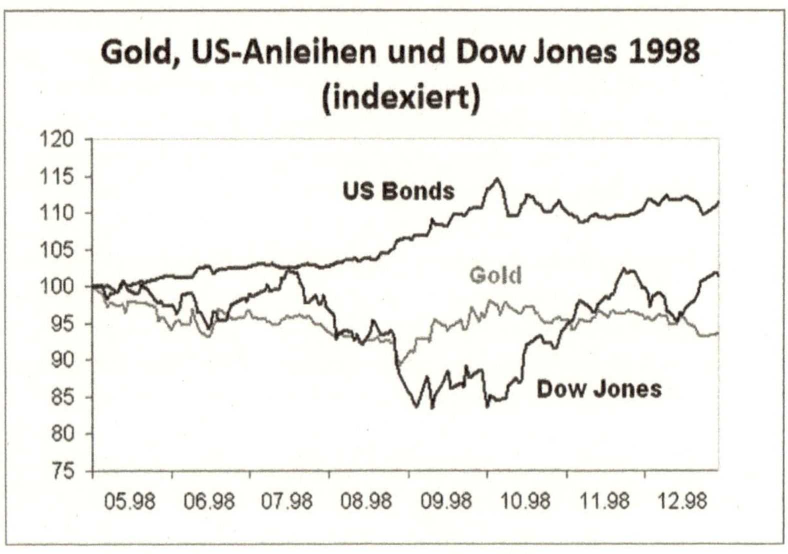

Abb. 4: Gold, US-Anleihen und Dow Jones 1998 (indexiert)

Es ist auffällig, dass Gold von der schweren Krise nicht profitierte, sondern ganz im Gegenteil zusammen mit den Aktien fiel. Natürlich hat Gold nicht als »sicherer Hafen« ausgedient, noch dürfte es marktübliche Gründe für den Kursrückgang wie etwa Gewinnmitnahmen gegeben haben. Wieso sollten diese ausgerechnet dann stattfinden, wenn die Märkte nach Sicherheit streben? Ganz auszuschließen wären marktübliche Gründe im Einzelfall allerdings nicht, denn manchmal wird im Zuge von Finanzmarktkrisen Liquidität um jeden Preis benötigt und dann alles verkauft, auch Gold. Dies kommt aber recht selten vor. Alternativ stellt sich die Frage, ob gezielte, von Zentralbankseite initiierte Goldverkäufe dem Markt Ruhe suggerieren sollten. Die Krise würde so gemildert, die Investoren würden von sich steigernder Panik abgehalten.

Um den Kursverlauf von Gold in Krisensituationen besser abschätzen zu können, wollen wir nun anstelle von Einzelbeispielen eine Vielzahl an Finanzmarktkrisen auf einmal untersuchen. Durch Durchschnittsbildung können wir den typischen Verlauf in Krisen untersuchen und gegebenenfalls Auffälligkeiten feststellen. Finanzmarktkrisen sind aber nicht immer eindeutig anhand äußerer (wie politischer) Merkmale zu identifizieren; außerdem laufen sie oft über viele Monate, zur Panik an den Märkten kommt es aber nur über einige Wochen. Deshalb wenden wir uns nicht einfach bekannten Finanzmarktkrisen, sondern grundsätzlich problematischen Finanzmarktphasen zu. Wir identifizieren solche Problemphasen anhand scharfer Kursrückgänge an den Aktienmärkten, durch die sich Krisenstimmungen recht zuverlässig äußern.

Dazu verwenden wir ein manuelles Verfahren.[5] Wir selektieren die betreffenden markanten Rückgänge manuell. Entscheidend für die Auswahl ist, dass die Rückgänge schnell erfolgten und in Relation zum vorherigen Verlauf ein bedeutendes Ausmaß erreichten. Solche Rückgänge sind typischerweise mit einer Verunsicherung der Anleger verbunden, mit dem Eindruck von Krise und einsetzender Panik. Der Chart zeigt den Verlauf des Dow Jones vom 5. August 1993 bis zum 7. September 2007. Der Beginn entspricht dem Beginn der systematischen Interventionen gegen einen steigenden Goldpreis (den wir später datieren werden), das Ende ist so gelegt, dass die Zeit ab der Finanzmarktkrise nicht enthalten ist (die wir eigens untersuchen werden).

[5] Ein manuelles Verfahren ist hier ausreichend gut geeignet und vermeidet potenzielle Probleme automatisierter Verfahren, wie der Messung bestimmter prozentualer Rückgänge innerhalb bestimmter Zeiten (was zum Übersehen etwas zu schwacher Krisen führen kann, aber auch zu mehrfacher Berücksichtigung bei einer in Wellen ablaufenden Krise).

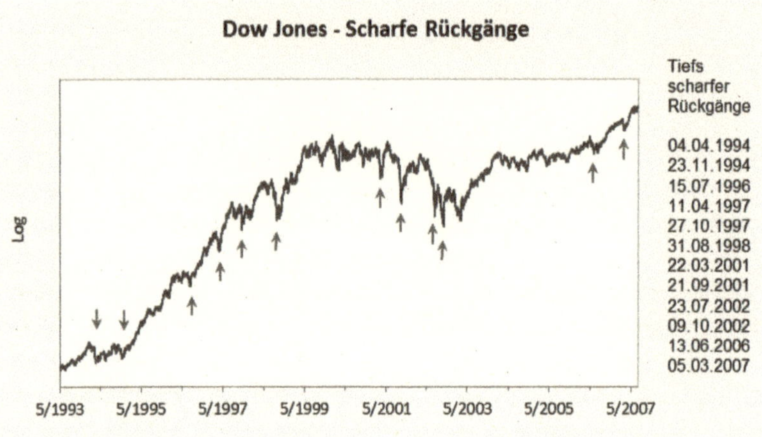

Abb. 5: Dow Jones – Scharfe Rückgänge

Im Chart markiert sind die zwölf Tiefstkurse der problematischen Marktphasen, auf die die Wahl fiel. An diesen Tagen erreichten die Aktienmärkte Tiefpunkte im Zuge der zwölf markanten Rückgänge. Hier in etwa dürfte auch die Panikstimmung jeweils am größten gewesen sein. Wodurch die Rückgänge im jeweiligen Einzelfall veranlasst waren, interessiert hier nicht weiter, es geht für die weitergehende Untersuchung vom Einzelfall zum Generellen darum, wie sich die Märkte durchschnittlich verhielten. Wir machen dazu eine Mittelwertbetrachtung.

Dazu wird der Tag des tiefsten Kurses am Ende des jeweiligen Einbruchs genommen und als zeitlicher Anker verwendet. Das bedeutet, dass wir um den jeweiligen Tiefstkurs den Verlauf davor und danach verwenden und einen Durchschnitt über alle zwölf Ereignisse ermitteln. Es wird also der durchschnittliche Verlauf aller zwölf Kurseinbruchsphasen drei Monate vor und nach dem Tief ermittelt. Der nachfolgende Chart zeigt das Ergebnis im Detail. Es ist kein normaler Chart, sondern einer, der den durchschnittlichen Verlauf des Dow-Jones-Index in den betreffenden zwölf Einbrüchen über insgesamt sechs Monate zeigt. Es handelt sich also um den Verlauf einer typischen Korrektur an den Aktienmärkten.

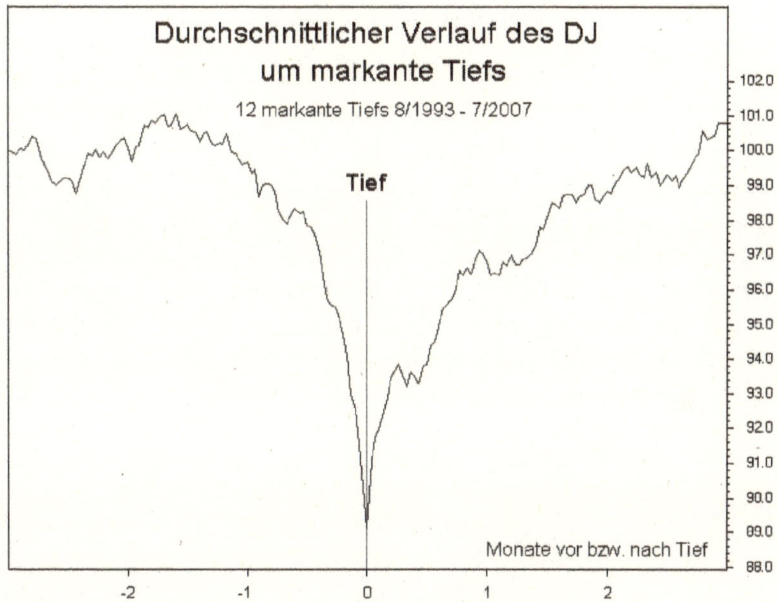

Abb. 6: Durchschnittlicher Verlauf des DJ um markante Tiefs

Man sieht, dass der Markt im Mittel seinen Höchstkurs gut anderthalb Monate vor dem Tief ausbildete. Dann folgte eine etwa vierwöchige Abschwächung und erst dann eine deutliche Beschleunigung, etwa zwei Wochen vor dem Tief. Der Grund für diesen scharfen Einbruch ist, dass der einzelne Aktienbesitzer seine Verluste nicht begrenzen kann, ohne den Gesamtmarkt durch Verkäufe oder Absicherungen zu schwächen. Unsicherheit und einsetzende Panik führten zu einem durchschnittlichen Rückgang von gut 10 Prozent, da die Marktteilnehmer das endgültige Ausmaß vorher nicht kennen. Sie müssen befürchten, dass die Märkte stärker fallen (was sie ja mitunter dann auch tun). Der Chart visualisiert zudem etwas, das an den Märkten seit langem bekannt ist: Typischerweise gehen Einbrüche schneller vonstatten als die anschließenden Erholungen. Aufgrund der bei Kursrückgängen einsetzenden Panik gehen Rückgänge beschleunigt voran. Erholungen benötigen hingegen länger, da die Angst, etwas zu verlieren, in der Regel größer ist als die Befürchtung, etwas zu verpassen.

Als Nächstes untersuchen wir die Staatsanleihen. Sie gelten in der Regel wie Gold als sichere Anlage. Wie verhalten sich nun Staatsanleihen bei Aktienmarktrückgängen, beim Einsetzen einer Panikstimmung? Dazu verwenden wir die gleiche Methode wie eben, bloß mit einem bedeutenden Unterschied: Als zeitlichen Anker verwenden wir erneut die Tiefstkurse der jeweiligen Rückgänge des Dow Jones und nicht die der Anleihen. Der nachfolgende Chart zeigt somit den durchschnittlichen Verlauf eines Investments in zehnjährige US-Staatsanleihen drei Monate vor bis drei Monate nach einem markanten Tief an den Aktien- und nicht an den Anleihenmärkten. Dadurch können wir den Einfluss des Aktienmarktes auf die Rentenmärkte während Panikphasen untersuchen. Die lange Mittellinie markiert die Dow-Jones-Tiefs, dort wo typischerweise auch die Panikstimmung hoch sein dürfte.

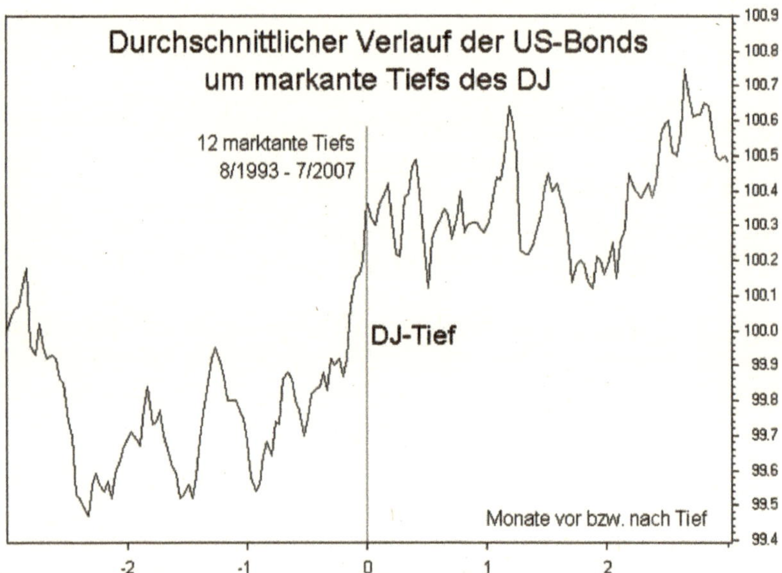

Abb. 7: Durchschnittlicher Verlauf der US-Bonds um markante Tiefs des DJ

Wir erkennen, dass Anleihen typischerweise etwa anderthalb Wochen vor dem Dow-Jones-Tief markant zu steigen beginnen. Dies deckt sich weitgehend mit der Zeit, in der die Aktienmärkte beschleunigt fallen. Anleihen erfüllen also erwartungsgemäß ihre Funktion als sichere Geldanlage und steigen, wenn an den Märkten Unsicherheiten auftreten. Wenn die Aktien schnell fallen, steigen typischerweise die als sicher geltenden Anleihen.

Nun betrachten wir das zu den Staatsanleihen konkurrierende Kriseninvestment Gold. Dazu verwenden wir erneut die gleiche Methode, wobei wir diesmal den Verlauf des Goldpreises um den zeitlichen Anker in Form der Tiefstkurse der jeweiligen Rückgänge des Dow Jones analysieren. Der nachfolgende Chart zeigt somit den durchschnittlichen Verlauf des Goldes drei Monate vor bis drei Monate nach einem markanten Tief an den Aktienmärkten. Die lange Mittellinie markiert erneut die Dow-Jones-Tiefs.

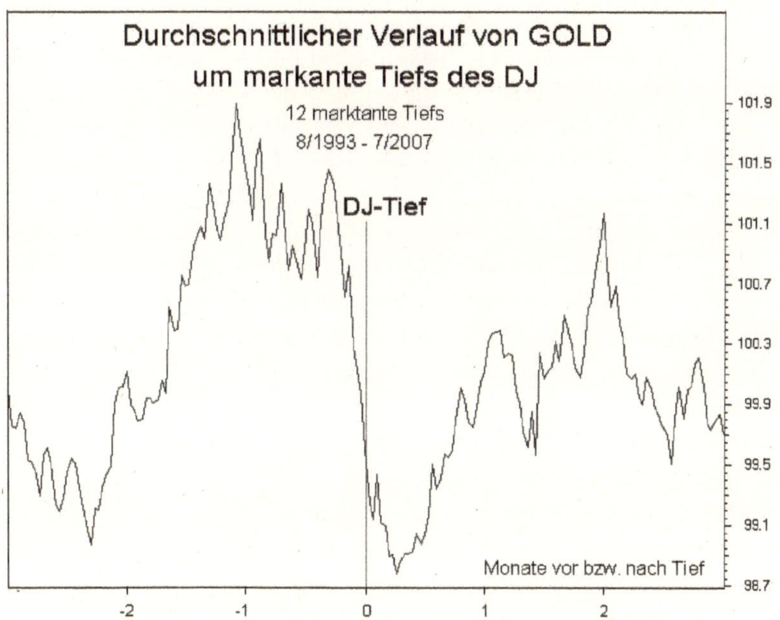

Abb. 8: Durchschnittlicher Verlauf von Gold um markante Tiefs des DJ

Wir erkennen, dass Gold typischerweise gut eine Woche vor dem Dow-Jones-Tief noch ein Zwischenhoch ausbildet. Zu diesem Zeitpunkt beginnen die Aktienmärkte beschleunigt zu fallen. Nun aber fällt auch Gold! Der

Tiefstkurs wird in Vergleich zu den Aktienmärkten später ausgebildet. Der Goldpreis bleibt einige Wochen unten. Der Rückgang dauert insgesamt länger. Grundsätzlich scheint ein Zusammenhang zwischen Finanzmarktkrisen und Gold vorzuliegen, wie es viele Marktbeobachter auch gesehen haben. Gold fungiert aber gerade in den Tagen vor dem Tief, wenn die Aktienkurse beschleunigt fallen und die Unsicherheiten über den weiteren Verlauf am höchsten sind, nicht als »sicherer Hafen«. Vielmehr ist sein Kursverlauf so, als gehörte Gold wie Aktien zu den in Krisenzeiten mit hohen Risiken behafteten Investments.

Die Durchschnittsbetrachtung der zwölf Kurseinbrüche bestätigt also, was der zuvor betrachtete Einzelfall der Russlandkrise des Jahres 1998 bereits andeutet. Nun haben sich die Eigenschaften von Gold in den letzten Jahren nicht invertiert. Die Zentralbanken hingegen dürften Interesse an einem niedrigen Goldpreis haben. Ein fallender Goldpreis stärkt das Vertrauen in die Finanzmärkte. Dazu gibt es wohl keinen wichtigeren Anlass als Finanzmarktkrisen. Es stabilisiert die Märkte, wenn Gold schwach ist. Gold wird so als Krisen-Investment uninteressant, die Gelder strömen in die verbleibenden Anlageklassen, insbesondere in die Staatsanleihenmärkte. Anschließend fließen sie auch wieder schneller in die Aktienmärkte zurück. Zudem wird der Eindruck einer unkontrollierbaren Krise vermieden. Man stelle sich umgekehrt vor, der Goldpreis würde in Zeiten von Unsicherheit stark steigen. Das würde suggerieren, es gäbe größere, unkontrollierbare Probleme. Dies könnte die Panikstimmung verstärken. Die Zentralbanken haben also genügend Gründe, sich gerade in schwierigen Marktphasen einen fallenden Goldpreis zu wünschen. Es dürfte ihnen gut gefallen, dass der Goldpreis in der Zeit aufkommender Panik an den Märkten nicht steigt, aber auch nicht in den Wochen darauf, in denen sich die Märkte noch nicht wieder gänzlich beruhigt haben. Aber sorgen sie auch tatsächlich für fallende Goldpreise?

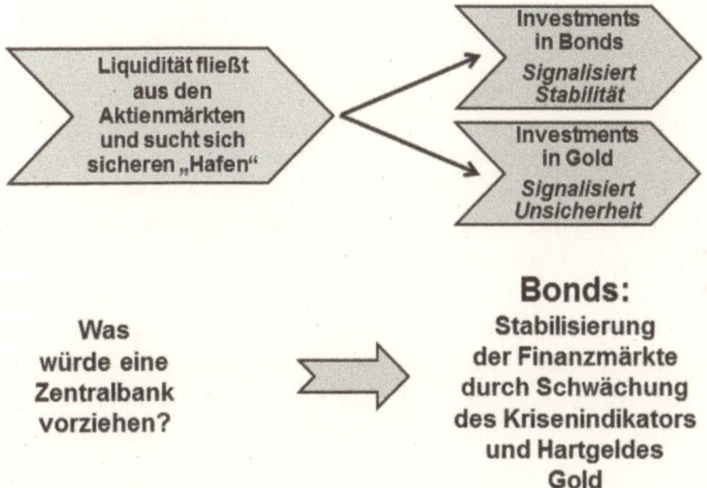

Abb. 9: »Sichere Häfen« im Vergleich

4. Das eigenartige Verhalten von Gold im Tagesverlauf

»Guten Morgen, Amerika« oder »Man kann seine Uhr danach stellen« – so scherzten Marktbeobachter um die Jahrtausendwende, wenn sie den Goldpreis verfolgten und mal wieder sahen, dass er nach der Eröffnung der New Yorker Terminbörse Comex fällt. Er tat dies so regelmäßig, dass viele keinen Zufall annahmen. Vielmehr vermuteten sie hinter dieser Anomalie gezielte Interventionen gegen Gold, die typischerweise zu einer bestimmten Zeit, nämlich während der Handelszeiten des wichtigen Terminmarkts, stattfanden. Gerüchte um solche Interventionen kursierten schon länger, mindestens seit 1995.[6]

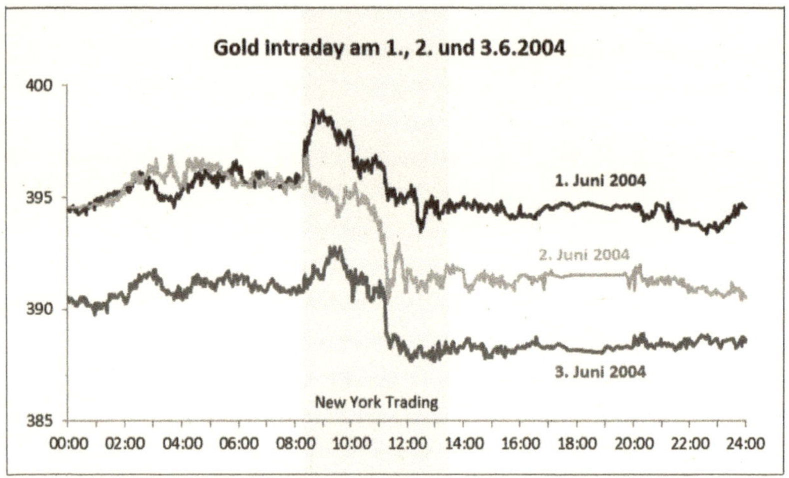

Abb. 10: Gold intraday am 1., 2. und 3.6.2004

6 Siehe Anhang 5.

Seit 1999 half dann das Gold Anti Trust Committee (Gata; www.gata.org), eine US-Bürgerrechtsorganisation, diese Interventionen aufzuzeigen. Es hatte sich zum Ziel gesetzt, diese publik zu machen und möglichst zu deren Beendigung beizutragen. Nachfolgend sehen Sie zur Verdeutlichung den Intraday-Kursverlauf des Goldes über drei Tage.

Der Chart zeigt den Verlauf des Goldpreises von 0.00 Uhr bis 24.00 Uhr New Yorker Zeit an, am 1.6.2004 sowie an den beiden folgenden Tagen. Die Handelszeit des Terminmarktes Comex ist hervorgehoben. Man erkennt deutlich, wie der Preis an diesen drei Tagen zu dieser Handelszeit fällt. Es waren solche Rückgänge in gehäufter Zahl, die die Marktbeobachter annehmen ließen, dass es sich nicht um eine zufällige Kursentwicklung handeln würde. Hatten sie Recht?

Um das zu überprüfen, wollen wir für eine große Zahl an Tagen den Kursverlauf des Goldes innerhalb des Tages untersuchen. Dazu verwenden wir erst einmal die Methode, die wir bereits bei der Untersuchung der zwölf krisenähnlichen Kursrückgänge am Aktienmarkt angewendet haben: Wir bilden einen durchschnittlichen Kursverlauf. Dazu benutzen wir minütliche Intraday-Kurse[7] um die Jahrtausendwende, vom August 1998 bis Juli 2003. Der nachfolgende Chart zeigt somit den durchschnittlichen Intraday-Verlauf des Goldpreises über 5 Jahre. Die horizontale Skala zeigt die Uhrzeit (New Yorker Zeit), die vertikale das durchschnittliche Preisniveau (Basis = 1000). Da über viele Tage gemittelt wird, ist das Ausmaß der Bewegungen naturgemäß relativ klein (von 999,6 auf 1000,1 entspricht gerade mal 0,05 Prozent). Der Chart zeigt also den typischen Intraday-Verlauf des Goldpreises, ermittelt über mehr als tausend Tage und mehr als eine Million Einzelkurse. Er ist somit von hoher statistischer Aussagekraft.

Der Chart bestätigt den Eindruck vieler Goldmarktbeobachter: Der Kurs fällt typischerweise, wenn die Börse in New York aufmacht. Diese Abwärtsbewegung fand hauptsächlich in den ersten zwei Stunden des amerikanischen Handels statt. Außerdem sehen wir, dass das Tief des mittleren Verlaufs zeitnah mit

7 Disk Trading, Iavor Kindekov, http://disktrading.is99.com/disktrading.

dem Nachmittagsfixing (PM Fixing) stattfindet. Das Nachmittagsfixing ist eine Art offizieller Weltgoldpreis und wird nachmittags in London ermittelt (wegen der Zeitverschiebung ist es in der Abbildung vormittags nach New Yorker Zeit eingetragen). Auch zum weniger bedeutenden Londoner Vormittagsfixing (AM Fixing) gibt es im Mittel einen wenn auch leichten Rückgang. Einen kurzfristigen scharfen Einbruch sehen wir dann gezielt zum Schlusskurs des New Yorker Terminmarktes (wobei die Uhrzeit der Börsenschließung im Untersuchungszeitraum von 14.30 Uhr auf 13.30 Uhr wechselte; zu beiden Uhrzeiten ist aber ein Rückgang erkennbar). Tendenziell stieg der Goldpreis danach. Grob vereinfacht könnte man sagen, er fiel in der amerikanischen Handelszeit, während er in der asiatischen und europäischen stieg.

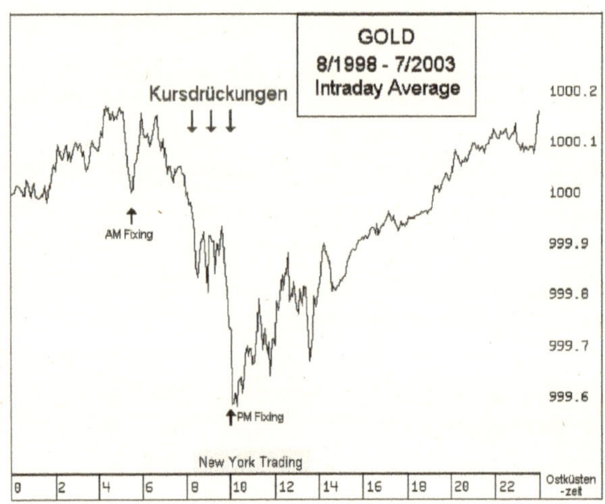

Abb. 11: Durchschnittlicher Intraday-Verlauf des Goldes 8/1998-7/2003

Es gibt somit eine auffällige Anomalie im Intraday-Kursverlauf des Goldpreises. Diese lässt sich gut für statistische Untersuchungen verwenden. Eine Statistik mit Tausenden von Ereignissen ist von hoher statistischer Signifikanz (sie ist aussagekräftiger, als es etwa die Betrachtung der zwölf krisenähnlichen Kursrückgänge am Aktienmarkt sein könnte). Eine solche Untersuchung der Intraday-Kursanomalien eignet sich als statistischer Beweis von Goldinterventionen. Ferner kann sie eine genaue Datierung ihres Beginns ermöglichen.

5. Die ersten statistischen Untersuchungen

Die Untersuchung der Intraday-Anomalien hat einen großen Vorteil: Interventionen zielen auf den Kurs, sie müssen sich somit am Kurs bemerkbar machen. Wir messen also die Intervention direkt, wenn wir den Kurs betrachten. Wir werden später noch andere Beweismittel, wie Zitate von Zentralbankern, heranziehen. Ihre Beweiskraft ist meist aber nur indirekter Natur (da sie keine offizielle Bestätigung der Interventionen beinhalten). Erst in Kombination mit dem statistischen Beweis (und dem durch die Statistik gewonnenen zeitlichen und inhaltlichen Zusammenhang) entfalten sie ihre volle Kraft. Die Beweisführung anhand der Kursverläufe ist aber nicht nur direkt, sondern durch die sehr hohe Zahl an Intraday-Anomalien auch signifikant. Denn es geht bei unserer Untersuchung nicht um irgendeinen Kursverlauf, der uns nicht passt, sondern um ein regelmäßig wiederkehrendes kurzfristiges Muster, das weit außerhalb eines markttypischen Verlaufs liegt und das sich nicht anderweitig erklären lässt.

Im März 2000 veröffentlichte Harry Clawar eine Statistik, die sich diesen Intraday-Anomalien widmete.[8] Er griff die in Internetforen geäußerten Beobachtungen auf, dass die Bemühungen, den Goldpreis vom Steigen abzuhalten, vor allem in New York angesiedelt seien. Ab September 1999 beobachtete er den Goldpreis genauer. Ihm schien, dass er nach dem Schlusskurs in New York tendenziell stieg und dass er während der New Yorker Handelszeit, beginnend grob zur Zeit des Vormittagsfixings in London, meist fiel. Wir schauen uns an, inwieweit seine Beobachtung im Intraday-Chart um 2000 nachvollziehbar ist. Dazu verwenden wir vorherigen Chart über den durchschnittlichen Goldpreisverlauf innerhalb der etwa 1250 Tage von August 1998 bis Juli 2003. Wir zeichnen zusätzlich die Linien zwischen den Punkten ein, auf die sich Clawar bezieht. Man erkennt deutlich, dass der Markt zwischen dem Vormittagsfixing

---

[8] Clawar, Harry: »A New Gold War?« www.gold-eagle.com/editorials_00/clawar031300.html.

(AM Fixing) und dem New-Yorker-Schlusskurs im Mittel fiel, während er nach dem New-Yorker-Schlusskurs bis zum Vormittagsfixing des Folgetags durchschnittlich stieg. Clawars Annahme kann also als grobe Approximation gelten.

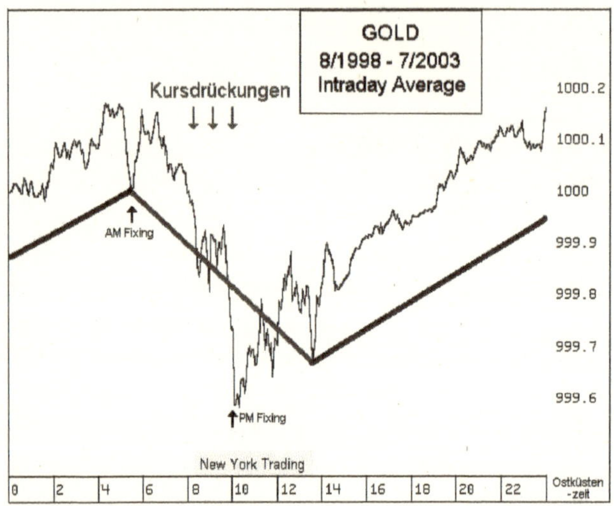

Abb. 12: Durchschnittlicher Intraday-Verlauf des Goldes 8/1998-7/2003

Clawars Originalstichprobe ging vom 25.1. bis 10.3.2000 über 31 Handelstage. Dort fiel der Goldpreis in 69 Prozent der Fälle in der durch diese Punkte definierten New Yorker Handelszeit, während er in 74 Prozent der Fälle im Rest der Welt stieg – wohlgemerkt während der gleichen Tage. Wären die auf den Preis wirkenden Kräfte gleichverteilt und nicht vom Ort abhängig, hätten beide Zahlen etwa 50 Prozent betragen müssen. Während des Betrachtungszeitraums veränderte sich der Goldkurs kaum (um weniger als einen Dollar). Die während der außeramerikanischen Handelszeit aufgelaufenen Gewinne summierten sich dabei auf etwa 41 Dollar, während der Preis zugleich in New York insgesamt um 41 Dollar fiel. Clawar schließt mit der Frage nach einer US-geführten und in New York angesiedelten Manipulation des Goldpreises. Die Abbildung zeigt seine Berechnungen.[9]

[9] Das Anfangsdatum (»99«) ist anscheinend fehlerhaft.

	Spot Gold Prices 1/25/99 - 3/10/2000					
	London AM	London PM	NY Close	NY Close - London AM	London AM - Previous NY	London PM - London AM
10-Mar	$292.10	$290.25	$288.60	-$3.50	$1.40	-$1.85
9-Mar	$289.00	$290.50	$290.70	$1.70	$0.75	$1.50
8-Mar	$292.75	$291.20	$288.25	-$4.50	$1.25	-$1.55
7-Mar	$288.35	$289.75	$291.50	$3.15	$0.95	$1.40
6-Mar	$289.25	$288.80	$287.40	-$1.85	$0.95	-$0.45
3-Mar	$289.30	$288.50	$288.30	-$1.00	$2.15	-$0.80
2-Mar	$289.00	$289.90	$287.15	-$1.85	-$1.65	$0.90
1-Mar	$293.75	$292.90	$290.65	-$3.10	$2.45	-$0.85
29-Feb	$294.00	$293.65	$291.30	-$2.70	$2.30	-$0.35
28-Feb	$292.75	$292.50	$291.70	-$1.05	$0.55	-$0.25
25-Feb	$297.15	$294.00	$292.20	-$4.95	-$0.95	-$3.15
24-Feb	$299.90	$298.75	$298.10	-$1.80	$0.60	-$1.15
23-Feb	$305.25	$302.00	$299.30	-$5.95	$0.45	-$3.25
22-Feb	$305.40	$302.25	$304.80	-$0.60		-$3.15
21-Feb	$305.75	$305.25			-$3.05	-$0.50
18-Feb	$302.25	$303.55	$308.80	$6.55	$2.00	$1.30
17-Feb	$304.25	$306.25	$300.25	-$4.00	$2.85	$2.00
16-Feb	$300.50	$302.50	$301.40	$0.90	-$1.00	$2.00
15-Feb	$307.00	$304.25	$301.50	-$5.50	-$1.50	-$2.75
14-Feb	$308.75	$308.35	$308.50	-$0.25	-$1.45	-$0.40
11-Feb	$316.50	$311.50	$310.20	-$6.30	$1.30	-$5.00
10-Feb	$311.25	$309.00	$315.20	$3.95	$6.15	-$2.25
9-Feb	$306.00	$308.60	$305.10	-$0.90	$7.90	$2.60
8-Feb	$303.15	$296.25	$298.10	-$5.05	$0.15	-$6.90
7-Feb	$316.60	$312.70	$303.00	-$13.60	$14.30	-$3.90
4-Feb	$287.50	$293.65	$302.30	$14.80	$0.90	$6.15
3-Feb	$285.25	$285.05	$286.60	$1.35	$0.75	-$0.20
2-Feb	$283.10	$285.60	$284.50	$1.40	$0.70	$2.50
1-Feb	$283.65	$283.00	$282.40	-$1.25	$0.55	-$0.65
28-Jan	$286.15	$286.75	$283.10	-$3.05	-$0.65	$0.60
27-Jan	$286.50	$285.55	$286.80	$0.30	$0.90	-$0.95
26-Jan	$284.90	$285.90	$285.60	$0.70	-$0.85	$1.00
25-Jan	$288.70	$288.00	$285.75	-$2.95		-$0.70

Abb. 13: Clawars Untersuchung

Aber wieso sollte zu einer bestimmten Tageszeit interveniert werden und nicht gleichmäßig über den ganzen Tag verteilt? Wir kennen die maßgeblichen Beweggründe nicht, Clawar gibt aber schon eine naheliegende Antwort, nämlich die Ansiedlung in New York beziehungsweise den USA. Kursinterventionen müssen wie alles Übrige auch praktisch organisiert werden, und da bietet sich der Heimatmarkt an. Man kennt sich aus, hat Kontakte, und es ist weniger aufwendig, als rund um die Uhr tätig zu sein. Es ist außerdem weniger kostspielig, sich auf Kursmarken wie das Nachmittagsfixing und den Schlusskurs in New York (und des Terminmarktes) zu konzentrieren, an denen sich die Marktteilnehmer orientieren. Diese Kursmarken bleiben in Erinnerung, Handelsentscheidungen werden weit öfter an ihnen orientiert getroffen als an irgendwelchen Kursen zwischendrin. Zudem findet in New York der wichtigste Terminmarkt statt. Terminmärkte bieten die Möglichkeit, mit geringem Kapitaleinsatz, bruchteilig in Relation zum vollen Preis, große Positionen einzugehen. Damit kann auch der finanzielle Aufwand deutlich reduziert werden. Die Wirkung einer Beeinflussung des Preises durch den Terminmarkt kann bei Gold sogar nicht nur kurzfristiger Natur sein. Im Unterschied zu anderen Waren, die reine Verbrauchsgüter sind, kann der Effekt bei Gold, das überwiegend Anlagegut ist, sogar dauerhaft sein (wie später noch genauer gezeigt werden wird). Damit bietet der Terminmarkt die beste und günstigste Möglichkeit, im Goldmarkt zu intervenieren. Es gibt hingegen kaum Nachteile (außer vielleicht, dass die Vorgehensweise zu bestimmten Tageszeiten statistisch auswertbare Spuren hinterlässt, die man untersuchen kann ...).

Michael Bolser griff Clawars Idee auf und modifizierte sie. Im Dezember desselben Jahres (2000) veröffentlichte er eine Untersuchung, die den Zeitraum von 1985 bis 2000 umfasst. Bolser verwendet die offiziellen AM- und PM-Fixingkurse sowie anstelle echter Spotpreise die Schlusskurse der New Yorker Comex.[10] Aufbauend auf den gleichen Innertages-Punkten wie Clawar misst er nicht nur die Richtung, sondern auch das Ausmaß von Gegenbewegungen im Intraday-Kursverlauf. Er kommt zum Schluss, dass es ab 1994 auffällige Kursbewegungen nach unten gibt, die sich von denen bis 1993 unterscheiden. Damit macht er eine erste – wenn auch nur auf das Jahr genaue – Datierung. Da die Methode auf Extremwerte fokussiert, ist die Anzahl der verwendbaren Ereignisse gering, obwohl sehr viele Tage untersucht werden. Dies können beispielsweise sieben Fälle sein (abhängig vom Ausmaß dessen, was als Extremwert festgelegt wird). Das schränkt die Beweiskraft ein. Außerdem ist keine taggenaue Datierung möglich.

---

10 Des Frontmonats (das heißt des jeweils nächsten Terminmonats), die im Börsianerslang auch »Spotpreise« genannt werden, echte Spotpreise aber nur approximieren, was das Ergebnis seiner Untersuchung aber nicht nennenswert beeinträchtigt zu haben scheint. Bolser, Michael: »Evidence of Gold Manipulation on the COMEX« www.goldensextant.com/commentaryBA.htmlanchor51667.

6. Statistischer Nachweis und Datierung der Goldinterventionen

Eine taggenaue Datierung wird aber durch eine andere Erweiterung des Ansatzes ermöglicht. In ihr wird die Direktheit des Ansatzes von Clawar bewahrt, also nicht wie bei dem von Bolser auf das Ausmaß der Bewegung abgezielt. Damit bleibt die Anzahl der statistisch auswertbaren Tage so hoch wie die Anzahl der Tage selbst. Sie liegt somit, je nach Vorliegen von geeigneten historischen Daten, bei Tausenden, und ist somit völlig ausreichend für eine hohe statistische Signifikanz. Zudem ist eine taggenaue Datierung des Beginns der Goldinterventionen möglich.

Nur ein Aspekt musste modifiziert werden. Clawars originaler Ansatz funktioniert am ehesten in Seitwärtsmärkten des Goldpreises. Wenn aber, sagen wir, Gold während der New Yorker Handelszeit um 1 Dollar steigt und im Rest der Welt um 10 Dollar, hat er keine Aussagekraft, da die Preise an beiden Märkten steigen. Dennoch ist im Beispiel der Anstieg in New York relativ zu dem in der übrigen Welt gedrückt. Deshalb muss für eine Gesamtuntersuchung eine Bereinigung der Gesamttagesbewegung erfolgen. Dies geschieht, indem die eine Bewegung relativ zur anderen betrachtet wird. Dazu muss lediglich die eine Kursbewegung von der anderen abgezogen werden. Es wird also nicht mehr betrachtet, ob während der einen Tageszeit der Markt fällt und während der anderen steigt, sondern wie sehr sich die Kurse relativ zueinander bewegen. Wenn also beispielsweise der Goldpreis in New York weniger stark steigt als im Rest der Welt, wird das genauso berücksichtigt, als wäre er in New York leicht gefallen und im Rest der Welt leicht gestiegen.[11]

[11] Details der Berechnung siehe Anhang 2.

Im Februar 2001 gelangen mit diesem Ansatz erstmals der statistische Nachweis und die Datierung der Goldpreisinterventionen.[12] Es wurden die Differenzen der örtlichen Kursbewegungen gebildet. Die hierzu nötigen Kurse »AM Fixing« und »New-York-Schluss« lagen für den Zeitpunkt ab 1991 vor.[13] Dort, wo die Differenzen negativ waren, bedeutete das, dass sich der Kurs an dem Tag in New York schlechter entwickelte als während der übrigen Handelszeit. Der nachfolgende Chart zeigt diese relative Kursentwicklung geglättet (125 Tage). Eine Glättung ist nötig, um die über den langen Zeitraum häufigen Schwankungen auszugleichen. Der Chart veranschaulicht also mit Hilfe der Intraday-Relativbewegung, zu welcher Tageszeit der Goldpreis zur Schwäche neigt. Ist die Linie unterhalb des Nullniveaus, bedeutet das, dass der Kurs in New York sich relativ schwach entwickelt in Relation zur übrigen Welt (und umgekehrt).

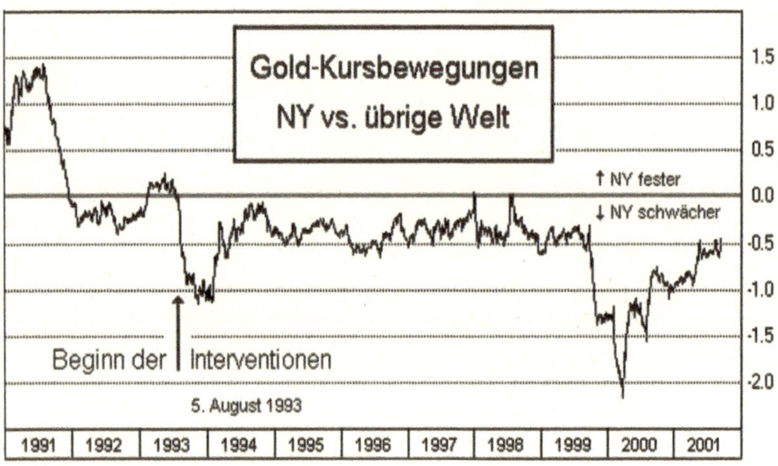

Abb. 14: Gold-Kursbewegungen New York vs. übrige Welt

[12] Speck, Dimitri: »Tracks in the Trading: When Did the Gold Price Manipulation Begin?« www.gold-eagle.com/editorials_01/speck022301.html.

[13] Commodity Research Bureau, Chicago, www.crbtrader.com; die verwendete Zeitreihe »GC« weist zwar auch Kurse vor 1991 aus, echte New Yorker Schlusskurse sind darin aber nicht mehr enthalten.

Wir können deutlich sehen, dass ab dem 5. August 1993 der Goldpreis in New York tendenziell schwächer war als im Rest der Welt. An diesem Tag begannen die systematischen Interventionen gegen einen festen Goldpreis. Diese werden maßgeblich mit Hilfe des New Yorker Terminmarktes Comex durchgeführt. Seitdem entwickelte sich der Preis dort meist schlechter als zur übrigen Handelszeit. Der 5. August 1993 ist ein Schlüsseltag in der modernen Geschichte des Goldes. An diesem Tag begann die systematische Niederringung des einzigen bedeutenden Wettbewerbers des Papiergeldes. Er ist historisch sehr interessant, weil er uns die Hintergründe näherbringt, wie es zu den Goldinterventionen kam, die bis heute anhalten. Ohne dieses Wissen können wir die Goldinterventionen heute nicht verstehen, die natürlich in einem ganz anderen Umfeld stattfinden als damals. Zugleich ist der 5. August 1993 ein bedeutender Tag für die Zentralbank- und Geldpolitik, denn es begann eine weitere, die mutmaßlich letzte große Stufe der sich seit Jahrzehnten bildenden großen Blase in den Volkswirtschaften dieser Welt (zu diesen Punkten später mehr).

Die Untersuchung von 2001 unterlag verschiedenen Grenzen. Da zu diesem Zeitpunkt Intraday-Daten nur von 1998 an vorlagen, musste wie bei Clawar hilfsweise auf den Kurs des AM Fixings anstelle des Spotkurses zur Eröffnung des New Yorker Handels zurückgegriffen werden. Außerdem war es mangels Historie für den Schlusskurs in New York nicht möglich, die Zeit vor 1991 einzubeziehen. Umgekehrt ist seit einigen Jahren die Bedeutung der New Yorker Handelszeit im Abnehmen begriffen, etwa durch die Einführung des beinahe vierundzwanzigstündigen elektronischen Handels des geregelten Terminmarktes seit 2003. Nichtsdestoweniger ermöglichte die Methode einen statistischen Nachweis und die Datierung des Beginns der Goldinterventionen.

Mittlerweile liegen aber Spotkurse im Minutentakt ab Februar 1986 vor.[14] Hinzu kommen minütliche Kurse des Terminmarktes der Comex sogar ab Januar 1984.[15] Beide Datensätze werden nachfolgend bei der Untersuchung

[14] Olsen Financial Technologies, Zürich, www.olsendata.com.

[15] Systrade, Neuville de Poitou, www.tickdatamarket.com.

der Anomalien des Goldpreises einbezogen. Vorher sei aber noch einmal die Effizienz des ursprünglichen Ansatzes für die Neunzigerjahre durch eine Erweiterung dargelegt. Dazu wird dem Indikator der relativen Kursbewegungen der Verlauf des Goldpreises hinzugesellt. Die obere Linie der nachfolgenden Abbildung zeigt somit wie in vorheriger Abbildung die örtliche Tendenz des Goldpreises; sie befindet sich unter null, wenn die Kursbewegungen in New York schwächer sind als die zu den übrigen Zeiten. Da Interventionen gegen einen steigenden Goldkurs bevorzugt in New York stattfinden, ist die Linie zugleich ein Maß der Drückung: Je tiefer sie liegt, desto stärker sind die Interventionen gegen einen steigenden Goldpreis. Die untere Linie zeigt den Goldpreis.

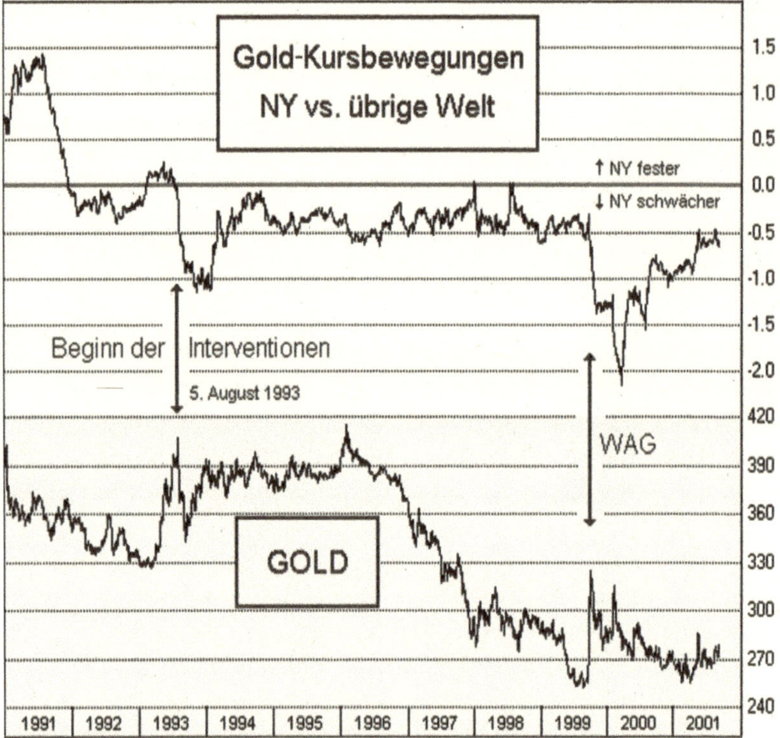

Abb. 15: Gold-Kursbewegungen New York vs. übrige Welt

Wir können sehen, dass die Intensität der Interventionen zu Beginn, ab dem 5. August 1993, besonders hoch war. Sie waren auch wirksam, denn der Goldpreis fiel nun schnell, nachdem er zuvor gestiegen war. Außerdem waren sie ein zweites Mal ab 1999 besonders stark, nachdem infolge des Washington Agreement on Gold (WAG) Gold sprunghaft stieg. Am 26. September 1999 unterzeichneten einige Notenbanken das WAG, worin sie ihre Goldveräußerungen begrenzten. Dies führte in den darauffolgenden Tagen zu einem scharfen Anstieg des Goldpreises um etwa 20 Prozent.[16] Die Interventionen wurden zudem nach einigen kleineren Anstiegen intensiviert. Insgesamt kann man sehr schön erkennen, dass Goldkursrückgänge in der Regel mit einer in New York beheimateten Schwäche des Goldpreises im Intraday-Verlauf einhergehen (für diesen Zusammenhang dürfte sich wohl auch nur schwerlich eine Erklärung jenseits von Interventionen finden lassen).

[16] Wenn hier im Ergebnis Zentralbanken den Anstieg des Preises veranlassten, folgert daraus nicht, dass keine Zentralbanken hinter der Golddrückung stehen. Zum einen müssen sie nicht mit einem derartigen Anstieg gerechnet haben. Außerdem sind Zentralbanken nicht einheitlich; die Zentralbanken, die hauptsächlich das WAG anstießen, sind andere als die Finanzinstitutionen, die zu der Zeit den Goldpreis niedrig sehen wollten.

7. Der Intraday-Verlauf des Goldpreises 1986-2012

Wir wollen nun die Untersuchungsmethode verfeinern. Insbesondere wollen wir nicht nur die Rückgänge während des amerikanischen Handels betrachten, sondern beliebige Häufungen von Kursbewegungen, insbesondere auch scharfen Kursbewegungen, zu bestimmten Tageszeiten betrachten. Der nachfolgende Chart zeigt nun den durchschnittlichen Intraday-Verlauf des Goldpreises, als es noch keine systematischen Interventionen gab, also ab Vorliegen der Zeitreihe vom 3. Februar 1986 bis zum 4. August 1993, dem Vortag des Beginns der Goldinterventionen. Bei den Intraday-Abbildungen ist grundsätzlich zu berücksichtigen, dass die eingetragenen Handelszeiten der New Yorker Comex nur eine grobe Indikation sein können, da die Öffnungszeiten wiederholt geändert wurden.

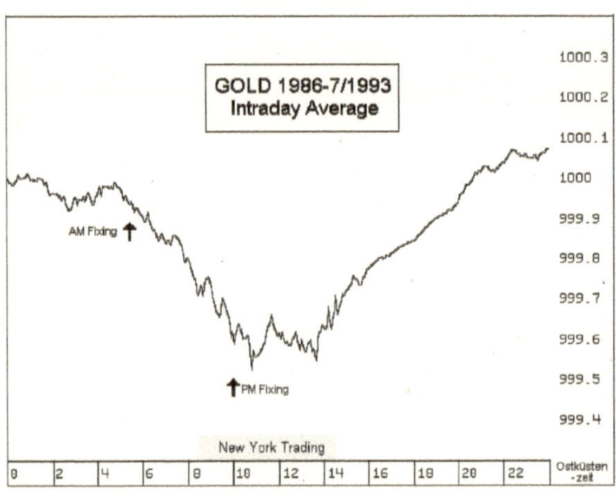

Abb. 16: Durchschnittlicher Intraday-Verlauf des Goldes 1986-7/1993

Das Ergebnis scheint nun auf den ersten Blick die vorherige Analyse abzuschwächen. Wir erkennen nämlich auch hier im Gesamtdurchschnitt lokale Tendenzen; der Goldpreis ist im europäischen Vormittagshandel leichter, in New York seitwärts mit leichterer Tendenz, und im frühen asiatischen Geschäft fester. Diese Tendenzen sind dabei nicht stabil über den Gesamtzeitraum verteilt. Es gab Jahre, in denen Europa schwach und New York seitwärts war (1988), solche, in denen Europa fest und Amerika schwach war (1987), und solche, in denen Europa und Amerika gleichermaßen nach oben gerichtet liefen (erste Jahreshälfte 1993). Es gab anscheinend keine systematischen Interventionen zu meist gleichen Handelszeiten, sondern normale Marktphänomene, zu denen auch phasenweise lokale Tendenzen oder Extremwerte gehören, die den Durchschnitt beeinflussen. Wir betrachten nun die Zeit ab Beginn der Goldinterventionen. Der nachfolgende Chart zeigt deshalb den durchschnittlichen Intraday-Verlauf ab dem 5. August 1993. Diesmal gibt es verschiedene ausreichend starke Kursanomalien, die im Gesamtchart sichtbar werden.

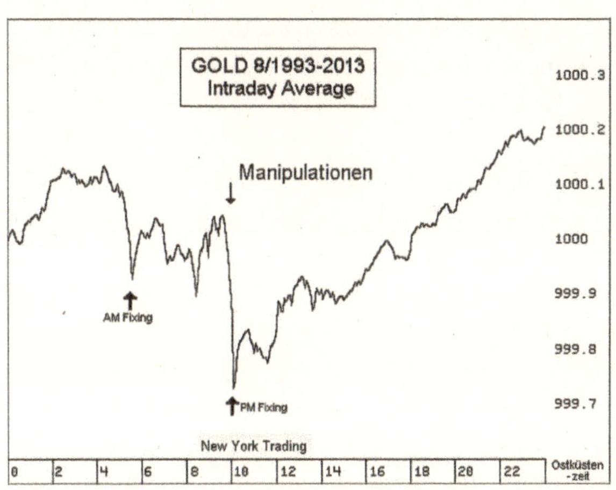

Abb. 17: Durchschnittlicher Intraday-Verlauf des Goldes 8/1993-2013

Im Unterschied zum Durchschnittsverlauf vor Beginn der systematischen Interventionen können wir nun Ausschläge zu bestimmten Zeiten erkennen. Der Kurs fällt im Mittel zum Vormittagsfixing und zum Schlusskurs des New Yorker Terminmarkts. Ganz besonders auffällig ist aber der Rückgang zum Nachmittagsfixing. Es gibt in den Jahren vor dem 5. August 1993 keine Bewegung, die mit diesem scharfen Rückgang um 15 Uhr Londoner beziehungsweise 10 Uhr New Yorker Zeit auch nur annähernd vergleichbar wäre. Dies kann kein Zufall sein.

Betrachtet man für eine Detailanalyse die einzelnen Jahre, so machen sich auch hier vor Beginn der systematischen Interventionen bestimmte zeitliche Eckpunkte kaum bemerkbar. Ganz anders ist es in den Jahren nach Beginn der Interventionen. Hier kommt es immer wieder zu Auffälligkeiten im Intraday-Verlauf, die sich im Durchschnitt auch nur einzelner Jahre zeigen und insbesondere zu bestimmten organisatorischen Zeiten wie den Fixings oder dem Handelsschluss stattfinden. Die Auffälligkeiten ändern sich sogar im Laufe der Zeit, fast immer lassen sich aber seit Beginn der Interventionen markante Besonderheiten zu bestimmten Zeiten entdecken.

Wir betrachten einige einzelne Jahre und fangen mit 1993 an, als die systematischen Interventionen begannen. Den Beginn der Interventionen verdeutlicht der Vergleich des ersten Halbjahres 1993 mit dem zweiten Halbjahr, wo sich die schwerpunktmäßig zu bestimmten Zeiten stattfindenden Interventionen im Innertagesverlauf bemerkbar machen. Bis 4. August 1993 ist intraday keine Auffälligkeit sichtbar:

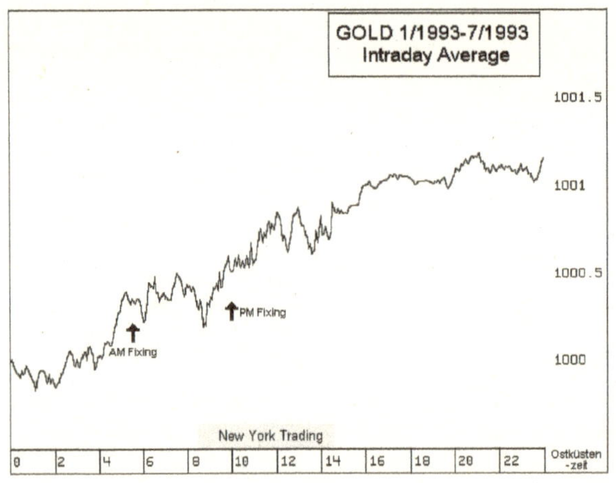

Abb. 18: Durchschnittlicher Intraday-Verlauf des Goldes 1993 von Jahresbeginn bis 4. August

Die Mittelbildung zwischen dem 5. August 1993, dem Beginn der Interventionen, und dem Jahresende lässt hingegen deutlich Abschwächungen zu bestimmten Zeiten, insbesondere zum damals um eine Stunde späteren Schluss der Terminbörse um 14.35 Uhr erkennen. Dies zeigt der nachfolgende Chart.

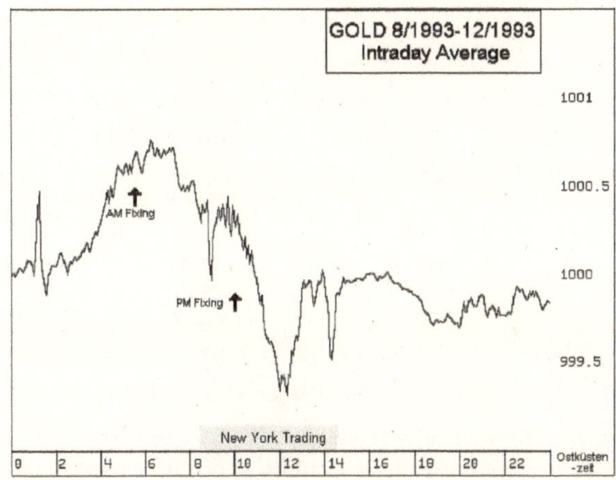

Abb. 19: Durchschnittlicher Intraday-Verlauf des Goldes 1993 vom 5. August 1993 bis Jahresende

Diese Abschwächung zum Börsenschluss ist aber auch 1994 gut erkennbar.

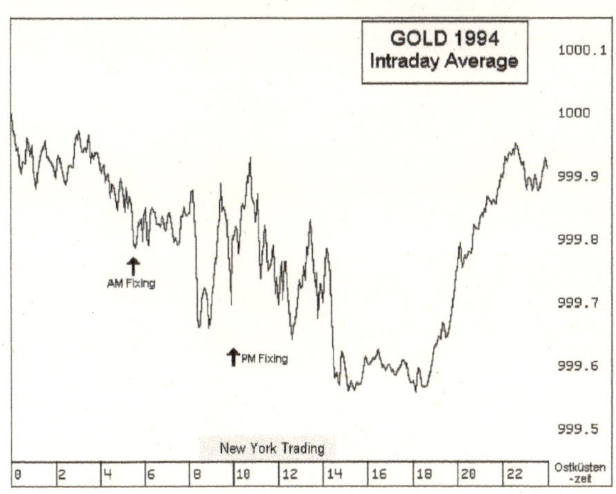

Abb. 20: Durchschnittlicher Intraday-Verlauf des Goldes 1994

Die Abschwächung wandert sogar mit dem Börsenschluss, der 1995 auf 14.00 Uhr vorverlegt wurde.

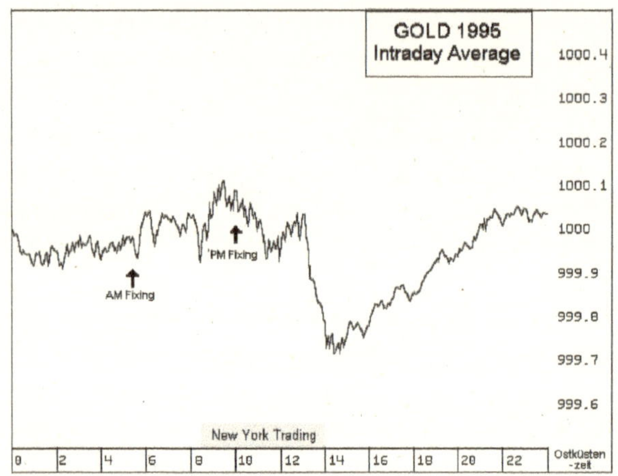

Abb. 21: Durchschnittlicher Intraday-Verlauf des Goldes 1995

Wir müssen uns bei der Analyse von Marktanomalien vergegenwärtigen, dass wir keine physikalischen Prozesse mit völlig gleichartiger Natur untersuchen. Interventionen sind menschengemacht. Sie werden nicht über mittlerweile 19 Jahre völlig unverändert durchgeführt. Natürlich gab es Änderungen in den Vorlieben und Verfahren bei den Interventionen. Mal wurde zur Eröffnung der Terminmärkte interveniert wie 1998, mal über die ganze Handelszeit verteilt wie 1996, mal zum Schluss wie von Beginn der Interventionen am 5. August 1993 bis 1995 (siehe Abbildungen 20 bis 22). 1994, dann wieder ab 1998 und verstärkt ab 2008 wurde um die Zeit um das Nachmittagsfixing so sehr interveniert, dass dies im Gesamtdurchschnitt extrem auffällig sichtbar wird (siehe Abbildung 18). Diese Rückgänge zum Nachmittagsfixing erinnern auch an den 2012 aufgedeckten Libor-Skandal, bei dem Banken den Referenzzinskurs manipulierten. Dies warf irreguläre Profite ab bei einer Vielzahl an Geschäften, die sich auf den Referenzzinskurs bezogen. Das Fixing bei Gold ist ein vergleichbarer Referenzkurs, auf den sich weitere Geschäfte beziehen.

Aber nicht nur die Methoden der Interventionen haben sich geändert, auch das Umfeld ist nicht konstant. Neben der Änderung der Haupthandelszeiten der Terminbörse ist hier die Einführung des elektronischen Handels im Jahr 2003 zu nennen – der beinahe einen durchgehenden Futures-Handel ermöglicht und damit auch Terminmarkt-Interventionen zu diesen Zeiten – oder die schwankende Bedeutung des ungeregelten Derivate-Handels. Aber selbst die zwischen den Ländern nicht einheitliche Sommerzeit (die hier nicht gezielt herausgerechnet wurde) könnte bei der Durchschnittsbetrachtung eine Rolle spielen. Hinzu kommt, dass das Ausmaß der Terminmarktinterventionen schwankte. So gab es in einzelnen Jahren anscheinend geringeren Anlass für Terminmarktinterventionen, vermutlich aufgrund eines hohen Angebots von physischem Gold seitens der Zentralbanken.

Außerdem muss man sich grundsätzlich die Frage stellen, ob Änderungen bei den markanten Auffälligkeiten im Intraday-Verlauf Hinweis auf ein »natürliches« Marktverhalten sind oder ob nicht im Gegenteil zu erwarten wäre, dass sich Interventionen im Laufe der Jahre ändern und mit ihnen die Marktanomalien. Wenn etwa Minen bevorzugt zum Nachmittagsfixing verkaufen würden, da der Markt dort sehr liquide ist, und wenn der Kurs deshalb um diese Zeit fiele, dann würden die Minen dies halbwegs regelmäßig und nur mit vertretbaren Auswirkungen auf den Preis tun, sodass dieses Muster nicht mal schwach, mal gar nicht, mal sehr stark auftreten würde, wie es tatsächlich der Fall ist. Hinzu kommt, dass die Marktteilnehmer wohl ihr Verhalten schnell ändern würden, wenn dieses einen so leicht erkennbaren Rückgang wie den zum Nachmittagsfixing zur Folge hätte. Es gab Tage wie den 18. September 2009, da fiel der Preis in den Minuten zum Nachmittagsfixing deutlich und verkaufende Minen hätten deshalb etwa 10 Dollar je Unze weniger erzielt. So außergewöhnlich ungeschickt ist kein normaler Handelsteilnehmer ein zweites Mal, es sei denn, er möchte die Preise beeinflussen (mal abgesehen davon, dass die übrigen Anomalien [wie die zum Schlusskurs] nicht erklärt würden). Mit dem erweiterten Datensatz wird bestätigt, dass der Goldpreis seit dem 5. August 1993 Intraday-Anomalien aufweist, die vorher nicht vorhanden waren. Sie sind bereits in der Betrachtung des Gesamtdurchschnitts erkennbar. Die Betrachtung des Durchschnittsverlaufs einzelner Jahre bestätigt das Ergebnis.[17] Mit dem 5. August 1993 begannen die systematischen Interventionen gegen den Goldpreis.

[17] Die durchschnittlichen Intraday-Verläufe aller verfügbaren Jahre finden sich im Anhang 1.

8. Gold ist anders

Wir hatten bereits im Kapitel »Wieso Gold?" dargelegt, dass Gold sich von auf Forderungen basierenden Wertaufbewahrungsmitteln (einschließlich Kreditgeld) wertsichernd unterscheidet, da sein Wert weder durch Schuldnerausfall noch durch Inflationierung gefährdet ist. Gold unterscheidet sich aber auch von anderen Waren, die überwiegend oder gänzlich Verbrauchsgüter sind. Gold wird ähnlich wie Geld gehalten, es wird praktisch nicht verbraucht. Nicht zuletzt aufgrund seiner Wertaufbewahrungsfunktion ist bei Gold ein Vielfaches des Jahresverbrauchs bereits als Bestand vorhanden. Auch darin unterscheidet es sich von anderen Waren. Wir wollen nun die für Kursinterventionen relevanten Bestands- und Flussgrößen genauer ansehen. Die nachfolgende Abbildung zeigt die Schätzungen für die gesamte je geförderte Menge Gold sowie den Anteil davon, der offiziell bei den Zentralbanken als Reserve ausgewiesen ist. Dem sind die Schätzungen von Verbrauch und Produktion gegenübergestellt.

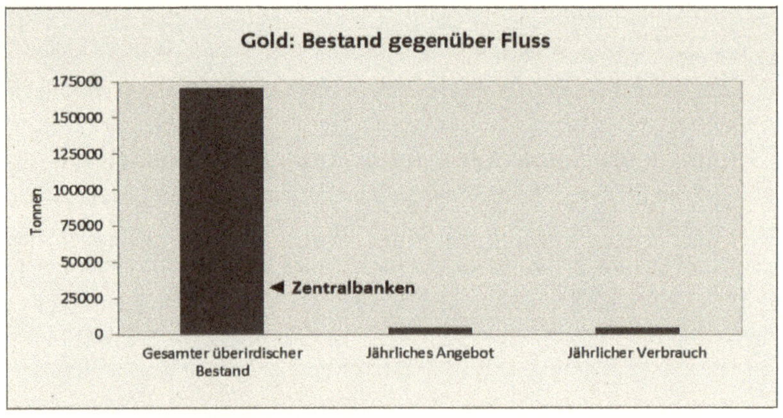

Abb. 22: Gold: Bestand gegenüber Fluss

Die Bedeutung dieser Relation ist sehr groß. Geringe Teile des Bestandes würden reichen, um den Bedarf zu decken! Umgekehrt würde man viele Jahresproduktionen benötigen, um den Bestand nennenswert zu erhöhen. Sähe man Gold nur als Ware – was es physikalisch unzweifelhaft ist, nicht aber ökonomisch –, würde man bei fundamentalen Betrachtungen zum Preis auf Produktion und Verbrauch fokussieren. Was aber für Rohöl oder Weizen gilt, ist bei Gold bestenfalls sekundär. Ein Autofahrer, der seinen Wagen beruflich nutzt, muss tanken, auch wenn sich der Preis verdoppelt hat. Kein Mensch aber muss Gold kaufen, wenn die Unze das Doppelte kostet. Er tut es aus anderen Überlegungen, etwa weil er seine Ersparnisse für die Ausbildung seiner Kinder vor Inflation oder Bankenzusammenbrüchen sichern möchte. Oder er verkauft Gold, weil er dem Finanzsystem traut und investiert es zinsbringend bei einer Bank seines Vertrauens. Der Goldpreis fällt somit, wenn aus dem Bestand etwas Gold abgegeben wird, und er steigt, wenn es für den Bestand als Wertaufbewahrungsmittel nachgefragt wird.

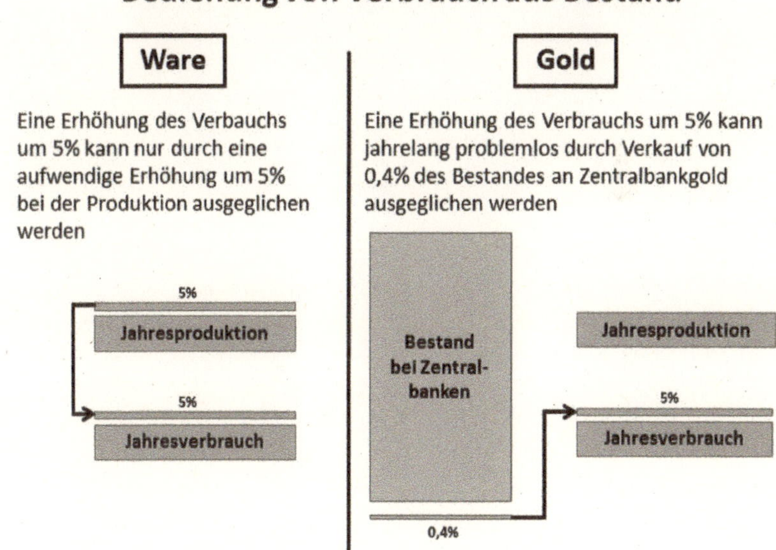

Abb. 23: Bedienung von Verbrauch aus Bestand

Nur weil sein Bestand so groß und Gold Wertaufbewahrungsmittel ist, kann langjährig von den Finanzinstitutionen erfolgreich auf den Goldpreis Einfluss genommen werden. Sie können aus dem Bestand heraus Nachfrage bedienen, und sie können (potenzielle) Anleger zu Bestandsänderungen veranlassen. Keine Regierung kann langjährig den Benzinpreis halbieren, ohne laufend die Differenz zum Weltmarktpreis aus anderen Quellen bezahlen zu müssen. Sie hat kein Öl für den Verbrauch vieler Jahre in ihren Lagerstätten. Bei Gold hat sie es! Und keine Regierung kann die Autofahrer ohne weiteres motivieren, halb so viel Benzin zu verbrauchen. Sie kann sie nur mühsam über den Preis und schon gar nicht über »Alternativen zu Benzin-Anlagen« zu Verhaltensänderungen beeinflussen. Bei Gold kann sie es!

9. Mittel der Goldintervention I.: Verkäufe

Verkäufe sind das nächstliegende Mittel, den Anstieg eines Preises zu erschweren. In den letzten Jahrzehnten traten die Zentralbanken überwiegend als Verkäufer auf (erst zuletzt gab es einige, die ihre Goldvorräte nennenswert aufstockten). Die Zentralbanken verkauften dabei bis über 600 Tonnen pro Jahr. Diese Menge ist in Relation zum Jahresverbrauch von derzeit etwa 2400 Tonnen zu sehen. Ohne Zweifel sind Verkäufe dieser Größenordnung eine erhebliche Belastung für den Preis. Er wäre ohne sie deutlich höher gewesen. Sicher gibt es viele Motive für eine Zentralbank, Goldverkäufe zu tätigen. So erzielt Gold, wenn es im Tresor liegt, keine Zinsen. In Währung (wie Dollar) gemessen gibt es bei Gold Kursrisiken, sein Preis kann fallen.

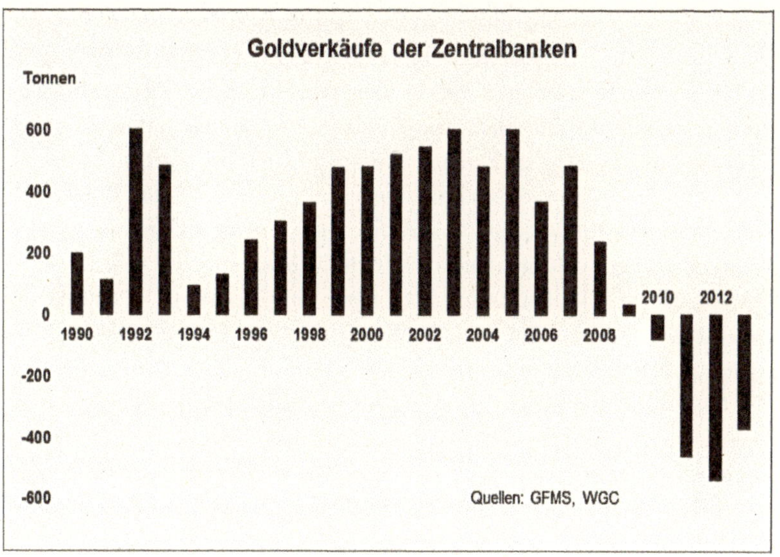

Abb. 24: Goldverkäufe der Zentralbanken

Zudem kann der Goldanteil in Relation zu übrigen Anlageklassen zu hoch erscheinen. Eine Zentralbank, die Gold verkauft, tut dies also nicht unbedingt, um auf den Preis Einfluss zu nehmen. Nachfolgend sind die Goldverkäufe von Zentralbanken aufgelistet (die Werte unterscheiden sich von den offiziell gemeldeten, da das auf Edelmetalle spezialisierte Rechercheunternehmen GFMS sie unter Einbeziehung weiterer Informationen schätzt).

Dennoch dürfte für einige Zentralbankverkäufe in den letzten knapp zwei Jahrzehnten die Preisintervention Hauptmotiv gewesen sein. Dies lässt sich mangels offizieller Bestätigung allerdings nur anhand von Indizien plausibel machen. Eine Zentralbank muss dabei nicht selbst in der Drückungsabsicht handeln, sie kann auch dazu motiviert werden. Dazu kann Lobbyarbeit etwa der einheimischen Minenindustrie zählen, die sich mit geliehenem Gold refinanziert. Banken und Hedgefonds, die eine Short-Position halten, können Druck auf die Zentralbanken ausüben (zu diesen Themen später mehr). Zudem kann eine durch Interventionen verursachte schlechte Kursentwicklung andere Zentralbanken motivieren, Gold zu verkaufen. Aber auch eine negative Stimmungsmache gegen Gold kann zu Verkäufen anhalten, etwa nach dem Motto, Gold sei heute überflüssig, nicht ertragsbringend, und die übrigen Reserven seien sicher. Dies kann bis hin zu offenem Druck, offener Propaganda und Verleumdung reichen, wie im Falle der Schweiz.[18] Ausgerechnet ihr wurde plötzlich (und fälschlich) von Politikern, Verbänden und Medien vorgeworfen, hohe Beträge im Zweiten Weltkrieg illegitim erworben zu haben. Ein Fonds, der durch Goldverkäufe finanziert wurde, sollte für Wiedergutmachung sorgen. Auffällig ist, dass häufig moralische Argumente vorgeschoben wurden, wenn es innerhalb der Zentralbanken und der Öffentlichkeit Widerstände gab, Gold zu verkaufen. Es kam dabei nicht nur zu Schuldvorwürfen wie im Falle der Schweiz. Es gab auch den umgekehrten Fall, dass die Goldverkäufe scheinbar kostenfrei »Gutes« bewirken sollten wie im Falle des IWF-Goldes, wo beispielsweise Verkäufe einen Schuldenerlass ärmerer Länder finanzieren sollten (von denen einige heftig protestierten, denn ihre Minenindustrie litt unter dem niedrigen Goldpreis, und Zehntausende verloren ihren Job). Viele Politiker und Journalisten haben sich, ob aus Unwissenheit

[18] Siehe Lips, Ferdinand: »Die Gold-Verschwörung«, Rottenburg 2003, Seiten 237 ff.

oder anderweitig motiviert, insbesondere Ende der Neunziger mit unsachlichen Argumenten und mitunter unredlichen Vorgehensweisen gegen Gold als Zentralbankreserve hervorgetan und damit das Interesse von an einem fallenden Goldpreis interessierten Banken verfolgt.

Wir wollen aber an dieser Stelle nicht die einzelnen Verkäufe zusammen mit den zugehörigen Bemerkungen und Begründungen analysieren. Es ist mühsam, einer Politikeräußerung zu entnehmen, ob sie aus mangelndem Sachwissen oder mit verheimlichter anderer Absicht gemacht wurde. Manche Politiker dürften einfach geäußert haben, was sie aufgeschnappt hatten und was sie für plausibel hielten. In unserer Kommunikations- und Mediengesellschaft greift schnell einer auf, was der andere sagt, nur weil es vernünftig klingt und gut zu sein scheint und weil man damit dem Anschein nach positiv in die Medien kommt. Jeder möchte positiv erscheinen, auch wenn seine Tätigkeiten für die Zukunft nichts Gutes bedeuten. Dennoch muss ein Name hier erscheinen: der des damaligen britischen Schatzkanzlers und späteren Premierministers Gordon Brown. Er kündigte 1999 Goldverkäufe im Voraus an, was den Preis auf Talfahrt schickte. Solche Vorankündigungen waren bis dahin natürlich auch unter Zentralbanken unüblich, um den Verkaufserlös nicht zu gefährden. Brown kündigte die Verkäufe hingegen an und sorgte so dafür, dass der Preis fiel und die Verkaufserlöse mit ihm (die Inspiration für diese Vorankündigung könnte der zuvor öffentlich gemachte Vorschlag der Amerikaner, IWF-Gold zu verkaufen, geliefert haben; bereits diese Ankündigung war im Sinne einer Intervention erfolgreich, da der Kurs nach unten drehte).

Als Kaufmann würde man so nicht lange bestehen können, und auch die meisten Privatpersonen stellen sich geschickter an und verhandeln einen Preis zumindest nicht gegen ihr Interesse. Wenn es keinen externen Grund für die Ankündigungen gab (wie ein Gesetz, doch von einem externen Grund ist nichts bekannt), kommen eigentlich nur zwei Gründe in Frage: grobe Ungeschicklichkeit oder Absicht – nämlich die, den Preis zu drücken. In diesem Kontext sind auch weitere Ankündigungen zu sehen, insbesondere Absichtsbekundungen, Gold des Internationalen Währungsfonds IWF zu verkaufen. Auch hier tat sich Brown als aktiver Empfehlungsgeber hervor, ohne dass ihn irgendetwas für diese Rolle prädestiniert hätte. Mindestens viermal wurde er diesbezüglich über einen Zeitraum von zehn Jahren aktiv.[19] Ungeschicklichkeit als Grund für seine Vorabankündigung beim Verkauf des Goldes der Briten kann man deshalb ausschließen.

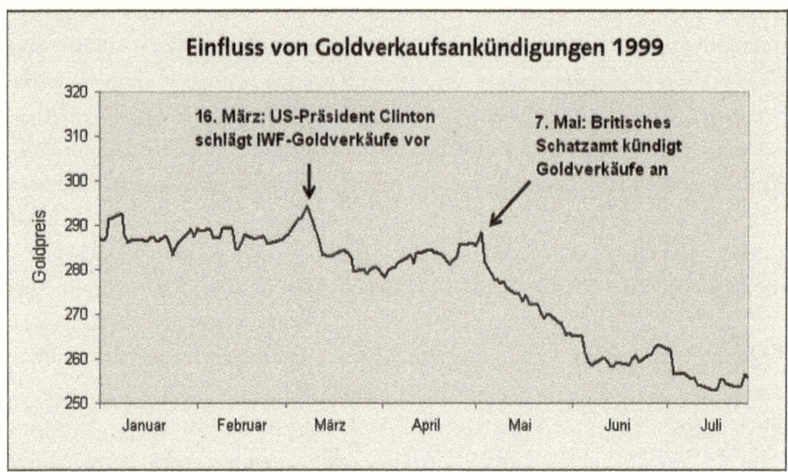

Abb. 25: Einfluss von Goldverkaufsankündigungen 1999

Die Verkäufe des britischen Goldschatzes, einst der mit Abstand größte der Welt, heute bedeutungslos, ereigneten sich übrigens zum beinahe schlechtesten Zeitpunkt, nämlich in der Nähe eines Tiefkurses des Goldpreises über viele Jahre (heute spricht man deshalb vom »Brown Bottom«). Durch Verkauf aus zweifelhafter Motivation heraus und zu nur etwa einem Bruchteil des gegenwärtigen Preises ist dem britischen Steuerzahler bereits jetzt ein zweistelliger Milliardenschaden entstanden. Bereits damals wurden Brown und die preisdrückende Vorankündigung von vielen Seiten heftig kritisiert, insbesondere von der britischen Opposition. Vermutlich in Unkenntnis der Goldinterventionen vermutete sie aber eine Unterstützung der Euro-Einführung als Motiv, denn angeblich machten die Goldverkäufe Mittel für Euro-Devisen-Käufe frei

[19] 4/1999, 2/2005, 4/2007 und 4/2009 aus Kosares, Michael: »The Gordon Brown Gold Rally Indicator flashes buy signal« www.usagold.com/amk/abcs-gold-rally-indicator.html. Siehe auch: Embry, John; Hepburn, Andrew: «Not free, not fair: The long-term manipulation of the gold price«, 24. August 2004, S. 36, www.sprott.com/media/105296/not-free-not-fair.pdf.

(dafür hätte es aber keiner Vorabankündigung und daraus resultierender Drückung bedurft). Aber nicht nur die Opposition und weite Teile der Öffentlichkeit waren gegen den Verkauf, selbst die Bank of England, wie später veröffentlichte Dokumente zeigten. Selbst aus dem Ausland kam Kritik, etwa von der Regierung und von den Gewerkschaften des Goldförderlandes Südafrika. Zudem fragten in einem gemeinschaftlichen Schreiben laut Reuters vom 6. Juli 1999 einige große Minen sogar nach, ob das tatsächliche Motiv die Unterstützung von Firmen sei, die durch die Goldleihe an fallenden Kursen interessiert sind. Dies würde auch die Vorabankündigungen erklären; die britischen Goldverkäufe hätten so für Extra-Profite der Leerverkäufer gesorgt. Die Umstände des britischen Verkaufs sind weiterhin mysteriös und konnten bis heute nicht ansatzweise aufgeklärt werden.

10. Mittel der Goldintervention II.: Die Goldleihe

Die Goldleihe ist das zweite Instrument, den Goldpreis niedrig zu halten. Seit Beginn der Achtzigerjahre des vorigen Jahrhunderts hat sich zunehmend eine Geschäftsform entwickelt, bei der mit Gold eine Ware im großen Stil verliehen wird. Bei der sogenannten »Goldleihe« wird Gold, das in den Tresoren vor allem der Zentralbanken quasi ungenutzt liegt, letztlich an Minen verliehen (in geringerem Maße gibt es auch Verleihungen an Weiterverarbeiter wie Schmuckproduzenten zum Zweck der Finanzierung und der Absicherung). Ähnlich wie bei einem normalen Kredit fungieren dabei Banken als Mittler. Diese werden im Finanzslang »Bullionbank« genannt. Für die Zentralbanken reduzieren diese Banken das Ausfallrisiko bezüglich einzelner Minen. Zudem übernehmen sie die Detailarbeit wie die Auswahl leistungskräftiger Minen. Dafür erhalten diese vermittelnden Banken ein geschäftsübliches Entgelt. Die Banken verkaufen für die Minen das geliehene Gold am Markt. Den Erlös, das eigentliche Ziel der ganzen Aktion, verwenden die Minen, um Investitionen, etwa für Förderanlagen, zu tätigen. Diese Investitionen versetzen die Minen dann in die Lage, Gold zu fördern. Damit begleichen sie später ihre Goldschuld bei der Zentralbank. Die Minen bekommen somit eine Finanzierung, die auf Gold lautet und nicht auf eine Währung. Sie müssen Gold zurückzahlen und keine Dollar, zahlen also in dem, was sie produzieren. Dadurch sind sie abgesichert gegenüber einem fallenden Goldpreis, andererseits profitieren sie nicht von einem steigenden Goldkurs. Da keine Abhängigkeit vom Goldkurs besteht, ist das Risiko des Ausfalls berechenbarer und das Golddarlehen für eine Mine folglich leichter erhältlich.

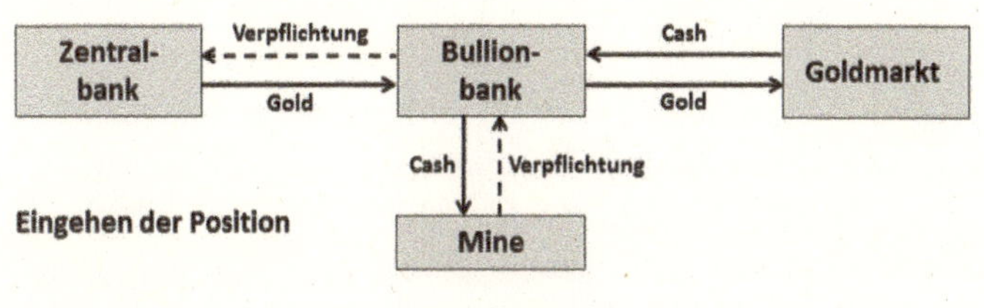

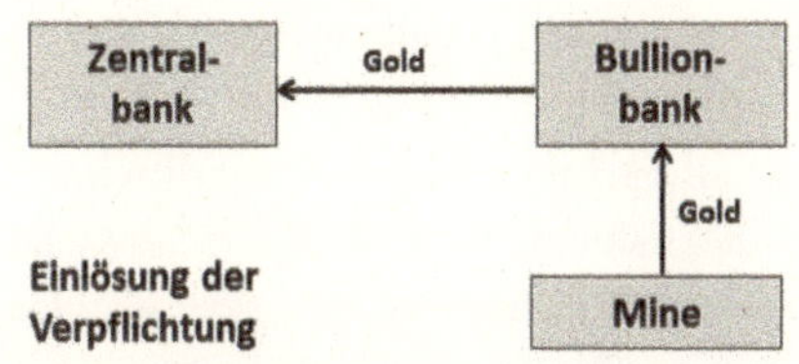

Abb. 26: Funktionsweise des Leihgeschäfts

Eine solche Warenleihe gibt es in nennenswertem Umfang und in dieser Form nur bei Gold. Die meisten üblichen Darlehen lauten auf Geld. Ein Bäcker leiht sich keine Brötchen, eine Ölfirma kein Öl, wenn sie Produktionsstätten errichten wollen, sondern Geld. Voraussetzung für die Goldleihe ist der bereits besprochene hohe Lagerbestand. Nur weil Gold für viele Jahresproduktionen in den Tresoren der Zentralbanken lagert, können sich die Minen überhaupt große Mengen Gold leihen. Oft hatten sich dabei Minen über einige Jahresproduktionen verschuldet. Eine Warenleihe dieser Form konnte somit nur bei Gold und erst nach Beendigung jeder Goldbindung der Währung entstehen (was 1971 geschah). Die Goldleihe ist eine Warenleihe und weist somit viele Analogien zu anderen Warenleihen auf. Es gibt aber auch Unterschiede zu den meisten Leihgeschäften, bei denen Waren verliehen werden. Einer ist, dass üblicherweise nicht dasselbe Gold zurückgegeben wird, das man sich geliehen hat, sondern anderes. Dies ermöglicht den zwischenzeitlichen Verkauf am Markt, was ja auch beabsichtigt ist. Ein solcher Verkauf wirkt nun aber in gleicher Weise wie jeder andere Verkauf. Er vergrößert das Angebot und wirkt somit drückend auf den Preis. Neben Zentralbankverkäufen war es somit die

Goldleihe, die dem Markt Gold physisch zur Verfügung stellte. Verliehenes Gold beeinflusst den Preis in gleicher Weise negativ wie unmittelbar verkauftes Gold.

Für die Zentralbanken von Goldförderländern wie Australien war ein anfänglicher Grund, Gold zu verleihen, die Unterstützung und indirekte Subventionierung der heimischen Goldindustrie. Sie konnte sich günstig, leicht und unabhängig vom Goldpreis refinanzieren. Dementsprechend gab es auch Lobbyarbeit vonseiten der Bullionbanken, der Goldminenindustrie und ihnen nahestehenden Verbänden. Diese versuchten dann, weltweit dahingehend Einfluss auf die Zentralbanken zu nehmen, dass diese Gold verliehen.

Als Hauptgrund für das Verleihen von Gold gelten die Einnahmen durch den Goldleihezins. Die Zentralbanken erhalten nämlich für das Verleihen des Goldes einen Zins. Der Goldleihezins unterscheidet sich vom gängigen Kapitalzins. Die Höhe des Goldleihezinses ist vom Zins an den Kapitalmärkten völlig unabhängig. Er kann abhängig von Angebot und Nachfrage nach Leihgold relativ beliebige Werte annehmen. In den Achtzigerjahren lag die Höhe im Mittel bei etwa 1 Prozent p.a., wobei die Spitzen bis 3 Prozent p.a. reichten. Hintergrund für den niedrigen Zins war, dass damals in Relation zur großen Menge des bei den Zentralbanken gelagerten Goldes nur sehr wenig Gold verliehen wurde. Die Zentralbanken standen also vor der Wahl, geringe oder keine Einnahmen zu erzielen. Zunehmend entschieden sie sich für die wenn auch geringen Einnahmen durch Verleihen. Dabei wurden meist kurzlaufende Verträge abgeschlossen. Diese wurden in der Regel prolongiert, ähnlich wie ein Privatanleger sein Festgeld bei einer Bank einfach stehen lässt. Manche Zentralbank, der das Risiko, das Gold nicht wiederzubekommen, in Relation zu den niedrigen Einnahmen von 1 Prozent p.a. anfänglich zu hoch war, änderte ihre Meinung bei den kurzfristigen Leihzins-Spitzen. Die Zentralbanken verliehen das Gold bei 3 Prozent p.a., blieben dem Leihgeschäft aber treu, als der Zins wieder auf 1 Prozent p.a. gefallen war. Geschätzte knapp 50 Zentralbanken hatten sich Anfang der Neunziger für das Verleihen von Gold entschieden.

Es scheint auf den ersten Blick bei Leihgold einen freien Markt zu geben, da die Zentralbanken untereinander im Wettbewerb stehen. Dennoch ist zu berücksichtigen, dass Zentralbanken politische Institutionen mit (geld-)politischen Zielen sind, keine aus Eigeninteresse handelnden Privatinvestoren. Bemerkenswerterweise ist es Privaten zu aufwendig und zu riskant, für einen Ertrag von 1 Prozent p.a. ihr Gold zu verleihen, obwohl das meiste Gold von ihnen gehalten wird. Sie nehmen deshalb nur in geringem Maße an diesem Geschäft teil. Da das Angebot an Leihgold somit von den Zentralbanken dominiert wird, ist der Goldleihezins auch ein politisch festgelegter Preis. Zumindest einige Zentralbanken entscheiden sich aus (geld-)politischen Motiven heraus, Gold zu verleihen, und dies zu niedrigen Zinsen. Mit der Subventionierung der Goldminen wurde bereits ein Grund genannt. Den Minen werden so günstige Golddarlehen gewährt. Ein anderer Grund ist die Finanzierung von Gewinnen der Gold-Carry-Trader – und damit der zweiten Gruppe von Akteuren bei der Golddrückung.

11. Der Gold-Carry-Trade

Ein Carry-Trade ist ein Zinsdifferenzgeschäft, bei dem ein Kredit in einer niedrig verzinslichen Währung nur deshalb aufgenommen wird, um den Betrag höher verzinslich anzulegen. Beispielsweise konnte man sich vor einigen Jahren für 1 Prozent in Yen verschulden und damit 9 Prozent in neuseeländischen Dollar erzielen. Die Differenz von 8 Prozent ist der planbare Gewinn. Hinzu kommt aber, dass bei Rückzahlung des Kredits der dann maßgebliche Wechselkurs zur Anwendung kommt. Im Beispiel entsteht ein Verlust, wenn der neuseeländische Dollar nach einem Jahr um etwa 8 Prozent gefallen ist. Der Ertrag ist also abhängig vom Verlauf des Wechselkurses. Der Carry-Trader hat ein Interesse, dass die Währung, in der er investiert hat, steigt beziehungsweise dass die Währung, in der er verschuldet ist, fällt.

Der Gold-Carry-Trade ist eine vergleichbare Geschäftsart, bloß dass der Kredit in Gold aufgenommen wird. Man leiht sich also Gold von einer Zentralbank und legt es besser verzinslich an, um die Differenz als Gewinn zu erzielen. Das Gold muss allerdings zuvor verkauft werden, um den Erlös beispielsweise in festverzinsliche Anleihen investieren zu können. Während Carry-Trades mit Devisen auch von Privatpersonen gemacht werden, ist der Teilnehmerkreis beim Gold-Carry-Trade eng begrenzt, da die Zentralbanken nicht jedem Gold leihen. Ursprünglich war der Kreis der Teilnehmer dabei noch etwas weiter, die Zentralbanken wurden aber vorsichtiger und engten den Kreis derer, denen sie Gold liehen, zunehmend ein. Es sind deshalb mittlerweile vornehmlich die Geschäftsbanken, die auch mit der konventionellen Goldleihe zu tun haben, also die Bullionbanken, die in diesem Geschäft tätig sind. Die nachfolgende Abbildung zeigt den Gold-Carry-Trade schematisch.

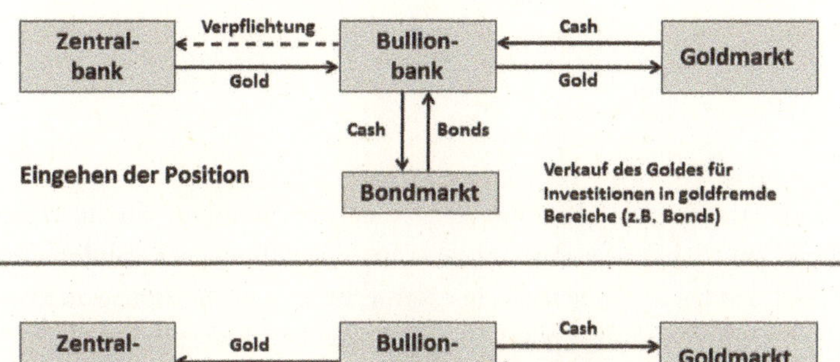

Abb. 27: Funktionsweise des Gold-Carry-Trades

Der Gold-Carry-Trade entwickelte sich naheliegenderweise aus der klassischen Goldleihe. Bei ihr vereinbaren die Bullionbanken mit der Mine einen Vertrag über die künftige Lieferung des Goldes. Sie können dabei nur in Höhe banküblicher Darlehen verdienen, durch Provisionen oder eine geringe Zinsdifferenz beim Weiterreichen des Darlehens. Die Zentralbanken machten bei der Goldleihe aber ein Koppelungsgeschäft mit einer Mine wie bei der konventionellen Goldleihe üblich nicht zur Voraussetzung. Damit konnte jeder, der Zugang hatte, die Gelegenheit wahrnehmen, die die günstige Finanzierung in Form der Goldleihe bietet. Die Bullionbank (oder ein anderer Carry-Trader) leiht sich Gold zu sehr günstigen Zinsen, verkauft es im Markt und legt den Erlös höher rentierlich an. Da die Zinsdifferenz zwischen Goldleihezins und Anleihezins meist viel höher ist, ist es auch der daraus resultierende Gewinn. Wie bei jedem Carry-Trade haben die Bullionbanken nun aber ein eigenes Interesse, dass der Goldpreis fällt. Denn sie sind das Gold schuldig, und je niedriger sie es im Markt zurückkaufen können, desto mehr verdienen sie. Wenn es steigt, verlieren sie hingegen. Der Gold-Carry-Trade ist somit eine besondere Geschäftsart, da es bei ihm nur ein Interesse an fallenden Preisen gibt.

12. Koordination von Privat- und Zentralbanken

Die Carry-Trader haben also ein eigenes Interesse an einem fallenden Goldpreis. Ihr Interesse ist wirtschaftlicher Natur, sie wollen Gewinne erzielen. Es deckt sich zugleich mit dem politischen Interesse einiger Zentralbanken an einem nicht steigenden Goldpreis (dieses werden wir später besprechen). Die Zentralbanken wiederum könnten direkt am Markt intervenieren. Sie haben es am Devisen- und Goldmarkt bereits oft getan, sowohl offen als auch verdeckt. Sie müssen es hier aber nicht oder nur in geringem Maße. Sie brauchen nicht selbst im Markt aktiv zu werden, sondern können Teile der Arbeit an die Bullionbanken gewissermaßen delegieren. Diese verfolgen einfach ihr Geschäftsinteresse, wenn sie gegen einen Preisanstieg bei Gold vorgehen.

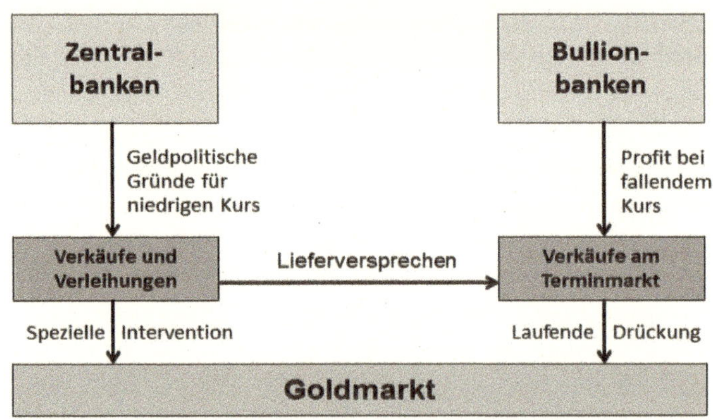

Abb. 28: Interessenkooperation von Zentral- und Bullionbanken

Sie müssen im Prinzip nicht einmal dazu bewogen werden. Sie benötigen allerdings Rückendeckung. Wenn sie die Teile der Arbeit übernehmen, beispielsweise die beinahe täglichen Interventionen am Terminmarkt, kann es sein, dass sie Gold auch physisch benötigen. Wie eingangs besprochen, kann die Terminmarktintervention zwar potenzielle Investoren von Investments abhalten. Es kann aber dennoch sein, dass zu einem zu niedrigen Preis die physische Gesamtnachfrage nicht bedient werden kann. Dann wird physisches Material benötigt, durch Verkäufe oder Verleihungen seitens der Zentralbanken. Das Alltagsgeschäft können die privaten Bullionbanken aber gänzlich übernehmen.

Aufgrund der gleichgerichteten Interessen ist die Golddrückung somit gewissermaßen ein Selbstläufer, sie benötigt lediglich einige wenige Absprachen. Sie ist ein Prozess, der einmal angestoßen, über viele Jahre aufgrund gleichgerichteter Interessen von selbst abläuft. Sowohl aufseiten der Zentralbanken als auch aufseiten der Bullionbanken ist dabei ein Wissen über die Details und Hintergründe bei vielen der Beteiligten nicht nötig. Es genügen Zusagen und Absprachen auf höchster Ebene. Das Detailgeschäft aufseiten der Zentralbank erscheint bis auf konkrete Interventionen als normale Goldleihe. Aufseiten der Bullionbanken könnten systematische Kursbeeinflussungen intern auffällig sein, erscheinen aber wohl weitgehend als Teil von Carry-Trade und Goldleihe. Es müssen also nicht hunderte oder tausende Personen involviert sein, was das Risiko selbst bei verschwiegenen Bankern und noch verschwiegeneren Zentralbankern erhöht hätte, dass einer absichtlich oder unbeabsichtigt etwas nach draußen dringen lässt. Einige der Beteiligten wissen es aber natürlich, es sind lediglich nicht alle. Wer in einzelne Geschäftsvorgänge involviert ist, selbst in der für die Goldleihe zuständigen Handelsabteilung einer Zentralbank, muss den Gesamtzusammenhang nicht erfahren haben. Wie gering die Anzahl an Personen sein kann, die involviert sind, und wie sehr es auch innerhalb von Zentralbanken Grenzen gibt, mögen ein aktuelles und ein historisches Beispiel verdeutlichen: Zum einen wissen lediglich drei Personen innerhalb der Schweizerischen Nationalbank, wo deren Gold lagert.[20] Zum anderen wussten in den Zwanzigerjahren des vorigen Jahrhunderts nur vier

[20] Hämmerli, Alex: »Wo liegt das Schweizer Volksvermögen?« 20Minuten, 31. März 2012 www.20min.ch/finance/news/story/Wo-liegt-das-Schweizer-Volksvermoegen--22947306

Personen Bescheid, als die Bank of England sogar Zahlenangaben zum Zwecke der Zinsmanipulation verfälschte.[21]

Was für die Zahl der Personen gilt, gilt entsprechend auch für die der Institute. Von mehreren Dutzend Bullionbanken nutzen wohl allenfalls einige wenige Häuser Kontakte zu offizieller Seite in einer Weise, die das übliche geschäftliche Maß übersteigt. Oft wird dabei die enge personelle Verknüpfung mit den Finanzinstituten kritisiert, so saßen mit Rubin und Paulson zwei US-Finanzminister zuvor im Vorstand der US-Großbank Goldman Sachs. Grundsätzlich genügt für die übergeordnete Kooperation zwischen privater und offizieller Seite eine Absprache (die einzelnen Goldleiheverträge sind natürlich dezidiert schriftlich ausformuliert). Oft wird wegen des gleichgerichteten Interesses selbst eine solche nicht nötig gewesen sein. Auch von den Zentralbanken sind wohl beileibe nicht alle konkret involviert. Eine Steuerung von langer Hand ist insgesamt auch gar nicht nötig. Es genügt weitgehend, das gleichgerichtete Interesse an einem niedrigen Goldpreis mit wechselnden Absprachen, Methoden und auch Kooperationspartnern durchzusetzen. Es gibt aber konkrete Absprachen (was man etwa an Zielgrößen im Kurs feststellen kann).

Eine Kooperation zwischen privater und offizieller Seite ist aber auch nicht ohne historischen Vorläufer. Bereits im Zuge des Aktiencrashs von 1987 wurden private Institutionen von der amerikanischen Zentralbank mit Marktinterventionen beauftragt. Es ging darum, die Märkte durch Käufe von Terminkontrakten zu stützen. Der Sachverhalt war damals in Marktkreisen allgemein bekannt. Später wurde er durch Bob Woodward regierungsintern bestätigt. Woodward ist durch die Aufdeckung des Watergate-Skandals bekannt geworden und konnte hochrangige Regierungsvertreter befragen.[22] Am 19. Oktober 1987 hatte der amerikanische Aktienmarkt mit 20 Prozent den stärksten Kursverlust der Geschichte an einem Tag erlitten. Es drohten Stillstand und Zusammenbruch des

---

21 Garret, John: »Monetary Policy and Expectations: Market-Control Techniques and the Bank of England, 1925–1931« in: The Journal of Economic History, Cambridge University Press September 1995 vol. 55(03), S. 618. Ein Fund von Tyler Durden (Pseudonym).

22 Woodward, Bob: »Greenspan«, Hamburg 2001 S. 51; Woodward stellt den tatsächlichen Sachverhalt in der Möglichkeitsform dar, da eine solche Kooperation illegal gewesen sein könnte. Dabei nennt er diese Begründung sogleich in einer so offenkundigen Weise, dass der Leser den zuvor als Möglichkeit dargestellten Sachverhalt als realen versteht.

Finanzsystems (2008 konnte ein Stillstand dann nicht mehr verhindert werden). Auch die unter anderem zur Aufrechterhaltung des Anlergervertrauens in der Folge eingesetzte Working Group on Financial Markets sollte möglichst Lösungen mit Hilfe des Privatbankensektors finden.[23] Darum dürfte es wohl auch gegangen sein, als der amerikanische Finanzminister auf dem Höhepunkt der Finanzmarktkrise 2008 bis zu sechsmal am Tag mit dem Chef von Goldman Sachs telefonierte.[24] Auch beim 2012 aufgedeckten Libor-Skandal scheint mit der Bank of England auch eine Zentralbank involviert zu sein.[25] Kooperationen zwischen Zentral- und Privatbanken zur Kursbeeinflussung sind somit nichts Außergewöhnliches. Zentralbanken sind ja auch, wie der Name bereits ausdrückt, primär Teile des Bankensystems, und keine losgelösten staatlichen Behörden.

Wie die Goldleihe wirkt der Gold-Carry-Trade negativ auf den Preis, da physisches Material das Angebot steigert. Zudem verbindet er Carry-Trader in Form der Bullionbanken mit den Zentralbanken aufgrund des gleichgerichteten Interesses. Auch finanziert er die Interventionsaktion, die Geschäftsbanken können langjährig große Gewinne aus der Zinsdifferenz erzielen (die sie dann später wohl auch benötigen, denn der Preis steigt seit einigen Jahren, was Verluste generiert).

Neben der täglichen Interventionsarbeit gibt es auch die Möglichkeit zur Kooperation beim Carry-Trade selbst. Zwar ist sein laufender Ertrag aufgrund des niedrigen Goldleihezinses hoch, aber eben nicht sicher, da die Carry-Trader Gold schulden und davon abhängig sind, dass sein Preis nicht steigt. Die Bullionbanken könnten also zu zusätzlichen Carry-Trades von Zentralbanken motiviert werden, wenn die Zentralbanken einen niedrigen Goldpreis »garantieren«, etwa durch Verkäufe oder einfach durch Ausweitung der Goldleihe.

---

[23] Executive Order 12631, www.archives.gov/federal-register/codification/executive-order/12631.html.

[24] Crudele, John: »Fix was in: Bloomberg mag seconds a scoop« New York Post December 8, 2011, www.nypost.com/p/news/business/fix_was_in_bloomberg_mag_seconds_t0MKHkjTB8AMZGGj8tAbtJixzz2CCXVxyej

[25] Monaghan, Angela: «Barclays' Libor scandal hits Bank of England governor race", The Telegraph, 3. Juli 2012; www.telegraph.co.uk/finance/newsbysector/banksandfinance/9373641/Barclays-Libor-scandal-hits-Bank-of-England-governor-race.html. Es gibt noch weitere Parallelen zur Lage am Goldmarkt: So wussten viele Leute Bescheid (und dennoch sagten nur wenige was); es drang immer wieder etwas nach außen (und dennoch wurde es nicht aufgeklärt); die Manipulationen dauerten weit länger als eine Dekade an (www.businessinsider.com/the-federal-reserve-was-worried-about-libor-manipulation-as-early-as-1998-2012-7).

13. Verplappert: Auch Zentralbanker sind Menschen

Damit die Kooperation zwischen Bullion- und Zentralbanken funktioniert, müssen die Zentralbanken garantieren, auf Anfrage genug Gold zu liefern, sollte der Preis steigen. Ein Zitat Alan Greenspans, des damaligen Chefs der amerikanischen Zentralbank Fed, ist hier bezeichnend. Er sagte 1998: *»Auch können private Kontraktpartner das Angebot von Gold, einer weiteren Ware, die oft im Interbankenhandel gehandelt wird, nicht beschränken, denn Zentralbanken sind bereit, Gold in steigender Menge zu verleihen, sollte sein Preis steigen.«*[26]

In seiner Aussage ging es natürlich nicht um systematische Interventionen, sondern um eine etwaige Regulierung des Interbankenhandels. Es könnte jemand, beispielsweise ein Spekulant, böswillig versuchen, den Preis künstlich nach oben zu treiben, um irreguläre Gewinne zu erzielen. Greenspan versucht zu entkräften, dass ihm das gelingen könnte. Als ein Beispiel erwähnt er Gold und dabei genau den Mechanismus, der wesentlicher Teil der systematischen Golddrückung ist und der ansonsten unbekannt ist und nirgends diskutiert wird. Obwohl er aus einem anderen Kontext heraus spricht, sagt er somit ganz klar, dass die Zentralbanken Gold verleihen würden, um den Preis vom Anstieg abzuhalten. Greenspan sagt nicht, dass sie es bereits tun, aber dass sie dazu bereit sind.

---

[26] U.S. Congress. Senate. Hearing before the Committee on Agriculture, Nutrition and Forestry. Testimony by Alan Greenspan, Chairman of the Board of Governors of the Federal Reserve. 105th Congress, 2nd Session, July 30, 1998: http://agriculture.senate.gov/Hearings/Hearings_1998/gspan.htm Das Zitat wird von der Gata (der Organisation, die gegen die Goldinterventionen angeht) oft herangezogen. »Nor can private counterparties restrict supplies of gold, another commodity whose derivatives are often traded over-the-counter, where central banks stand ready to lease gold in increasing quantities should the price rise.«

Aus seiner Aussage folgt zudem, dass die Leihe für die Zentralbanken – Greenspan spricht im Plural von »Zentralbanken« – bereits abgesprochenes Mittel ist, den Goldpreis zu drücken. Wieso sollten sich Zentralbanken aber koordinieren, um den aus damaliger Sicht sehr unwahrscheinlichen Fall eines Problems im Interbankenhandel beim Anstieg des Goldes abzuklären? Was machen sie denn bei Rohöl, Gas, Benzin, Heizöl, Platin, Palladium, Silber, Aluminium, Nickel, Zink, Kupfer, Zucker, Kaffee, Weizen, Soja, Mais oder den sehr viel größeren Aktien- und Anleihenmärkten? Sie haben eine Partikularlösung für eine Ware. Diese Lösung ist mit der Angebotsvergrößerung durch Verleihen zudem doch eher exotisch. Auf diese Art von Intervention muss man erst kommen. Man muss sich fragen, wieso Greenspan Gold als Beispiel wählt und wieso er die exotische Lösung der Goldleihe zur Preisbeeinflussung nennt. Dies geht nach menschlichem Ermessen nur, wenn er sich damit bereits befasst hat.

Außerdem nennt Greenspan als Anlass, wann die Zentralbanken einschreiten würden, einen Anstieg des Preises (»sollte sein Preis steigen«). Doch hier stellt sich eine weitere Frage: Wie können die Zentralbanken einem Anstieg denn ansehen, ob er regulär ist (durch mangelndes Angebot oder steigende Nachfrage verursacht) oder irregulär (durch künstliches Treiben des Preises)? Dies können sie nicht. Wenn sie aber irreguläre Anstiege verhindern, obwohl sie diese nicht von den übrigen unterscheiden können, müssen sie jeden Anstieg verhindern. Das ist logisch zwingend! Somit tun sie es (im Jahre 1998) bereits.

Nebenbei gesagt ist es gar nicht die Aufgabe der Zentralbanken, im Warenmarkt zu intervenieren, etwa um präventiv Probleme zu verhindern. Es gibt dazu keinerlei Gesetz, sie haben dazu kein Mandat. Es dürfte auch schwerfallen, passende Literatur zu finden (»wenn eine Ware um 5 Prozent binnen einer Woche steigt, sollten die Zentralbanken sie aus ihren Beständen verleihen, um einen weiteren Preisanstieg zu verhindern«). Aber auch daran denkt Greenspan nicht, als er das Beispiel wählt.

Greenspan nennt das Beispiel, da es im Kontext der Regulierungsfragen perfekt geeignet ist, um besorgte Politiker von der Notwendigkeit weiterer Regulierung abzuhalten: Es kann wirklich absolut niemand den Goldpreis künstlich in die Höhe treiben. Denn die Zentralbanken sorgen dafür, dass er nicht steigt, indem sie bei Anstiegen Gold verleihen. Greenspan hat sich hier regelrecht verplappert. Zu verlockend war es, ein Beispiel zu nennen, wie ein ungewollter Preisanstieg zuverlässig verhindert werden kann. Trotz des anderen Kontextes ergibt die Aussage Greenspans dann und nur dann Sinn, wenn die Goldleihe von Zentralbanken zur Drückung des Preises bereits eingesetzt wurde.

14. Die Bücher schweigen

Transparenz in öffentlichen Angelegenheiten ist wesentlicher Anspruch moderner Gesellschaften. Dementsprechend veröffentlichen auch Zentralbanken regelmäßig Bilanzen. Die Menge verliehenen Goldes sollte sich dementsprechend wenigstens in ihren Bilanzen niederschlagen. Auf diese Art könnte man überprüfen, ob Goldleihe und Gold-Carry-Trade Mittel der Intervention sind. Zudem wüsste man, wie groß die Menge des verliehenen Goldes ist. Doch wie sieht es konkret aus, was wird genau publiziert? Die USA sind mit gut 8000 Tonnen der größte Goldhalter der Welt. In den USA ist das Schatzamt der offizielle Halter des Goldes. Doch weder die Zentralbank noch das Schatzamt publizieren, ob und wie viel Gold verliehen ist. In Großbritannien ist ebenfalls das Schatzamt der offizielle Goldhalter. Auch hier gibt es keine Information zur verliehenen Menge. In zwei als vorbildlich geltenden Demokratien herrscht großes Schweigen, wenn es um die Goldleihe geht. Wenden wir uns den Ländern zu, bei denen die Notenbank das Gold hält. Hier wäre zu erwarten, dass in der Bilanz ordentlich zwischen physisch vorhandener und verliehener Ware unterschieden wird.

Deutschland ist mit knapp 3400 Tonnen der zweitgrößte Halter von Gold. Wir sehen uns die entsprechende Position in der Bilanz der Deutschen Notenbank, der Bundesbank, an.[27]

[27] Annual Report 2011 of the Deutsche Bundesbank, S. 134, www.bundesbank.de/Redaktion/EN/Downloads/Publications/Annual_Report/2011_annual_report.pdf.

I. Bilanz der Deutschen Bundesbank zum 31. Dezember 2011

Aktiva

		31.12.2010
	Mio €	Mio €
1 Gold und Goldforderungen	132 874	115 403

Abb. 29: Auszug aus der Bilanz der Deutschen Bundesbank

Da steht also »Gold und Goldforderungen«. Was nun sind Goldforderungen? Es sind Rechte an Gold, die infolge von Goldverleihungen und verwandten Geschäftsarten entstehen. Diese Rechte hält die Bundesbank gegenüber Dritten, also anderen Zentralbanken und eben Bullionbanken. Eine solche Goldforderung ist aber grundverschieden von Gold. So ist es etwa nicht sicher, ob die Bundesbank das Gold zurückbekommt. Die Position »Gold und Goldforderungen« wird von der Bundesbank aber nicht weiter aufgeschlüsselt. Sie übergeht damit nationales Bilanzrecht, das sie eigentlich befolgen muss.[28] Aber international ist sie nicht isoliert. Bis auf sehr wenige Ausnahmen publizieren die Zentralbanken nicht oder zumindest nicht systematisch, wie viel Gold sie verliehen haben. Somit fehlt jede auch nur halbwegs zuverlässige Angabe über die Menge des von Zentralbanken verliehenen Goldes.

Dies ist nun völlig unverständlich und es fehlt jede stichhaltige Begründung. Weder werden damit Geschäftsvorgänge geschützt (was folgerte denn schon aus der Angabe, die Fed habe, sagen wir, 50 Tonnen Gold verliehen?) noch gewöhnliche Interessen der jeweiligen Zentralbank oder des zugehörigen Landes. Selbst wenn man dem nicht zustimmen sollte, bestünde immer noch die Möglichkeit, die Zahlen zeitversetzt zu nennen. Selbst der zeitliche Abstand beim Jahresabschluss sollte ausreichen. Für eine offenere Darstellung hätten die Zentralbanken auch besonderen Anlass, denn seit Jahren kursieren Gerüchte und Schätzungen, denen zufolge ein großer Teil (teilweise bis über die Hälfte) des Goldes der Zentralbanken verliehen wäre (und damit nicht in ihren Tresoren verfügbar). Diese Gerüchte sind eigentlich ein Vertrauensverlust. Die Zentralbanken könnten ihn mit einer Zahl aus dem Weg räumen!

---

[28] § 266 HGB, § 26,2 in Verbindung mit § 3 Bundesbankgesetz. Eine erlaubte Ausnahme liegt hier nicht vor.

Es gäbe sogar noch einen weiteren, völlig unverfänglichen Weg: Zentralbanken können nämlich Angaben, die sie nicht veröffentlicht sehen wollen, vertraulich dem IWF mitteilen. Der speichert sie in seiner vertraulichen Datenbank, und veröffentlicht sie summarisch. Wenn beispielsweise eine bestimmte Zentralbank die Zusammensetzung ihrer Devisenreserven (sagen wir 60 Prozent Dollar, 30 Prozent Euro und 10 Prozent Yen) nicht veröffentlichen will, kann sie diese dem IWF melden.[29] Der führt die Zahlen aller Zentralbanken zusammen und veröffentlicht dann in seiner Statistik die Zusammensetzung der Devisenreserven aller Zentralbanken. Auf diese Art bleiben die Angaben der einzelnen Zentralbank vertraulich. Forschung, Öffentlichkeit und sogar die Zentralbanken selbst haben aber eine fundierte Orientierungsgröße. Diese Vorgehensweise ist seit vielen Jahren eingespielt und die meisten Zentralbanken nehmen daran teil. Aber: Bei der Menge verliehenen Goldes tun sie es nicht.

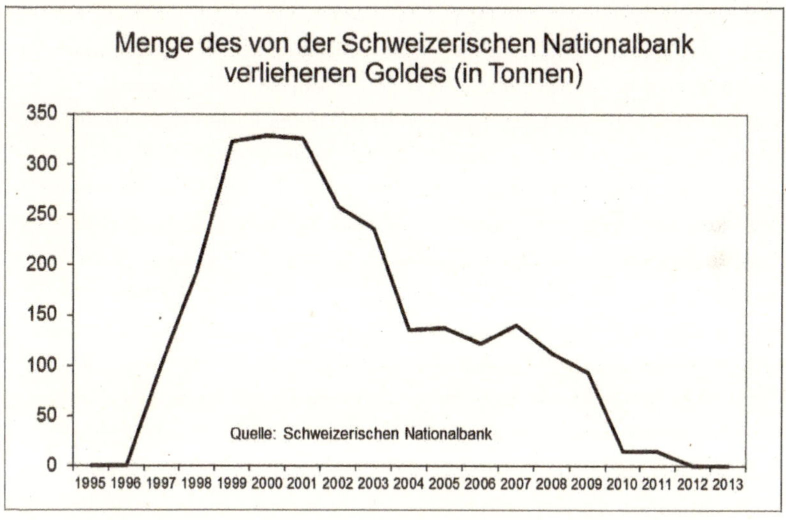

Abb. 30: Menge des von der Schweizerischen Nationalbank verliehenen Goldes

[29] 144 Zentralbanken (Stand 9/2012) berichten so dem IWF; International Monetary Fund: »Currency Composition of Official Foreign Exchange Reserves (COFER)«, www.imf.org/external/np/sta/cofer/eng/index.htm.

Wir haben also keine offiziellen Zahlen. Es gibt nur sehr wenige Ausnahmen, nämlich die Bank von Portugal mit einer Verleihquote von 54,9 Prozent (2011), die Schweizerische Nationalbank mit aktuell nur noch 0,01 Prozent (2013) und die Bank für Internationalen Zahlungsausgleich (BIZ) mit nur noch 3,0 Prozent (2012).[30] Das war es im Wesentlichen, was die Notenbankwelt im Bereich des Goldverleihgeschäfts an Transparenz zu bieten hat. Gerade mal zwei von in der Spitze vielleicht siebzig verleihenden Notenbanken veröffentlichen regelmäßig ihre Verleihmengen.[31] Eine äußerst geringe Zahl! Zudem ist eine Veröffentlichung auch bilanzrechtlich angezeigt (das Folgekapitel wird einen Grund dafür zeigen). Die allermeisten Zentralbanken machen aber keinerlei Angaben über die Menge des von ihnen verliehenen Goldes, auch nicht mit zeitlicher Verzögerung oder anonymisiert über den IWF. Damit gibt es über die weltweit verliehene Menge Gold keine auch nur halbwegs genauen Angaben im Unterschied etwa zu den Devisenreserven oder auch zum Goldbestand, obwohl diese Zahl grundsätzlich von entscheidender Bedeutung für den Goldmarkt ist (wie wir noch sehen werden).

Und wie sieht es mit Inventuren aus? Jeder Kaufmannsladen überprüft mindestens einmal im Jahr seine Bestände. In einem der berühmtesten Schatzhäuser der Welt, in Fort Knox, gab es beispielsweise in der jüngeren Vergangenheit keine einzige ordentliche Inventur. Generell gibt es bezüglich der Goldlager der Zentralbanken und anderer staatlicher Stellen im Wesentlichen keine unabhängigen Überprüfungen, und es werden auch nur wenige Mengenangaben infolge interner Überprüfungen publiziert. Es gibt somit auch keine Angaben über den Tresorbestand, aus dem sich fundierte Rückschlüsse auf die genaue Menge des verliehenen Goldes ziehen ließen. Erst seit kurzem (2012) kommt auf vielfachen öffentlichen und politischen Druck hin etwas Bewegung in das Thema und die USA und Deutschland wollen einen Teil ihrer Goldreserven überprüfen.

---

30 Geschäftsbericht der Bank von Portugal 2011, S. 144, www.bportugal.pt/en-US/PublicacoeseIntervencoes/Banco/RelatConselhoAdministracao/Publications/RelCA_11_e.pdf (seine Swap-Quote von ehedem über 50 Prozent hat Portugal vollständig zurückgefahren), der Schweizerischen Nationalbank 2013, S. 160, www.snb.ch/de/mmr/reference/annrep_2013_komplett/source, BIS 82nd Annual Report BIS 2012, www.bis.org/publ/arpdf/ar2012e7.pdf. Sicht- und Termineinlagen werden hier der Einfachheit halber den Verleihungen zugeordnet, obwohl nicht angegeben ist, ob und wie viel von den Sichteinlagen (»Sammelverwahrung«) letztlich am Markt verliehen ist.

31 Belgien (37% Ende 2011 http://derstandard.at/1350259138672/Oesterreichs-Gold-ist-unzulaenglich-geprueft) und Deutschland (Stopp der Leihe in 2008) geben seit kurzem mehr Informationen an.

15. Die wunderbare Goldvermehrung

Was die Alchemisten des Mittelalters nicht vermochten, schaffen moderne Zentralbanken mit links: Sie vermehren Gold! Das ist kein Witz, und es geht so: Die Zentralbank von Verleiheland verleiht einer Bullionbank 100 Tonnen Gold, die diese an die Zentralbank von Kaufeland verkauft. Diese 100 Tonnen stehen jetzt gemäß der aktuellen Notenbankpraxis weiterhin in der Bilanz der Zentralbank von Verleiheland unter dem Aktivposten »Gold und Goldforderungen«. Jetzt stehen dort aber auch in der Bilanz der Zentralbank von Kaufeland 100 Tonnen, denn diese hat sie ja ordentlich erworben. Voilà! Aus 100 Tonnen wurden 200 Tonnen. In den Bilanzen beider Notenbanken stehen jetzt unter Aktiva je 100 Tonnen, das macht zusammen 200 Tonnen. Auf diese Weise werden dann auch in unserem fiktiven Beispiel 200 Tonnen in den Statistiken des IWF ausgewiesen, obwohl nur 100 Tonnen vorhanden sind.

Natürlich hat sich das Gold nicht real vermehrt, sondern bloß in den Bilanzen. Und natürlich widerspricht diese Praxis jeder Logik. Ich kann meinem Nachbarn gern mein Auto leihen, wenn er mit meinem Wagen nach Chicago fährt, kann ich aber nicht gleichzeitig damit nach New York fahren. Das geht einfach nicht. Wir können nicht beide gleichzeitig dasselbe Auto besitzen. Es ist ein großer Unterschied, ob ich etwas habe oder ob ich es verliehen habe. Wenn ich es verliehen habe, hat es in dem Moment derjenige zur Verfügung, dem ich es geliehen habe, und nicht ich. Außerdem besteht immer die Restunsicherheit, ob ich es zurückbekomme.

Eine Forderung ist nämlich kein Sachvermögen. Man kann über den Gegenstand einer Forderung nicht sofort verfügen; zudem kann sie notleidend werden. Das ist natürlich seit langem bekannt, und deshalb müssen Forderungen bilanzsystematisch auch getrennt ausgewiesen werden. Alles andere wäre wie gezeigt unlogisch und würde zu Asymmetrien führen. Auch die Bundesbank beispielsweise müsste in ihrer Bilanz die Forderungen getrennt ausweisen. Dass sie es, allem Anschein nach entgegen nationalem Recht, nicht tut, wird mit »geschäftspolitischen Gründen« begründet.[32] Nun ist das Goldverleihgeschäft in keiner Weise gefährdet, wenn im Nachhinein die Menge des verliehenen Goldes bekannt würde. Auch bliebe die Vertraulichkeit gewahrt. Faktisch beweisen zudem die Zentralbanken der Schweiz und Portugals, die die Verleihmengen publizieren, dass es keine geschäftspolitischen Gründe gibt, die einer Publizierung entgegenstehen. Die geschäftspolitischen Gründe sind somit vorgeschoben. Sie sind sachlich nicht gegeben.

Wenn aber die nationalen Notenbanken durch die Nennung der Menge verliehenen Goldes in der Erfüllung ihrer eigenen Aufgaben nicht behindert werden, kann es nur noch um ein übergeordnetes Interesse gehen. Das kann dann nur noch das Verheimlichen der Gesamtmenge des weltweit verliehenen Goldes sein. Durch Nicht-Nennung geben die Notenbanken indirekt aber eindeutig zu, dass es eine – und sei es in Teilen stillschweigende – Übereinkunft der Zentralbanken gibt, die Menge nicht zu nennen, damit nicht bekannt wird, wie viel Gold von den Zentralbanken weltweit verliehen wurde.

Das Verschweigen der Verleihmengen steht auch nicht in Einklang mit den Bilanzierungsregeln wohl der meisten Länder sowie internationalen Bilanzierungsrichtlinien. Dazu ist der besprochene Unterschied von Sachvermögen und Forderung zu bedeutsam. Auch der Kerngedanke der Bilanzierungsrichtlinien des IWF legt eine getrennte Auflistung nahe, so ist zur Qualifizierung als Reserve eigentlich sofortige Verfügbarkeit vonnöten,[33] was faktisch und rechtlich für das verliehene Gold wohl meist nicht gegeben ist. Dass dennoch die Zentralbanken der meisten Länder in diesem zentralen Punkt von Standards abweichen, passt zum Vorhandensein einer Übereinkunft, wie sie eben unterstellt wurde. Wenn nun wiederum einige wenige Zentralbanken von der Masse der Abweichler abweichen und doch die Standards erfüllen, sollte es da-

[32] Zitiert nach Bandulet, Bruno: »Wo ist das Gold?«, Messeprogramm der internationalen Fachmesse für Edelmetalle und Rohstoffe, München, 18.–19.11.2005, S. 66, s.a. www.goldseiten.de/content/kolumnen/artikel.php?storyid=4.

[33] Zum Beispiel Kester, Anne Y.: »International reserves and foreign currency liquidity: Guidelines for a data template«, Washington 2001, Punkte 72, 99 u.a., http://dsbb.imf.org/vgn/images/pdfs/opguide.pdf.

für besondere Erklärungen geben. Portugal hat schon schlechte Erfahrungen gemacht (dazu später mehr), die Schweiz »tanzt« sowieso »außer der Reihe«, und die BIZ ist (beispielsweise aufgrund einiger privater Aktionäre) rechtlich und sachlich ein Sonderfall.

Merkwürdigerweise macht die Bundesbank aber an anderer Stelle ihrer Bilanz differenziertere Angaben. Bei den Erträgen weist sie die Zinseinnahmen aus Goldverleihungen nämlich eigens aus. Das konterkariert natürlich gleichermaßen die »geschäftspolitischen Gründe«, die die Bundesbank langjährig anführte, weshalb sie die Menge nicht nennen könne. Konsequenterweise dürfte sie dann die Erträge nämlich auch nicht nennen. Die Nennung der Erträge ist ein Indiz dafür, worauf sich die Übereinkunft der Zentralbanken bezieht (auf ein Verschweigen der Menge des verliehenen Goldes, nicht der Erträge). Die Nennung bloß der Erträge, nicht aber der Mengen, räumt zudem einen Verdacht nicht grundlegend aus: Es könnte theoretisch sehr viel mehr verliehen worden sein, als die Erträge suggerieren, was aber aufgrund fehlender oder sehr geringer Zinseinnahmen nicht erkennbar wäre. So gibt es Spekulationen unter Marktbeobachtern, die bis zu 1700 Tonnen verliehenen Goldes – der halbe Goldbestand der Bundesbank – reichen (dazu später mehr).

Entgegen ihrer bisherigen Informationspolitik hat die Bundesbank jedoch kurz vor Abschluss der überarbeiteten Neuauflage dieses Buches die Leihemengen überraschenderweise mitgeteilt. Auf Anfrage übersandte sie im Januar 2013 eine Tabellenkalkulationsdatei, in der auch Spalten für die Leihe, für Swaps und für Sichtkonten enthalten waren. Damit herrscht nach vielen Jahren des Rätselratens endlich Klarheit über die von der Bundesbank verliehenen Mengen Goldes. Die Mengen stehen hinreichend im Einklang mit einer zuvor gemachten Schätzung auf Basis der veröffentlichten Leiheerträge und weiterer Angaben.[34]

[34] E-Mail der Bundesbank vom 2.1.2013 an den Verfasser. Details zur Herleitung der Verleihmenge auf Basis der veröffentlichten Leiheerträge siehe Anhang 3.

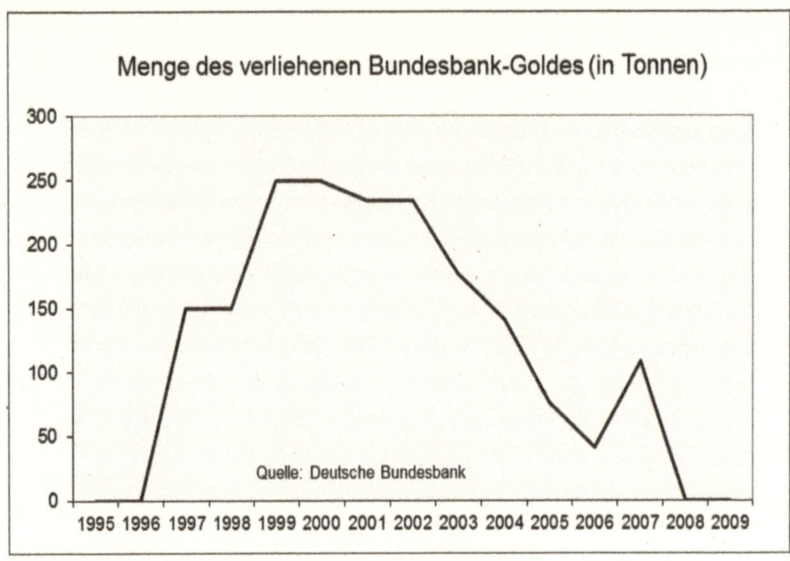

Abb. 31: Menge des verliehenen Bundesbank-Goldes

Die Bundesbank hatte sich 1996 entschieden, Goldverleihungen durchzuführen. Deren Ausmaß betrug in der Spitze unter 10% des Gesamtbestandes und war damit eher konservativ. In den letzten Jahren hat die Bundesbank ihr Verleihgeschäft an private Gegenparteien zurückgeführt und dann gänzlich eingestellt. Zusammen mit dem bekannten Verlauf der Leihmenge des Schweizer Goldes lassen sich so erste Trends erkennen: Die Verleihmengen der Schweiz und des zweitgrößten Goldhalters Deutschland stiegen bis zur Jahrtausendwende, gehen seitdem aber wieder zurück. Der Rückgang der Leihmenge bedeutet nun aber nicht, dass seitdem im Goldmarkt nicht mehr interveniert würde, sondern nur, dass dieses Instrument allenfalls noch phasenweise eingesetzt wird. Aber es dürfte auch nicht der Erwartung vieler kritischer Goldmarktbeobachter entsprechen, dass die Menge verliehenen Goldes zurückgegangen ist und dass das sogar ohne schwere Verwerfungen gelang. Wir werden im Folgekapitel untersuchen, ob diese Trends auch weltweit gelten.

Wegen des Ausfallrisikos sollte man annehmen, dass möglichst jede Tonne Gold sicher in Tresoren lagert. Dennoch verleihen Zentralbanken Gold für geringe Zinsen, führen keine Inventur durch oder lagern das Gold im Ausland. Dabei wird geltendes nationales Recht ignoriert, und es werden auf Rückfrage keine oder vorgeschobene Begründungen angegeben. Bei den Lagerorten wird das Gold der Bundesbank von Goldmarktbeobachtern am häufigsten thematisiert. Es lagert zu weiten Teilen im Ausland, insbesondere in New York. Zu Zeiten des Goldstandards vor mehr als vierzig und denen des Kalten Krieges vor mehr als zwanzig Jahren war das sinnvoll. Dafür dass es heute dort noch lagert, nennt die Bundesbank wechselnde Begründungen wie Kosten eines Transports oder besserer Zugang zu Devisen im Krisenfall. Die Bundesbank verweigerte sogar jahrzehntelang jede offizielle Information darüber, welche Mengen in welchen Lagerstätten untergebracht sind. Auf Druck der Öffentlichkeit, von einzelnen Bundestagsabgeordneten und des Bundesrechnungshofs bereitete die Bundesbank im Jahr 2012 ihrer Heimlichtuerei endlich ein Ende und machte Angaben zu den Lagermengen in den einzelne Lagerstätten. Erfreulicherweise hat sich die Bundesbank zuletzt zu mehr Transparenz im Goldbereich entschieden, wie auch die Nennung der Leihemengen zeigt.

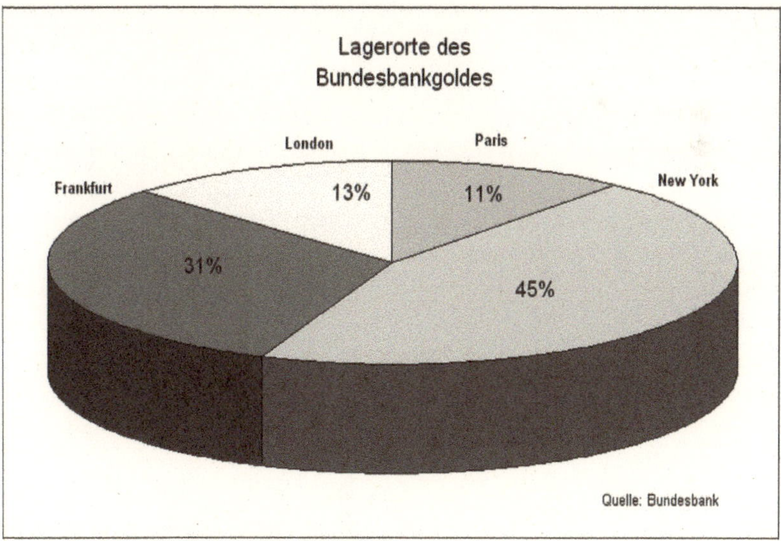

Abb. 32: Lagerorte des Bundesbankgoldes

Es gibt keine hinreichenden Gründe für das Verheimlichen der Leihmengen, für das Vernachlässigen von Inventuren und für das massenhafte Lagern an ausländischen Orten. Viele Beobachter sind deshalb zu Recht seit langem misstrauisch und fordern eine rechtlich und sachlich angemessene Goldpolitik. Die Auskunftspolitik der Zentralbanken ist vormodern. Zentralbanker sind nicht allwissend, sie müssen sich der öffentlichen und der akademischen Diskussion stellen. Ihre Unabhängigkeit zielt darauf, ohne Einflussnahme durch die Regierung oder gesellschaftliche Gruppen Entscheidungen zu fällen, nicht auf jahrelanges Verschweigen der Mittel und Ergebnisse ihrer Politik. Unabhängigkeit bedeutet nicht Intransparenz! Während Zentralbanken ihre übrige Geldpolitik mittlerweile weitgehend darlegen, herrscht bei Gold weitgehend Stille.

16. Wie viel Gold ist weltweit verliehen?

Goldverkäufe und Goldverleihungen wirken drückend auf den Preis. Es erhöht gleichermaßen das physische Angebot, ob eine Zentralbank 100 Tonnen nun verkauft oder ob sie sie verleiht. Verleihen geht schnell, der Vorgang muss nicht umständlich durch die Gremien, es finanziert die Carry-Trader, und die Öffentlichkeit wird nicht über die Mengen informiert. Während wir über die Verkäufe recht gut informiert sind, gibt es im Gegensatz dazu vonseiten der Zentralbanken kaum Informationen, wie viel Zentralbankgold im Markt verliehen ist. Es gibt aber Schätzungen von Dritten. Denn wenn die Zentralbanken die Menge des verliehenen Goldes schon nicht veröffentlichen, so tun es möglicherweise ihre Geschäftspartner, die sich das Gold leihen. Zudem könnte man versuchen, den weltweiten jährlichen Verbrauch und Konsum abzuschätzen, und aus der Differenz auf das durch Verleihungen in den Markt gekommene Gold schließen. Diese beiden Wege sind naheliegend, die resultierenden Schätzungen leider aber nicht hinreichend genau.

Im Unterschied zu den Zentralbanken publizieren viele Minen, die Empfänger des Erlöses der klassischen Goldleihe, recht ordentlich. Anhand ihrer Angaben gibt es recht zuverlässige Schätzungen des weltweit von den Minen geliehenen Goldes und damit eine Untergrenze für das verliehene Gold. Neben den Minen gibt es aber noch weitere Nachfrager nach geliehenem Gold. Dazu zählen etwa die Verarbeiter aus der Schmuckindustrie (die so ihren Arbeitsbestand physisch finanzieren). Hinzu kommen Handel, Spekulation und Trading aus einer Vielzahl an Geschäftsarten wie dem Eindecken von Verpflichtungen (z. B. aus Optionsgeschäften), der Arbitrage (z. B. zwischen Termin- und Spotmarkt) oder dem Ausgleich von Unterdeckungen (z. B. von Goldkonten). Zudem gibt es den Carry-Trade, das Leihen von Gold mit anschließendem Verkauf und Reinvestition in höher verzinste Anlagen. Über den Umfang dieser Geschäfte haben wir auch vonseiten der Leihe-Nachfrager teilweise nur recht ungenaue beziehungsweise gar keine Angaben. Die entsprechenden Schätzungen sind oft sehr ungenau, da ihnen oft jede solide Basis fehlt. Das für den Carry-Trade geliehene Gold wird beispielsweise von den betreibenden Finanzhäusern nicht getrennt ausgewiesen.[35]

Der zweite Weg geht über die Differenz zwischen jährlichem Angebot und Verbrauch.[36] Gold, das verbraucht wird, muss irgendwo herkommen. Das Angebot im Goldmarkt besteht im Wesentlichen aus der Minenproduktion, dem Altgold in jeder Form (Einschmelzen, Verkauf von Anlagegold etc.) und den Verkäufen und eben Verleihungen der Zentralbanken. Die Nachfrage kommt von der Schmuckindustrie, anderen Gewerbearten (Elektronik, Zahnmedizin etc.) und der Wertanlage. Wenn nun bis auf die Menge des verliehenen Goldes alle Größen genau bekannt wären, könnte man diese zuverlässig errechnen. Die Differenz zwischen jährlichem Verbrauch und Nachfrage würde durch das zusätzlich verliehene Gold erklärt, denn dies ist das Einzige, das frisch auf den Markt kommt. Der Wert könnte auch negativ sein (wenn mehr Gold aus Leihverträgen zurückgeführt als neu verliehen wird). Nun kennen wir aber auch hier die Größen nicht genau genug, um eine zuverlässige Schätzung der Leihgoldmenge abgeben zu können. Es gibt bereits bei den Basiszahlen eine Vielzahl an Unwägbarkeiten, Ungenauigkeiten und Schätzungen und damit auch bei den darauf basierenden Folgeannahmen und Folgeschätzungen, sodass das Resultat nur eine Orientierung für den Goldmarkt darstellt. Die resultierende Schätzung der Goldleihezahlen wäre zu ungenau. Eine solche Orientierung bietet beispielsweise seit vielen Jahren das spezialisierte Analyse- und Beratungsunternehmen GFMS (vordem: Gold Field Minerals Service, www.gfms.co.uk).

Zum Verständnis des Goldmarktes sind die Neunzigerjahre bedeutsam, als die Leihe durch die Zentralbanken extrem ausgeweitet wurde. Für 1995 lauteten die Schätzungen von GFMS nun auf ein weltweites Angebot von gut 3550 Tonnen Gold, darunter aus neuen Verleihungen etwa 450. Auch die Nachfra-

---

[35] Die Thematik ist eine andere als bei den Zentralbanken, die die Goldforderungen beim Goldbestand ausweisen. Goldverbindlichkeiten können die Carry-Trader bei den übrigen Verbindlichkeiten aufführen.

[36] Tatsächlich wird Gold nicht verbraucht wie etwa Öl, sondern umgeformt. Der Begriff »Verbrauch« zur Bezeichnung der Flussgröße ist aber geläufig und wird hier deshalb verwendet.

ge wurde auf 3550 Tonnen geschätzt. 1998 hat nun der gut vernetzte Finanzanalyst Frank Veneroso in einer Goldstudie[37] diese Zahlen genauer analysiert und verglichen. Ausgangsbasis waren die Schätzungen einer Minenorganisation, des World Gold Council (www.gold.org). Diese Schätzungen deckten den Weltmarkt aber nur fast und nicht gänzlich ab. Es fehlten einige Regionen und Verbrauchsarten. Veneroso wiederum schätzte nun die fehlenden Werte und addierte sie. Zudem machte er einige Korrekturen. Er kam so auf einen Verbrauch von 4150 Tonnen, deutlich mehr als von GFMS angenommen. Dieser zusätzliche Verbrauch musste aber irgendwoher kommen, weshalb Veneroso vor allem zusätzliche Verleihungen von Zentralbanken annahm.

Parallel dazu versuchte Veneroso, die Menge des bereits verliehenen Goldes zu schätzen. Er griff dabei nicht nur auf gängige öffentliche Quellen zurück, sondern kombinierte zusätzlich verschiedene Angaben, insbesondere der Bank von England. Während GFMS für 1995 nur von 2450 Tonnen ausstehendem Leihgold ausging, kam er auf 6500 Tonnen, bereits mehr als das Doppelte der Jahresproduktion! Davon kamen vielleicht 1300 Tonnen im Jahr 1995 zusätzlich auf den Markt, ebenfalls deutlich mehr als die Schätzung von GFMS (da Veneroso auf zu verschiedenen Zeitpunkten gemachte Mengenschätzungen zugriff, konnte er nur gröbere Werte für den Zeitpunkt zum Jahresschluss angeben). Trotz Unwägbarkeiten und einem Bias zu hohen Werten kann man aus seinen Zahlen zumindest folgern, dass hunderte Tonnen im Jahr mehr verbraucht wurden, als man zuvor üblicherweise annahm, und dass dieses Gold aus zusätzlichen Zentralbank-Verleihungen kam. Das stark erhöhte Angebot musste natürlich zusätzlich mindernd auf den Preis wirken.

Nach der Veröffentlichung dieser Zahlen wurde der Gold-Carry-Trade einer breiteren Fachöffentlichkeit bewusst. Dass es ihn überhaupt gibt, resultiert eigentlich bereits aus der Sache selbst. Wenn es die Möglichkeit gibt, günstig an Kapital zu kommen, gibt es wohl immer Marktteilnehmer, die dieses Darlehen aufnehmen, um es anderweitig höher verzinst zu investieren (ähnlich wie viele japanische Privatpersonen auf die Idee kamen, Geld in Yen aufzunehmen und in Fremdwährungen zu investieren). Man bedenke die am Goldleihemarkt üb-

[37] Veneroso, Frank: »The 1998 Gold Book Annual«, Jefferson 1998.

lichen Zinssätze von oft unter 1 Prozent. Allerdings gibt es kaum dezidierte Berichte über Gold-Carry-Trades. Am ehesten sind da noch die über Drexel Burnham Lambert zu nennen. Als die Investmentbank Drexel 1990 bankrottging, konnte sie ihre Goldverpflichtungen gegenüber Zentralbanken nicht erfüllen. Auf diese Weise verlor unter anderem die Zentralbank von Portugal das Gold, das sie zuvor ohne Absicherung an Drexel verliehen hatte. Aber auch das Zitat von Greenspan, dass die Zentralbanken bereitstünden, mehr Gold zu verleihen, sollte der Preis steigen, ergibt eigentlich nur Sinn bei Existenz von Carry-Tradern.[38] Obwohl sie in vielen Statistiken mehr oder minder unberücksichtigt bleiben, kann an der Existenz der Gold-Carry-Trades und an ihrem beachtlichen Umfang kein sinnvoller Zweifel bestehen.[39]

Die Gold-Carry-Trades werden so zur bestimmenden Größe am Goldmarkt, über deren Umfang zugleich kaum fundierte Informationen vorliegen. Aus dieser Unkenntnis heraus haben ihn einige ignoriert, während andere umgekehrt ausufernde Zahlen annehmen. Es gibt aber auch durchaus Hinweise darauf, dass der Carry-Trade nicht nach Belieben ausgeweitet wurde (dazu zählt die Lobbyarbeit von Bullionbanken bei den Minen, die diese gedrängt haben, Gold zu leihen, woraus man wiederum folgern kann, dass diese Bullionbanken dabei das banküblich Vermittlungsgeschäft dem Carry-Trade vorzogen).

Später aktualisierte Veneroso seine Schätzungen,[40] zudem gab es weitere auf Basis anderer Methoden. Zu nennen sind hier die von Reg Howe,[41] der ausstehende Derivate untersuchte, sowie die von James Turk,[42] der Lagerstätten

38 Die Minen etwa würden kein zusätzliches Gold nachfragen, nur weil durch die Ausweitung des Leihangebots der Zinssatz dann von, sagen wir, 0,1 Prozent auf 0,0 Prozent fällt. Auch die Spekulation scheidet aus, sie könnte damit nur etwas anfangen, wenn es letztlich im Markt verkauft wird (denn geliehenes Gold im Tresor kann an der Preisentwicklung nicht teilnehmen); damit hat der Spekulant aber einen investierbaren Erlös und wird selbst zum Carry-Trader.

39 Eine »offizielle" Erwähnung des Gold-Carry-Trades findet sich im »Reserve Bank of Australia Bulletin« vom November 1999, S. 28. Eine frühe Erwähnung der (modernen) Goldleihe durch Zentralbanken und eventuell des Carry-Trades (er spricht von Arbitrage) findet sich in Epstein, Edward Jay: »Ruling the world of money«, in: Harper's Magazine, November 1983 S. 45, www.edwardjayepstein.com/archived/moneyclub2.htm.

40 Veneroso, Frank: »Facts, Evidence and Logical Inference«, 2001 www.gata.org/node/5275

41 Howe, Reginald; Bolser, Michael: »Gold Derivatives: Moving towards Checkmate« , 2002 www.goldensextant.com/commentary23.htmlanchor19855.

42 Turk, James: »More Proof«, 2003 www.gata.org/node/4247.

analysierte. Um die Jahrtausendwende kursierten Zahlen, die von 10 000 bis 18 000 Tonnen an verliehenem Gold reichten, mehr als der Hälfte des Bestandes der Zentralbanken. Sollte in den Tresoren der Zentralbanken wirklich nur halb so viel Gold lagern, als diese auswiesen?

Aber alle Schätzungen ruhten auf einer mehr oder (meist) minder soliden Basis. Genaues hätten nur die Zentralbanken selbst berichten können. Viele konventionelle Schätzungen taten beinahe so, als gäbe es den Carry-Trade als eigenständiges Phänomen überhaupt nicht (sondern quasi nur als Folge anderer – spekulativer – Geschäftstätigkeiten). Manche sahen sich selbst dann nicht veranlasst, ihre Zahlen zu überarbeiten, als der Carry-Trade bereits jahrelang diskutiert wurde. Umgekehrt wurde das Ausmaß des Carry-Trade von denen, die ihn berücksichtigten, oft überschätzt. Die meisten von ihnen waren (zu Recht) auch der Auffassung, der Goldpreis würde gedrückt, folgerten aber, die Zentralbanken hätten große Teile ihres Goldes verliehen. Mitunter erwarteten sie (und erhofften sie vielleicht auch) einen Short-Squeeze, ein Eindecken der Positionen aus verliehenem Gold, in Verbindung mit einem aus diesem Grund deutlich steigenden Preis. Zwischen beiden Seiten schien mitunter eine Art unüberwindbare Grenze zu liegen. Dass die Wahrheit in der Mitte lag, nicht mathematisch, aber irgendwo zwischen den beiden Extremen, wurde kaum erwogen. Die Menge könnte bei etwa 8000 Tonnen im Maximum liegen, die um die Jahrtausendwende verliehen waren. Seitdem dürfte sie abgenommen haben.

Man kann auf recht einfache Weise plausibel machen, dass die Wahrheit tatsächlich irgendwo in der Mitte liegt, dass also weniger als die Hälfte des Goldes verliehen wurde, aber auch, dass es mehr gewesen sein dürfte, als sich durch die klassische Goldleihe ergäbe. Im Jahr 2000 stellten Howe und Elwood Überlegungen an, ob im Ausland lagerndes Gold Hinweise auf die Verleihungen geben kann.[43] Viele Zentralbanken lagern ihr Gold nämlich wie die Bundesbank nicht nur bei sich im Keller, sondern weltweit verteilt. Be-

---

43 Howe, Reginald; Elwood: »The Fed: Up to its Earmarks in Gold Price Manipulation?«, 15. Mai 2000, www.goldensextant.com/commentary11.html; das eingelagerte Gold findet sich in den Federal Reserve Bulletins als »Earmarked Gold« unter 3.13 (derzeit: »Foreign Official Assets Held at Federal Reserve Banks«), 3.

reits zu Zeiten der Goldbindung der Währungen (1971 wurde mit dem Dollar die letzte Bindung an Gold gelöst) war es üblich, bei anderen Zentralbanken Goldkonten zu unterhalten oder in anderen Ländern Lagerplätze zu haben, um den Goldzahlungsverkehr besser durchführen zu können. Außerdem spielten Sicherheitsaspekte eine Rolle, insbesondere infolge des Zweiten Weltkrieges und später des Sozialismus. Zudem waren die USA nach dem Zweiten Weltkrieg Netto-Abgeber von Gold, die Erwerber scheuten aber mitunter den Transport und den Aufbau einer neuen Lagerstätte. Aus diesen Gründen wurde die Fed von New York, eine der regionalen Reservebanken des US-Zentralbanksystems, eine der Hauptlagerstätten für Gold anderer Zentralbanken. In der Spitze bewahrten dort über 70 Zentralbanken etwa ein Drittel des Weltbestandes an Zentralbankgold auf, beziehungsweise sogar etwa die Hälfte ihres Bestandes (ohne USA)! New York ist somit der mit Abstand wichtigste Lagerplatz für Zentralbankgold. Der amerikanischen Transparenztradition und Statistikvorliebe folgend publiziert die New Yorker Fed nun monatlich, wie viel Gold anderer Zentralbanken sie (in Einzelverwahrung, also nach Besitzern getrennt) eingelagert hat. Der nachfolgende Chart zeigt die Menge des in New York eingelagerten ausländischen Zentralbankgoldes in Tonnen.

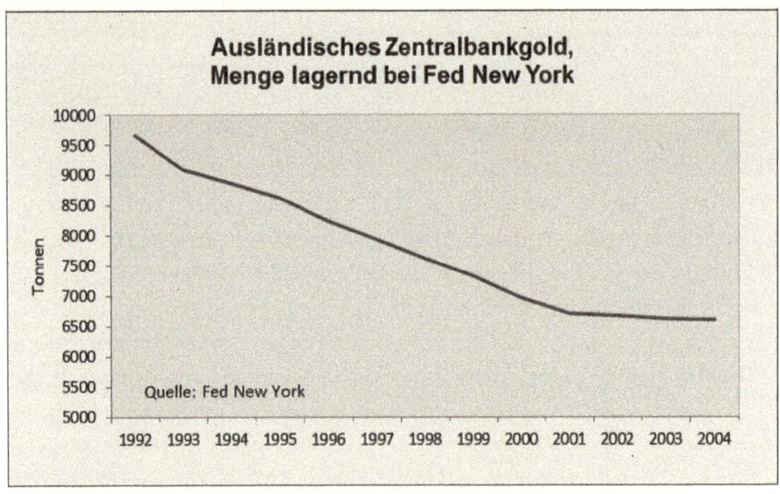

Abb. 33: Ausländisches Zentralbankgold, Menge lagernd bei Fed New York

Betrachten wir den Zeitraum von Beginn der systematischen Interventionen im Jahr 1993 bis zum Jahr 2001, als sich der Bestand in New York stabilisierte. Während dieser Zeit nahm er um etwa 3000 Tonnen ab. Dies ist weniger als ein Drittel des Anfangsbestandes im Jahr 1993 (selbst wenn man von 1980 ausgeht, hat der Bestand um weniger als die Hälfte abgenommen). Damit wird es aber völlig unplausibel, dass bis zur Hälfte und mehr verliehen wurde! Das Lager in New York hätte sich in diesem Fall viel stärker leeren müssen. Denn es ist zu berücksichtigen, dass ein Teil der Abflüsse von 3000 Tonnen auch durch Verkäufe (oder eventuell durch bloße Verlagerung) verursacht worden sein kann. Hinzu kommt, dass viele Zentralbanken ihr Gold eher in New York mobilisieren dürften als an vielen anderen Lagerstellen, sodass sogar überproportionale Abflüsse zu erwarten wären. Die Abflüsse um ein Drittel dürften viel zu gering sein, um auch nur halbwegs zu einer Verleihquote von 50 Prozent im Jahr 2001 zu passen. Das verdeutlicht, dass deutlich weniger als die Hälfte des Goldes der Zentralbanken verliehen gewesen sein dürfte.

Umgekehrt passen die Abflüsse von 3000 Tonnen aber auch nicht zu den konventionellen Schätzungen, die die Carry-Trades nicht eigenständig berücksichtigen. Denn im gleichen Zeitraum wurden netto knapp 2500 Tonnen Gold verkauft. Wenn man hier nur geringe Verleihmengen hinzuzählt, erscheinen die Abflüsse von 3000 Tonnen aus New York zu hoch. Wenn dort etwa ein Drittel des gesamten weltweiten Zentralbankgoldbestandes lagert, würde man eine deutlich geringere Zahl erwarten (es gibt keinen Grund für die Annahme, dass ausgerechnet in dieser Zeit große Mengen Gold lediglich in andere Lager transportiert wurden). Die Wahrheit liegt also vermutlich irgendwo in der »Mitte«. Das passt auch zu den bisherigen Ergebnissen: Es gibt den Gold-Carry-Trade, und es gibt die systematischen Goldinterventionen. Es wurde aber nicht so viel Gold verliehen, wie manche extreme Schätzungen glauben machten.

Wir wollen nun aus obigen Überlegungen eine Methode entwickeln, um die gesamte Menge des weltweit verliehenen Goldes abzuschätzen. Dazu tragen wir noch einmal die in New York lagernde Menge ausländischen Zentralbankgoldes auf, diesmal von 1960 bis 2012. Darüber zeichnen wir die gesamte Menge Gold ein, die alle ausländischen Zentralbanken (also ohne USA) als ihren Gesamtbestand gemeldet haben.

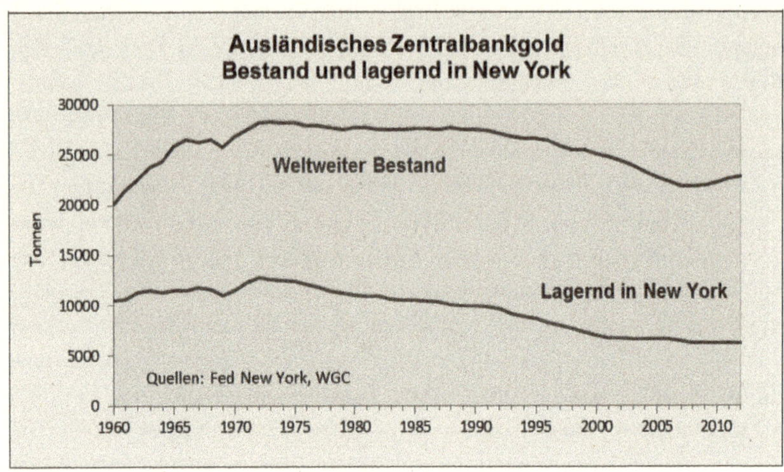

Abb. 34: Ausländisches Zentralbankgold, Bestand und lagernd in New York

Die Abbildung zeigt also oben den Gesamtbestand des Zentralbankgoldes aller Länder außer den USA und unten die davon in New York gelagerte Menge. Anfang der Sechziger erhöhte sich der Gesamtbestand. Die Vereinigten Staaten wiesen damals ein außenwirtschaftliches Defizit (von Leistung und Kapital) auf, das gemäß den Regeln von Bretton Woods oft noch mit Gold ausgeglichen wurde (in Bretton Woods hatten sich die USA anderen Staaten gegenüber verpflichtet, Dollar gegen Gold einzulösen). Ende der Siebziger fiel der Bestand leicht aufgrund von Verkäufen. Danach stabilisierte er sich, um seit den Neunzigern infolge vieler Notenbankverkäufe wieder zu fallen.

Nun zur Kurve des in New York lagernden ausländischen Goldes. Sie erhöhte sich in den Sechzigern nur unterproportional, da einige der Länder wie Frankreich, deren Goldbestand sich erhöhte, das Gold anscheinend lieber zu Hause lagerten. In den Achtzigern fiel die Kurve dann kontinuierlich leicht ab. Ein Grund dafür könnte in Sicherheitsbedenken gelegen haben, nachdem die Amerikaner iranische Vermögenswerte einschließlich Gold infolge der Botschaftsbesetzung 1979 eingefroren hatten. Seit 1993 fiel der Bestand dann schneller, um nach dem Jahrtausendwechsel mehrere Jahre unverändert zu bleiben. Wir können zwischen den beiden Kurven oft einen gewissen Gleichlauf erkennen, wie auch zu erwarten ist, denn bei der unteren Kurve handelt es sich ja um den Teilbestand des in New York lagernden Gesamtbestandes allen Goldes von Ländern außer den USA.

Die obere Kurve, die Gesamtmenge, und die untere Kurve, die Menge, die davon in New York lagert, stehen also in einem engen Zusammenhang. Würden alle Zentralbanken ihr Gold immer gleich verteilen, müssten die Kurven sogar in einer festen Relation verlaufen – wenn denn die Goldleihe nicht wäre. Denn in der oberen Kurve des gesamten Bilanzbestandes ist das verliehene Gold enthalten, das die Zentralbanken ja zu ihren Goldbeständen rechnen, obwohl es sich nur um Forderungen handelt. Da Gold, das verliehen und dann im Markt verkauft wurde, real aber die Tresore zwangsläufig verlassen muss, ist in der unteren Kurve das an private Parteien verliehene Gold hingegen nicht enthalten! Damit haben wir aber die Möglichkeit, eine Schätzung der Menge verliehenen Goldes aus dem Verlauf der Kurven zu errechnen. Denn das, was aus den Tresoren verschwindet, nicht aber aus den Bilanzen, muss verliehenes Gold sein.

Wir müssen dazu allerdings zwei Annahmen treffen, zum einen den Startpunkt (wann die Goldleihe begann), zum anderen bezüglich des Verlaufs der Kurven gegeneinander (da es auch andere Lagerstätten als die in New York gibt). Es gibt also Unsicherheiten, aber es geht ja um eine Schätzung. Als Startdatum legen wir 1980 fest, da Gold hier seinen Höchstkurs ausbildete, sodass ein früherer Beginn eines Verleihgeschäfts in größerem Umfang ausgeschlossen werden kann. Man könnte den Beginn auch etwas später ansetzen (in der Literatur wird als Beginn der Popularität der Goldleihe mitunter 1982 genannt), dies würde die Verleihmenge aber nur um wenige hundert Tonnen reduzieren.

Problematischer ist die zweite Annahme. Hier unterstellen wir, dass sich die Kurven in einem bestimmten Verhältnis entwickeln. Zum einen, dass das Verhältnis des Goldes, das aus New York verliehen und ge- und verkauft wurde, in Relation zu dem Gold, das aus übrigen Lagerstellen verliehen und ge- und verkauft wurde, konstant blieb. Zudem unterstellen wir, dass es keine Verschiebungen zwischen New York und den übrigen Lagerstellen gab.

Das Verfahren wird leicht verständlich, wenn man eine Vereinfachung durchführt. Gäbe es nämlich nur das Lager in New York, entspräche der in der Bilanz ausgewiesene Gesamtbestand abzüglich der verliehenen Menge der im Lager befindlichen Menge Gold. Die Rechnung würde einfach und zuverlässig. Würde sich dann beispielsweise die in der Bilanz ausgewiesene Gesamtmenge um 400 Tonnen verringern, entspräche das einer Verringerung aus Verkäufen, denn die Verleihungen werden ja nicht ausgewiesen. Würde dabei der Tresorbestand um 500 Tonnen abnehmen, müsste die Differenz von 100 Tonnen verliehen worden sein.

So führen wir eine feste Relation ein, die sich aus dem Verhältnis im Startjahr 1980 ergibt, und es ergeben sich Unsicherheiten. Das Prinzip aber bleibt. Wenn der Lagerbestand in New York proportional stärker fällt als der in den Bilanzen ausgewiesene Bestand (also durch Verkäufe), wird angenommen, dass die Differenz durch Verleihungen zustande kam. Wir müssen dabei ein Startjahr (wie 1980) mit der Randbedingung »Verleihmenge 0« annehmen, denn wir wissen zu einem späteren Jahr (wie 2000) nicht, wie viel bereits verliehen wurde (darin unterscheidet sich die Realität von dem vereinfachten Beispiel mit nur einer Lagerstelle). Es gibt also nur eine iterative Lösung (wenn man so will der »diskreten Differentialgleichung«). Sie ist von Unwägbarkeiten begleitet.

Zu diesen gehört dann noch das von den USA verliehene Gold. Dies ist die »große Unbekannte«, denn es gibt keine verwertbare Basis für eine Schätzung der von den USA verliehenen Menge, dabei hätten die USA als größter Goldhalter aber das größte Verleihpotenzial. Hinzu kommt, dass die USA aufgrund der Sonderrolle des US-Dollars als internationale Reservewährung das größte Interesse an einem durch Verleihungen nicht steigenden Goldpreis haben. Da unsere Schätzung tendenziell zu hoch ausfallen dürfte,[44] sei hier vereinfacht angenommen, dass sich das mit dem methodisch nicht erfassten, aus den USA verliehenen Gold ausgleicht. Die nachfolgende Abbildung bezieht sich somit auf die weltweit von Zentralbanken verliehene Menge Gold. Die obere Linie stellt die unmittelbar errechneten Werte dar, die untere ist um weitere Aspekte korrigiert.

---

44 Details dazu gleich und in Anhang 4.

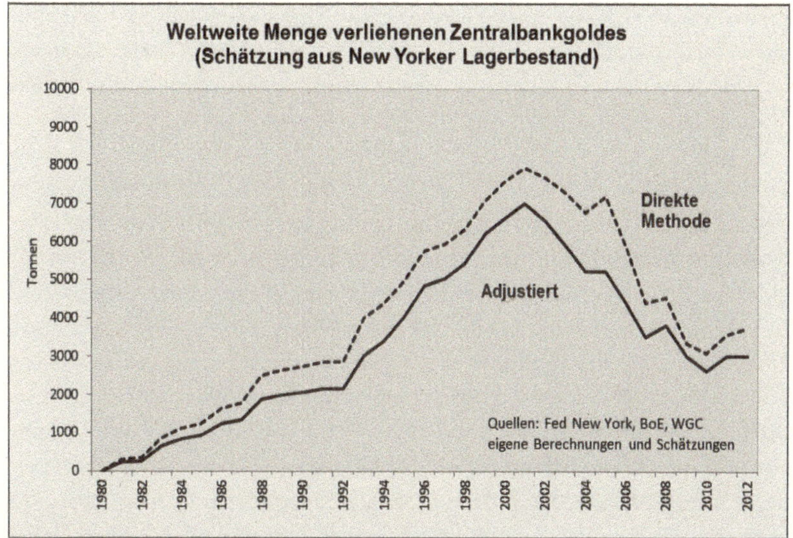

Abb. 35: Weltweit verliehenes Zentralbankgold, Schätzung aus New Yorker Lagerbestand

Der Verlauf ist recht stimmig: Bis 1993 steigen die Verleihmengen erst langsam (da dieses Geschäft erst aufkommt), dann stetig an. Neben der klassischen Goldleihe zeigt sich hier auch bereits der Carry-Trade, denn die Menge ist größer, als sie sich konventionell aus den Berechnungen vor allem der von Minen geliehenen Menge ergibt. Das bestätigt, dass es den Carry-Trade bereits vor 1993 gab. Somit gab es aber auch zu Beginn der systematischen Goldinterventionen im August 1993 auch Carry-Trader, die nach dem damaligen Goldpreisanstieg Verlustpositionen aufwiesen und die an einem fallenden Goldpreis interessiert waren – und die dann Kooperationspartner der Zentralbanken wurden.

Ab dem Beginn der systematischen Interventionen 1993 kommt es zu einem Anstieg der Verleihmengen – übrigens wird, wenn man im Detail die Monatsdaten betrachtet, genau ab dem Monat August, an dem die Goldinterventionen begannen, vermehrt Gold aus New York abgezogen. Bis zum Jahr 2001 steigt die verliehene Menge Gold auf knapp 8000 Tonnen, seitdem fällt sie auf zuletzt gut 3000 Tonnen. Insgesamt liegt die Kurve oberhalb der konventionellen Schätzungen, konzediert also die Existenz des Carry-Trades. Zugleich liegt sie aber deutlich unterhalb der extremen Schätzungen, die bis 18000 Tonnen verliehenen Goldes reichten.

Der Verlauf passt aber auch ins Umfeld und zum Verlauf des Goldpreises. In den Achtzigern haben die Verleihungen der Zentralbanken zur Schwäche des Goldpreises beigetragen, auch wenn man wohl nur vereinzelt von Interventionen sprechen kann. Ab dem Beginn der systematischen Interventionen haben die Zentralbanken die Goldleihe ausgeweitet, was den Goldpreis unter Druck hielt. Seit der Bullenmarkt in Gold im Jahr 2001 begann, haben die Verleihmengen abgenommen, wie auch zu erwarten ist (denn die Leihnehmer machen Verluste). Insgesamt erfolgten seitdem kaum Abgaben durch Verleihgeschäfte der Zentralbanken mehr (von 2008 und 2011 anscheinend abgesehen). Diese Abnahme der Verleihmenge in den letzten Jahren passt auch zum Bild, das die Sonderfälle Schweizerische und Portugiesische Nationalbank, die die Mengen publizieren, und die Bundesbank, die die Mengen mittlerweile bekanntgegeben hat, nahelegen.

Allerdings würde man einen stärkeren Rückgang erwarten. Man kann nun die eben auf Basis der New Yorker Lagerbestände gewonnene Kurve um einige Eckpunkte sowie Trendüberlegungen bereinigen. Die untere Linie zeigt die derart um externe Faktoren adjustierte Verleihmenge. Sie fußt weiterhin auf den Lagerbeständen in New York, berücksichtigt aber weitere (allerdings ebenfalls sehr unsichere) Aspekte. Sie gefällt vor allem, weil sie einen stärkeren Rückgang seit Beginn des Bullenmarktes 2001 annimmt. Dabei verwenden wir Ankerpunkte für 1993 (3000 Tonnen), für den Jahrtausendwechsel (7000 Tonnen) und für die Gegenwart (3000 Tonnen) sowie durch den Startwert für 1980 mit seiner Verleihmenge 0. Dabei ist der mögliche Fehler ausgerechnet für die Gegenwart am höchsten.[45] Insgesamt haben beide Linien ihre Berechtigung. Da die Zentralbanken keine genauen Zahlen publizieren, ist es vielleicht am sinnvollsten, die Ungenauigkeit bei den Verleihmengen auch zu visualisieren, indem man beide Kurven publiziert. Irgendwo in einer durch

---

[45] Details der Berechnung siehe Anhang 4.

(und um) diese beiden Linien bestimmten »Wolke« befinden sich die tatsächlichen Mengen.

Wir erweitern nun unsere Betrachtungen um die Verkäufe der Zentralbanken, die ebenfalls auf den Markt einwirken. Auf diese Weise können wir untersuchen, ob die Zentralbanken mit ihren Goldbeständen, die den Jahresverbrauch weit übersteigen, der eigentlich bestimmende Faktor im Hinblick auf den Goldpreis waren. Dazu nehmen wir die Menge Gold, die durch Verleihungen der Zentralbanken auf den Markt kam (wie unbeeinflusst von einer Adjustierung durch die Methode direkt ermittelt). Zusätzlich zeichnen wir die Kurve des von Zentralbanken seit 1980 netto verkauften Goldes ein (ermittelt aus den offiziell gemeldeten Beständen). Die dritte, die obere Kurve zeigt die Summe aus beiden, also das insgesamt durch Verleihungen und Verkäufe der Zentralbanken auf den Markt gekommene Gold.

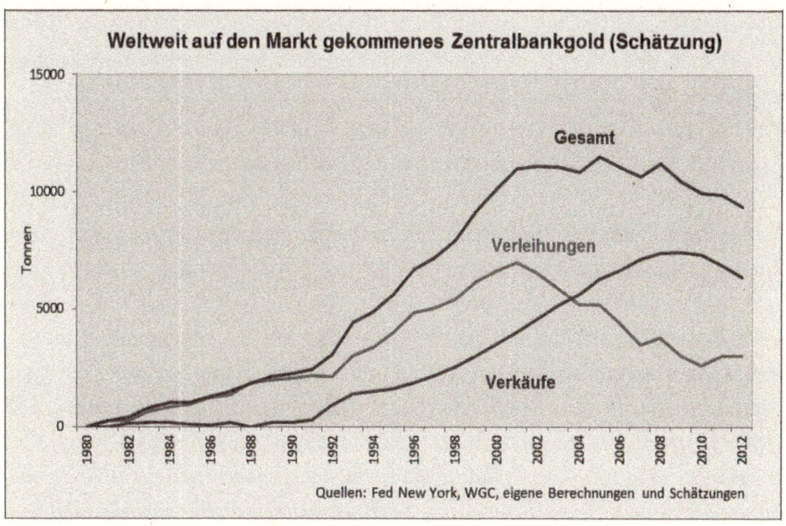

Abb. 36: Weltweit auf den Markt gekommenes Zentralbankgold

Die Verkäufe waren bis Anfang der Neunziger relativ zu den dann folgenden Abgaben noch unbedeutsam. Nichtsdestoweniger haben einzelne Verkäufe den Markt beeinflusst und geschahen wohl auch in dieser Absicht. Seit 1992 nahmen die Verkäufe dann zu und blieben in etwa auf diesem Pfad. Auch im Bullenmarkt seit 2001 haben sie nicht abgenommen, sondern hielten an. Dies ist wichtig, denn zur gleichen Zeit gingen die Verleihungen zurück. Mit vielleicht 7000 oder 8000 Tonnen im Jahr 2001 erreichte die Gesamtmenge des verliehenen Goldes eine Größenordnung von mehreren Jahresproduktionen (etwa 2500 Tonnen). Diese Menge ist am Markt realistischerweise nicht problemlos verfügbar. 2001 waren die Carry-Trader unter den Leihnehmern also absehbar nicht in der Lage, ihre Positionen glattzustellen. Sie waren somit darauf angewiesen, dass die Verträge prolongiert wurden.

Stattdessen aber konnten die Leihnehmer später ihre Goldschulden reduzieren, indem sie Gold, das die Zentralbanken verkauften, kauften und damit ihre Goldschulden bei Zentralbanken beglichen. Wie die seitwärts verlaufende obere Kurve, die Summe aus Verkäufen und Verleihungen, signalisiert, wurde letztlich in etwa das Ganze von den Zentralbanken verkaufte Gold dazu verwendet, Golddarlehen an die Zentralbanken zurückzuzahlen. Überspitzt könnte man formulieren, die Zentralbanken haben sich das zuvor verliehene Gold selbst zurückgegeben. Das Zentralbankensystem als Ganzes hat die entsprechende Menge Gold natürlich verloren, in einer Gesamtrechnung wurde das verliehene Gold durch entsprechende Verkäufe ausgebucht.

Trotz aller Unsicherheiten gibt die Methode, die Verleihmengen aus den New Yorker Lagermengen zu schätzen, sowohl eine Orientierung in Bezug auf die Höhe als auch in Bezug auf den Verlauf der Verleihmengen, und beides passt in ein sinnvolles Gesamtbild. Damit erfasst aber die dargestellte Gesamtmenge des von Zentralbanken durch Verleihungen und Verkäufe auf den Markt gekommenen Goldes (die obere Kurve der vorherigen Abbildung) in etwa, was tatsächlich von Zentralbankseite an Gold auf den Markt kam und dessen Preis negativ beeinflusste. Wir wollen deshalb diese Gesamtmenge dem Goldpreis gegenüberstellen. Diese Summe aus Verkäufen und Verleihungen beeinflusst das Goldangebot und damit den Goldpreis (und nicht, wie manche Marktkommentatoren in Unkenntnis genauer Verleihmengen meinen, nur die Zentralbankverkäufe).

Abb. 37: Goldpreis und weltweit auf den Markt gekommenes Zentralbankgold

Die obere Kurve zeigt den Goldpreis ab 1980, die untere die von Zentralbanken direkt und indirekt auf den Markt gebrachte Goldmenge. Man erkennt sehr schön, dass in den Achtzigern der Goldpreis aufgrund des geänderten Umfelds zur Schwäche neigte, was die Zentralbankabgaben beförderten. Mitte 1993 versuchte der Goldpreis einen Anstieg, was durch die Ausweitungen der Abgaben verhindert wurde. Danach lief Gold seitwärts, um insgesamt bis 2001 zu fallen. Dies war begleitet durch die anhaltenden Abgaben der Zentralbanken, die der Hauptgrund für diesen Preisrückgang waren. Die ganze rückläufige Bewegung von August 1993 bis 2001 war von den Zentralbankabgaben bestimmt. Dabei verringerten sich ihre Bestände nicht nur durch Verkäufe, sondern auch durch Verleihungen in einer Menge, die in ihrer Gesamtheit auch nicht annähernd problemlos wieder eingebracht werden kann. Ab 2001 stieg der Goldpreis bis 2012, in der Spitze um fast das Achtfache. Dies ging einher mit der seitwärts verlaufenden Menge des insgesamt von Zentralbankenseite abgegebenen Goldes. Die anhaltenden Verkäufe konnten den Preisanstieg nicht bremsen, denn parallel dazu wurden in etwa gleichem Umfang Goldleihgeschäfte beendet und dazu Gold benötigt. Fundamental gesehen herrschte ein strukturelles Defizit, das jahrelang durch die Zentralbanken ausgefüllt worden war, was dann fehlte. Der Anstieg war in Teilen auch eine Anpassung des zuvor von den Zentralbanken sehr stark gedrückten Goldpreises. Insgesamt legt der Chart nahe, dass der Goldpreis im Wesentlichen durch die Höhe der Zentralbankabgaben bestimmt wurde. Die Zentralbanken waren der wesentliche Einflussfaktor auf den Goldpreis.

Es wird zudem zunehmend deutlicher, dass sich die systematische Goldinterventionsaktion bereits seit 2001 auf dem Rückzug befindet! Sie tut dies insofern, als die Zentralbanken nicht mehr zusätzliches Gold zur Verfügung stellten, aber auch insofern, als der Preisanstieg nur noch gebremst, nicht aufgehalten werden konnte. Erst im Jahr 2008 und dann wieder 2011 kam dann wieder effektiv von Zentralbankseite Gold auf den Markt, vermutlich zur Beruhigung der durch die Finanzkrisen verunsicherten Märkte. So konnte in diesen kritischen Zeiten ein Anstieg des Goldes verhindert werden, insbesondere einer über die Marke von 1000 beziehungsweise 2000 Dollar je Unze. Seit 2001 befindet sich die Goldinterventionsaktion also bereits teilweise, insbesondere in bezug auf die Goldleihe, in einer Rückabwicklung.

Angesichts der Tatsache, dass seitdem bereits einige Jahre vergangen sind, dass sich der Goldpreis vervielfachte, dass die Goldleihe anscheinend erst zu Teilen rückgängig gemacht werden konnte und dass sich zudem die Tresore durch Verkäufe und Verleihungen geleert haben, erscheinen die Aktionen insbesondere ab 1993 kurzsichtig. Wie viele Markteingriffe scheinen sie sich nach einiger Zeit zu rächen. Man muss sich ernsthaft fragen, inwieweit den beteiligten Instituten bewusst war, dass ihre Interventionen irgendwann einen gegenteiligen Effekt erzielen würden. Man muss sich auch fragen, inwieweit sie beim Eingehen der Positionen bedacht haben, ob sie in ihrer Gesamtheit das verliehene Gold ohne weiteres zurückerhalten würden. Ferner wäre es noch interessant zu wissen, ob die Zentralbanken, nachdem sie der Öffentlichkeit die Verleihmengen so gut verschweigen, wenigstens selbst wissen, wie viel Gold sie insgesamt verliehen haben.

Die Kurve des weltweit von Zentralbanken verliehenen und verkauften Goldes offenbart also viele Details. Das langfristig bedeutsamste ist, dass das Zentralbankensystem als Ganzes bereits seit 2001 kein Netto-Abgeber im Goldmarkt mehr ist, während die bloßen Verkaufszahlen suggerieren, sie hätten noch viele Jahre lang Gold abgegeben. Tatsächlich wurde dieser Prozess 2001 gestoppt, und seitdem ist der Preis des Goldes auch am Steigen. Seit 1965 gaben die Zentralbanken Gold in den Markt. Damals hatten sie noch gut 38 000 Tonnen. 2001 waren es vielleicht noch 25 000 Tonnen, die effektiv (also nach Verleihungen) in ihren Tresoren waren. Im Mittel hatten sie dem Markt pro Jahr etwa 370 Tonnen zur Verfügung gestellt. Insgesamt hat das Zentralbanksystem etwa ein Drittel seines Goldes verloren (wenn man das verliehene als verloren wertet). Da zur gleichen Zeit viel Gold gefördert wurde, da die Wirtschaft und vor allem die Menge an Forderungen wuchs, hätte es aber Gold kaufen müssen, um seine relative Position zu wahren. Das abgegebene Gold wurde übrigens überwiegend zu Schmuck verarbeitet, denn die Schmuckindustrie war der Hauptabnehmer.

Geldpolitisch bedeutet der Seitwärtstrend, dass sich im Ergebnis seit 2001 innerhalb der Institutionen die Kräfte durchgesetzt haben, die gegen einen Abfluss von Zentralbankgold sind. Es bleibt aber abzuwarten, inwieweit es sich um einen neuen langjährigen Trend handelt und die Zentralbanken dauerhaft kein Gold abgeben – oder auch wieder kaufen, denn seit 2010 kaufen die Zentralbanken erstmals wieder seit 1988 netto Gold, zuletzt sogar in nennenswerten Mengen. Erst recht bleibt abzuwarten, ob es sich um die Umkehrung des seit den Sechzigern bestehenden Trends zu einer abnehmenden Edelmetalldeckung bei Geld handelt.

Aus mittelfristiger Sicht am bedeutsamsten ist, dass der Prozess der Goldpreisinterventionen ebenfalls bereits seit 2001 in einer ersten Stufe der Rückabwicklung begriffen ist. Dies geschieht auf ähnliche Weise, wie von Vertretern der Golddrückungsthese oft vorausgesagt worden ist (und auch lange Zeit nach 2001 oft noch »vorausgesagt« wurde), indem die Zentralbanken (in ihrer Gesamtheit) auf das verliehene Gold verzichten und stattdessen Verkäufe in gleicher Größenordnung durchführen. Dass die systematischen Goldinterventionen in eine neue Stufe getreten sind, genauer gesagt in die erste Phase ihrer eigenen Abwicklung, konnte bisher nur anhand des Goldpreisanstiegs selbst vermutet werden. Einer der Hauptgründe dafür, dass der bereits seit Jahren stattfindende Beendigungsprozess noch nicht so recht wahrgenommen wurde, liegt in der Schätzung der verliehenen Menge.

Wir gehen hier für das Jahr 2001 von etwa 7000 bis 8000 Tonnen verliehenen Goldes aus und davon, dass die Menge seitdem abnimmt. Damit liegen wir zwischen den konventionellen Schätzungen der weitgehenden Carry-Trade-Ignorierer (die weniger annehmen) und den weitaus höheren Schätzungen der typischen Vertreter der Golddrückungsthese (die vom bis zum Doppelten ausgehen). Es spricht aber insgesamt vieles dafür, dass eben nicht so viel Gold verliehen wurde, wie vonseiten derer geschätzt wurde, die (zur Recht) die These vertreten, die Zentralbanken intervenierten gegen einen steigenden Goldpreis.

Aufgrund der geringeren Verleihmenge kam aber weniger Gold zum Mindern des Preises auf den Markt als angenommen. Entweder reicht weniger, oder es muss noch eine Art dritter Quelle geben. Wenn weniger Gold als angenommen zur Verfügung steht, wie gelingt es dann, den Preis zu drücken? Da wohl kein Gold von echten Alchemisten kommt, muss es noch andere Wege geben, das Ziel der Verhinderung oder Verlangsamung eines Preisanstiegs zu erreichen. Wir untersuchen, inwieweit selbst auf physische Nachfrage anders als durch Lieferung der Ware eingegangen werden kann.

17. Mittel der Goldintervention III.: Interventionen über den Terminmarkt

Physische Nachfrage kann natürlich letztlich nur physisch bedient werden. Man stellt einen Ehering aus echtem Gold her, nicht aus Futures und Optionen. Reale Nachfrage muss real bedient werden, sofern das Material physisch verlangt wird. Dennoch hört man mitunter, über Derivate oder Papiergold könne die Nachfrage nach Gold bedient werden. Bei Anlagegold ist es tatsächlich mitunter möglich, dass das Gold nicht physisch gekauft wird. Wenn ein Investor eine Unze über eine der vielen heute üblichen rechtlichen Konstruktionen erwirbt – Zertifikate, Exchange Traded Funds (ETFs) oder Goldkonten, um nur drei zu nennen –, stellt sich stets die Frage, ob das Gold real erworben und hinterlegt wurde. Es kann nämlich auch sein, dass der Investor nur ein Anrecht auf eine Unze hat und insgesamt weniger Unzen gekauft wurden, als Anrechte ausgegeben wurden (Unterdeckung). Es kann sogar sein, dass er nur ein Recht auf die Preisänderung des Unzenpreises erworben hat.

In diesen Fällen ist die Nachfrage nicht oder nur teilweise im Markt wirksam platziert, sodass der Kauf eines solchen Rechts nicht den Preis des Goldes beeinflusst. In der Goldszene ist deshalb in den letzten Jahren oft diskutiert worden, ob dieses »Papiergold« gezielt eingesetzt wurde, um dadurch mindernd auf den Goldpreis einzuwirken. Zum einen wurde behauptet, die Nachfrage sei gezielt in Papiergold gelenkt worden, zum anderen, dass manche Konstruktion im Gegensatz zur rechtlichen Aussage mit weniger Gold hinterlegt würde als versprochen, um physische Nachfrage umzulenken und den Preis so unten zu halten. Trotz der potenziell großen Bedeutung für den Anleger spielt die Thematik für die Analyse der Goldinterventionen hier keine weitere Rolle, da beide Thesen nicht hinreichend belegt wurden. Es sei auch erwähnt, dass es Papiergold und Unterdeckung bei Gold schon viel länger gibt als die systematischen Interventionen. Zahlenmäßig von Bedeutung ist das Ausmaß an Unterdeckung dennoch, vor allem am Markt für Institutionelle in London.

Dennoch ist der Terminmarkt ein wesentlicher Schlüssel zum Verständnis der Funktionsweise der Goldinterventionen. Wie bereits gezeigt, fällt Gold besonders oft während der Handelszeit des wichtigsten Terminmarkts, der New Yorker Comex (heute Teil der CME Gruppe). Er tut dies dann meist auch schockartig. Dabei fällt er in kurzer Zeit, oft ohne jeden Anlass, um nennenswerte Beträge. Damit diese Schocks von Bedeutung für die Goldinterventionen sein können, muss es grundsätzlich möglich sein, dass man über den Terminmarkt Preise einer physischen Ware beeinflussen kann.

Der klassische Terminmarkt ist eine feste Vereinbarung über eine künftige Warenlieferung. Wie Sie bei einem Autohändler die Lieferung eines Autos in einem Monat zu einem festen Preis vereinbaren, so wird an den Terminbörsen die Lieferung von beispielsweise 100 Unzen Gold fest vereinbart. Im Unterschied zum Autokauf ist es nun am Terminmarkt leicht möglich und auch üblich, den Vertrag selbst weiterzuveräußern. Auf diese Weise partizipiert man an der zwischenzeitlichen Preisentwicklung, ohne dass die Ware physisch bewegt worden ist.

Es ist nun ein kaum ausrottbares Vorurteil, den Spekulanten im Allgemeinen und speziell denen an den Terminbörsen die Schuld zuzuweisen, wenn sich ein Preis in eine ungünstige Richtung bewegt. Als Weizen, Öl und andere Waren bis ins Jahr 2008 hinein und dann wieder 2011/2012 Höchstpreise erklommen, wurden in vielen Medien die Finanzinvestoren (meist Pensionskassen) an den Terminmärkten verantwortlich gemacht. Ebenso beschuldigen manche Aktionäre, wenn Aktien fallen, den Terminmarkt, auf die Kurse »einzuprügeln«. Umgekehrt hört man aber nur selten ein Lob der Terminmärkte, wenn die Agrarpreise fallen oder wenn die Aktien steigen. Offensichtlich ist das gängige Urteil emotional vorgeprägt. Wir wollen deshalb abschätzen, inwieweit die Futures-Märkte die Spotpreise im Goldmarkt tatsächlich beeinflussen können.

Akteure an den Finanzmärkten sind einen engen Zusammenhang zwischen Termin- und Spotmärkten gewohnt. Wenn sich einer der Märkte stärker bewegt als der andere, werden die Unterschiede wegarbitragiert. Steigt etwa bei Aktien der Preis des Futures stärker als der am Spotmarkt, kauft ein Arbitrageur Aktien auf Kredit, lagert sie und verkauft den Future, um am Ende der Laufzeit die Aktien in den Future zu liefern. Auf diese Art bewegen sich Future- und Spotmarkt in engen Grenzen zueinander. Anders verhält es sich jedoch an den Warenmärkten, da, abhängig von der Art der Ware, einige Voraussetzungen einer problemlosen Arbitrage nicht gegeben sind. Dazu gehören etwa hohe Lagerkosten, die Verderblichkeit der Ware und eine eingeschränkte Verfügbarkeit zum Leihen (wie bei noch nicht gefördertem Öl). Aus diesen Gründen können sich an den Warenmärkten Terminmarkt- und Spotkurs sehr unterschiedlich entwickeln. Wenn also beispielsweise Weizen-Futures gekauft werden, hebt das deren Kurs und nicht den des Spotweizens. Dessen Preis wird weiterhin durch die Verhältnisse am physischen Markt bestimmt. Allenfalls aus psychologischen Gründen (man orientiert sich am anderen Markt) und aus der begrenzt möglichen Arbitrage (die mit einer Änderung der Lagermenge einhergeht) können sich (tendenziell vorübergehende) Wirkungen des Terminmarktes auf den Spotpreis ergeben.

Beispiele dafür, dass nicht die Futures-Preise die Spotpreise treiben, lieferte der Waren-Bullenmarkt bis 2008. Damals kam es zu starken Anstiegen auch in den Waren, bei denen kein bedeutender Terminmarkt existierte (Rhodium, Uran und andere). Plakative Beispiele liefern Schließungen von Terminbörsen (wie 1958 die für Zwiebeln in den USA) in der Vergangenheit, da die Preise auch danach oft sehr stark stiegen. Bei Verbrauchsgütern bestimmen also letztendlich Angebot und Nachfrage im physischen Bereich, insbesondere Verbrauch und Produktion, den Preis, und nicht Spekulanten und Finanzinvestoren an den Terminmärkten. Wie sieht es bei Gold aus?

Während an den Märkten für Verbrauchsgüter der Einfluss der Terminmärkte meist stark überschätzt wird, ist es bei Gold oft umgekehrt. Tatsächlich unterscheidet sich das Edelmetall aber auch in dieser Beziehung von den meisten anderen Waren. Zum einen funktioniert die Arbitrage zwischen Terminmarkt und Kassamarkt gut, denn Gold verdirbt nicht, lässt sich günstig lagern und kann meist in ausreichender Menge geliehen werden. Damit bestehen aber Arbitragemöglichkeiten ähnlich wie an den Finanzmärkten, womit über den Terminmarkt unmittelbar auch der Preis am physischen Markt beeinflusst werden kann, wenn auch nur für eine begrenzte Zeit.

Allerdings gehen die Beeinflussungsmöglichkeiten auf andere Weise viel weiter. Denn Gold ist vor allem ein Anlagemetall. Ein Vielfaches des jährlichen Verbrauchs lagert zu diesem Zweck in Tresoren und unter Matratzen. Nun sind Anlageentscheidungen aber sehr stark von der Preisentwicklung abhängig. Dies gilt insbesondere für Gold, das keine laufenden Erträge wie Dividenden oder Zinsen abwirft. Gold wird als Anlage letztlich nur gehalten, weil man von einem steigenden Preis ausgeht (sei es generell oder sei es zur Sicherheit, also nur für bestimmte Fälle). Dieser Zusammenhang ist klar und auch in Notenbankkreisen bekannt.[46]

Gold wird somit uninteressanter, wenn sein Preis beziehungsweise seine Preiserwartung fällt. Der Anleger wird enttäuscht. Ein potenzieller Goldinvestor kann so von seinem Investment abgehalten werden. Zudem kann ein Goldhalter sich veranlasst sehen, seine Bestände abzubauen. Der Mechanismus bei den Goldinterventionen ist nun genau darauf ausgerichtet: Der Anleger soll frustriert werden, der Interessent andere Anlagen interessanter finden. Dies wird durch normale Verkäufe am Terminmarkt erreicht, wobei insbesondere die Kurse zählen, auf die die Investoren bevorzugt achten (Nachmittagsfixing, Schlusskurs). Die Wirkung wird verstärkt, indem durch die Schockartigkeit der Bewegung Anleger und Interessenten abgeschreckt werden. Dies geschieht durch die Einleitung plötzlicher und extrem schneller Abwärtsbewegungen über massive Verkäufe am Terminmarkt. Indem Gold aus heiterem Himmel wie ein Stein fällt, werden die Marktteilnehmer zusätzlich verunsichert. Das Tempo der Verluste erhöht den Schmerz, der überraschende Zeitpunkt weckt Zweifel an der eigenen Prognosefähigkeit in diesem Markt.

Solche Terminmarkteingriffe drängen erst kurzfristig orientierte Investoren aus dem Markt – was den Abwärtstrend verstärkt – und dann mittelfristige. Spä-

[46] Zum Beispiel:. »Tomorrow's price must be high relative to today's in order to induce private aboveground stock owners to hold gold«, aus Henderson, Dale; Irons, John; Salant, Stephen; Thomas, Sebastian: »Can Government Gold Be Put To Better Use?: Qualitative And Quantitative Effects Of Alternative Government Policies« 1997, S. 12, International Finance Discussion Paper 582, http://papers.ssrn.com/sol3/papers.cfm?abstract_id=38760.

ter können die im Zuge der Interventionen verkauften Kontrakte in Ruhe und womöglich mit Gewinn wieder eingedeckt werden. Welches Ausmaß solche Gewinne aus den Manipulationen aber haben und inwieweit sie die privaten Akteure der Interventionen in dem seit Jahren langsam steigenden Markt finanzieren, kann von außen kaum abgeschätzt werden. Die nachfolgenden Charts zeigen mehrere solcher schockartigen Bewegungen im Innertagesverlauf.

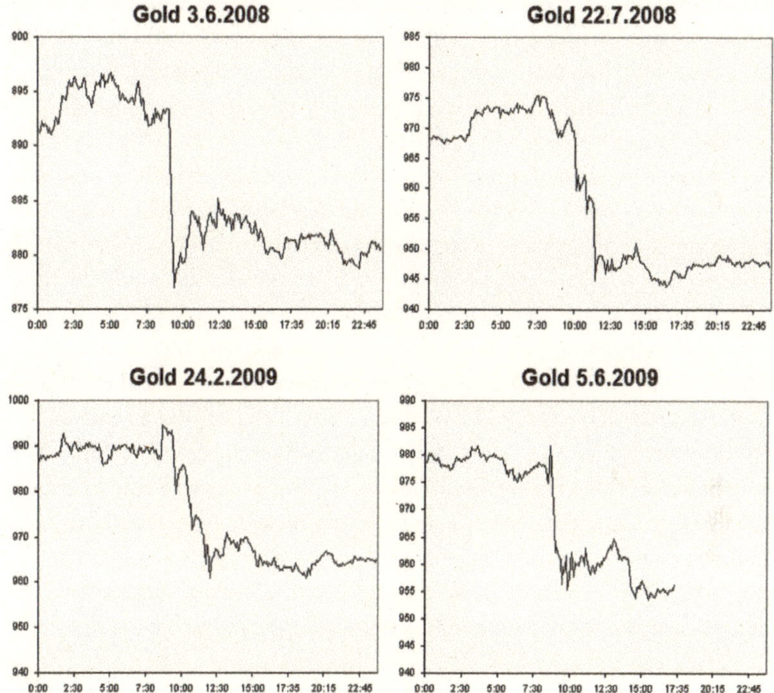

Abb. 38: Intraday-Kursverläufe

Mehrere der Beispiele zeigen Intraday-Verläufe unterhalb der psychologisch wichtigen runden Zahl 1000. Ein Anstieg darüber würde womöglich weiteres Anlegerinteresse auf sich ziehen. Indem der Goldkurs plötzlich und massiv fällt, werden Investoren zu Verkäufen veranlasst und Interessenten wenden sich ab. Merkmale dieser Bewegungen sind somit, dass sie zur Handelszeit des Terminmarktes stattfinden und dass sie oft schockartig sind, die Kurse also innerhalb weniger Minuten stark fallen. Zudem geschehen diese plötzlichen Rückgänge oft ohne jeden Anlass wie eine Nachricht oder eine Bewegung in einem anderen Markt. Damit werden Investoren zusätzlich verunsichert, denn ihr Investment wird subjektiv als unberechenbarer eingeschätzt als andere Anlagen.

Das Entscheidende an den Terminmarktinterventionen im Goldmarkt im Allgemeinen und den plötzlichen scharfen Rückgängen im Besonderen ist, dass sie Anleger und Interessenten vom Markt abhalten können. Dies kann bei Gold im Unterschied zu anderen Waren auch dauerhaft gelingen. Da Gold kein Verbrauchsgut ist, sondern Wertaufbewahrungszwecken dient, kann diese Art Einflussnahme auf Investoren somit auch den Preis dauerhaft beeinflussen, ohne dass dazu physisches Material auf den Markt kommen muss. Damit aber werden die schockartigen Verkäufe am Terminmarkt eine dritte wichtige Säule der Interventionen am Goldmarkt, neben den Verkäufen und Verleihungen. Sie wirken ähnlich wie diese im physischen Markt.

Obwohl diese auffälligen Rückgänge seit Jahren bekannt sind und von Marktbeobachtern diskutiert werden, wird die Dauerhaftigkeit des Effekts oft unterschätzt, vor allem aber seine Bedeutung für den physischen Markt. Man braucht weniger physisches Gold, um den Preis zu beeinflussen. Umgekehrt bedeutet das aber, dass relativ wenig Gold aus Verleihungen ausreichend sein kann, um den Preis in dem Ausmaß zu beeinflussen, wie es geschehen ist. Es muss nicht die Hälfte des Zentralbankgoldes in den Markt gelangt sein, um die Entwicklung am Goldmarkt in den letzten Jahren erklären zu können.

Die Wirkungsweise der markanten Intraday-Rückgänge ist der entscheidende Schlüssel zum Gesamtverständnis der systematischen Goldinterventionen seit dem 5. August 1993. Durch sie wird weniger physisches Gold aus den Lagern der Zentralbanken benötigt, um den Preis am (schnellen) Steigen zu hindern. Bei einem Anlagegut wie Gold gibt es einen Wirkmechanismus, den Spotpreis über die Terminmärkte zu beeinflussen, der anders als bei Verbrauchsgütern durch Einflussnahme auf die Anlegerentscheidung eine dauerhafte Wirkung erzielen kann. Letztlich ist es die Preiserwartung, auf die Einfluss genommen wird. Dies muss nicht nur über den Terminmarkt erfolgen, es kommen auch weitere Mittel in Betracht (kurzfristige Aktionen am Spotmarkt oder lancierte Medienberichte beispielsweise).

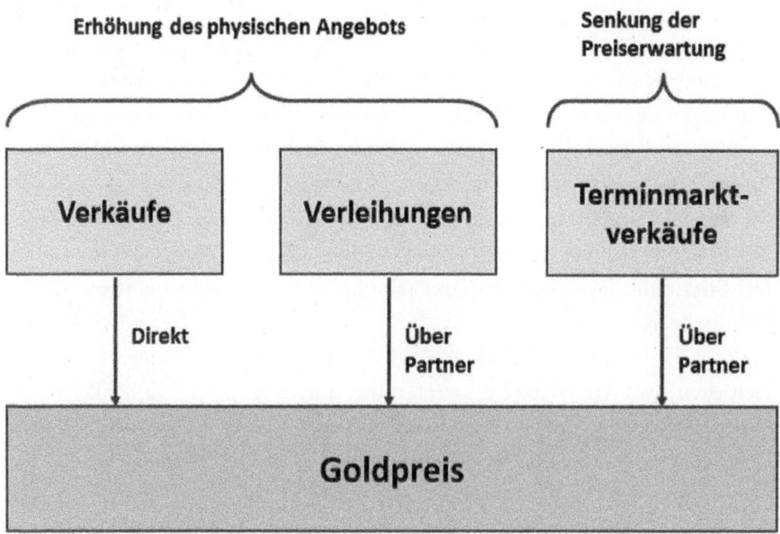

Abb. 39: Die drei Methoden der Goldintervention

18. Der Goldpool und weitere Goldinterventionen bis 1993

Die heutigen, seit August 1993 bestehenden, systematischen Goldinterventionen sind nicht ohne Vorläufer. Es gibt aber auch frühere Golddrückungen in der jüngeren Geschichte. Sie können als unmittelbare Vorläufer gelten. Damit verdeutlichen sie auch die Kontinuität der Politik der Zentralbanken in diesem Bereich. Zudem unterstreichen sie die Motive der Notenbanken. Es ist auch bedeutsam, dass die Interventionen damals völlig offen stattfanden. Das macht den grundsätzlichen Sachverhalt offenkundig. Doch zuerst ein kleiner Blick in die Vorgeschichte.

Nach dem Zweiten Weltkrieg konnten die Amerikaner ein Währungssystem (Bretton Woods) durchsetzen, bei dem im Ergebnis der Dollar die Hauptrolle als Reserve- und Handelswährung spielte. Die USA verfügten über die mit Abstand größten Goldreserven und waren die stärkste Wirtschaftskraft. Die früheren Edelmetallstandards wurden nicht wieder eingeführt. Allerdings versprachen die USA (und einzig die USA), gegen Vorlage ihrer Währung Gold zu einem festen Kurs herauszugeben. Für 35 US-Dollar gab es eine Unze Gold. Der Dollar sollte auf diese Weise so gut wie Gold sein, die Wechselkurse zwischen den Staaten wurden weitgehend fixiert, und etwaige Ungleichgewichte sollten ausgeglichen und minimiert werden. Das Versprechen, für 35 Dollar eine Unze Gold zu liefern, galt nur gegenüber anderen Zentralbanken, nicht gegenüber Privaten. Dennoch pendelte sich auch im freien Markt der Goldpreis oft auf diesem Niveau ein, denn während vieler Jahre kaufte und verkaufte die Bank von England im Auftrag und auf Rechnung der Amerikaner zu diesem Preis Gold. Im Ergebnis war der Goldpreis ähnlich wie bei einem Goldstandard fixiert.

Nun wurden die Tresore in Amerika im Laufe der Jahre immer leerer. Zwar war die Wirtschaft in den USA in den Sechzigern noch recht gesund, dennoch bestand gegenüber dem Ausland ein Defizit. Die Amerikaner reisten viel und hatten hohe Militärkosten im Ausland, was sich später durch den Vietnamkrieg verstärkte. Deswegen floss immer mehr Gold zu den Zentralbanken anderer Länder. Die Amerikaner ersuchten ihre Partner unter Hinweis auf ihre Militärkosten im Ausland, vom amerikanischen Zentralbankensystem kein Gold gegen Dollar abzufragen. Sie drohten mit der Schließung von Stützpunkten. Jenseits des Eisernen Vorhangs herrschte mit dem Sozialismus eine Ideologie, die die Weltherrschaft anstrebte. Weil sie das nicht wollten, forderten die Westdeutschen (und andere Staaten) insgesamt von den Amerikanern kein Gold mehr ab. Außerdem waren sie (wie ähnlich heute die Chinesen) nicht an einer völligen Schwächung der Leitwährung interessiert. Sie beließen aus diesen Gründen ihre Reserven weitgehend in Dollar (im Unterschied vor allem zu den Franzosen). Bereits Anfang der Sechziger kam es zu einem Gentlemen's Agreement: Einige Zentralbanken verzichteten weitgehend auf den Tausch in Gold und gaben sich stattdessen mit Treasuries zufrieden.[47] In einem Brief vom März 1967 bekräftigte der deutsche Zentralbankchef Blessing, dass Deutschland weiterhin keine Dollar in Gold konvertieren würde.[48] In der US-Administration wurde bereits jetzt intern von einem Dollar-Standard gesprochen. Als Vorteil dieser Lösung wurde herausgehoben, dass sie den USA erlauben würde »unbegrenzt mit moderaten Defiziten zu leben«, wenn sie auch keine »unlimitierte Druckerpresse« bieten würde.[49] Bereits damals wurde der ausufernden Verschuldung der Weg bereitet, die uns heute, mehr als vierzig Jahre später, so viele Probleme bereitet.

---

[47] »Au vom Thron«, deutsches Nachrichtenmagazin Der Spiegel, 22.1.1968, S. 70; »What a blessing«, Der Spiegel, 4.12 1967, S. 152. Der Artikel erwähnt ein Geheimtreffen der führenden internationalen Zentralbanker, bei dem sogar die Speisekarten des Hotels vernichtet wurden. Die FOMC-Protokolle aus der Zeit thematisieren häufig die Goldabflüsse und lassen Details und Hintergründe erkennen.

[48] Brief von Karl Blessing an Mr. William M. Martin, Jr., kein Betreff, unklassizifiert, 30. März 1967, in: Lyndon B. Johnson Library, NSF, NSCH: TTNAN, Box 50, 1966-67, Buch 2, Tabs 72-98 [1 von 2]. www.larsschall.com/2011/01/29/der-mysteriose-brief-in-austin-texas Der Brief handelt nicht, wie manchmal unterstellt wird, von der Unbeweglichkeit der deutschen Goldreserven.

[49] Die Aussagen machte Francis Bator, deputy national security advisor to President Lyndon B. Johnson. Schwartz, Thomas A.: »Lyndon Johnson and Europe«, in Brands, H.W. (ed.): »The Foreign Policies of Lyndon Johnson: Beyond Vietnam«, Texas A&M University Press 1999, S. 53; Zimmermann, Hubert: »Money and Security«, Cambridge 2002, S. 229.

Parallel zu den Vorgängen innerhalb des Zentralbanksystems wurde aber auch durch den Markt seit Ende der Fünfziger zunehmend mehr Gold abgefragt. 1960 wurde der Druck auf den Dollar so groß, dass die Amerikaner selbst verstärkt am Goldmarkt intervenieren mussten. Sie wollten den Preis dauerhaft besser fixieren. Insgesamt acht Länder schlossen sich deshalb 1961 zusammen und betrieben gemeinsam An- und Verkäufe im Markt, um den Preis zu fixieren. Nach einem Schlüssel wurden Teile ihrer Goldvorräte im »Goldpool« gebündelt. Da am Markt tendenziell mehr Gold abgefragt als abgegeben wurde, wurde effektiv der Goldpreis durch Verkäufe am Steigen gehindert.

Aus zwei Richtungen kam es somit zu Abflüssen, trotz teilwesen Stillhaltens von anderen Zentralbanken (wie von Frankreich oder Spanien) und von Privaten. Das System, das in den ersten Jahren nach dem Weltkrieg zur Stabilität und zum Wirtschaftswachstum beitrug, geriet aus dem Gleichgewicht. Auf der einen Seite wuchsen Geld- und Kreditmenge und auch die Realwirtschaft zu schnell, auf der anderen gab es die Ungleichgewichte in der Außenwirtschaft. Der harte Weg, Abbau der Verschuldung und der Ungleichgewichte, wurde nicht eingeschlagen. Durch die Abgaben an Gold im Goldpool konnte der unausweichliche Anstieg des Goldpreises nur aufgeschoben, nicht verhindert werden. Hinzu kamen zunehmende Spannungen zwischen den beteiligten Nationen.

Das System basierte darauf, dass zwischen Zentralbanken Gold floss. Wenn nun ausländische Zentralbanken weniger Gold abfragten, mag das politisch sinnvoll gewesen sein, ökonomisch aber setzten sich die Politiker über den Zwang des Abbaus der Ungleichgewichte hinweg. Insbesondere den Franzosen missfiel die Haltung der Amerikaner. Sie fragten weiter Gold ab, stiegen aus dem Goldpool aus und kritisierten, dass diese Konstruktion den Amerikanern erleichtern würde, sich in der französischen Industrie einzukaufen. Zudem störten sie sich daran – wie zuvor die Briten (und übrigens wie heute die Chinesen) –, dass eine nationale und keine internationale Währung die Hauptrolle im Welthandel und als Devisenreserve spielt. Ferner sicherten sich die Franzosen gegen einen etwaigen Dollarverfall ab.

All diese politischen Scharmützel sind jedoch völlig vernachlässigbar gegenüber den Marktkräften, die sich den zugrunde liegenden Ungleichgewichten entgegensetzten: Es wurde mehr Geld und Kredit geschöpft als Waren, ein Ungleichgewicht, das nur sehr schwer zu bereinigen ist (und das bis heute besteht). Zudem bestanden noch die Ungleichgewichte im Außenhandel. Die Amerikaner mussten reagieren. Es war absehbar, dass sie bald kein Gold mehr haben würden. Sie standen vor der Wahl harter Einschnitte (mit der Folge einer sicheren Rezession) oder der Aufwertung des Goldpreises (wie es der Markt verlangte, was aber die Ungleichgewichte nicht per se behoben hätte).

Sie entschieden sich für etwas ganz anderes: Sie hoben jede Bindung zum Gold auf. Im August 1971 »schloss« der damalige US-Präsident Nixon das »Goldfenster«. Selbst die mächtigste Wirtschaftsnation hatte nun nur noch eine Währung, die von ihrem Willen und ihren Fähigkeiten abhing. Damit hatte praktisch kein Staat mehr ein an eine Ware gebundenes Geld. Erstmals in der mehrtausendjährigen Wirtschaftsgeschichte der Menschheit gab es weltweit fast nur Papiergeldsysteme. Die Folgen traten sofort ein, und sie waren gravierend. Die Wirtschaft entwickelte sich schwächer, die Arbeitslosigkeit stieg. Der Dollar, einst goldgedeckt, verlor zunehmend an Wert gegenüber anderen Währungen wie der Deutschen Mark. Die Preise stiegen weltweit. In den USA drohte die Inflationsrate höhere zweistellige Prozentwerte zu erreichen. Gold stieg um mehr als das Zwanzigfache. Gegen Ende der Siebziger, nach nur wenigen Jahren, war das Vertrauen fast gänzlich dahin. Es schien nur noch eine Frage der Zeit zu sein, bis der Dollar wertlos sein würde, und mit ihm in der Folge wohl auch die anderen Währungen.

Dies ist das Umfeld der zweiten größeren Goldinterventionsaktion der jüngeren Geschichte, die der Siebzigerjahre. Diese markiert eine Entwicklungsstufe zwischen der des Goldpools in den Sechzigern und der bis heute andauernden ab August 1993. Im Goldpool wurde zwar auch Gold verkauft, um dessen Preisanstieg zu verhindern. Dies geschah aber im Rahmen einer Goldbindung der Währung. Der Goldpreis war fest mit dem Dollar verknüpft, unmittelbar im internationalen Zentralbankwesen, mittelbar zu den Privaten. Die Interventionen der Siebziger, die wir jetzt beschreiben, fanden hingegen in einem Umfeld satt, das dem heutigen grundsätzlich gleicht. Die Preise und Währungen waren nicht an ein Metall gebunden, als Geld war ausschließlich Papiergeld in Gebrauch. Die Interventionen der Siebziger ähnelten also stark den heutigen, mit einem Hauptunterschied: Sie wurden offen betrieben. Die Zentralbanken verkauften Gold, damit sein Preis nicht stieg. Sowohl der Goldpool als auch die Interventionen der Siebziger waren, in Relation zum heute Üblichen, Aktionen, an denen die Öffentlichkeit teilnahm. Sie wurden publiziert, man diskutierte darüber. Es gab Debatten und Forschungsarbeiten. Zwar existierten auch damals geheime Zusatzabkommen (noch zum Goldpool beispielsweise eine Nachschusspflicht), der grundsätzliche Sachverhalt war aber bekannt. Schon gar nicht wurde er verheimlicht. Ganz anders die ab 1993 bis heute laufenden Interventionen. Sie werden nicht nur nicht genannt, vielmehr werden sogar Maßnahmen (wie das Verschweigen der Verleihmenge) getroffen, um sie zu verheimlichen. Möglicherweise hatten die Verantwortlichen das weitgehende Scheitern dieser beiden vorangegangenen Interventionen im Auge, als sie sich entschieden, die Interventionen ab 1993 geheim zu halten (aber auch das wirkungslose Verpuffen der niederländischen Goldverkäufe im Vorfeld könnte dazu beigetragen haben).

Wie sahen nun die Interventionen der Siebziger aus? Schockartige Verkäufe am Terminmarkt spielten wohl noch keine Rolle, ein Terminmarkt für Gold war gerade erst eingeführt worden. Auch wurde das physische Angebot noch nicht durch Goldleihe und Gold-Carry-Trade erhöht, die Goldpreisbindung war noch nicht lange genug vorbei, als dass sich diese (im Sinne der nun möglichen Ausnutzung der Zinsdifferenz) neuen Geschäftsarten im nennenswerten Umfang hätten entwickelt haben können. Die dritte Methode lag damals näher – die Goldinterventionen bestanden vor allem aus einem: Verkäufen. Die Zentralbanken verkauften Gold, um den Anstieg seines Preises zu begrenzen. Sie wollten damit die Geldentwertung reduzieren, sie wollten Vertrauen aufbauen und sie wollten den Dollar stärken. Bereits unmittelbar nach der erstmaligen Aufhebung jeder Bindung des Geldes wurde auf den Preis des Goldes Einfluss genommen in der Absicht, solche indirekten Wirkungen erzielen zu können.

Gold war demonetarisiert worden, offiziell war es nur noch eine Ware wie jede andere und hatte allenfalls in geschichtlichen Zusammenhängen und aus geschichtlichen Gründen eine besondere Rolle inne. Die Zentralbanker kümmerten sich dennoch um diese »Ware«. Regelmäßig verkauften sie Ende der Siebziger Gold, damit sein Preis nicht zu sehr stieg. Denn das hätte signalisiert, dass das von ihnen betreute Papiergeldsystem nicht funktionieren würde. In diesem Umfeld hoher Inflationsraten und eines schwachen Dollars verdeutlicht ein Artikel aus dem Time Magazine von 1979 die damaligen Überlegungen. Der Dollar war im freien Fall, die Deutsche Bundesbank machte Stützungskäufe in Milliardenhöhe. Der damalige Fed-Chef Volcker sollte die Panik stoppen. Das Time Magazine führt aus: *»Volcker ... machte Pläne für das möglicherweise zweite große Dollar-Rettungsprogramm innerhalb von elf Monaten, das die USA aufziehen würden. Diskutiert wurden unter anderem: MEHR GOLDVERKÄUFE. Die 750 000 Unzen aus Fort Knox, die die USA derzeit im Monat verkaufen, könnten verdoppelt werden, in der Hoffnung, dass dies den Preis nach unten treiben würde.«*[50] Es wurde also regelmäßig Gold verkauft, um den Preis zu drücken. Der angedachte Plan war nun, die laufende Verkaufsmenge zu verdoppeln.

Die Akzeptanz des Dollars war gering: *»Zentralbanken und Privaten widerstrebt es, weiterhin Dollar zu akzeptieren, deren Wert beinahe täglich fällt.«* Es geht um die Akzeptanz des Papiergeldes und hier insbesondere des Dollars, sowohl bei Privaten als auch bei anderen Zentralbanken. Im Kern ist es ein Konkurrenzgedanke: Gold steht dem staatlichen Papiergeld entgegen, seine Schwächung würde das Papiergeld stärken. Deshalb seien Preisanstiege zu verhindern (dieselben Motive werden wir auch bei der aktuellen, seit August 1993 laufenden Goldinterventionsaktion feststellen können). Bevor jetzt aber der Eindruck entsteht, es gäbe eine einheitliche Meinung unter Zentralbankern, sei noch ein Vorgänger von Volcker zitiert. Der frühere langjährige Fed-Chef Martin vertrat nämlich im gleichen Artikel eine konträre Meinung zu den Verkäufen, und das mit Vehemenz: Wenn er noch im Amt wäre, würden die USA Gold nur »über seine Leiche« verkaufen.[51] Es liegt also kein einheitlicher Block vor, auch nicht innerhalb der einzelnen Institutionen.

---

[50] Time Magazine vom 15. Oktober 1979 »Shrinking Role for U.S. Money«, www.time.com/time/magazine/article/0,9171,916948,00.html. »Volcker ... drafts plans for what could be the second massive dollar-rescue program the U.S. has had to mount in eleven months. Among the steps under discussion: LARGER GOLD SALES. The 750,000 oz. of Fort Knox bullion the U.S. now sells monthly might be doubled, in hopes that this might help drive prices down. [...] Central banks and private holders are reluctant to accept any more dollars, whose value declines almost daily.« Wir verdanken den Fund Eric Janszen.

[51] Ebenda: »Former Federal Reserve Chairman William McChesney Martin says that if he were still in office, the U.S. would sell gold only 'over my dead body'.«.

Der damalige Fed-Chef Volcker äußert sich übrigens viel später, in seinen im Jahr 2004 erschienenen Memoiren, persönlich zu Goldverkäufen zum Drücken des Preises. Diese hätten bereits Anfang der Siebziger stattfinden sollen, denn der Dollar entwickelte sich auch schon damals ungünstig. Volcker macht nach dreißig Jahren angesichts der Dollarschwäche des Jahres 1973 folgende Anmerkung: *»Eine koordinierte Interventionsaktion von Goldverkäufen zur Verhinderung eines scharfen Anstiegs des Goldpreises wurde indes nicht unternommen. Das war ein Fehler.«*[52] Wir sehen hier also ganz klar, dass aus Sicht eines Zentralbankers das Verhindern eines Kursanstiegs von Gold ein Mittel der Zentralbankpolitik ist. Ziel ist es, die Währung, den Dollar, zu stützen. Es handelt sich natürlich um ein indirektes Mittel, denn tatsächlich ging es um den Wert des Dollars gegenüber anderen Waren und anderen Währungen. Ein schwacher Goldpreis sollte das bewirken. Es gibt also eine Kontinuität der Beeinflussung des Goldpreises durch Zentralbanken, die nach dem endgültigen Ende jeglicher Goldbindung 1971 fortgeführt wurde.

Allerdings gab es später Weiterentwicklungen. Zum einen nannten die Zentralbanken bei ihren zuletzt durchgeführten Goldverkäufen andere Gründe. Es wurde nicht mehr offen ausgesprochen, dass die Verkäufe dazu dienen sollten, den Preisanstieg des Goldes zu begrenzen. Stattdessen wurde etwa die offizielle Demonetarisierung des Goldes oder ein zu hoher Anteil des Goldes an den Reserven genannt. Bezüglich der entsprechenden Aktionen der Siebziger wurde dieses Motiv wenigstens gelegentlich genannt. Zudem hat sich die Anzahl der Instrumente erweitert. Neben den Verkäufen gibt es heute zusätzlich die Verleihungen und die Terminmarktverkäufe zur Kursbeeinflussung. Auch die Kooperation mit privaten Instituten ist in dieser Form neu.

Die Markteingriffe finden nun mehr oder minder laufend statt, sie sind beinahe täglicher Begleiter der Goldpreisentwicklung. Deswegen ist es auch sinn-

---

[52] Volcker, Paul: From dollar float to inflation fight; in: The Nikkei Weekly English, November 15, 2004 (zweiter Teil des dreiteiligen Auszugs aus den parallel in Nihon Keizai Shimbun erschienenen Memoiren »My Personal History«). »Joint intervention in gold sales to prevent a steep rise in the price of gold, however, was not undertaken. That was a mistake.« Wir verdanken den Fund John Brimelow. Der Zentralbankenbeschluss, Goldpreisanstiege durch koordinierte Verkäufe zu verhindern, kam übrigens nicht zustande, da Frankreich dagegen war.

voll, die modernen, seit dem 5. August 1993 stattfindenden Interventionen »systematische Interventionen« zu nennen. Das bedeutet nicht, dass es zuvor keine gab. Vielmehr kommen bei den heutigen Interventionen Verkäufe, Verleihungen, Terminmarktinterventionen und die Zusammenarbeit von staatlichen Institutionen mit Privatbanken zusammen. Zudem versucht man, die Interventionen konsequent zu verheimlichen. Zwischen den bloßen Verkäufen der Siebziger und den modernen vielgestaltigen Eingriffen lag ein Prozess. Wie bereits besprochen, kam das Goldleihegeschäft in den Achtzigern auf. Ferner kam es im Aktienmarkt bei den Stützungsmaßnahmen im Crash 1987 zu einer Beauftragung privater Institute. Damit sind zwei Eckpunkte des Übergangs von den einfachen Verkäufen der Siebziger zur heutigen komplexen Interventionspraxis mit Goldleihe und Kooperationen genannt.

Es gab also eine Übergangsphase von den Siebzigern bis zum Start der systematischen Interventionen am 5. August 1993. Ende der Siebziger stoppte der Fed-Chef Volcker die ausufernde Geldentwertung, indem er radikale geldpolitische Maßnahmen (etwa Zinserhöhungen) durchführte. Die Wirtschaft geriet in eine Rezession, die Achtziger waren jedoch durch niedrigere Inflationsraten, niedrige Zinsen und einen wechselhaften Dollarverlauf gekennzeichnet. Allerdings nahm die Verschuldung zu, und es kam zu einem Aktienboom, der im Oktober 1987 durch einen Börsencrash beendet wurde. Das weckte Befürchtungen vor einer drohenden Weltwirtschaftskrise und führte zu den bereits erwähnten Aktienmarktstützungen durch private Häuser im Auftrag des neuen Fed-Chefs Greenspan. Die Weltwirtschaftskrise blieb aus und es ging, vereinfacht gesprochen, alles so weiter wie gehabt. Da in den Jahren ab 1980 die Inflation fiel, die Anleihen stiegen und die Realverzinsung positiv war, geriet der Goldpreis von dieser Seite unter Druck. Es gab deshalb weniger Anlässe für Interventionen, dennoch gab es welche.

Was etwaige Goldinterventionen im betreffenden Zeitraum zwischen 1980 und 1993 angeht, gibt es keinen diesbezüglichen Bericht vonseiten der Zentralbanken. Das bedeutet nicht, dass es sie nicht gegeben hätte, sondern nur, dass sie nicht berichtet wurden. Grundsätzlich kann man Interventionen verschweigen oder kundtun. Das gilt gleichermaßen für Interventionen am Devisenmarkt. Verdeckte Interventionen versprechen eine höhere Wirksamkeit, etwa insofern, als man niemanden auf eine problematische Situation zusätzlich aufmerksam macht. Durch offensive Ankündigung von Interventionen sollen hingegen Marktteilnehmer abgeschreckt werden, sich gegen die Zentralbanken zu positionieren. Zudem gibt es dazwischen angesiedelte Interventionen, die so offenkundig durchgeführt werden, dass sie den unmittelbaren Marktteilnehmern auffallen, gewisse Zweifel aber unter Umständen bleiben.

An der Existenz verdeckter Interventionen gibt es keinen grundsätzlichen Zweifel, da einige im Nachhinein durch Beteiligte oder Notenbanksprecher bekannt gemacht wurden oder mittels Notenbankberichten offenkundig wurden. Die bekanntesten Devisenintervention der betreffenden Jahre waren das Plaza-Abkommen, der Louvre-Akkord, das Paris-Agreement (alle bezüglich des Dollars) und Angleichungsmaßnahmen im Vorfeld der europäischen Währungsunion. Devisenintervention sind bekannter und besser publiziert[53] und eignen sich (bei vorhandenen Unterschieden) deshalb als Analogie für die Goldinterventionen. Zusätzlich werden mit fünfjähriger Verzögerung wörtliche Protokolle Transcripts der Fed-Sitzungen veröffentlicht, die einen guten Einblick in die Überlegungen und Vorgehensweisen bei Devisenmarktoperationen geben; bei Goldinterventionen sollten es keine gänzlich anderen sein. Es gab nach 1980 Goldverkäufe durch Zentralbanken und es liegt bei einigen davon nahe, dass sie auch dadurch motiviert waren, den Goldpreis negativ zu beeinflussen. Außerdem gab es Goldpreisverläufe, etwa nach dem Aktiencrash 1987, die Marktteilnehmern auffielen und die als Intervention gedeutet wurden (der Markt hatte genau an der Marke 500 gedreht und fing dann zu fallen an). Außerdem gibt es bilanzielle Auffälligkeiten, die auf Aktivitäten des bereits erwähnten und für Interventionen zuständigen Exchange Stabilization Fund (ESF) im Goldbereich hindeuten (dazu später mehr).

Eine eigene Erwähnung verdient der 27. April 1987. Ausweislich der minütlichen Kurse verlor damals der Goldpreis an der Comex binnen vier Minuten über 20 Dollar, ein schockartiger Rückgang, wie er die späteren systema-

[53] Für Interessierte: Zum Thema Interventionen publiziert haben beispielsweise Michael Bordo, Owen Humpage, Anna Schwartz, William Osterberg, Kathryn Dominguez, David Sondermann, Bernd Wilfling, Mark Trede, Michael Frenkel und Georg Stadtmann.

tischen Goldinterventionen häufig auszeichnen sollte und wie er bis zu deren Beginn am 5. August 1993 nicht wieder auftreten sollte. Der freie Fall fand während der Mittagszeit statt, wenn der Handel dünner ist als sonst, was Interventionen erleichtern würde. Interessant ist auch das Umfeld. Zwei Tage nach dem schockartigen Rückgang im Goldpreis, am 29. April 1987, fand eine Telefonkonferenz der Fed statt, die wörtlich protokolliert wurde und mittlerweile publiziert ist.[54] Gemäß dem Protokoll der Konferenz wurden massive Devisenmarktinterventionen getätigt. Der Dollar war stark gegenüber dem Yen gefallen, das Handelsdefizit groß, die Medien sprachen von »Handelskrieg«, der amerikanische Präsident äußerte sich zum Währungsthema. Der Leiter des operativen Auslandsgeschäfts von Fed und Schatzamt Cross nennt die damals beachtliche Summe von über 20 Milliarden Dollar, die alleine im April von den Zentralbanken aufgewendet worden war, um den Dollar zu stützen. Interessanterweise fand nun der extrem scharfe Rückgang bei Gold genau am gleichen Tag statt, an dem der Dollar gegenüber dem Yen seinen Tiefkurs ausbildete. Insbesondere bemerkten Händler dabei, dass die Währung den Edelmetallen folgte. So schrieb die New York Times: *»Währungshändler sagten, dass die Aktivitäten im Edelmetallmarkt besonders bedeutsam waren. Normalerweise reagieren Edelmetalle auf die Dollarbewegungen, aber eine Anzahl von Händlern sagte, dass es gestern genau umgekehrt war.«*[55] Es spricht also einiges dafür, dass die Interventionen im Devisenbereich zumindest an diesem Tag, an dem die Devisenmarktinterventionen endlich erfolgreich waren und der Dollar drehen sollte, von einer parallelen Intervention im Goldmarkt begleitet wurden. Es lässt sich aber weder ein direkter Beleg für Goldintervention finden noch lässt sich die Annahme durch den Kontext weiter verdichten. Anders als beim Beginn der systematischen Interventionen am 5. August 1993 lässt sich deshalb derzeit zumindest nicht gänzlich ausschließen, dass es sich um eine bloße, nicht durch Interventionen ausgelöste markttechnische Reaktion auf den starken vorangegangenen Anstieg bei den Edelmetallen handelte.

---

[54] Board of governors of the Federal Reserve System: Transcript of the FOMC meeting www.federalreserve.gov/monetarypolicy/files/FOMC19870429confcall.pdf.

[55] Gilpin, Kenneth: »Currency Markets«, in The New York Times, 28.4.1987, www.nytimes.com/1987/04/28/business/currency-markets-dollar-ends-hectic-day-with-rally.html?scp=1&sq=gold&st=nyt. »Foreign currency traders said activities in the precious metals market were particularly significant. Typically, precious metals react to the dollar's movements, but a number of traders said the reverse was true yesterday afternoon.«

Es lässt sich aber zuverlässig zeigen, dass der Gedanke, es bestünde ein Zusammenhang zwischen Gold und Dollar und man müsse da vielleicht auch etwas tun, in den Achtzigern nicht aus den Köpfen der Verantwortlichen verschwunden war. So fragte Fed-Gouverneur Angell im Juni 1988 einen Kollegen rhetorisch, was er zu tun gedenke, wenn der Dollar fällt und Gold steigt.[56] Außerdem dürfte gerade der US-Regierung unter Reagan (Präsident von 1981 bis 1989) ein niedriger Goldpreis recht gewesen sein, damit die Gold exportierende Sowjetunion nicht von höheren Einnahmen profitierte. Insgesamt kann man sagen, dass die Zeit zwischen 1980 und 1993 keine tote Zeit war. Die Entwicklung zu den modernen systematischen Goldinterventionen war ein schrittweiser Prozess mit vielen Aspekten. Bei manchen anderweitig begründeten Aktionen wie Verkäufen oder Verleihungen scheint die Absicht, den Goldpreis zu beeinflussen, eine Rolle gespielt haben. Es gab aber wohl auch direkte Interventionen mit dem ausschließlichen Ziel der Kursbeeinflussung. Eine Systematik wie seit dem 5. August 1993 lässt sich aber noch nicht erkennen.

Bevor wir aber zu den heutigen Interventionen kommen, wollen wir noch mal die Interventionen der Siebziger betrachten. Bei ihnen gibt es zwei weitere Aspekte, die ein besseres Bild der modernen Interventionen seit 1993 erlauben. Mitte der Siebziger wurde der Terminmarkt für Gold an der New Yorker Comex eingeführt. Es gab in den folgenden Jahren eine angeregte Diskussion darüber, inwieweit der Terminmarkt die Preise am physischen Markt beeinflussen kann. Im Prinzip ging es um das Gleiche wie heute, nur umgekehrt: So wie heute Anleger durch Preisschocks und eine ungünstige Preisentwicklung von Investments abgehalten werden, zog damals der Terminmarkt die Kurse am physischen Markt nach oben. Damals nutzte eine Vielzahl an Leuten den Hebeleffekt und kaufte an der Comex Gold. Diese Preisanstiege motivierten dann viele Sparer, sich Münzen und Barren zuzulegen. Einige davon wurden erst durch die Anstiege am Terminmarkt zu ihren Käufen motiviert. Da Gold ein Anlage- und kein Verbrauchsgut ist, konnten die Terminmarktakteure den Preis auch am physischen Markt beeinflussen. Anfang 1980, nachdem sich

56 »Well, Frank, what are you going to do when the dollar is falling and the price of gold is soaring?« www.federalreserve.gov/monetarypolicy/files/FOMC19880630meeting.pdf, Seite 61.

der Goldpreis mehr als verzwanzigfacht hatte, griffen die Aufsichtsbehörden ein und änderten die Regeln am Terminmarkt (teilweise in rechtlich bedenklicher Weise). Dies stoppte die Anstiege im Edelmetallbereich radikal. Der Einfluss der Terminmärkte wurde später weiterhin diskutiert – vielleicht nicht immer hinreichend differenziert, aber das spielt für die grundsätzliche Annahme der Möglichkeit eines Einflusses der Terminmärkte keine Rolle. Zumindest war die damalige Wirkung im Edelmetallmarkt in Fachkreisen noch bekannt. So könnten die Verhältnisse am Terminmarkt in den Siebzigern oder auch die Eingriffe 1980 Quelle einer Inspiration für die Interventionen ab dem Jahr 1993 gewesen sein.

Der zweite Aspekt der Interventionen der Siebziger, der für die Interventionen von heute von Bedeutung sein könnte, hängt eher mit unseren Vorstellungen von Interventionen zusammen. Denn seit der Jahrtausendwende steigt Gold. Deshalb würde sich heute die Frage aufdrängen, ob es denn angesichts mehrfach höherer Goldkurse überhaupt Interventionen gegeben haben kann. Aber es gab sie eben in den Siebzigern, als Gold ebenfalls stark stieg. Intervention bedeutet nicht, dass die Kurse sich nicht oder nur in der von den Zentralbanken gewünschten Richtung bewegen. Intervention kann auch bedeuten, dass Kurse weniger schnell steigen, als sie es ohne die Interventionen täten. Zentralbanken sind nicht allmächtig. Die Siebziger zeigen, dass es langanhaltende Interventionen im Goldmarkt geben kann, die nur der Abbremsung des Anstiegs dienen sollen.

Interventionen zeigen kein einheitliches Ergebnis. Die Kurse können seitwärts gehen, sie können sich (damit es nicht so auffällt) unter Schwankungen seitwärts bewegen, und sie können in die gewünschte Richtung laufen (bei den Goldinterventionen also nach unten). Sie können aber auch eine bloße Bremsung des Anstiegs bewirken, auch wenn es äußerlich wirkt, als würden sie scheitern. Eine solche Abbremsung kann sogar ihr Zweck sein. Diese Vielfalt an Interventionsergebnissen kann man auch bei den modernen Goldinterventionen seit 1993 beobachten. Sie bewirkten einen sich seitwärts bewegenden Goldpreis (1994–1995), einen der fällt (1997), und einen, der den Anstieg abbremst (seit dem Bullenmarkt 2001). Anstelle einer Betrachtung über den Gesamtzeitraum muss deswegen immer wieder eine differenziertere treten.

Insgesamt haben wir jetzt ein Bild der Situationen, wie sie den heutigen Goldinterventionen vorangingen. Diese sind nicht aus dem Nichts entstanden, sondern organisch aus diversen Vorläufern. Hinzu kommen Entwicklungen wie die Terminmärkte und die Goldleihe, die sich in den Siebziger- und Achtzigerjahren einstellten. Nun wollen wir uns noch kurz die Zeit unmittelbar vor dem Beginn der systematischen modernen Interventionen am 5. August 1993 anschauen. Ende 1992 kam es zur bereits erwähnten EWS-Krise. Die Bank von England konnte das Pfund nicht halten. Aus Sicht vieler Zentralbanker und Politiker muss der Sturz des Britischen Pfundes wie ein Zeichen der Ohnmacht gewirkt haben. Manche von ihnen machten nicht die vorangegangenen Marktungleichgewichte verantwortlich, sondern beispielsweise den Fondsmanager Soros, der diese erkannte und nutzte.

Ausgerechnet in der Folge der EWS-Krise bewegte sich Gold dann nach oben. In der Goldhausse in der ersten Jahreshälfte 1993 stieg Gold gestützt von niedrigen Realzinsen binnen fünf Monaten um 25 Prozent. Erneut war Soros in den Medien, diesmal durch eine Meldung, er habe sich an einer Goldmine beteiligt. Soweit zum geldpolitischen Klima Mitte 1993. Sicher war die EWS-Krise, bei der der Pfund-Kurs zuvor fixiert worden war und das allgemein bekannt war, keine Motivation, Goldinterventionen offen durchzuführen. An dieser Stelle kommen die privaten Carry-Trader ins Spiel. Auch wenn wir über den Umfang ihrer Geschäfte nichts Genaues wissen und auf Schätzungen angewiesen sind, so wissen wir doch, dass sie effektiv short im Markt waren. Sie verloren also Geld im Zuge des Anstiegs des Goldes und waren wie die Zentralbanken an einem fallenden Kurs interessiert. Eine Zusammenarbeit nach dem Vorbild von 1987 muss sich angeboten haben. Der unmittelbare Anlass für eine Intervention an den Märkten war natürlich eine Marktbewegung: Am 30. Juli 1993 schoss der Kurs durch die Marke von 400 und schloss mit 407. Die Marke von 400 hätte er nicht durchstoßen dürfen. Die Zentralbanker mussten befürchten, dass sich wieder eine sich selbst nährende Goldhausse entwickelte, wie es in den Siebzigern bereits der Fall gewesen war. In den nächsten Tagen fiel Gold leicht im Kurs zurück (möglicherweise wurde hierbei bereits nachgeholfen, es gibt dafür aber auch keinen konkreten Hinweis).

19. 5. August 1993, 8.27 Uhr: Der Beginn der systematischen Goldinterventionen

Am 5. August 1993 um 8.27 Uhr amerikanischer Ostküstenzeit passiert nun etwas ganz Besonderes, etwas, das der Markt nur sehr selten sieht, was danach aber in meist milderer Form immer wieder passieren sollte: Gold fiel wie ein Stein, aus heiterem Himmel in einer schnellen, für Investoren schmerzhaften Abwärtsbewegung. Binnen nur sieben Minuten verlor der Goldpreis 13 Dollar. Einen so plötzlichen und schnellen Rückgang hatte es zuletzt sechs Jahre zuvor, am bereits besprochenen 27. April 1987, gegeben (bei dem auch einiges auf eine Intervention hindeutet). Damals wurde eine vorherige Aufwärtsbewegung von 14 Prozent binnen eines Monats umgekehrt. Diesmal betrug der Anstieg im Monatszeitraum aber unmittelbar zuvor nur 4 Prozent. Nach einem so moderaten Anstieg erscheint es unwahrscheinlich, dass es sich bei dem extrem scharfen Rückgang danach um eine bloße markttechnische Reaktion handelte.

Es ging diesmal auch nicht um die Aufwärtsdynamik, sondern um eine Marke: Gold wurde unter die 400er-Marke gedrückt. 400 war die Marke, die die erste Goldintervention aus der bis heute anhaltenden Reihe der systematischen Interventionen auslöste. Zudem war 400 die Marke, die für mehrere Jahre das Interventionsniveau bestimmen würde. Die Zentralbanken wählten wohl aus mehreren Gründen diese runde Zahl als Marke, aus pragmatischen Gründen (da man sich auf etwas festlegen muss), weil ihnen die Situation Ende der Siebziger noch in lebendiger Erinnerung war (der Goldpreis explodierte damals nach Durchbrechen der 400er-Marke), aber auch, weil sie wussten, dass die Marktteilnehmer der runden Zahl eine erhöhte Aufmerksamkeit widmen würden. Wenn es Gold nicht schaffen sollte, die Marke zu nehmen, würde es für viele uninteressant.

Natürlich war die markante, plötzliche Abwärtsbewegung damals wichtiges Gesprächsthema. Sie war unerklärlich und für die Marktbeobachter atypisch und unerwartet. Sie wussten ja auch nichts von einer Intervention. Zwar verhalten sich Märkte immer wieder anders als erwartet, aber nur selten in diesem Maße. Wir wollen uns die Stimmungen und Meinungen vergegenwärtigen, indem wir die Presseberichte zum Geschehen ansehen. So bezeichnete das Wall Street Journal am Folgetag den Rückgang als »Verkaufsblitz«, um darzulegen, dass die Bewegung völlig unerwartet und weit jenseits aller Erfahrungswerte war (im Englischen drückt das seit dem Zweiten Weltkrieg infolge des Blitzkrieges gebräuchliche Lehnwort »Blitz« wie kaum ein anderes die überraschende Qualität eines Vorgangs aus).[57] Marktteilnehmer wurden mit Formulierungen wie »brutal« und »Blutbad« zitiert. Sie nannten verschiedenste Erklärungen für den scharfen Rückgang, von der Entscheidung, die europäischen Währungen stärker fluktuieren zu lassen, über »optionsbezogen«, »Rohstofffonds«, »Naher Osten«, »Schweiz« und »China-Verkäufe«, bis zum unvermeidlichen George Soros, der seinerzeit oft bei unerklärlichen Bewegungen als Grund herhalten musste. Eine andere Erklärung war: »Der Markt hat es eben so entschieden.« Die Vielfalt an Begründungen deutet eher auf Vermutungen und ist ein Hinweis, dass der Grund für den Rückgang letztlich nicht bekannt war. Die Gründe passen zudem kaum zu den Eigenarten des Rückgangs, der sich besonders schnell ereignete und am Terminmarkt stattfand.

Über die Lage am Spotmarkt in London berichtete die deutsche Tageszeitung Süddeutsche Zeitung:[58] *»Und als am frühen Nachmittag bei der Eröffnung der Comex in New York die Unze ‚binnen Sekunden' von 393 Dollar auf 384 Dollar rasselte, gaben sich die Händler an der Themse ‚sprachlos'. Eine derart drastische Preiskorrektur hatte niemand erwartet.«* Die Zeitung gibt hier die Überraschung der Marktteilnehmer über das plötzliche Fallen des Goldpreises klar wieder. Es entsprach einfach in keiner Weise ihren Erfahrungswerten, dass Gold binnen Minuten (es handelte sich nicht um Sekunden) so stark fallen würde. Im typischen Marktverlauf gibt es immer wieder überraschende Bewegungen, doch was kommt für ein derart plötzliches Fallen des Preises als Grund infrage? Man kann dann über Gründe spekulieren, wie es die

---

[57] »A blitz of selling«, Wall Street Journal Europe, 6./7. August 1993, S. 9. »A blitz of selling by gold investors turned into the biggest singleday rout in preciousmetals markets since the persian gulf war of 1991.«; »optionrelated«, »commodity funds«, »Middleeastern«, »Swiss«, »China selling«, »the market just decided it.«

[58] »Erste Zweifel an der Goldhausse«, Süddeutsche Zeitung, 6.8.1993, S. 27.

vom Wall Street Journal zitierten Stimmen taten, man kann aber auch offen seine Unkenntnis eingestehen. Dementsprechend fährt die Süddeutsche unter der Zwischenüberschrift *»Rätselraten«* fort: *»Über die wahren Auslöser dieses Minicrashes herrschte gestern noch Rätselraten.«* Die Marktteilnehmer hatten keine Erklärung für diesen schockartigen Rückgang. Er war völlig außergewöhnlich, sie wussten einfach nicht, was eine solche völlig atypische Bewegung ausgelöst haben könnte. An eine Intervention hat keiner gedacht!

Die Intervention begann aber bereits ihre Wirkung zu zeigen, denn es rührten sich erste Zweifel, ob denn der Bullenmarkt für Gold weitergehen würde. Konsequent titelt die Süddeutsche Zeitung ihren Artikel auch *»Erste Zweifel an der Goldhausse«*. Die Operation war gelungen, die Marktteilnehmer und -beobachter waren verunsichert! Ein schockartiger Rückgang, dessen Hauptteil wenige Minuten dauerte, reichte, um eine monatelange Aufwärtsbewegung in Zweifel zu ziehen! Wir wollen nun aber den Kurs ansehen, wie er während des Tages verlief. Der nachfolgende Chart zeigt den Intraday-Verlauf des umsatzstärksten Gold-Futures an der New Yorker Terminbörse Comex.[59]

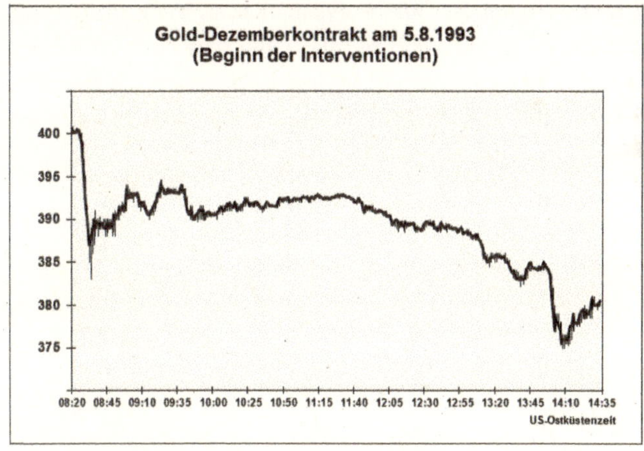

Abb. 40: Gold-Dezemberkontrakt am 5.8.1993

[59] Zwei wahrscheinliche Datenfehler in den Hoch/Tief-Spannen der Minutenintervalle, die den Verlauf noch volatiler erscheinen ließen, wurden manuell bereinigt.

Wir können sehen, dass der Goldkurs nach der Eröffnung der Sitzung wie ein Stein fiel! Insbesondere zwischen 8.31 Uhr und 8.33 Uhr fiel der Kurs um 10 Dollar von 395 auf 385 Dollar im Future. Dies muss die Bewegung sein, die die Süddeutsche Zeitung zitierte (der Future notierte etwa 3 Dollar über dem Spotpreis, auf den sich die SZ bezog). Es ist dieser anlasslose, schockartige Rückgang, der den Goldmarkt seitdem begleitet und den die Marktteilnehmer seitdem vielhundertfach beobachtet haben (Beispiele fanden sich im Vorwort und im vor-vorherigen Kapitel). Dieser schockartige Rückgang soll Anleger und Interessenten so sehr verunsichern, dass sie dem Markt fernbleiben. Es ist ein Standardmuster der Interventionstätigkeit im Goldmarkt. Nicht jede Intervention im Goldmarkt äußert sich so (es gibt etwa auch das »Abfangen« in steigende Kurse hinein), aber die meisten scharfen Rückgänge dürften auf das Konto von Interventionen gehen. Gegen Ende der Sitzung am 5.8.1993 sehen wir dieses Ereignis gleich noch ein zweites Mal. Der Goldpreis gab noch einmal schockartig ab, wenn auch nicht im gleichen Maße wie nach Eröffnung. Das sollte anhalten, das sollte den Haussemarkt beenden. Tatsächlich wird es nicht nur eine kurze Korrektur einleiten. Vielmehr werden die Interventionen den Goldpreis langjährig am Steigen hindern. Die runde Zahl 400 spielt dabei eine wichtige Rolle. Sie markierte den Beginn der Goldinterventionen, sie war aber auch danach mehrere Jahre lang die Grenze, über die man Gold nicht steigen ließ. Der nächste Chart zeigt den Goldpreis in Dollar je Unze langjährig seit 1970.

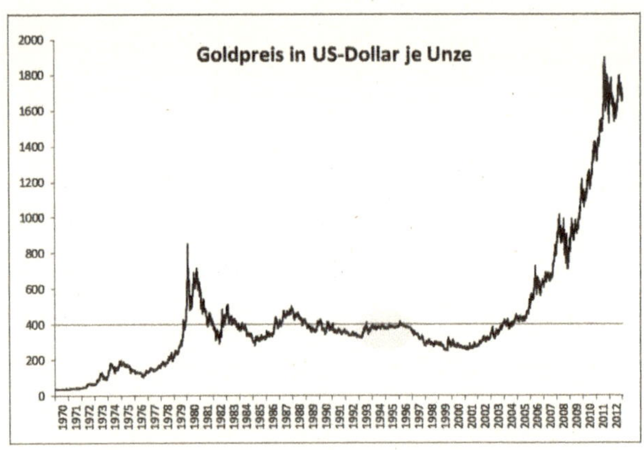

Abb. 41: Goldpreis ab 1970, in US-Dollar je Unze (31,1 g)

Auch im Chartbild ist die anfängliche Interventionsmarke von 400 Dollar offenkundig. Man kann sehr schön erkennen, wie der Kurs von Mitte 1993 bis gegen Ende des Jahres 1996 regelrecht unter dieser Marke klebte. Es gibt ansonsten nichts Vergleichbares im Kursbild. Der Kurs läuft beinahe wie auf einer Linie. Dies lässt sich auch durch gängige Schwankungsmaße zeigen. So fällt die 251-Tages-Volatilität Mitte der Neunziger auf nur noch knapp 6 Prozent, während ihr über fast 40 Jahre errechneter Mittelwert bei 18 Prozent liegt. Obwohl die Interventionen mit einem besonders scharfen Kursrückgang begannen, erklärt sich die reduzierte Volatilität durch ihr Ziel, den Goldpreis daran zu hindern, über eine bestimmte Marke zu steigen. Die Marke 400 zeigt sich durch diesen Seitwärtsverlauf in enger Spannweite als langjährige Interventionsmarke. Die Existenz einer solchen, über mehrere Jahre angewandten Marke ist auch naheliegend. Wenn man erstmals Interventionen in großem Stil durchführt, wählt man wohl zuerst einen unmittelbaren Weg, der sich an einer festen Marke orientiert. Dynamische und komplexere Interventionen sind wie bei jedem Arbeitsvorgang tendenziell eher erst in einem zweiten Schritt zu erwarten.

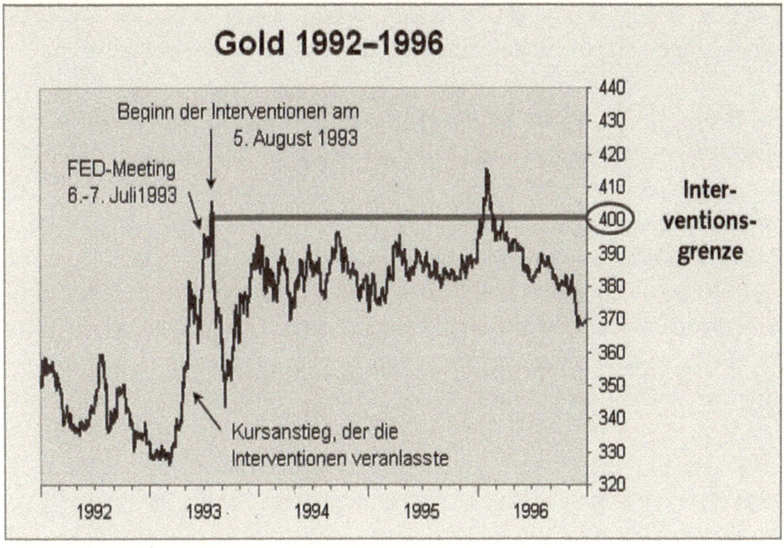

Abb. 42: Gold 1992–1996

Die Interventionsmarke ist im Übrigen durch diese Faktoren gut gesichert. Die runde Zahl 400 ergibt sich nämlich zum einen durch den Beginn der Goldinterventionen Anfang August 1993. Zugleich war die Marke aber auch danach mehrere Jahre lang die Grenze, über die man Gold nicht steigen ließ, ermittelt durch die auffällige Seitwärtsbewegung im langjährigen Chartbild. Die Interventionsgrenze ist einheitlich, sowohl beim Starttermin der Interventionen als auch in der darauffolgenden Zeit. Die Marke wurde also zweimal auf unabhängige Weise ermittelt. Die Marke selbst wird dadurch bestätigt. Zentralbanken hatten beschlossen, dass Gold nicht über 400 Dollar je Unze steigen soll. Doch was sind ihre Motive? Dazu schauen wir uns die maßgebliche Zeit im Detail an.

Der Chart zeigt den Verlauf des Goldpreises zwischen 1992 und 1996. Man kann deutlich den Anstieg des Goldes in der ersten Jahreshälfte 1993 erkennen, der bei 330 Dollar begann und Anlass für die Interventionen gegen einen weiter steigenden Preis war. Nach Überschreiten der Marke von 400 begannen die Goldinterventionen am 5. August 1993 mit dem scharfen Rückgang, der den Goldkurs wieder bis unter 350 Dollar treiben sollte. Danach stieg Gold erneut auf fast 400, um dann in die mehrjährige Seitwärtsbewegung einzutreten und weitgehend unter der Interventionsmarke 400 zu verharren.

Bis heute gibt es keine offizielle Bestätigung der Goldinterventionen und auch kein veröffentlichtes Protokoll der Gespräche, bei denen die Interventionen beschlossen wurden. Die Interventionen starteten aber nicht aus heiterem Himmel. So wie sie eine langjährige Vorgeschichte mit Vorläufern wie dem Goldpool haben, so haben sie auch eine unmittelbare Vorgeschichte. Der Goldanstieg muss besprochen worden sein, als die Interventionen noch nicht beschlossen worden waren, der Anstieg aber als Problem erkannt worden war. Es gab also noch keinen triftigen Grund, seine Gedanken zu verbergen. Wir schauen uns deshalb einfach an, was in der letzten Sitzung der amerikanischen Zentralbank vor Beginn der Interventionen gesprochen wurde. Tatsächlich finden wir dort einige der Hauptmotive für die Golddrückung dargelegt. Es wird sogar die Absicht artikuliert, den Goldpreis am Anstieg zu hindern.

20. Das entscheidende Fed-Meeting

Achtmal im Jahr kommt der aus zwölf Mitgliedern bestehende Offenmarktausschuss der US-Notenbank (Federal Reserve's Open Market Committee – FOMC) zusammen, um über die Lage zu beraten und um über die Höhe der Leitzinsen zu entscheiden. Die Mitglieder halten kurze Fachvorträge, Fragen werden beantwortet, und es finden Diskussionen statt. Gegen Ende wird abgestimmt. Die Sitzungen werden wörtlich protokolliert. Nach Ablauf von fünf Jahren werden diese Protokolle veröffentlicht. Die systematischen Goldpreisinterventionen begannen am 5. August 1993. Das letzte Treffen zuvor war am 6. und 7. Juli 1993, also knapp einen Monat vorher.

Wir schauen uns das Meeting genauer an. Die Sitzung leitet der Vorsitzende Greenspan. Er ruft den Fed-Gouverneur Angell auf. Dieser hat sich auf das Thema »Gold« spezialisiert. Die nachfolgende Abbildung auf Seite 124 zeigt einen Auszug seiner Äußerungen, wie sie das Protokoll festgehalten hat.[60]

Als Angell aufgerufen wird, steht hauptsächlich die Frage im Raum, ob die Leitzinsen erhöht werden sollen. Die Hauptfunktion solcher Straffungen der Geldpolitik ist es, den Geldwert zu stabilisieren, also Preissteigerungen entgegenzutreten. Ihr Hauptnachteil ist, dass sie die wirtschaftliche Entwicklung gefährden. Angell beginnt mit seinen Ausführungen. Er erwähnt den hohen Pessimismus, das Wirtschaftswachstum, die verzögerte Wirkung von geldpolitischen Maßnahmen und die Inflation. Eine seiner Überlegungen ist, dass auf-

---

[60] FOMC19930707meeting.pdf; die Abbildung zeigt die eingescannte Version, wie sie im Januar 2003 unter www.federalreserve.gov/FOMC/transcripts/1993/930706Meeting.PDF verfügbar war (mittlerweile wurden die Dateien anscheinend mit einer OCR-Software bearbeitet, damit sie nach Strings durchsuchbar sind). Hinweis: Es handelt sich zwar um wörtliche Protokolle, dennoch sind sie in vielerlei Hinsicht unvollständig. Zum Thema: Auerbach, Robert: »That Shreddin' Fed: Just 18 minutes of Watergate tapes were erased, while the Fed's ‚edits' veil years of historic record«, Barron's 10. Dezember 2001, http://groups.yahoo.com/group/gata/message/940.

grund begrenzten Wissens über monetäre Größen die Prognose der künftigen Entwicklung schwierig ist und man deshalb weitere Faktoren einbeziehen sollte. Dann wägt er verschiedene Aspekte ab, die für eine künftig steigende, und andere, die für eine künftig fallende Inflationsrate sprechen. Dabei reflektiert er über seine eigenen Schätzungen aus der Vergangenheit und die des FOMC insgesamt, die seiner Meinung nach zu schlecht waren. Kurz, es geht darum, wie eine Zentralbank Inflation verhindern kann und wie sie überhaupt erkennen kann, dass Inflation droht.

Gouverneur Angell:

You know, there's a lot of loose talk around. Everybody has an opinion about gold prices. There's a lot of gold going into India and it flows into India because clearly people there want to hold gold rather than rupees, a paper currency that goes down in value. And clearly gold is going into Indonesia and into China as people there choose to hold a more reliable safeguard against these crazy paper currencies that have terrible inflation rates. But the price of gold isn't being affected by a little increase in the number of Chinese who are buying gold. The price of gold is pretty well determined by us. For many things, like land prices, long-term interest rates can have a significant impact. But the major impact upon the price of gold is the opportunity cost of holding the U.S. dollar. No other currency has a reserve base that causes someone to be able to say: "Well, I don't like holding my own currency." If you don't like holding your own currency, you always have the option of holding dollars instead. But we set the stage. We have a low interest rate that causes this saver out here to say he and his wife have been had. And I understand how they've been had. We're in a period in which we're going to increase some income taxes; but I'm not one who believes that people who are making more than $250,000 a year are going to cut back their consumption because their income tax rates go up. I think their saving rate is going to come down. We're in a period of being impacted by inflation expectations, and it shows up in the price of gold. We've had a 20 percent increase in the price of gold since last February's Humphrey-Hawkins meeting. Now, [yearly] world production of gold only runs 2.3 percent of world stocks. I thought it rather dramatic--I had not thought about that with the price of gold at $390 an ounce--that the value of the world's stock of gold is a measly $1.4 trillion. Now, a lot of that is held by central banks. But we were at one time in a restraining mode, making it unprofitable for central banks to hold gold. But I think this year those who have held gold have said they've got the best deal going as the [value of the] world's gold stock has appreciated $234 billion since our February meeting. We can hold the price of gold very easily; all we have to do is to cause the opportunity cost in terms of interest rates and U.S.

7/6-7/93 -41-

Treasury bills to make it unprofitable to own gold. I don't know how much change in the fed funds rate and the Treasury bill rate it takes to do that, but I'd sure like to find out.

Abb. 43: Auszug aus dem Protokoll des Fed-Meetings vom 6./7. Juli 1993

Er fährt dann fort mit einem Brief, den ihm ein Sparer geschickt hatte. Die Ausführungen Angells dazu lauten nach dem Protokoll wie folgt: *»Ich bekomme nicht oft Briefe, aber hier ist einer: ›Meine Frau und ich sind seit 51 Jahren verheiratet. Wir haben für jeden Cent, den wir verdient haben, hart gearbeitet und waren sehr sparsam, um etwas fürs hohe Alter zurückzulegen. Ich kann Ihnen nicht sagen, wie sehr ich die Inflation dafür hasse, was sie mit unseren Ersparnissen macht. Unsere Verhältnisse verlangen es, dass wir konservativ anlegen, aber die Zinsen, die wir auf unsere Ersparnisse erhalten haben, sind geringer als die Inflationsrate. Hinzu kommen die Steuern, die eigentlich keine Steuern sind, sondern Enteignung der Ersparnisse.‹ Nun denn, sie fahren dann fort und loben mich ein bisschen wegen meiner Haltung zur Inflation, aber sie kommen dann zum Schluss und meinen: ›Obwohl ich nicht optimistisch bin, dass Sie erfolgreich sein werden, kann ich Ihnen nicht genügend für Ihre Bemühungen danken.‹ Also ich denke, das ist es genau, worum es geht [Lachen].«*[61] – Der Sparer hat also mit seinen Worten die Schwierigkeiten der Zentralbankarbeit bei der Inflationsbekämpfung pointiert erfasst. Zugleich will Angell seine Kollegen wohl daran erinnern, worum es bei ihrer Arbeit seiner Meinung nach letztlich geht.

Angell bringt nun Gold ins Spiel und sagt an seine Kollegen gerichtet: *»Ihr wisst, es gibt zur Zeit viel Gerede, ein jeder hat eine Meinung über den Goldpreis. Große Mengen Gold fließen nach Indien, ganz klar weil die Leute dort lieber Gold als Rupien halten wollen, eine Papierwährung, die an Wert verliert. Offensichtlich fließt Gold auch nach Indonesien und China, da sich die Leute dort für eine vertrauenswürdige Absicherung gegen diese verrückten Papierwährungen entscheiden, die schrecklich hohe Inflationsraten aufweisen. Aber der Goldpreis wird nicht durch einen kleinen Anstieg der Zahl an Chinesen bestimmt, die Gold kaufen. Der Goldpreis wird weitgehend von uns be-*

[61] www.federalreserve.gov/monetarypolicy/files/FOMC19930707meeting.pdf, S. 40. »I don't get letters too often, but here's a letter: 'My wife and I have been married 51 years. We worked very hard for every penny we earned and have been extremely frugal, saved for old age. I can't tell you how much I hate inflation for what it does to those savings, Our circumstances dictate that they be invested conservatively and all of the interest we've been getting from our investments is lower than the rate of inflation. It is taxed as income, which is not taxation but confiscation of capital' Now, they go ahead and give me a little bit of praise regarding my position on inflation, but they finish it off and say 'Although I'm not optimistic that you will be successful, I can't thank you enough for your efforts.' Well, I guess that's about it! [Laughter].« Der übrige englische Originaltext findet sich in Abbildung 43.

stimmt.« – Angell weist darauf hin, dass Gold als Alternative zu Papierwährungen gekauft wird, meint aber, dass nicht so sehr die asiatischen Käufer den Goldpreisanstieg verursachen. Er macht seinen Kollegen klar, dass letztlich sie, die Entscheider in der amerikanischen Zentralbank, den Goldpreis festlegen (wie er das genau meint, wird er noch ausführen). – *»Auf viele Dinge, etwa Grundstückspreise, haben die langfristigen Zinsen einen hohen Einfluss. Aber den größten Einfluss auf den Goldpreis stellen die Opportunitätskosten dar, den US-Dollar zu halten.«* – Angell deutet eine Verbindung zwischen dem Langfristzins und dem Goldpreis an. Den größten Einfluss auf den Goldpreis sieht er aber bei der Höhe der (kurzfristigen) Zinserträge, die Dollaranlagen abwerfen und auf die ein Goldhalter verzichten muss.

Angell erläutert seine Auffassung: *»Keine andere Währung ist in der Ausgangsbasis, die jemanden veranlassen würde zu sagen: ›Nun denn, ich will meine eigene Währung nicht halten.‹ Wenn jemand seine eigene Währung nicht halten möchte, hat er immer die Möglichkeit, stattdessen Dollar zu halten.«* – Als Angell zuvor auf die Opportunitätskosten, die Zinserträge, die man alternativ hätte erzielen können, hingewiesen hatte, machte er klar, dass Gold und Dollar alternative Wertaufbewahrungsmittel sind, also im Wettbewerb miteinander stehen. Nun weist er auf die Sonderrolle des US-Dollars hin, der Wettbewerber für andere Währungen ist primär der US-Dollar. Insgesamt unterteilt er die Aufbewahrungsmittel in drei Gruppen: Gold, US-Dollar und die übrigen Währungen. – *»Aber wir schaffen die Voraussetzungen. Wir haben einen geringen Zinssatz, der diesen einen Sparer veranlasst hat, das zu schreiben, was er und seine Frau geschrieben haben. Und ich kann sie gut verstehen. Wir sind in einer Phase, in der wir einige Steuern erhöhen werden; aber ich gehöre nicht zu denen, die glauben, dass Leute, die über 250.000 Dollar im Jahr verdienen, ihre Konsumausgaben reduzieren werden, weil ihre Steuerbelastung steigt. Ich glaube, dass sie stattdessen weniger sparen. Wir sind in einer Phase, die von Inflationserwartung geprägt ist, und diese äußert sich im Goldpreis. Der Goldpreis ist seit dem Humphrey-Hawkins-Treffen im Februar um 20 Prozent gestiegen.«* – Nun bringt er die Inflationserwartung ins Spiel. Sie wird noch eine zentrale Rolle in seinen Überlegungen spielen. In dem Kontext weist er auf den Bullenmarkt hin; Gold ist seit dem sogenannten Humphrey-Hawkins-Treffen im Februar um 20 Prozent gestiegen (dieses Treffen findet halbjährlich im Parlament statt). An dem Goldpreisanstieg stört ihn letztlich, dass er auf eine erhöhte Inflationserwartung hinweist (was er gleich auch zum Ausdruck bringen wird).

Fassen wir seine bisherigen Überlegungen zusammen. Es gibt drei Wertaufbewahrungsmittel, Gold, US-Dollar und die übrigen Währungen. Sie stehen miteinander im Wettbewerb. Die Halter schlechter Währungen, die eine hohe Inflationsrate aufweisen, können auf Gold oder Dollar ausweichen. Der Preis des Goldes wird dabei über den alternativ zu erzielenden Zins bei US-Dollar-Anlagen bestimmt. Zugleich bedeutet ein steigender Goldpreis aber auch, dass die Anleger eine steigende Inflation erwarten. Dies ist Anfang 1993 aufgrund des gestiegenen Goldpreises der Fall.

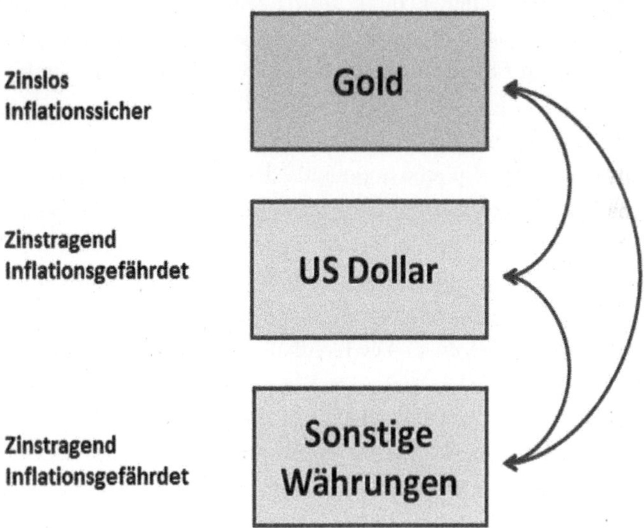

Abb. 44: Die drei alternativen Wertaufbewahrungsmittel

Angell fährt fort: *»Also, die weltweite Produktion von Gold [pro Jahr] beträgt nur 2,3 Prozent des Bestandes. [...] der Wert des weltweiten Goldbestandes liegt bei 1,4 Billionen Dollar.«* – Die Besonderheit des Goldes ist, dass der Bestand sehr groß ist (in Relation zur Produktion). Dies ist aber, wie wir festgestellt hatten, eine der Voraussetzungen für direkte Interventionen. Zwar spricht Angell nicht von solchen, und vermutlich hat er sie auch nicht im Sinn. Er nennt diese Voraussetzung aber im unmittelbaren Zusammenhang mit dem Wunsch, dass der Goldpreis nicht steigen soll (was er gleich auch artikulieren wird). Jetzt muss er, oder ein anderer der Anwesenden, nur noch die Punkte zusammenfügen, um auf die Möglichkeit langjähriger systematischer Interventionen durch Verkäufe und Verleihungen zu kommen. – *»Nun, eine Menge davon wird von Zentralbanken gehalten. Aber wir wären auf einen Schlag in einem gebremsten Zustand, der es für andere Zentralbanken unrentabel machen würde, Gold zu halten.«* – Seine Äußerungen zielen nicht auf Interventionen, sondern gehen in eine andere Richtung: Würde die Fed die Leitzinsen erhöhen (um diese Entscheidung geht es konkret), wäre es für andere Zentralbanken unrentabel, Gold zu halten, da sie höhere Zinsen für ihre Dollaranlagen erhielten. Hier denkt er politisch, die Höhe der Zinsen soll andere Zentralbanken beeinflussen, zu Goldverkäufen verleiten oder dazu, keine Käufe vorzunehmen. Dadurch würden alle anderen Zentralbanken indirekt in die Goldpreisschwächung eingebunden. Auch wenn er dies hier nicht weiter ausführt, käme es zudem den US-Papieren zugute, da die Zentralbanken ihre Währungsreserven in der Regel zu über zwei Dritteln in der Hauptreservewährung Dollar halten. – *»Aber dieses Jahr werden meiner Meinung nach diejenigen, die Gold gehalten haben, sagen, dass sie den bestmöglichen Deal gemacht haben. Schließlich ist der [Wert des] weltweiten Goldbestandes seit unserem Februartreffen um 234 Milliarden gestiegen.«* – Die Goldhalter, darunter die ausländischen Zentralbanken, haben bisher in diesem Jahr eine sehr gute Geldanlage mit ihrem Gold getätigt. Wenn Gold so sehr steigt, wirft es einen höheren Ertrag als US-Dollar-Anlagen ab, und diese verlieren an Attraktivität. Das alles stört Angell, und das bringt er jetzt auch zum Ausdruck: *»Wir können den Goldpreis sehr leicht halten.«*

Was für ein Satz! Hier bringt ein amerikanischer Zentralbanker, viele Jahre nach Aufhebung der Goldbindung und auch Jahre nach den turbulenten, inflationsreichen und dollarschwachen Siebzigern, seinen Wunsch zum Ausdruck, den Goldpreis an einem weiteren Anstieg zu hindern. Es ist eben nicht so, wie manchmal geglaubt wird, dass Zentralbanken quasi automatisch an einem steigenden Goldpreis interessiert seien, da sie ja Goldhalter sind und über den Wert ihrer Anlagen von einem Anstieg profitieren. Angell hat ja auch zuvor Gründe für seine Meinung aufgezählt. Es war in seinen vorherigen Ausführungen aber auch klar geworden, dass die Zentralbanken nicht alle identische Interessen vertreten. Angell fährt fort, wie er sich das Halten vorstellt: *»Wir müssen lediglich hohe Opportunitätskosten bei den Leitzinsen und [bei den Zinsen] der Treasury Bills verursachen, um es unrentabel zu machen, Gold zu halten.«* Als Mittel, den Anstieg des Goldes zu verhindern, schlägt er vor, die Zinsen zu erhöhen, um so das zinslose Gold unattraktiv zu machen.

Dieses Mittel würde aber den wirtschaftlichen Aufschwung gefährden. Er scheint zu diesem Zeitpunkt nicht an direkte Interventionen zu denken, sondern tatsächlich nur an Zinserhöhung. Denn er wird auch als Einziger für eine straffere Geldpolitik stimmen, um die Inflation zu bekämpfen. Hätte er bereits an direkte Goldinterventionen gedacht, hätte er einige Monate warten können, ob sie wirken. Es ist aber noch knapp ein Monat Zeit bis zum Beginn der direkten Interventionen, und der Gedanke liegt beinahe in der Luft, wenn man sich seine Ausführungen ansieht. Im Spannungsfeld zwischen Inflation und Gefährdung der Wirtschaft muss ein Belassen des niedrigen Zinses und ein Drücken des Goldes wie das Ei des Kolumbus gewirkt haben, durch das man die Inflationserwartung bekämpft, ohne die wirtschaftliche Entwicklung zu gefährden.

Inflationsfurcht hatte Angell veranlasst, über Gold zu sprechen. Er deutet einen Zusammenhang an zwischen Langfristzins und Goldpreis (im folgenden Treffen wird er ihn dann unterstreichen), vor allem aber zum von der Fed direkt beeinflussbaren Kurzfristzins. Gold steht im Wettbewerb mit dem Dollar, der Dollar steht im Wettbewerb mit anderen Währungen. Ein schwacher Goldpreis macht es unrentabel für andere Zentralbanken, Gold zu halten. Das veranlasste Angell, den Wunsch zu äußern, »den Goldpreis zu halten«. Veranlasst war dieser Wunsch durch den Goldpreisanstieg in der ersten Hälfte des Jahres 1993. Das wiederum weckte Angells Furcht vor Inflation. Seine Gedanken kreisten um den Wettbewerb der alternativen Wertaufbewahrungsmittel und um die Inflationserwartung. Wir wollen nun anhand seiner Äußerungen unter Zuhilfenahme weiterer wirtschaftlicher Überlegungen die Vorteile eines schwachen Goldpreises aus Sicht der Geldpolitik herausarbeiten. Es geht darum, die Motive nachzuvollziehen, nicht um die Nachteile, die die Golddrückung auch aufweist (und die vermutlich größer sind, aber später oder an anderer Stelle auftreten).

Das »Halten« des Goldpreises soll es unrentabel machen, Gold zu besitzen. Wenn Investoren nicht am gedrückten Gold interessiert sind, investieren sie in andere Anlagen, darunter auch Anleihen, was deren Rendite senkt und den Aufwand für den Schuldendienst (insbesondere des amerikanischen Staates) reduziert. Die Anleihen werden aber nicht nur durch den Wettbewerbsgedanken gestützt, sondern auch durch die Inflationserwartung. Denn wenn die Investoren eine geringere Inflation erwarten, sind sie auch mit einer geringeren Rendite einverstanden. Die Inflationserwartung ist wiederum direkt mit dem Goldpreis gekoppelt, denn ein steigender Goldpreis signalisiert Inflation. Eine niedrige Inflationserwartung wiederum senkt auch die Inflation, denn kein Sparer fühlt sich zu vorzeitigen Ausgaben veranlasst, nur um seine Ersparnisse vor der Geldentwertung zu schützen. Zudem wirkt sie mäßigend auf Lohn- und Preisforderungen. Ein schwacher Goldpreis bekämpft somit die Inflation, ohne dass die Fed die kurzfristigen Zinsen anheben und eine wirtschaftliche Schwächung riskieren muss. Im Dreiergespann der Währungen (Gold – Dollar – übrige Währungen) stützt ein schwacher Goldpreis aber auch den Dollar. Der inverse Zusammenhang von Dollar zu Gold ist auch empirisch gut belegt. Ein fester Dollar hat wiederum weitere Folgen, darunter erneut die Möglichkeit, sich günstig zu verschulden (da kein Währungsrückgang eingepreist werden muss).

Es gibt somit eine hinreichende Anzahl an Motiven, die die Geldpolitiker einen Monat später zu einer direkten Goldintervention veranlasst haben können. In der nachfolgenden Aufzählung der Motive mitsamt Funktionsweisen ist die Stabilisierung der Finanzmärkte in Krisenzeiten mit aufgelistet. Sie erschließt sich zwar nicht aus Angells Äußerungen, ist aber offenkundig. Ebenfalls aufgeführt sind die Gewinne der privaten Goldleiher (Carry-Trader) mit ihren nicht abgesicherten Positionen, da damit die Interventionen finanziert werden. Es handelt sich bei diesem Motiv aus Zentralbanksicht aber vor allem um ein Mittel zum Zweck. Nicht aufgeführt sind indirekte Wirkungen wie die leichtere Finanzierung des US-Leistungsbilanzdefizits und des damit zusammenhängenden US-Konsums, da kein Anhaltspunkt vorliegt, dass diese indirekten wesentliches Motiv gewesen sind (Ende der Sechziger war das Außendefizit in einer vergleichbaren Situation hingegen explizit benanntes Motiv, wie wir noch sehen werden). Es ist grundsätzlich nicht davon auszugehen, dass die Entscheider alle Wirkungen bedacht haben.

Geldpolitische Motive für Interventionen gegen einen steigenden Goldpreis

Motiv		Funktionsweise
Niedrigere Inflation	⟷	Niedrige Inflationserwartung
Höherer Dollar	⟷	Wettbewerb im Währungs-Dreiergespann
Niedrigere Langfristzinsen	⟷	Wettbewerb, niedrige Inflationserwartung
Besserer Absatz von Treasuries bei anderen Notenbanken	⟷	Wettbewerb
Finanzmarktstabilisierung	⟷	Wettbewerb, Vermeiden von Signalwirkung
Gewinne der Goldleiher	⟷	Finanzierung der Goldinterventionen
Allgemein: Stärkung des Kreditgeldes	⟷	Wettbewerb

Wettbewerb: Andere Wertaufbewahrungsmittel werden durch die Schwächung des Goldes gestärkt.

Abb. 45: Geldpolitische Motive für Interventionen gegen einen steigenden Goldpreis

Angell wollte Gold durch Erhöhung der Leitzinsen »halten«. Das ist das gängige Instrument der Zentralbanker. Er spricht nicht von direkten Interventionen und meint sie zu dem Zeitpunkt auch noch nicht. Dennoch weist er schon die Richtung. Gold wird in einer Menge gelagert, die die jährliche Produktion um ein großes Vielfaches übersteigt. Damit benennt Angell diesen grundsätzlichen Unterschied zwischen Gold und allen anderen Waren. Zudem erwähnt er, dass große Teile des gelagerten Goldes in Tresoren der Zentralbanken lagern. Diese großen Goldlager sind die Voraussetzung dafür, den Goldkurs für längere Zeit durch Interventionen unten halten zu können. Als Angell im Juli 1993 über das »Halten« des Goldkurses sprach, ging es zwar nicht um direkte Interventionen, er erkannte und benannte aber deren Voraussetzung. Es brauchte nur noch jemand die Puzzlestückchen zusammenfügen. Es lag nahe, den Goldpreis mit Hilfe der großen Goldlager zu drücken, durch Interventionen über Verkäufe und insbesondere über Verleihungen.

Was wir hier, bei diesen Ausführungen Angells im Protokoll des Fed-Treffens vom 6. und 7. Juli 1993, sehen, ist natürlich nicht das Protokoll der Runde, die die Goldinterventionen dann in den Wochen darauf beschließen wird. Wir sehen aber eine Art Vorversion, in der sich die ersten Überlegungen und Bausteine abzeichnen. Wichtige Motive sind dargelegt, mit dem Anstieg des Goldes in der ersten Jahreshälfte 1993 auch der Anlass. Im Folge-Meeting wird auch die Interventionsmarke von 400 genannt (dazu gleich mehr). Noch nicht genannt sind die direkten Interventionen (aber immerhin mit den großen Goldlagern der Baustein dazu) und die Instrumentalisierung der Goldleihe (die aber der Greenspan-»Verplapperer« eindeutig belegt). Mit Greenspan dürfte zumindest einer der beim Fed-Meeting Anwesenden dann auch dabei gewesen sein, als die Interventionen beschlossen wurden (seine Funktion, sein »Verplapperer« und eine Aussage, die wir gleich zitieren werden, legen das nahe). Vielleicht war Angell dort auch dabei (da sein Fachbereich), vielleicht noch weitere Personen (etwa aus dem Schatzamt, das das Gold in den USA verwaltet). Aber Fed-Treffen sind nicht der Ort, an dem die systematischen Goldinterventionen organisiert wurden. Deswegen geben sie uns auch keine genauen Informationen, wer die Goldpreisdrückung wie organisiert. Die Runde, die sie dann letztlich beschloss, muss sich in den darauffolgenden Wochen verständigt haben, zwischen dem 6.7. und dem 4.8.1993. Zudem muss sie dann auch private Goldleiher involviert haben, die nach dem vorherigen Goldpreisanstieg Probleme bei ihren Carry-Trades gehabt haben müssen und die eventuell die Interventionen am Terminmarkt durchführten. Auch die Zentralbanken (beziehungsweise die zuständigen Finanzinstitutionen) anderer Länder müssen noch einbezogen worden sein. Angell machte seine Ausführungen am 6.7.1993, danach fand laut Protokoll ein Treffen in der britischen Botschaft statt. Hier wurden seine Gedanken möglicherweise bereits weiterentwickelt, vielleicht wurden hier sogar die entscheidenden Beschlüsse auf den Weg gebracht. Vieles (etwa Art und Umfang der britischen Verkäufe) deutet auf eine bedeutende Rolle der Briten bei den systematischen Goldinterventionen.

21. Greenspan erwägt Goldinterventionen

Wir wollen nun zuerst noch einen Blick auf das nachfolgende Fed-Treffen werfen. Am 6. und 7. Juli 1993 war das eben besprochene Meeting, und am 5. August 1993 begannen die Interventionen. Zwölf Tage später, am 17. August 1993, fand dann das nächste Fed-Treffen statt. Dort sagte Angell: *»Ich stelle fest, dass der Goldpreis von 400 Dollar auf 371 Dollar zurückgekommen ist. Das ist wirklich ein Vorgang, der der Bewegung entspricht, die im Anleihenmarkt stattfand. Und das hat sehr, sehr gut funktioniert«*[62] Das klingt wie eine Erfolgsmeldung. Es hat nicht gut, nicht sehr gut, sondern sehr, sehr gut funktioniert. Ganz abgesehen davon, was denn überhaupt funktioniert haben soll. Es können nur direkte Goldinterventionen gemeint sein, denn die von ihm in der vorherigen Sitzung vorgeschlagene Methode der Zinserhöhung war ja abgelehnt worden. Er stellt ja die Verbindung her zum parallel stattgefundenen Rückgang der Renditen am Anleihenmarkt. In der vorherigen Fed-Sitzung hatte er diesen Aspekt nur angesprochen, hier zeigt Angell, dass er den Rückgang der Renditen, also steigende Anleihenkurse, für eine Folge des »Haltens« des Goldes hält. Erwähnenswert ist auch, dass Angell die glatte Marke von 400 erwähnt, obwohl Gold mehrere Tage darüber war, während er (in einem schwankenden Markt) 371 genau nennt. Die Marke 400 spielte (ausweislich eines späteren Protokolls) wiederholt eine Rolle.

Wir wollen den Blick aber nochmal zurückwerfen, auf ein anderes Fed-Treffen vor Beginn der systematischen Interventionen. Dieses fand am 18. Mai 1993 statt, etwa zweieinhalb Monate vorher. Hier betont Angell die Konkurrenz, die das Warengeld Gold zum Papiergeld darstellt: *»Die Leute können erzählen, dass der Goldpreis steigt, weil die Chinesen kaufen. Das ist der größte Unfug, der je*

[62] FOMC19930817meeting.pdf, S. 41: »I recognize that the price of gold has come down from $400 to $371 and that really is a factor that parallels the move that took place in the bond market; and that has worked very, very well.«

kolportiert wurde. Der Goldpreis ist weitgehend dadurch bestimmt, was diejenigen, die dem Kreditgeldsystem nicht trauen, als Fluchtweg nutzen wollen für welche Währung auch immer, und sie wollen Sicherheit gewinnen durch den Besitz von Gold. Wenn nun jährlicher Verbrauch und Konsum 2 Prozent des Weltgoldbestandes betragen, dann wird eine Änderung von 10 Prozent bei produzierter oder konsumierter Menge den Preis nicht allzu sehr beeinflussen. Aber die Einstellungen zur Inflation werden ihn ändern.«[63] – Angell fasst hier alle Aspekte, worum es bei einem gedrückten Goldkurs geht (Inflation, Renditen, Dollar etc.) zusammen: Es geht letztlich um das Kreditgeld selbst. Das schuldnerfreie und nicht weginflationierbare Gold ist der Wettbewerber zum Papiergeld.

In diesem Meeting äußert sich nun aber auch Fed-Chef Greenspan selbst zu Goldinterventionen. Er macht sich bereits Gedanken darüber, einen Anstieg des Goldpreises durch sie zu verhindern. Dabei nennt er direkte Interventionen sogar explizit! Außerdem führt er die Sonderrolle und die Signalwirkung des Goldes auf: *»Ich möchte noch ein weiteres Thema aufgreifen. Ich zögere, es zu tun, aber lasst mich einige Punkte, die hier involviert sind, ansprechen. Wenn wir es hier mit Psychologie zu tun haben, dann hat das Thermometer, das man zum Messen verwendet, einen Einfluss. Ich habe die Frage am Rande des Treffens mit Gouverneur Mullins aufgeworfen, was passieren würde, wenn das Schatzamt etwas Gold in diesen Markt verkaufte. Das ist eine interessante Frage, denn wenn Gold in diesem Umfeld ausbricht, wäre das Thermometer nicht nur ein Messgerät. Es würde fundamental die zugrunde liegende Psychologie beeinflussen.«*[64] – Greenspan selbst erwägt hier Interventionen im Goldmarkt,

---

[63] FOMC19930518meeting.pdf, S. 32f.: »People can talk about gold's price being due to what the Chinese are buying; that's the silliest nonsense that ever was. The price of gold is largely determined by what people who do not have trust in fiat money system want to use for an escape out of any currency, and they want to gain security through owning gold. Now, if annual gold production and consumption amount to 2 percent of the world's stock, a change of 10 percent in the amount produced or consumed is not going to change the price very much. But attitudes about inflation will change it.«

[64] Greenspan erwähnt das Schatzamt, da in den USA dieses und nicht die Zentralbank das Gold hält. 19930518meeting.pdf, S. 40f.: »I have one other issue I'd like to throw on the table. I hesitate to do it, but let me tell you some of the issues that are involved here. If we are dealing with psychology, then the thermometers one uses to measure it have an effect. I was raising the question on the side with Governor Mullins of what would happen if the Treasury sold a little gold in this market. There's an interesting question here because if the gold price broke in that context, the thermometer would not be just a measuring tool. It would basically affect the underlying psychology.«

nur wenige Monate, bevor sie tatsächlich begannen! Wohlgemerkt, es geht um Verkäufe zur Kursbeeinflussung (und nicht etwa aus Anlagegründen). Interessant ist auch seine Argumentation: Er sieht Gold als Thermometer, also als Signalgeber. Genau darum geht es bei den Goldinterventionen auch – ein Signal zu verhindern, nämlich das Signal, dass Inflation kommen könnte (oder auch dass die Finanzmärkte in einer Krisensituation sind). Greenspan möchte die Anzeige des »Thermometers« beeinflussen. Sonst droht, wenn »Gold in diesem Umfeld ausbricht«, dass es die Psychologie »fundamental« beeinflusst. Vielleicht ist es da schon die Marke von 400, die ihm Sorge bereitet.

Damit man sich eine bessere Vorstellung über Hintergründe und Vorgehensweisen machen kann, sind auch Berichte zu den Deviseninterventionen interessant, die in dem Meeting vorgetragen wurden. Der Dollar hatte gegenüber dem Yen seit Jahresbeginn über 10 Prozent verloren. Die Japaner hatten zur Stützung ihrer Exportwirtschaft regelmäßig mit geringem Erfolg gegen einen weiteren Anstieg des Yen interveniert. Am 27. April.1993 begannen dann auch die Amerikaner auf Initiative des Schatzamtes mit Interventionen. Dazu der Bericht der stellvertretenden Leiterin des Auslandsgeschäfts Gretchen Greene: *»[...] das Handels-Desk kaufte sichtbar Dollar zu zunehmend höheren Kursen. Insgesamt erwarb es 200 Millionen Dollar für die US-Finanzinstitutionen, gleich aufgeteilt für die Fed und das Schatzamt, und für die japanischen Behörden. Später bestätigten Staatssekretär Bentsen in einer Aussage vor dem Kongress und Unterstaatsekretär Summers auf einer Pressekonferenz, dass die Vereinigten Staaten bereit sind, im Devisenmarkt zu intervenieren. Ferner sagte Summers, [...] Die Administration glaubt, dass Wechselkurse fundamentale Zusammenhänge reflektieren sollten und dass Versuche, Wechselkurse künstlich zu beeinflussen oder zu manipulieren, unangebracht sind.«*[65] – Diese Stelle ist

[65] www.federalreserve.gov/monetarypolicy/files/FOMC19930518material.pdf, S. 3f.: »Operating in several rounds during the morning, and assisted by release of reassuring data on consumer confidence, the Desk visibly bought dollars at progressively higher dollar rates. In total it purchased $200 million for the U.S. monetary authorities, shared equally between the Federal Reserve and the Treasury, as well as for the Japanese authorities. Later, Secretary Bentsen in Congressional testimony and Under Secretary Summers in a press briefing confirmed that the United States is prepared to intervene in the foreign exchange market. Further, Summers said that there have been some misperceptions about U.S. exchange rate policy. The Administration believes that exchange rates should reflect fundamentals, and attempts to artificially influence or manipulate exchange rates are inappropriate.«

vor allem deswegen interessant, weil sie darlegt, dass Interventionen einfach nicht richtig in der Öffentlichkeit dargestellt werden. Es wurde interveniert, aber es wurde nur die Bereitschaft zu Interventionen dargelegt. Zudem wurde so getan, als sei man gegen Interventionen. Nimmt man die Administration bei ihrem eigenen Wort, hatte sie eben etwas getan, das sie für unangebracht hält. Man sollte sich also erst recht bei Goldinterventionen nicht wundern, wenn Sachverhalte verschleiernd oder auch falsch dargestellt werden.

Interessant ist die Stelle aber auch, weil diese Interventionen am Devisenmarkt vor den Marktteilnehmern sichtbar durchgeführt wurden. Sie sollten es ruhig merken, damit sie erst recht ihre Positionen auflösten, die in die Gegenrichtung bestanden, beziehungsweise solche gar nicht erst eingingen. Auch das ist vergleichbar zur aktuellen Situation am Goldmarkt, wo ebenfalls das Verhalten der Anleger beeinflusst werden soll und wo ebenfalls die Marktteilnehmer immer wieder sehen können, wie gegen einen steigenden Goldpreis interveniert wird (wenn auch im Goldmarkt manche Marktteilnehmer grundsätzlich zu glauben scheinen, es gäbe keine Interventionen). Greenspan drückt den Effekt in Bezug auf die Yen-Interventionen wie folgt aus: *»Ein [Ansatz bei den Yen-Interventionen] war, moderat, aber sichtbar zu intervenieren. Das war eindeutig eine Überraschung für den Markt; man brauchte bloß die Handelsbildschirme zu betrachten, um eine Vielzahl an Short-Positionen zu sehen, die sich eindeckten.«*[66] Zudem zeigt sich die operative Vorgehensweise. Die Intervention wurde zwischen den Finanzinstitutionen, dem Schatzamt, der Fed und der japanischen Zentralbank, durchgeführt. Für eine (wenn auch anders gelagerte) Koordination gibt es auch bei den Goldinterventionen reichlich Hinweise.

Die Stützung des Dollars gegenüber dem Yen ist aber auch ein wichtiger Hintergrund für die Goldinterventionen, denn eines ihrer angestrebten Ziele ist es, den Dollar zu stützen. In der ersten Jahreshälfte 1993 verlor der Dollar aber deutlich an Wert gegenüber dem Yen. Ein weiterer Verfall hätte auch die USA treffen können, insbesondere durch den Aspekt der Refinanzierung,

[66] 19930518meeting.pdf, S. 4.: »And in our discussions with the Treasury we suggested that a two-pronged approach be initiated that day. One was to intervene moderately in the market but visibly. This clearly came as a surprise to the market; just watching the screens one could immediately see a variety of the shorts begin to cover.«

den der Leiter der Offenmarktoperationen McDonough wie folgt anspricht: *»Lasst mich eine Anmerkung machen. [In der Periode] vor der Intervention, die Gretchen beschrieb und die der Vorsitzende kommentierte, widersprachen die Japaner keineswegs im Markt kursierenden Gerüchten, die die Vereinigten Staaten daran erinnerten, dass japanische Lebensversicherungsgesellschaften große Mengen langlaufender Staatsanleihen halten und dass, wenn sie sie auf den Markt würfen, der zu zahlende Preis für die USA recht hoch wäre.«*[67] Die Stützung des Dollars konnte also dazu beitragen, einen Abverkauf von US-Staatsanleihen zu verhindern, was sehr problematisch hätte werden können. Es gab damals durchaus Verkäufe ausländischer Papiere durch japanische Pensionskassen, um die Verluste aufgrund des Verfalls dieser Währungen zu begrenzen, was die Währungen weiter schwächte (das betraf nicht nur den Dollar). Es ist im konkreten Fall aber auch möglich, dass die Japaner ein bisschen blufften, um die Amerikaner zu bewegen, sich stärker an Interventionen zu beteiligen. Grundsätzlich haben die Amerikaner aufgrund der Finanzierung ihrer Verschuldung und ihres Defizits ein starkes eigenständiges Interesse an einem nicht zu sehr fallenden Dollar.

Insgesamt wird hier der Währungshintergrund sichtbar, der herrschte, als mit den Goldinterventionen begonnen wurde. Er dürfte auch bei ihnen eine besondere Rolle gespielt haben. Der Yen war am Steigen, und Japaner und Amerikaner wollten dies verhindern. Die Situation erinnert sehr stark an die Siebziger, als der damalige Fed-Chef Volcker koordinierte Goldinterventionen durchführen wollte, um einen Anstieg des Yen zu verhindern. Jetzt stieg der Yen wieder, und erneut kam es zu Überlegungen innerhalb der Fed, den Goldpreis zu drücken. Sie haben es dann auch getan.

Insgesamt ist es interessant, dass beinahe alles, was oft erst Jahre später extern als Wirkung der Goldinterventionen erschlossen wurde, sich durch ein Zitat eines Zentralbankers belegen lässt. Insgesamt wurde das Wesentliche von Zen-

---

[67] 19930518meeting.pdf, S. 6: »Let me just add a footnote. [In the period] before the intervention that Gretchen described and the Chairman commented on there's no question that the Japanese were not resisting rumors in the market reminding the United States that Japanese life insurance companies held a lot of rather long Treasuries and that if they dumped them, the price to the United States would be rather high. As soon as the intervention took place, all of that talk disappeared.«

tralbankern gesagt: Inflation, Dollar oder die Absicht, den Preis zu drücken, für beinahe keinen Aspekt gibt es nicht auch eine Aussage eines führenden Zentralbankers. Natürlich fehlen noch viele Details zu wer, wann, wie, wo, und mit welchen Mengen, aber das Gesamtbild ist schon halbwegs rund.

Neben der Yen-Stärke war die Inflation das zweite (und sogar wichtigere) Motiv für den Beginn der systematischen Goldinterventionen. Wir wollen uns deshalb die diesbezügliche Situation damals genauer ansehen. Wieso begann man gegen einen Goldpreisanstieg zu intervenieren, um die Inflation zu bekämpfen? Wieso hat man nicht einfach wie üblich die Zinsen angehoben? Der Grund ist einfach der, dass der Datenkranz seinerzeit nahelegte, dass die Inflation atypisch war, getrieben durch Inflationserwartungen. Die Inflation war zu hoch, aber die Wirtschaft zeigte Schwächeanzeichen. Die Fed befürchtete eine Wiederholung des Szenarios der Siebzigerjahre mit hoher Inflation bei schwachem Wirtschaftswachstum (Stagflation). Einige Zitate mögen stellvertretend die Überlegungen verdeutlichen, die im Vorfeld angestellt wurden.

Aus den Sitzungsprotokollen der beiden Fed-Meetings vor Beginn der systematischen Goldinterventionen, zuerst Greenspan: *»Nun denn, das ist eine sehr kritische Periode für uns. […] Ich denke, wir können ausschließen, dass das übliche Geld- und Kreditphänomen die Inflation vorantreibt.«*[68] – Greenspan betont die schwierige Lage. Er schließt aus, dass es Gründe aus dem Geld- und Kreditbereich sind, die zu hohe Inflation verursacht haben. – Fed-Gouverneur McTeer zeigt das Problem auf: *»Ich verstehe diese kürzliche Spaltung in der Wirtschaft nicht, bei der die Realwirtschaft nach unten zu driften und zur gleichen Zeit Inflation aufzukommen scheint. Für mich ist das ein Mysterium.«*[69] – McTeer legt dar, was die schwierige Lage ausmacht. Die Realwirtschaft ist schwach, aber die Inflation nimmt zu. – Fed-Gouverneur Lindsey fasst die Ursache für die Inflation zusammen: *»Ich glaube, der Grund, warum wir die höhere Inflation hatten, war von Ihnen, Herr Vorsitzender,*

---

68 19930518meeting.pdf, S. 8: »Well, this is a very crucial period for us. […] I think we can rule out that the usual money and credit phenomenon is pushing inflation.«

69 19930518meeting.pdf, S. 21: »I don't understand this recent split in the economy with the real sector seeming to turn down and inflation seeming to pick up at the same time. It's a mystery to me.«

gut angeführt. Sie basiert auf Erwartungen.«[70] – Nachdem andere Gründe ausscheiden, wird die Inflationserwartung als Grund der Inflation benannt. – Fed-Gouverneur Mullins untermauert die Lage mit Zahlen und Vergleichen: *»Ich befürchte, die Inflation ist hauptsächlich durch Inflationserwartungen verursacht. [...] Ich denke, wir haben 4 Prozent Inflation [...] Nachdem ich glaube, dass wir 4 Prozent Inflation haben, sehe ich ein paar Punkte. Der erste ist, ob ein Fed-Funds-Zinssatz von 3 Prozent in diesem Umfeld angemessen ist. [...] Das letzte Mal, dass der Fed-Funds-Zinssatz bei 3 Prozent lag, war 1963. Das jetzige Inflationsumfeld ist nicht mit dem von 1963 vergleichbar. Wenn man sich in der Welt umguckt, kann man einzig in Japan kurzfristige Zinsätze von 3 Prozent [...] vorfinden. [...] Aber wir sind nicht im Inflationsumfeld Japans. Deren Inflation liegt in der Größenordnung von 2 Prozentpunkten unter unserer. [...] Ich würde sagen, dass das Ergebnis negativer realer Kurzfristzinsen in den 1970ern nicht erfreulich war. [...] Während Inflationsbefürchtungen nagen, werden meines Erachtens die Kapitalmarktrenditen nach oben voranschreiten. [...] Es gibt keinen überzeugenden Hinweis auf einen Wechsel im wirtschaftlichen Ausblick. [...] Wir sind in einem völlig anderen Inflationsumfeld, als wir zuletzt glaubten.«*[71] – Die Inflation liegt bei 4 Prozent, der Leitzins aber nur bei 3 Prozent. Er ist viel zu niedrig, historisch und im internationalen Vergleich. Er liegt außerdem unter der Inflationsrate (negativer Realzins). Als dies in den Siebzigern der Fall war, stieg die Inflation, die Wirtschaft aber entwickelte sich nicht gut. Auch im Jahr 1993 entwickelt sich die Wirtschaft nicht (eine Zinsanhebung würde die Wirtschaft weiter gefährden). Die Höhe der Inflation kam zudem für die Fed überraschend. Ferner schwächt eine hohe Inflationserwartung den Anleihenmarkt, die Anleger fordern höhere

---

70 19930518meeting.pdf, S. 25: »I think the reason that we've had the higher inflation was well argued by you, Mr. Chairman. It is expectations-based.«

71 19930518meeting.pdf, S. 35 f.: »I suspect inflation is driven mostly by expectations.[...] Since I think we have 4 percent inflation, I now see a couple of issues. The first is whether a 3 percent federal funds rate is appropriate in this environment. [...] The last time we had a 3 percent federal funds rate was in 1963. This is not a 1963 inflation environment. When one looks around the world today, the only other 3 percent short rates observed in captivity are found in Japan. And their economic environment in terms of fundamentals is clearly as sluggish as ours, if not more so. But we are not in a Japanese inflation environment. Their inflation is on the order of 2 percentage points below ours. [...] I would suggest that the result of the negative real short rates in the 1970s was not pleasant. [...] As inflation concerns fester, I think long rates will move on up. [...] There is no compelling evidence of any change in the outlook for growth; [...] We have a very different inflation environment than the one we thought we were in, [...].«

Renditen. – Fed-Gouverneur Angell bringt dann noch einmal Gold ins Spiel und spricht die internationale Bedeutung an: »*Wir können an der Goldpreisentwicklung deutlich erkennen, dass die Leute draußen Wetten abschließen. [...] Der Preis, den die Welt in den späten 1960ern und in den 1970ern dafür zahlte, dass die Vereinigten Staaten eine Inflationspolitik betrieben, war unglaublich. Wir bezahlen immer noch den Preis, denn viele andere Zentralbanken ohne Vertrauen in uns denken, sie müssten sich rambomäßig auf die Brust schlagen [...]*«[72] – Die Leute kaufen Gold, weil sie sich gegen Geldentwertung absichern wollen. Er weist auf die Inflationspolitik der USA in den Siebzigern hin. Diese verursachte weltweit Schäden. Bis heute tragen andere Zentralbanken den Amerikanern dies nach.

Wir haben nun ein deutliches Bild über die Inflationslage, die kurz darauf zur Entscheidung für den Beginn der systematischen Goldinterventionen führen sollte. Die Inflation war überraschend hoch, aber gängige Erklärungen schieden aus. Nach allgemeiner Auffassung der Sitzungsteilnehmer heizten die Inflationserwartungen die Inflation an. Gleichzeitig war aber auch die wirtschaftliche Entwicklung enttäuschend. Die Leitzinsen waren an der schwachen Wirtschaft ausgerichtet, unterhalb der Inflationsrate und damit viel zu niedrig, um die Inflation zu bekämpfen. Sie waren auch im internationalen Vergleich und historisch zu niedrig. Es drohte eine Wiederholung des inflationären Szenarios der Siebzigerjahre.

Man hätte eigentlich die Zinsen anheben müssen, was aber eine Rezession hätte auslösen können. Einzig Angell, der letzte verbliebene Fed-Gouverneur mit häufiger abweichendem Abstimmungsverhalten, plädierte nun für diesen harten Kurs, die Zinsen zu erhöhen, um den Geldwert zu schützen. Die übrigen stimmten für die Beibehaltung der niedrigen Zinsen. Nun musste allerdings noch das Inflationsproblem angegangen werden. Da die Inflation Folge einer hohen Inflationserwartung war, konnte die Inflation bekämpft werden,

---

72 19930707meeting.pdf, S. 71: »We clearly see in the price of gold that people are making bets out there. [...] The cost to the world of the United States pursuing inflationary policies in the late 1960s and the 1970s is unbelievable. We're still paying the cost because many other central banks with no confidence in us think they have to be Rambo-like in beating their chests because in some sense they've got a track for the inflation-induced environment that the Federal Reserve as the world's reserve currency provides.«

indem man auf die Inflationserwartung Einfluss nahm. Das »Thermometer« war Gold, sein gestiegener Preis signalisierte die Gefahr einer Geldentwertung. Deswegen kam man auf die Idee, einen weiteren Anstieg zu verhindern.

Die Goldinterventionen sind also der Schlüssel zur Lösung dieses Spagats: Wie bekämpft man die Inflation, ohne die Leitzinsen anzuheben und damit die Wirtschaft zu gefährden? Indem man den Goldkurs drückt und den Leuten damit Geldwertstabilität signalisiert. Was dabei nicht berücksichtigt wurde, waren die Nebenwirkungen dieser Therapie. Die Zinsen waren weiterhin zu niedrig. Damit beförderte man die Kreditaufnahme und forcierte die Blasenbildung an den Finanzmärkten (was an den Aktienmärkten in der zweiten Hälfte der neunziger Jahre zu den höchsten je in den USA gemessenen Bewertungen führte).

Ein politischer Hintergrund darf in diesem Kontext nicht unerwähnt bleiben. 1993 war der Demokrat Clinton neuer Präsident der USA geworden. Er hatte versprochen, den Staatshaushalt zu sanieren, der unter republikanischen Regierungen seit Jahren stark defizitär war. Greenspan hatte sich bei der neuen Regierung Clinton persönlich dafür stark gemacht, das Staatsdefizit zu senken. Konkret wollte Clinton ein Programm zur Reduzierung des Staatsdefizits um mehrere hundert Milliarden Dollar durchsetzen. Eine solche Reduktion belastet typischerweise auch die Wirtschaft. Staaten fällt es allerdings äußerst schwer, ihre Ausgaben im Zaum zu halten. Deshalb stand das Programm auf der Kippe. Die Republikaner waren aus politisch-opportunistischen Gründen dagegen, Greenspan, obwohl Republikaner, aus ökonomischen dafür.

Ein Abbau des Staatsdefizits hätte nicht nur positive Langfristfolgen in Bezug auf den Schuldenstand. Er würde sich auch positiv auf die Inflationserwartung auswirken, die in der Fed so sehr thematisiert wurde, denn der Staat würde weniger preistreibende Kredite schöpfen. Außerdem würden die langfristigen Zinsen fallen, wenn der Staat weniger Kapital nachfragte, was wiederum gut für die Konjunktur und den Lebensstandard wäre. Die Gefahr war nun, dass auch die Demokraten ihre Meinung ändern würden. Eine Zinserhöhung, die die Wirtschaft schwächt, hätte vermutlich ein Scheitern zur Folge gehabt. Eine schwache Wirtschaft bedeutet weniger Steuereinnahmen und höhere Ausgaben, etwa für Stimulationsprogramme. Greenspan wollte hier wohl kein falsches Signal in Form einer Zinserhöhung senden. Endgültig wurde das Programm, das Defizit um hunderte Milliarden Dollar zu senken, der Omnibus Budget Reconciliation Act, übrigens am 5. August 1993 (was für ein Zufall!) äußerst knapp mit 218 zu 216 Stimmen im Repräsentantenhaus und am Folgetag erneut sehr knapp mit 51 zu 50 Stimmen im Senat angenommen.

22. Die Phasen der Golddrückung

Wir können die systematischen Goldinterventionen moderner Zeit in drei klar unterscheidbare Phasen unterteilen: In die Begrenzungsphase ab Mitte 1993, in die Senkungsphase ab Ende 1996 und in die Rückführungsphase ab Mitte 2001. Zudem gibt es erste Hinweise auf eine neue Phase beziehungsweise auf das Ende der systematischen Interventionen. Wir wollen nun einen Überblick über die einzelnen Phasen geben (einzelne Details werden später noch besprochen).

Phase I begann am 5. August 1993 um 8.27 Uhr und dauerte gut drei Jahre. In ihr sollte der Goldpreis nicht über 400 steigen. Geldpolitische Motive wie die Bekämpfung der Inflationserwartung standen im Vordergrund. Die Marke war eine Höchstmarke und zwischen Zentralbanken vereinbart. Private Bullionbanken spielten eine entscheidende Rolle, die Zentralbanken aber gaben das Ziel vor. Für die erste Phase lassen sich in den Fed-Protokollen noch gut Hinweise und Motive erkennen – später wurde dieses Thema dort nicht mehr besprochen (anscheinend hatte man sich dazu entschlossen wegen der Publizierung der Protokolle nach fünf Jahren). Die Marke, über die der Goldpreis nicht steigen sollte, war fest fixiert und dem geldpolitischen Ziel geschuldet. Obwohl die Absicht hehr war, ist die Aktion kritisch zu bewerten. Zum einen kam es zu unerwünschten Nebenwirkungen wie der Ausweitung von Kreditexzessen, zum anderen haben weder Zentralbanken noch Schatzämter das Mandat, langjährig und außerhalb eines offenen politischen Prozesses im Goldmarkt zu intervenieren.

Abb. 46: Die Phasen der Golddrückung

Phase II begann am 21. November 1996 um 10.01 Uhr. Das bloße Ziel, einen Anstieg zu verhindern, änderte sich mit dieser Phase, die bis 2001 dauern sollte. In dieser Zeit wurde der Goldpreis bis auf 250 Dollar je Unze gedrückt. Trotz eines tendenziell fallenden Goldkurses gab es auch in der zweiten Phase eine obere Kursgrenze, sie lag bei 300 Dollar je Unze. Zudem gab es die Vereinbarung eines Jahres-Schlusskurses von 290 Dollar für den Terminkurs an der Comex. Diese Marken spielten aber eine geringere Rolle als die Marke 400 Dollar in Phase I. Zwar ist die geldpolitische Wirkung der Goldinterventionen bei fallendem Goldpreis stärker als bei einem sich seitwärts bewegenden, dennoch hätte eine Seitwärtsbewegung ausgereicht, um die Inflationserwartung zu schwächen und um den Dollar zu stärken. Da sich die Inflation abschwächte, hätte man eigentlich die Interventionen sogar bereits während der ersten Phase beenden können. Stattdessen wurden sie in der zweiten sogar ausgeweitet. Wieso?

Der Grund ist im Zusammenspiel zwischen Zentralbanken und Privatbanken zu suchen. Für die beteiligten Bullionbanken war der Carry-Trade ein einträgliches Geschäft. Sie wollten es deshalb zunehmend ausweiten. Außerdem lag es für sie im unmittelbaren Interesse, dass der Preis fällt, denn dies vergrößerte ihren Gewinn, da sie Gold schuldig waren. Irgendwann hätten sie allerdings auch versuchen müssen, die Zentralbanken zu Verkäufen zu bewegen, denn sonst könnten sie ihre Positionen nie schließen – sofern sie sich überhaupt mit solchen ferne liegenden Überlegungen befasst haben.

Die beteiligten Zentralbanken haben an dieser Kooperation, einmal eingespielt, festgehalten. Vielleicht waren sie in einer Art Gefangenendilemma, weil sie den Privatbanken bereits so viele Aufgaben übertragen haben. Vielleicht haben sie es sich anfangs auch nicht genau bewusst gemacht, was die Ausweitung der Goldleihe und ein derart niedriger Goldpreis im ungünstigen Fall bedeuten. Vielleicht entwickelte manch ein Zentralbanker oder Politiker eine Art Hybris, Geld, Kredit und stetiges Wirtschaftswachstum endlich »im Griff« zu haben, mit der Goldpreisdrückung als wesentlichem Baustein. Auf jeden Fall war es an der »Front« ruhig, der Goldpreis störte nicht, die Demonetarisierung des Goldes schritt anscheinend voran. Bald, so schien es, wäre Gold eine Ware wie jede andere – und kein Wertaufbewahrungsmittel mehr, das Schwächen des Kreditgeldes unbarmherzig aufzeigt.

Der Profit auf privater Seite war in Phase II das Hauptmotiv, die geldpolitischen Motive der Zentralbanken waren beteiligt, aber nicht mehr die treibende Kraft. Dafür spricht, dass mehrere Zentralbanken anscheinend gegen ihren ursprünglichen Willen zum Goldverkauf gedrängt wurden, etwa die Schweizerische Nationalbank und die Bank von England. Die verwendeten Druckmittel waren teilweise äußerst fragwürdig. Zwar sind beispielsweise die damals zum Goldverkauf drängenden Politiker bekannt, es ist aber nicht zuverlässig bekannt, woher der damals herrschende Druck kam. Es ist eigentlich nicht vorstellbar, dass der ursprüngliche Druck von anderen Zentralbanken, wie etwa der Fed, ausging. Eine Melange von Profit vor allem der Carry-Trader in Verbindung mit dem gegen Gold gerichteten Zeitgeist, einigen die Gelegenheit nutzenden Profiteure am Rande und einer geldpolitischen Hybris vermag einiges zu erklären, vielleicht alles. Auf jeden Fall harrt diese zweite Phase ihrer vollständigen Aufklärung. Der Druck war zu ungewöhnlich, der Profit zu illegitim, Ausmaß und Dauer der Goldinterventionen waren zu groß, der Goldpreisrückgang geldpolitisch überflüssig und das Ausmaß der Goldleihe sogar riskant. Allein durch die Verkäufe haben insbesondere die Völker Europas, denen letztlich das meiste verkaufte Gold gehörte, mittlerweile einen hohen zweistelligen Milliardenbetrag verloren.

Eines der Hauptmerkmale der zweiten Phase war die zwischen Zentralbanken, Bullionbanken und Politikern auseinanderdriftende Interessenlage: Das Interesse der profitorientierten Carry-Trader war ein niedrigerer Goldpreis. Sie betrieben eine massive Lobby- und Medienarbeit, um zunehmende Goldverkäufe und Verleihungen der Zentralbanken und so einen fallenden Goldpreis durchzusetzen. Den Zentralbanken genügte hingegen ein nicht steigender Goldpreis. Im Laufe der Phase II begannen deshalb einige Zentralbanken, sich gegen einen weiter fallenden Goldpreis zu stemmen. Selbst Greenspan, der zu den Initiatoren der Goldinterventionen gehörte, sprach sich nun für Gold aus. Auf der anderen Seite standen den Carry-Tradern einige Politiker bei, was beispielsweise zu den Goldverkäufen Großbritanniens und der Schweiz führte.

Es sind erst diese Hintergründe, die eine Datierung des Beginns der Phase II ermöglichen. Denn es gab keinen schockartigen Beginn wie bei Phase I und wohl auch keine explizite Vereinbarung. Vielmehr gab es einen Prozess, der dazu führen sollte, dass die Zentralbanken noch mehr Gold verleihen und verkaufen. Dieser kulminierte in einer Entscheidung: Die Schweizerische Nationalbank beherbergte 1996 einen der größten Goldschätze der Welt. Zudem stand der Schweizer Franken wie keine andere Währung synonym für solides Geld. Würden die Schweizer ihr Gold mobilisieren, käme nicht nur viel Gold auf den Markt. Es würde auch ein Signal gesetzt, dass Gold seine Bedeutung als ultimatives Wertaufbewahrungsmittel verloren hätte. Insbesondere würden sich weitere Zentralbanken leichter tun, ebenfalls Verkäufe oder Verleihungen durchzuführen, wenn sich selbst die Schweizer von ihrem Gold trennten. Am 18. November 1996 legte nun eine Arbeitsgruppe, zuerst intern, ihr Ergebnis vor. Sie empfahl letztlich, die schweizerischen Goldreserven zu mobilisieren. In einer damals vielbeachteten Rede gelangte das Ergebnis an die Öffentlichkeit. Sukzessive nahmen die Befürchtungen zu, die drohenden Verkäufe und Verleihungen könnten die Welt mit Gold »fluten«. Sichtbar wird die Marktreaktion am 21. November, als das Open Interest am Terminmarkt, ein Maß für die Anzahl der Wetten auf den Preis, deutlich stieg. Das wurde bereits damals von Marktkommentatoren mit der Veröffentlichung der Ergebnisse der Arbeitsgruppe in Zusammenhang gebracht.[73] Informierten Kreisen war anscheinend klar, dass von nun an der Preis für lange Zeit fallen würde. In Vorgriff auf die erwarteten Verleihungen und Verkäufe positionierten sie sich am Terminmarkt. Sichtbar wird der Beginn der Abwärtsbewegung, die viele Monate anhalten sollte, in den Kursaufzeichnungen um 10.01 Uhr.

Phase III begann am 18. Mai 2001 um 12.31 Uhr. Auch heute (2013) noch befinden sich die Interventionen gegen Gold in dieser dritten Phase, der ersten Stufe ihrer Beendigung. In ihr werden Goldleihe und Carry-Trade zurückgefahren, außerdem kommt wie besprochen netto von den Zentralbanken kein Gold mehr in den Markt, da die Verkäufe lediglich die Rückführung verliehenen Goldes ungefähr ausgleichen. Da dieses laufende Angebot, das zuvor jahrelang den Markt aus dem Zentralbankbestand versorgte, seitdem fehlt, steigt aus fundamentaler Sicht der Goldpreis. Pragmatisches Ziel dieser Phase ist nur noch, den Goldpreis nicht zu schnell steigen zu lassen. Man lässt den Anstieg zu, weil man nicht noch mehr Gold verlieren möchte. Der Preisanstieg bedeutet somit nicht, dass keine Interventionen mehr stattfinden. Es handelt sich vielmehr um ein Abbremsen, in Verbindung mit einem geordneten Rückzug. Naturgemäß gibt es in dieser Phase keine feste Obergrenze und keine festen Marken wie in den Phasen zuvor. Allerdings weist die Phase III anscheinend temporäre Marken auf (so sollte der Goldpreis in der Finanzmarktkrise nicht über die psychologisch wichtige runde Zahl 1000 und in der Eurokrise 2011 nicht über 2000 steigen).

Für die Carry-Trader generiert der Anstieg des Preises Verluste aus verbliebenen Goldleihe-Positionen. Dem stehen weiterhin die laufenden Einnahmen aus der Zinsdifferenz zwischen Goldleihezins gegenüber. Außerdem gehen die Interventionen über Futures weiter und wurden sogar intensiviert. Daraus, et-

[73] Siehe Lips, Ferdinand: »Die Gold-Verschwörung«, Rottenburg 2003, S. 250.

wa aus schockartigen Aktionen mit anschließendem Eindecken auf kurzfristig niedrigerem Niveau, resultieren vermutlich Gewinne unbekannten Ausmaßes. Erwähnenswert ist der Goldleihezins in dieser Phase. Während er die beiden Jahrzehnte zuvor bei im Mittel gut 1 Prozent lag, fiel er während des Gold-Bullenmarktes seit 2001 jahrelang auf annähernd 0 Prozent.

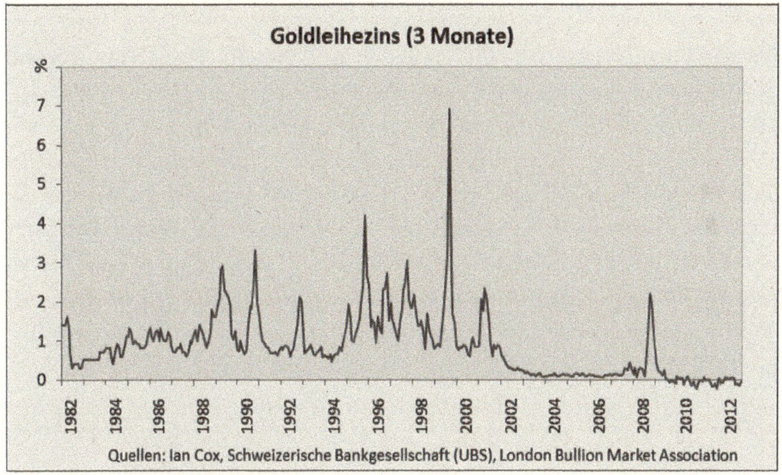

Abb. 47: Goldleihezins 3 Monate

Es stellt sich hierbei die Frage, wieso es überhaupt noch Zentralbanken gibt, die zu diesem Zinssatz Gold verleihen. Die naheliegendste Erklärung ist, dass verleihende Zentralbanken den Gewinn der verbliebenen Carry-Trader maximieren möchten, um deren Verluste durch den Anstieg des Preises zu mindern. Andere Gründe für die niedrige Zinshöhe sind kaum ersichtlich, etwa dass ihnen der Vorteil in Form der Zinseinnahmen zuzüglich der ersparten Lagerkosten ausreicht (das ist rational aufgrund der geringen Höhe aber kaum nachvollziehbar) oder dass sie es aus reinem Freundschaftsdienst zugunsten der Bullionbanken tun (so korrupt sind Zentralbanker aber typischerweise nicht). Praktische Gründe wie fehlende Tresorkapazitäten scheiden eigentlich auch aus, da andere Zentralbanken wie die New Yorker Fed oder die Bank von England kostenfrei oder für wenig Geld Tresorraum zur Verfügung stellen, was erheblich sicherer ist als Verleihungen an private Banken (die Lagerkosten für Zentralbanken bei den gängigen Zentralbanklagerstellen liegen aktuell zwischen 0 und 0,003 Prozent pro Jahr). Auch die Ausgangslage, in die sich die Zentralbanken als Gesamtheit hineinmanövriert haben, nämlich dass sie das Gold gar nicht alle auf einmal zurückbekämen, erklärt zumindest die Zinshöhe nicht, denn sie könnten selbst dann einen höheren Leihzins verlangen (und müssten es letztlich wegen des gestiegenen Risikos).

Seit der Finanzmarktkrise 2008 befinden sich die Goldpreisinterventionen möglicherweise im langsamen Übergang zu einer vierten Phase beziehungsweise zum Ende der systematischen Interventionen. Wesentliche Merkmale der dritten Phase haben zwar weiter Bestand, es gibt aber auch auffällige Unterschiede. Während der Finanzmarktkrise 2008 ging es vor allem darum, Panik zu mindern und Vertrauen in die Finanzmärkte zu bringen. Die Minderung der Inflationserwartung spielte in diesem eher deflationären Umfeld keine Rolle. Der Goldkurs wurde erstmals seit den Neunzigern wieder deutlich zurückgeführt. Die Goldleihe wurde wieder ausgeweitet. Außerdem kamen häufiger als zuvor schockartige Interventionen zum Einsatz.

23. Shock and Awe

Schocks sind wesentlicher methodischer Bestandteil der Goldpreisinterventionen. Nicht jede Interventionsaktion ist schockartig, es gibt auch viele andere, etwa Begrenzungen von Kursanstiegen im Innertagesverlauf. Dennoch gehören überraschende, schnelle Kursrückgänge zu den Merkmalen, die die Interventionspraxis im Goldmarkt auszeichnet. Sinn dieser Interventionsmethode ist es, Anleger und Interessenten abzuschrecken. Sie sollen dem Markt fernbleiben. Die Methode wurde bereits öfter besprochen, nun folgen einige Ergänzungen. Das folgende Beispiel ist gut geeignet um zu verdeutlichen, wie solche schockartigen Bewegungen wirken.

Abb. 48: Gold drei Tage 27.-29.7.2009

Wir sehen hier den Verlauf des Goldpreises über drei Tage mit dem plötzlichen Rückgang am 28. und 29.7.2009. Gold hatte sich in den Vortagen auf 955 Dollar je Unze vorgearbeitet und es schien nur eine Frage der Zeit zu sein, dass es zügig in Richtung auf 1000 stieg, die Marke, die anscheinend unbedingt verteidigt werden soll. Aber binnen kaum mehr als 24 Stunden fiel Gold um 30 Dollar, beginnend mit einem plötzlichen freien Fall der Kurse, deutlich erkennbar an dem senkrechten Strich nach unten im Kursbild.

An dieser Intervention lässt sich beispielhaft zeigen, wie ein schockartiger Rückgang Anlageentscheidungen beeinflussen kann. Der bekannte und einflussreiche Börsenkolumnist Dennis Gartman hatte Tage vor dem scharfen Rückgang empfohlen, Gold zu kaufen. Aufgrund des Rückgangs empfahl er gleich wieder den Verkauf und fühlte sich in seinem Börsenbrief zu folgender Aussage veranlasst: *»[...] wir fragen uns [..], ob es möglich ist, dass wir Gold je erbärmlicher gehandelt haben als in den vergangenen Wochen und Monaten [...] Es kommen Zeiten, in denen wir feststellen müssen, dass wir kein glückliches Händchen für Gold haben, und die Zeit ist jetzt. [...] Fürs Erste werden wir Gold anderen überlassen, die weiser sind als wir«*[74] Gartman reagiert also genau so, wie es die Interventionen bezwecken: Er kapituliert. Natürlich wird ein Vollprofi wie er sich vom Markt nicht endgültig abwenden, aber er ist erst mal draußen und danach womöglich vorsichtiger.

Andere Menschen lassen sich auch vollkommen abschrecken. Es genügt zudem, wenn von 100 Investoren, sagen wir, 20 im Mittel über die Zeit so abgeschreckt werden, dass sie dem Markt fernbleiben. In diesem Fall ist tatsächlich weniger Nachfrage im Markt und der Preis dauerhaft beeinflusst. Es ist eben ein besonderes Merkmal von Gold, dass Terminmarktinterventionen dauerhaft wirken können. Deswegen müssen wir sie als echtes Standbein der Interventionen neben dem physischen Angebot (durch Verkäufe und Verleihun-

---

[74] Gartman, Dennis im »The Gartman Letter« vom 29. Juli 2009 Seite 2 f., www.thegartmanletter.co; Auszüge daraus siehe www.gata.org/node/7637: »COMMODITY PRICES HAVE FALLEN AS THE DOLLAR HAS RISEN and we wonder very publically is it possible for us to have traded gold more poorly than we have in recent weeks and months. From a genius gold trader two and three and four and five years ago, we've become comically inept at it presently, buying strength only to find the market plunging shortly thereafter, and selling weakness, only to find the market rising. There comes a time when we must say that we are out of synch with gold, and that time is now. [...] For now, we'll leave gold to others wiser than we".

gen) werten. Wegen dieser hohen Wirksamkeit ist auch weniger Gold physisch in den Markt gelangt, als von Verfechtern der (grundsätzlich richtigen) Goldinterventionsthese typischerweise angenommen wird.

Die schlagartigen Interventionen gegen Gold am 28. Juli 2009 begannen übrigens kurz vor 9.30 Uhr New Yorker Zeit, interessanterweise zeitnah zu den Aussagen des Vorsitzenden der Aufsichtsbehörde für die amerikanischen Terminmärkte (Commodity Futures Trading Commission – CFTC). Im Zuge der Hausse, die bis 2008 in den Warenmärkten bestand, schien sich an den Terminmärkten eine erhöhte Konzentration auf wenige Investoren über neue Finanzkonstruktionen (»Indexinvestments«), die von den bisherigen Regeln nicht erfasst wurden, gebildet zu haben. Anlässlich dieser gestiegenen Konzentration auf der Kaufseite kündigte der Vorsitzende der Aufsichtsbehörde neue Regeln an, um denkbaren Fehlentwicklungen vorzubeugen. Das aber hätte für den Goldpreis positiv sein müssen (denn bei Gold liegt die Konzentration auf der Verkaufsseite, die sich eindecken müsste). Möglicherweise war es eine zusätzliche Motivation der Goldintervention, eine dies antizipierende Reaktion des Marktes zu verhindern.

Die Interventionen Ende Juli 2009 sind aber unter weiteren Aspekten noch interessanter. Parallel zum Goldpreisrückgang stieg nämlich der Dollar. Anscheinend fanden auch Interventionen in den Devisenmärkten zur Stützung des Dollars statt. Ein Hintergrund all dieser Interventionen dürfte der hohe Kapitalbedarf in dieser Woche gewesen sein. Die Rekordmenge von über 100 Milliarden an US-Staatspapieren sollte versteigert werden. Hintergrund der großen Summe war die Finanzierung der sehr großen Rettungspakete und Hilfsmaßnahmen in der Folge der Finanzmarktkrise 2008.

Es drohte konkret, dass die Auktion schlecht lief oder dass eine höhere Rendite hätte geboten werden müssen. Die Auktion lief anfangs auch zäh, und am Ende der Woche wird deutlich weniger als sonst von ausländischen Zentralbanken gekauft worden sein (wenn auch zum Schluss alles glatt lief und sich die Anleihenmärkte entspannten). Eine Zurückhaltung der Zentralbanken und anderer möglicher Käufer war vermutlich befürchtet oder auch avisiert worden. Ein Fall des Dollars zu dieser Zeit hätte Interessenten wegen drohender Währungsverluste zusätzlich abgeschreckt. Das könnte grundsätzlich die intensiven Eingriffe während dieser Woche, bei Gold und bei Devisen, erklären.

Wir wollen die Zusammenhänge bei diesem Ereignis weiter erläutern. Der Chart zeigt den Euro zum Dollar überlappend mit dem Goldkursverlauf (die prozentualen Bewegungen entsprechen einander). Diesmal umfasst der Zeitraum die ganze Woche sowie zwei Tage der Vorwoche und Teile des darauffolgenden Montags, also insgesamt acht Tage. Wir erkennen deutlich, dass beide über die ersten dreieinhalb Tage weitgehend parallel liefen, so wie es Euro und Gold oft tun (der Goldpreis verhält sich eben wie der einer Währung und nicht wie der einer Ware). Dann setzten die bereits gezeigten Interventionen ein, schockartig bei Gold, in Relation dazu verhalten beim Euro. Dieser scheinbar freie Fall bei Gold ist nun nicht etwa dem höheren Gewicht des Metalls geschuldet, sondern der speziellen Interventionsmethode beim Edelmetall (der Devisenmarkt ist für die Zentralbanken zu groß, um ähnlich wie bei Gold zu intervenieren). Der Vergleich zum Euro untermalt diese Schockartigkeit (durch den linken großen Kreis markiert).

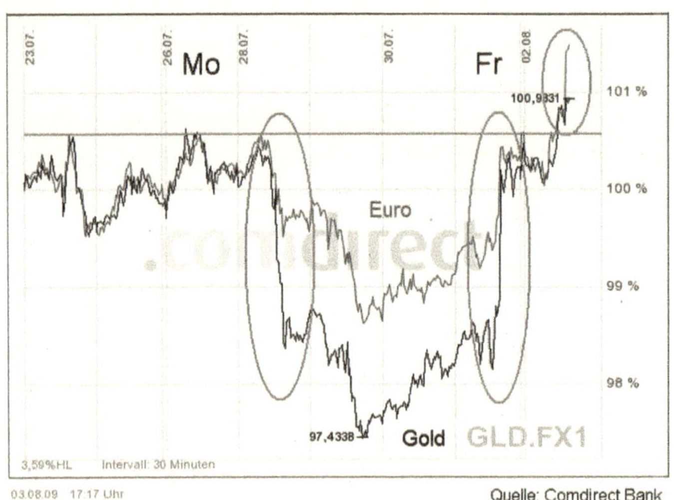

Abb. 49: Gold und Euro vom 23.7. bis 2.8.2009 indiziert

Die Interventionen waren aber nur begrenzte Zeit erfolgreich. Bereits freitagmittags New Yorker Zeit schoss Gold nach oben. Der Kaufdruck war anscheinend zu hoch. Die tiefere Interventionszone wurde aufgegeben. Es ist ansonsten kein Grund für den plötzlichen Anstieg ersichtlich; so waren beispielsweise wichtige Wirtschaftsnachrichten bereits Stunden vorher bekannt gemacht worden. Nach Ablauf der Auktionen war lediglich der spezielle Grund entfallen, für bessere Auktionsergebnisse Gold unbedingt besonders unattraktiv erscheinen zu lassen. Danach wurde Gold an der höheren Interventionsmarke von 955 abgefangen. Auch der Euro stieg entsprechend, aber weniger stark, denn er war zuvor auch weniger gedrückt worden. Euro und Gold waren wieder auf dem ursprünglichen Interventionsniveau, nachdem sie kurzzeitig wegen der Auktion heruntergeholt worden waren. Der Anpassungsprozess nach oben auf das vorherige Interventionsniveau am Freitag erfolgte bei Gold schockartig, diesmal aber durch Marktkräfte (durch den rechten großen Kreis im Chart markiert).

Wir sehen also, dass es schockartige Bewegungen auch nach oben geben kann, und zwar in diesem Fall sogar anscheinend wegen der vorangegangenen Interventionsaktivität. Schockartige Fallbewegungen sind somit eine starke Indikation für eine Intervention. Es lässt sich aber nicht umgekehrt schlussfolgern, dass das Vorliegen von Interventionen bedeuten würde, es gäbe keine schnellen Bewegungen nach oben. Die schockartigen Bewegungen lassen sich auch nicht trivialerweise statistisch im Sinne eines Interventionsbeweises numerisch analysieren. Ausmaß, Art und Dauer der Schocks sind individuell recht unterschiedlich. Manche Schocks ziehen sich über viele Minuten hin und betreffen einen größeren Rückgang, andere finden deutlich schneller statt, wobei die Kurse weniger stark fallen. 2012 kam es sogar zu Rückgängen innerhalb von Millisekunden im Edelmetallbereich. So fiel am 29. Februar 2012 um 10:47:21 Uhr der Goldfonds GLD in 1/3 Sekunde um etwa 1 Prozent.[75] Im Silberfonds SLV kam es am 20 März 2012 um 13:22:33 Uhr zu einem blitzschnellen Rückgang und für einen Zeitraum von 25 Millisekunden zu einer rekordverdächtigen Handelshäufigkeit mit einer Rate von 75 000 Kursen pro

[75] www.nanex.net/aqck/2924.html.

Sekunde.[76] Auch bei Gold selbst kam es schon zu extrem schnellen Kursrückgängen. Am 7. Juni 2012 fiel der Goldpreis am Terminmarkt im späten Handel binnen weniger als einer Sekunde um 22 Dollar.[77] Inwieweit ein Hochfrequenz-Rückgang nur einer außer Kontrolle geratenen Technik oder neuen Manipulationsmethoden geschuldet ist, läßt sich im Einzelfall von außen nur schwer entscheiden.

Zu berücksichtigen ist auch, dass Abwärtsschocks nur eine Interventionsmethode von mehreren sind, zu denen auch das Abfangen steigender Kurse und das Zur-Verfügung-Stellen physischen Goldes durch Verkäufe und Verleihungen (insbesondere bis 2001) zählen. Die Börse ist eben menschengemacht, und auch Interventionen werden von Menschen gemacht. Es gibt deshalb keine statischen Muster wie etwa bei physikalischen Prozessen, sondern Anomalien, die sich auch wandeln und in einem Gesamtbild Sinn ergeben. Der vorherige Chart zeigt übrigens zusätzlich mehrere solcher Abfangaktionen, bei denen ein Weitersteigen verhindert wurde. So wurden etwa sowohl Gold als auch der Euro am Freitag, dem 31.7., am oberen Interventionsniveau abgefangen, nachdem das untere aufgegeben worden war. Das befand sich bei etwa 957 Dollar je Unze beziehungsweise knapp 1,43 Dollar je Euro (durch die Linie im Chart markiert). Sehr schön sichtbar wird das Abfangen aber auch durch die Situation, als am darauffolgenden Montag selbst dieses höhere Interventionsniveau nicht mehr gehalten werden konnte. Nachdem Gold und Euro ausgebrochen waren, konnte Gold nun wieder viel früher abgefangen werden als der Euro, der aufgrund der viel größeren Devisenmärkte sofort bis über 1,44 stieg, wo er dann gestoppt werden konnte. An dieser Diskrepanz erkennt man gut das (frühere) Abfangen eines Goldpreisanstieges (durch den rechten kleinen Kreis im Chart markiert).

Es ist ganz klar, dass der Markt den Dollar hier niedriger sehen will, sowohl gegenüber anderen Devisen wie dem Euro als auch gegenüber Gold. Die Hintergründe reichen vom Leistungsbilanzdefizit über die Kosten der Rettungs-

---

76 www.nanex.net/aqck/2967.html.

77 www.financialsense.com/contributors/dimitri-speck/a-high-frequency-attack-on-gold; es konnte auch nach 23 E-Mails nicht geklärt werden, ob es hierbei zu Datenfehlern im offiziellen, auf der Webseite der CME publizierten Times&Sales-Bericht kam, was die dabei beobachteten Auf und Abs alternativ erklären könnte.

und Stimulierungspakete bis hin zu Monetarisierungsmaßnahmen. Die Zentralbanken halten dagegen. Zentralbanken sind nicht allmächtig, sie haben aber maßgeblichen Einfluss auf die Geld-, Kredit und Realwirtschaft. Sie haben diesen Einfluss nicht nur durch die Festlegung der Zinshöhe, die als ihr klassisches Instrument gilt, sondern auch durch Interventionen am Devisen- und Goldmarkt, durch den Umgang mit Devisenreserven (die in China etwa aufgrund ihrer unglaublichen Größe längst einen anderen Namen verdient hätten) und Goldreserven, durch Übernahme schlechter Papiere in die eigenen Bücher (zur Vermeidung eines deflationären Kollaps) und durch viele weitere kleinere und größere Maßnahmen. Hier versuchen sie, ihren Einfluss durch Interventionen am Gold- und Devisenmarkt auszuüben.

Wir wollen nun die schockartigen Bewegungen nach unten, eines der klassischen Interventionsmuster bei Gold, statistisch auf Häufungen untersuchen. Dazu schauen wir uns tabellarisch die Anzahl der Schocks an, wie sie je Kalenderjahr im Terminmarkt auftraten. Wir nehmen recht extreme Schocks, wenn auch nicht ganz so starke wie am 5. August 1993 (denn das würde zu einer zu geringen Anzahl führen). Vielmehr betrachten wir exemplarisch 2-prozentige Abwärtsschocks binnen 20 Minuten. Das nachfolgende Diagramm (Seite 158) zeigt die Anzahl der Tage je Kalenderjahr mit solchen Abwärtsschocks.[78]

Wir können beispielsweise erkennen, dass es von 1994 bis 1998 zu keinen solch starken Interventionsschocks kam (dies war auch die Zeit, als der Goldmarkt von Zentralbankenseite ausreichend durch Verleihungen und Verkäufe versorgt wurde). Vor allem aber sehen wir, dass 2008 im Zuge der Finanzmarktkrise sehr viele Interventionen dieser Art getätigt wurden. Es gab

---

[78] Auf Basis der Schlusskurse der Ein-Minuten-Intervalle der Comex-Intraday-Daten des Frontmonats im vereinheitlichten Zeitraum von 8.20 Uhr bis 13.30 Uhr. Die Kurse konnten aufgrund der hohen Zahl von über 1,5 Millionen nur eingeschränkt auf Fehler untersucht werden. Bei einem vermeintlichen Schock handelte es sich um einen fehlerhaften Zahlenwert, der isoliert war und der nicht durch die Spotdatenbank mit einminütiger Frequenz bestätigt wurde (3.11.1988). Fehlende Datenpunkte können naturgemäß nicht zu falsch gemeldeten Schocks führen. Es könnte aber sein, dass Schocks, die real existierten, aufgrund von Lücken nicht identifiziert wurden. Die übergroße Anzahl an Lücken ist aber nicht sehr ausgedehnt (1 bis 3 Minuten), sodass die Wahrscheinlichkeit einer Unterzeichnung gering sein dürfte. Die Verteilung von Lücken in Bezug auf Kalenderjahre ist in ihrer Bedeutung für das Ergebnis nicht auffällig. Der Datenanbieter verwendet anscheinend keine in der Branche gelegentlich üblichen Resultate verfälschenden Methoden wie das Auffüllen von Lücken durch vorherige Werte.

insgesamt 12 Schocks dieser Art, 11 davon im zweiten, durch die Finanzmarktkrise geprägten Halbjahr. Andere Gründe als Interventionen lassen sich weitgehend ausschließen. Die schockartigen Rückgänge stehen in keinem Zusammenhang mit einer Schwäche des Goldpreises in diesem Jahr, insgesamt stieg Gold 2008, wenn auch nicht stark. Es gab Jahre, in denen Gold fiel, etwa 1997, in denen es zu keinem einzigen schockartigen Rückgang kam. Bei den schockartigen Rückgängen handelt es sich eben nicht um im Marktverlauf natürlicherweise auftretende Erscheinungen, sondern um Interventionsfolgen (Ausnahmen mögen die Regel bestätigen).

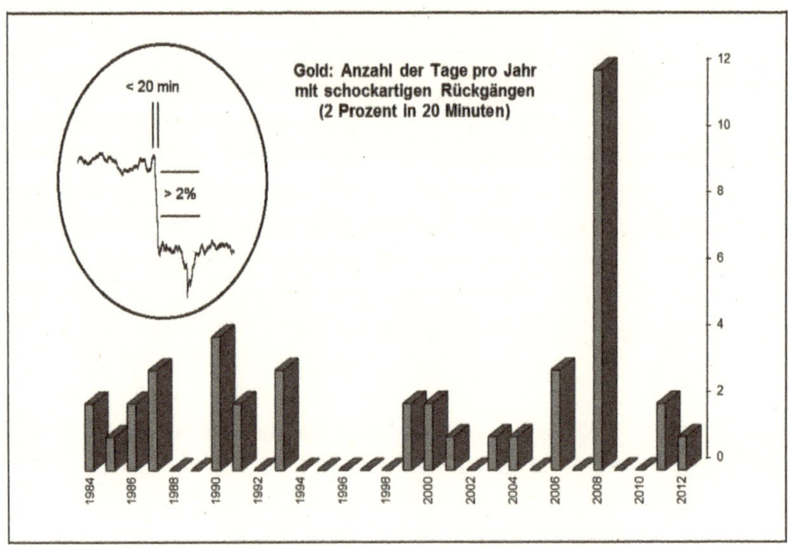

[Abb. 50: Gold: Anzahl Tage pro Jahr mit schockartigen Rückgängen]

Die schockartigen Rückgänge sind auch keine Folge von Liquiditätsbeschaffungen, die es im Laufe der Finanzmarktkrise bei vielen Anlagen gab, auch bei Gold (wenn auch selten, denn Gold ist eine sichere Anlage und eher Fluchtwährung). Solche Rückgänge sehen anders aus, nicht schockartig. Bei ihnen wird von Marktteilnehmern Gold einfach stetig abverkauft, weil sie Liquidität benötigen. Schließlich koordinieren sich die Marktteilnehmer nicht, damit alle auf einen Schlag (zu ihren eigenen Ungunsten!) verkaufen.

Der erste Chart in der nachfolgenden Abbildung zeigt einen solchen, recht stetigen Abverkauf, wie er möglicherweise auch durch Liquiditätsbeschaffungen zustande kam und der eben keinen Schock darstellte. Es handelt sich um den Intraday-Chart des 10. Oktober 2008. An dem Tag erreichten die Aktienmärkte ein erstes Tief im Zuge des Ausverkaufs. Es liegt deshalb nahe, dass dieser Tag einer von etwa einem halben Dutzend Tagen war, an denen Liquidität wichtiger war als Sicherheit und Liquiditätsbeschaffung somit ein Grund für den Rückgang bei Gold war (aber selbst dieser ist im Kontext der Interventionen zu sehen, insbesondere am Vortag war Gold überhaupt erst am Anstieg gehindert worden).

Man sieht deutlich einen stetigen, sich beschleunigenden Kursrückgang, von einer ganz normalen Art, wie man ihn in etwa an anderen Märkten auch beobachten kann. Nichts Schockartiges! Zum Vergleich ist daneben der durch Interventionen verursachte schockartige Rückgang vom 16. Oktober abgebildet (mittlerer Chart in der Abbildung). Ergänzend zeigt der rechte Chart in der Abbildung ferner den Intraday-Verlauf des 19. November. Der möge verdeutlichen, wohin Gold im Zuge der Finanzmarktkrise wirklich wollte. Anscheinend gab es an dem Tag kurzzeitig Probleme bei den Interventionen, und der Goldkurs musste nach einem deutlichen Anstieg wieder abgefangen werden.

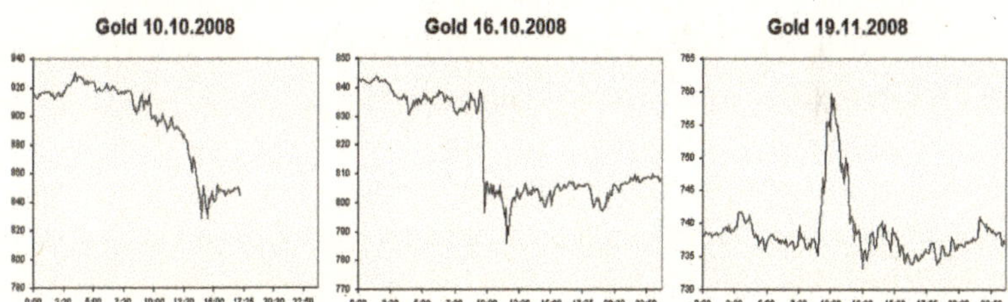

Abb. 51: Intraday-Kursverläufe

Die Preisschocks des Jahres 2008 stehen im Zusammenhang mit Interventionen. Gold sollte nicht steigen, damit es keine Krise signalisierte, die außer Kontrolle gerät. Das sollte dazu beitragen, die Märkte zu stabilisieren. Das Standardverhalten, dass Gold als sicheres Wertaufbewahrungsmittel in Krisen nachgefragt wird und steigt, wurde so konterkariert.

24. Finanzmarktkrise 2008 und Eurokrise 2011

Es hat sehr viele Leute verwundert, dass Gold während der schweren Phasen der Finanzmarktkrise 2008 nicht stieg, sondern ab März 2008 bis Jahresende insgesamt sogar fiel. Immerhin drohte der völlige Zusammenbruch der Finanzmärkte. Die Folgen wären auch für die Realwirtschaft gravierend gewesen. Es drohte hier nicht nur, dass man vor dem Geldautomaten steht und nichts mehr herauskommt, sondern auch, dass sich Guthaben auf Konten aufgelöst hätten, Überweisungen nicht mehr funktioniert hätten und letztlich dass das feingesponnene Netz unserer Wirtschaft zerrissen wäre.

Denn Kreditinstitute unterscheiden sich grundsätzlich von anderen Firmen. Wenn etwa von zehn Autoherstellern einer pleitegeht, machen die übrigen neun zusätzliches Geschäft. Wenn aber von zehn Banken eine Konkurs anmeldet, sind die anderen neun Banken sofort ebenfalls konkursgefährdet, denn sie halten gegenseitig Forderungen. Wenn hier nun welche ausfallen, drohen sofort Folgeausfälle. Die Politik kann das allerdings verhindern, indem sie einspringt. Genau das wurde 2008 dann auch gemacht. Dabei geht es eigentlich nicht darum, die angeblich systemrelevanten Banken oder gar die Boni der Angestellten zu retten, sondern darum, die Einlagen und anderen Zahlungsversprechen, die das Institut gemacht hat, zu garantieren, damit es zu keinen Ausfällen und Folgeausfällen kommt.

Es gibt allerdings auch Nachteile dieser Therapie. Dazu zählt beispielsweise die zusätzliche Staatsverschuldung. Da sie schlecht vorbereitet war und solche Nachteile im Auge hatte, zögerte sowohl in den USA als auch international die Politik (und machte dann handwerkliche Fehler). Im Fall der amerikanischen Investmentbank Lehman Brothers kam es dann Mitte September 2008 auch zur Insolvenz, und Ende September drohte der Kollaps einzelner Bankhäuser wie der deutschen Hypo Real Estate und mit ihm eine Kettenreaktion. Erstmals seit vielen Jahrzehnten drohte der unmittelbare Zusammenbruch des Weltfinanzsystems. Der Zusammenbruch war nun nicht mehr eine Befürchtung vereinzelter Crash-Propheten, sondern konkrete Gefahr. Es setzte eine Flucht in Sicherheit beinahe um jeden Preis ein. Es wurden so viele als sicher geltende Staatsanleihen gekauft, dass deren Rendite deutlich fiel. Sicherheit war alles, Ertrag bedeutungslos geworden.

Abb. 52: Rendite von Bundeswertpapieren (1 Jahr Restlaufzeit)

Angesichts des drohenden Zusammenbruchs der Finanzmärkte wurde natürlich auch Gold nachgefragt, das absolut sicher ist vor dem Ausfall eines Schuldners. Weltweit waren Goldmünzen wochenlang nur sehr schwer und in geringen Mengen erhältlich. Privatpersonen zahlten bei Internetauktionen einen hohen Aufpreis. Münzhändler boten ebenfalls einen überdurchschnittlichen Aufpreis, um Münzen zu erwerben. Viele Händler mussten den Verkauf einschränken, da die Ware fehlte und da sie mit dem Bedienen der Nachfrage kaum hinterherkamen. Die US-Münzanstalt sagte in einer Mitteilung, dass sie den Verkauf der American-Buffalo-1-Unzen-Goldmünzen zeitweilig aussetzen werde. Die Nachfrage übersteige das Angebot, denn der Vorrat an Münzen sei aufgebraucht, meinte sie.[79] Die Nachfrage nach Münzen war aber nur ein Teil der Gesamtnachfrage. Auch die Nachfrage nach Goldbarren nahm stark zu. So verkaufte der große deutsche Edelmetallhändler Heraeus viermal so viele Goldbarren wie üblich.[80] Doch man hätte noch mehr verkaufen können! Selbst bei den im Vergleich zu den Münzen viel leichter verfügbaren Goldbarren kam es nämlich zu Engpässen. Ähnlich sah es bei den Fonds aus, die Gold physisch für Anleger erwerben und halten. Auch hier nahm die Nachfrage zu. So stiegen Bestände an Gold in den weltweit vier größten auf Gold spezialisierten Investmentfonds (ETFs) im Krisenjahr 2008 um 22 Prozent.[81] Auch während der Höhepunkte der Krise in den Monaten September und Oktober, in denen die Aktienmärkte deutlich fielen und die US-Großbank Lehman Brothers Konkurs anmelden musste, stiegen die Bestände um 13 Prozent.

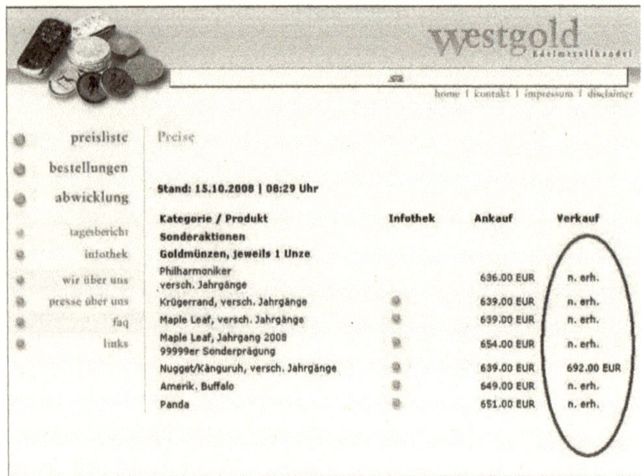

Stand: 15.10.2008 | 08:29 Uhr

Kategorie / Produkt	Infothek	Ankauf	Verkauf
Sonderaktionen			
Goldmünzen, jeweils 1 Unze			
Philharmoniker versch. Jahrgänge		636.00 EUR	n. erh.
Krügerrand, versch. Jahrgänge		639.00 EUR	n. erh.
Maple Leaf, versch. Jahrgänge		639.00 EUR	n. erh.
Maple Leaf, Jahrgang 2008 99999er Sonderprägung		654.00 EUR	n. erh.
Nugget/Känguruh, versch. Jahrgänge		639.00 EUR	692.00 EUR
Amerik. Buffalo		649.00 EUR	n. erh.
Panda		651.00 EUR	n. erh.

Abb. 53: Händlerangebot im Internet

79 Zhou, Moming: «More gold coins halted as investors seek haven« MarketWatch October 07, 2008 http://articles.marketwatch.com/2008-10-07/news/30735650_1_gold-coins-south-african-krugerrand-bullion-coins

80 Handelsblatt vom 25.10.2008 »Goldbarren gehen weg wie nichts« www.handelsblatt.com/unternehmen/industrie/zwei-farben-gold;2068770.

81 Summe der Bestände in SPDR Gold Shares, Gold Bullion Securities (LSE), Gold Bullion Securities (ASX) und New Gold (JSE); www.exchangetradedgold.com.

Es kann also kein Zweifel bestehen, dass im Zuge der Finanzmarktkrise eine Flucht in Gold einsetzte. Alles andere wäre auch erstaunlich, wenn Sparer um ihre Ersparnisse fürchten müssen. Und es wäre noch erstaunlicher, wenn dann sein Preis nicht stiege. Genau das tat er aber nicht. Im Gegenteil, in den besonders kritischen Monaten September und Oktober, in denen die physische Nachfrage besonders groß war und es zu Knappheiten kam, fiel der Goldpreis um 11 Prozent! Anders, als mitunter behauptet wird, stand dem auch kein entsprechendes zusätzliches Angebot zur Liquiditätsbeschaffung entgegen, denn dann hätte es keine solchen Knappheiten am physischen Markt geben dürfen.

Der Grund, weshalb Gold nicht stieg, lag an starken Interventionen. Hierbei wurden zuerst am »Papiermarkt« Verkäufe getätigt. Nur wenn die Gegenpartei dann auf Lieferung bestand, musste das Gold dabei auch geliefert werden. Einzig Zentralbankangebot kann unter den genannten Umständen das scheinbare Mysterium erklären, wieso Gold am Markt physisch fehlte, der Preis am Spotmarkt (der letztlich einer mit zeitnaher Lieferung ist) aber fiel. Erstmals seit 2001 kam dabei anscheinend auch wieder zusätzliches Gold durch Verleihungen auf den Markt, vermutlich mehrere hundert Tonnen. Außerdem wurden massive Terminmarktverkäufe getätigt, was sich in der hohen Anzahl der schockartigen Rückgänge zeigte. Der diesbezügliche Aufwand muss enorm gewesen sein. Durch Schocks und Preisrückgänge anderer Art sollten Käufer und Interessenten abgeschreckt werden. Der Krisenanzeiger Gold sollte während der kritischen Finanzmarktkrise kein negatives Signal aussenden. Insbesondere sollte er nicht über die wichtige runde Zahl von 1000 US-Dollar pro Feinunze steigen.

Gold fiel also in der Finanzmarktkrise wie im Mittel der kleineren Krisen, die eingangs im Kapitel »Das eigenartige Verhalten von Gold in Krisen« statistisch untersucht worden waren. Doch wie verhielt es sich in der Eurokrise? Bevor wir das untersuchen, wollen wir deren Verlauf und ihre Gründe näher betrachten. Die Eurokrise folgte bereits ab Ende 2009 auf die Finanzmarktkrise. Weltweit hatte sich durch die Maßnahmen zur Rettung der Privatwirtschaft im Zuge der Eurokrise die bereits hohe Staatsverschuldung weiter erhöht. Nun bekamen erste Staaten Probleme, sich zu refinanzieren. Staatsbankrotte und eine Krise der Weltwirtschaft drohten. Doch wieso betraf es mit Staaten wie

Griechenland oder Spanien solche aus dem Euro-Raum? Schließlich lag die Verschuldung in Japan viel höher, und in den USA und Großbritannien übertrafen die laufenden Defizite die der Euro-Staaten. In Europa kursieren viele Theorien, dass es eine konzertierte Aktion gegen den Euro geben würde ähnlich etwa dem »Angriff« auf das Britische Pfund im Zuge der EWS-Krise 1992. Wir wollen uns aber auf die Geschichte des Euro und auf seine strukturellen Schwächen konzentrieren.

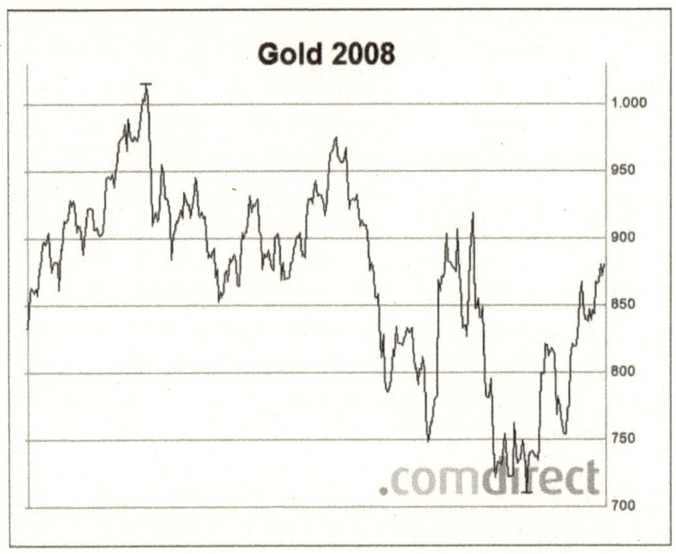

Quelle: Comdirect Bank

Abb. 54: Gold 2008

In den Jahrzehnten nach dem Zweiten Weltkrieg hatte sich die Bundesbank als eine Zentralbank etabliert, die stärker als andere einem stabilen Geldwert verpflichtet war und sich weniger nach den Vorgaben aus der Politik richtete. Dies war nicht nur deutschen Politikern ein Dorn im Auge, sondern auch ausländischen, insbesondere französischen. Denn diese Politiker konnten nun ihrerseits nicht nach Belieben ihre Zentralbank auffordern, die »Druckerpresse« anzuwerfen, um etwa die Wirtschaft anzukurbeln oder den Staatshaushalt zu finanzieren. Eine solche Aktion hätte nämlich die eigene Währung relativ zur Deutschen Mark geschwächt, was noch weniger gewünscht war. Dadurch konnte die Deutsche Bundesbank der französischen Politik Grenzen auferlegen. Diese Begrenzung wollten die französischen Eliten nicht, auch wenn der Einfluss der Bundesbank indirekt natürlich auch den Geldwert des Französischen Francs positiv beeinflusste. Aus diesen Gründen sollte die Deutsche Mark in eine Europäische Währung übergehen, die sich zwar konzeptionell an der Deutschen Mark orientierte, in deren Zentralbank-Gremien aber letztlich Länder, die eine weichere Geldpolitik verfolgen, die Mehrheit haben würden. Die deutsche Wiedervereinigung 1990 war dann der Katalysator, der die europäische Währungsunion und damit den Euro auf den Weg brachte. Zum einen übte die französische Seite Druck aus, die deutsche Einigung verhindern zu wollen, wenn der Euro nicht käme.[82] Allerdings wäre dieser Druck wohl unwirksam verpufft, hätte sich ihm die deutsche Seite verweigert, denn Amerikaner, Russen und wohl auch Briten stimmten der Einigung ohne diese Bedingung zu. Was war es dann, was die deutsche Seite bewog, nachzugeben? Zum einen dürfte der Wunsch, keine größere Dissonanz mit den Franzosen aufkommen zu lassen, eine Rolle gespielt haben. Die Gesamtumstände und ein späteres Zitat des damaligen deutschen Kanzlers Kohl zur Einführung des Euro legen aber noch ein weiteres Motiv nahe: »Der Weg der Einigung unseres Kontinents ist damit unumkehrbar geworden.«[83] Anscheinend wollte Kohl, als er die deutsche Einheit umsetzte, auch gleich die europäische Einigung vorantreiben. Nach dem Schrecken des Zweiten Weltkriegs sollte ein geeintes Europa Kriege unmöglich machen. Die Idee, den Frieden durch eine Währungsunion auf Dauer zu sichern, hat sich allerdings in ihr Gegenteil verkehrt; der Euro hat mit den ökonomischen Differenzen auch die politischen zwischen den Staaten verschärft. Nicht unerwähnt sollte außerdem die Vorstellung einiger europäischer Politiker bleiben, dass der Euro im Wettbewerb mit dem US-Dollar besser bestehen könnte als die einzelnen Währungen.

Der Euro ist also mehr ein politisches denn ein ökonomisches Projekt – doch wenn sich Politiker über die ökonomischen Gesetze erheben, geht es selten

[82] Eine detaillierte Beschreibung dazu findet sich in Bagus, Philipp: »The Tragedy of the Euro«, 2010, http://mises.org/books/bagus_tragedy_of_euro.pdf, S. 51ff.

[83] Kohl, Helmut: »Wir haben das für die Zukunft Notwendige getan«, Frankfurter Allgemeine Zeitung, 31.12.2001, S. 14, www.seiten.faz-archiv.de/faz/20011231/fd3200112311234709.html.

gut. Ökonomisch handelte es sich bei der Währungsunion um die Anbindung von Schwachwährungen an Hartwährungen. Es spielt bei der ökonomischen Wirkung nämlich keine Rolle, ob diese Anbindung lediglich über eine Kursfixierung sattfindet oder über eine einheitliche Währung. Dementsprechend waren auch die Folgen der Währungsunion ähnlich wie bei anderen Anbindungen, etwa der asiatischen Währungen an den US-Dollar vor der Asienkrise: Es bildeten sich in den Gebieten der früheren Schwachwährungsländer kreditgetriebene Blasen. In diesen Ländern waren plötzlich günstige Darlehen erhältlich, mit denen im Ausland eingekauft werden konnte. Dementsprechend bildeten sich enorme Blasen im Privatsektor (etwa am spanischen Immobilienmarkt), oder der öffentliche Sektor expandierte weit überproportional (etwa in Griechenland). Dabei handelt es sich um Fehlinvestitionen hohen Ausmaßes, die real verloren sind (eben weil Immobilien gebaut beziehungsweise zusätzliche Beamte eingestellt wurden, anstatt dass Fabriken gebaut oder Gewerbebetriebe geschaffen wurden). Mit diesen nicht von Produktivitätssteigerungen begleiteten Fehlinvestitionen ging eine hohe Zunahme der Verschuldung einher. Dabei drohte die Verschuldung des Privatsektors auch die Staaten zu betreffen, da diese für die Schulden aufkamen, um eine Krise der Wirtschaft zu vermeiden.

Als wäre die Tragödie nicht bereits groß genug, verbaute die Einheitswährung den schnellen Weg aus der Problemlage: die Abwertung. Eine Währungsabwertung führt dazu, dass die Löhne wettbewerbsfähig werden, dass der Staatssektor relativ zum Ausland kleiner wird und die Ersparnisse ebenfalls, und dass unproduktive Kreditaufnahme und weitere Fehlinvestitionen gestoppt werden. Sie war unmöglich, und ein Austritt aus der Währungsunion, der ihr entsprochen hätte, war weder vorbereitet noch politisch gewollt. Das Misstrauen der Anleger in die Leistungsfähigkeit der betreffenden Staaten, ihre Schulden bedienen zu können, konnte zwar zu keinem Druck auf die Währung führen, dafür aber zu einem Druck auf die von diesen Staaten emittierten Anleihen. Erschwerend kam hinzu, dass es keinerlei Vorbereitungen gab, wie mit einer solchen Situation umgegangen werden sollte. Aus diesen Gründen wurden die früheren Schwachwährungsländer des Euro-Raumes die ersten Staaten, die nach der Finanzmarktkrise konkret vom Staatsbankrott bedroht waren.

Erschwerend kam hinzu, dass monetäre Maßnahmen zur Konkursverhinderung und Wirtschaftsankurbelung aufgrund der Währungsunion problembeladener sind. Solche Maßnahmen sind zwar sehr kritisch zu sehen (so drohen sie die Währung zu zerrütten), aber in den USA etwa halfen Anleihenkäufe der Notenbank, die Renditen der Staatsanleihen niedrig zu halten. In einem Währungssystem von Nationalstaaten ist die Situation ungleich komplizierter. Denn ökonomisch gesehen ist für einen Staat wie Griechenland der Euro überwiegend eine Fremdwährung. Solange Griechenland nämlich eine eigene Währung hatte, wurde es im Falle zu lockerer Geldpolitik automatisch durch Inflation und Währungsabwertung abgestraft. Dieser intrinsische Mechanismus wurde durch die Währungsunion abgeschafft. Wenn sich Griechenland jetzt verschuldet oder »Geld druckt«, wirken die negativen Effekte wie Inflation ganz überwiegend in anderen Ländern! Die Währungsunion hat also jeden natürlichen Anreiz, gut zu haushalten und sich solide zu finanzieren, gerade für kleine Länder abgeschafft. Im Prinzip setzt sie Anreize für Nationen, sich auf Kosten anderer Nationen zu finanzieren. Deswegen musste ein korrespondierendes Regelwerk geschaffen werden, um das Fehlen dieses natürlichen Mechanismus auszugleichen. Diese Regeln waren aber ungenügend oder wurden im Krisenfall einfach ignoriert. Dazu zählte die No-Bail-out-Klausel zur Verhinderung der Finanzierung eines Staates durch andere. Denn ohne die Stützung einzelner Staaten drohte eine Kettenreaktion, die Pleite eines Staates nach dem anderen. Die Hilfen für einzelne Staaten bedeuteten aber wiederum, dass die Begrenzungen außer Kraft gesetzt wurden, sich auf Kosten anderer zu finanzieren. Neue Regeln mussten geschaffen werden, um beides zu erreichen, die »Rettung« von Staaten und gleichzeitig die Verhinderung künftiger Exzesse. Im Prinzip wendeten die Politiker Europas während der Eurokrise einen großen Teil ihrer Energie alleine darauf, diesen durch die Währungsunion künstlich geschaffenen Gegensatz zwischen Vermeidung von Staatsbankrotten und Fehlanreiz, sich auf künftig wieder auf Kosten anderer zu finanzieren, zu lösen (ohne dass sich eine dauerhaft tragfähige Lösung abzeichnete). Interessanterweise führte die Gesamtlage aber dazu, dass die europäischen Staaten ihre Defizite deutlich stärker reduzierten im Unterschied etwa zur USA. Die europäischen Politiker taten dies allerdings nicht aus Einsicht, sondern weil die Marktteilnehmer sie dazu zwangen, indem sie die hoch verschuldeten Staaten nicht mehr finanzieren wollten (dafür wurden sie, also letztlich die konservativen Sparer, die in Staatsanleihen investierten, von den Politikern als Spekulanten verunglimpft).[84]

Die Eurokrise war deflationärer Natur wie die Finanzmarktkrise zuvor. Diesmal stand sogar der Konkurs von Staaten, den vorherigen »Rettern« der Banken in Finanzmarktkrisen, im Raum. Es drohte eine Kettenreaktion, die auf andere Staaten und das ganze Finanzsystem übergreifen konnte. Die Anleger fürchteten deshalb erneut um ihre Ersparnisse, und es wurde erneut viel Gold gekauft. Es gab jedoch auch Unterschiede zur Finanzmarktkrise. Die Eurokrise entwickelte sich nicht schlagartig mit einem überraschenden Konkurs, sondern zog sich über viele Monate hin. Außerdem gab es in der Eurokrise aufgrund der Erfahrungen der Finanzmarktkrise den politischen Konsens, zu hohe Risiken für die Weltwirtschaft zu vermeiden. Aus diesen Gründen dauerte die Eurokrise länger, war aber weniger schwer (gemessen an der Weltwirtschaftsleistung oder an den Aktienkursen). Dementsprechend unterschied sich auch die Kursentwicklung des Goldpreises. Wie die durchschnittlichen Intraday-Verläufe (siehe Anhang 1) signalisieren, gab es in den Jahren 2009 bis 2011 manipulative Eingriffe in den Kursverlauf. Sie führten den Goldpreis aber nicht dauerhaft zurück, der während dieser Jahre stetig steigen konnte. Anscheinend waren die Interventionen über weite Strecken weniger intensiv als die allerdings sehr starken während der Finanzmarktkrise. Eine Besonderheit stellt der Höhepunkt der Krise im August und September 2011 dar. Der nachfolgende Chart zeigt den Goldpreis im Jahre 2011 und verdeutlicht die Lage.

Die Krise verschärfte sich im August und September deutlich, was zu einem beschleunigten Anstieg des Goldpreises (und zu einem heftigen Rückgang am Aktienmarkt) führte. Dabei schickte er sich zweimal an, auszubrechen und

[84] Der Aufbau dieses Feindbildes wurde unter anderem vom französischen Präsidenten Sarkozy, der deutschen Kanzlerin Merkel und dem Euro-Gruppenchef Juncker gepflegt. Diese Ablenkung von politischen Fehlern ist nicht neu, so schimpfte auch US-Präsident Nixon 1971 auf die Spekulanten, als er das Defizit nicht in den Griff bekam und die Goldbindung aufgeben musste. Solche Ablenkungsmanöver verfangen in Teilen der Bevölkerung immer noch relativ gut, da ökonomische Zusammenhänge oft noch nicht hinreichend verstanden werden. Im Bereich der Naturgesetze hingegen käme heute wohl niemand mehr auf die Idee, für eine einstürzende Brücke anstelle der Bauherren etwa die Juden verantwortlich zu machen.

die Marke von 2000 anzuvisieren. Beide Male wurde er jäh gestoppt, was mit Kursrückgängen von 6,5 beziehungsweise 8,5 Prozent binnen weniger als zwei Tagen einherging. Der zweite Rückgang vom 6. September wurde von einem Kursschock im dünnen Handel um 4 Uhr früh New Yorker Zeit begleitet. Inmitten der Eurokrise drehte der sich beschleunigende Goldpreis schlagartig! Anscheinend sollte er zuverlässig unterhalb der Marke von 2000 Dollar je Feinunze bleiben, wo er dann womöglich eine Eigendynamik entwickelt hätte. Das wiederum hätten Marktbeobachter als Zeichen werten können, dass die Eurokrise kaum noch unter Kontrolle zu bekommen ist. Bemerkenswert ist auch die Bewegung des Goldpreises ab der zweiten Septemberhälfte. Während der Goldpreis Anfang August im Zuge der Verschärfung der Krise noch über einige Tage schnell gestiegen war, fiel er nunmehr einige Tage, als sie erneut tobte und außer Kontrolle zu geraten drohte. Hier wurde anscheinend gründlich gehandelt, um die Situation in den Griff zu kriegen. Insgesamt gab es während der Eurokrise wie bei der Finanzmarktkrise Interventionen, wobei der Einfluss auf den Goldpreis insgesamt geringer war.

Quelle: Comdirect Bank

Abb. 55: Gold 2011

25. Fester Dollar und schwache Minen

Wir wollen uns nun zwei Märkten zuwenden, die im Zusammenhang mit den Goldinterventionen stehen. Bei den Goldinterventionen im Finanzkrisenjahr 2008 und während der Eurokrise 2011 war eindeutig die Krisenbekämpfung die Hauptmotivation. Zu anderen Zeiten waren es jedoch Inflationsbekämpfung oder Dollarstützung. Die Dollarstützung verdient eine weitere Untersuchung. Seit Mitte der Neunziger haben Politiker in den USA – Finanzstaatssekretäre, Finanzminister und sogar Präsidenten – immer wieder betont, sie verfolgten eine »Strong Dollar Policy«, eine Politik des festen Dollars. Da sie nie erläutert haben, worin der konkrete Inhalt der »Strong Dollar Policy« besteht, war vermutet worden, dies könne nur die Golddrückung sein (etwa vonseiten der Gata, die sich gegen Goldinterventionen organisiert hat). Wir wollen schauen, ob etwas Wahres an der These ist, Inhalt der »Strong Dollar Policy« seien die Goldinterventionen zur indirekten Stützung des Dollars.

Worum geht es? Um ihr Leistungsbilanz- und Haushaltsdefizit zu finanzieren, benötigen die USA Mittelzuflüsse aus dem Ausland. Wäre der Dollar schwach, würde sich beispielsweise die Bereitschaft anderer Zentralbanken mindern, in amerikanische Staatspapiere zu investieren. Damit finanzieren sie aber Leistungsbilanz- und Haushaltsdefizit zu günstigeren Konditionen, als es den Amerikanern sonst möglich wäre. Hinzu kommt, dass das ganze heutige Geldsystem um den Dollar als Hauptreservewährung aufgebaut ist und ein schwacher Dollar insgesamt einen Vertrauensverlust darstellt. Amerika könnte sich auch anders entscheiden, nämlich für einen schwachen Dollar, um die eigene Exportindustrie zu stärken. Damit hat die »Strong Dollar Policy« aber bereits einen konkreten Inhalt, nämlich die Absichtserklärung, diesen Weg nicht einzuschlagen. Die amerikanische Politik legt sich nach außen hin fest und macht Investitionen berechenbarer, da keine Abwertungspolitik befürchtet wird. Dies ist aber nicht alles.

Der Beginn der »Strong Dollar Policy« wird oft auf 1995 datiert, als der damalige Finanzminister Rubin begann, beinahe monatlich einen festen Dollar zu propagieren. Jedoch ist die erste allgemeine Feststellung eines Politikers aus dieser Zeit, dass ein fester Dollar im Interesse der USA sei, früher anzusiedeln. Sie kam vom damaligen Unterstaatssekretär Larry Summers im August 1993.[85] Dies ist aber auch der Monat, in dem die systematischen Goldpreisinterventionen begannen. Ob Zufall oder nicht, ein Zusammenhang besteht natürlich. Schließlich war die Stützung des Dollars ein Motiv für die Goldpreisinterventionen. Summers erklärte (wie bereits erwähnt) zudem bereits wenige Monate zuvor im April konkret öffentlich die Bereitschaft der USA, im Devisenmarkt zu intervenieren (was dann ausweislich der Fed-Protokolle und ihrer Anhänge auch geschah). Die Goldinterventionen begannen also im gleichen Umfeld der unerwünschten Dollarschwäche wie die ersten frühen Formulierungen einer »Strong Dollar Policy« und eines ihrer Motive war, den Dollar zu stützen. Parallel dazu fanden Deviseninterventionen statt und man begann, den Dollar starkzureden. Die Akteure waren weitgehend dieselben, Summers etwa war beruflich mit Interventionen betraut und machte öffentliche Statements. Goldinterventionen sind somit Teil dessen, was »Strong Dollar Policy« bedeutet, möglicherweise sind sie deren wichtigster Teil.

Der letzte Inhalt der »Strong Dollar Policy« ist ein bloßes »Stark-Reden« des Dollars. In den Fed-Meetings wurde genau diskutiert, wie welche Worte wirken, aber beispielsweise auch, wie sie auf Devisenkurse einwirken. Im Schatzamt wird es nicht anders gewesen sein. Und letztlich ist die mantraartige Wiederholung der »Strong Dollar Policy« das, was am meisten in der Öffentlichkeit wahrgenommen wurde. Es mag auch etwas gewirkt haben. Insgesamt bestand die »Strong Dollar Policy« somit aus der Absichtserklärung, keinen Abwertungswettlauf zu wollen, aus dem »Stark-Reden« zur Marktbeeinflussung sowie aus Interventionen an den Devisenmärkten und eben am Goldmarkt. Sie war nicht nur ein Name, sie war nicht nur ein Bluff, sondern hatte konkrete, mehr oder minder bedeutsame Inhalte. Die »Strong Dollar Po-

[85] DeLong, Bradford; Eichengreen, Barry: »Between Meltdown and Moral Hazard: The International Monetary and Financial Policies of the Clinton Administration«, 2001 NBER Working Paper 8443, S. 13, dort Fußnote 21, http://emlab.berkeley.edu/users/eichengr/research/clintonfinancialpolicies9.pdf.

licy« hat insbesondere auch etwas mit Goldinterventionen zu tun; die Goldinterventionen sind aber nur ein Punkt von mehreren und verfolgen zugleich weitere Ziele.

Ein Markt, der direkt mit dem Goldpreis verknüpft ist, ist der der Goldminen. Ein statistischer Nachweis systematischer Interventionen bei Minen ist bisher nicht bekannt. Marktteilnehmer berichten aber öfters, Minen wiesen mitunter einen Vorlauf gegenüber dem Goldpreis auf. Die Abbildung zeigt den Verlauf des Goldpreises und den des Minenaktienindex HUI an den beiden Tagen 3.12. und 4.12.2012. Man kann deutlich sehen, dass die Minen am Montag, den 3.12., mit -2,3 Prozent sehr schwach waren. Gold hingegen stieg leicht (aus Gründen der Vergleichbarkeit jeweils gemessen auf Basis der Schlusszeitpunkte des Aktienmarktes). Ganz anders war die Situation am darauffolgenden Dienstag, als Gold mit -1 Prozent stark unter Druck kam, wobei es auch zu zwei wasserfallartigen Rückgängen kam – anscheinend Markteingriffe. Gerade an dem Tag stiegen die Minen aber um 0,3 Prozent! Die Minen haben den Kursrückgang des Goldes also um einen Tag vorweggenommen. Offenkundige Gründe für diese »Vorahnung« der Minenbesitzer sind nicht erkennbar, auch ein Einfluss des Aktienmarktes scheidet als Ursache aus (er fiel mit -0,5 und -0,2 Prozent an beiden Tagen leicht). Solche Vorläufe der Minen finden sich auch in anderem Ausmaße (stärker etwa am 14.11.2012) oder in anderen Zeitfenstern (intraday etwa am 4.8.2011, als die Minenkurse über eine Stunde früher zu stürzen anfingen, bevor Gold folgte). Wegen der Vielzahl der Parameter wollen wir hier auf eine statistische Untersuchung verzichten und uns auf die Einzelbeispiele beschränken.[86]

Ein möglicher Hintergrund von solchen Vorläufen der Minen im Kontext der Goldpreisbeeinflussung könnte in Insider- oder Begleitgeschäften liegen. Die Akteure können sich leicht entsprechend positionieren, um zusätzliche Gewinne durch Frontrunning zu erzielen. Dafür bieten sich wegen der

[86] Eine hohe Parameterzahl wirkt sich ungünstig auf die Signifikanz und damit Aussagekraft einer statistischen Analyse aus. Der Kursverlauf von Minen ist eng mit dem des Aktienmarktes korreliert (da Minen Aktien sind) und zugleich mit dem des Goldes (da der Ertrag von Minen vom Goldpreis abhängt). Es sind also die Kursbewegungen dreier Werte in Verbindung zu setzen. Da auch der Vorlauf nicht statisch ist, ist auch er als Variable aufzufassen.

Korrelation zu Gold die Minen an, was den Vorlauf erklären würde. Im Parallelmarkt lassen sich Zusatzgewinne erzielen, die in Gold allein so nicht erzielbar wären (da bei Minen der Kursrückgang durch einen exogenen Einfluss erfolgt).

Abb. 56: Goldminen und Gold 3.12.–4.12.2012

Wie es im Einzelfall auch sein mag: Nach menschlichem Ermessen ist es unwahrscheinlich, dass jahrelang im Goldmarkt eingegriffen wird, ohne dass einzelne Personen und Institutionen der Versuchung erlegen sind, daraus persönlichen Profit zu schlagen. Dies ist ein prinzipieller Nachteil von Kurseingriffen, der natürlich insbesondere dann von Bedeutung ist, wenn Privatinstitute die Eingriffe vornehmen. Diese befinden sich, vorsichtig formuliert, sowieso am Rande der Legalität, was die Hemmschwellen reduzieren dürfte, ein solches Insider-Frontrunning zu betreiben. Aber auch die Zentralbanken selbst sind nicht über alle Zweifel erhaben. Schließlich gab es auch in anderen Fällen Auffälligkeiten im Vorfeld von Zentralbankmaßnahmen, etwa der Vorlauf des Goldpreises beim Washington Agreement on Gold 1999 oder das Devisengeschäft der Ehefrau des Präsidenten der Schweizerischen Nationalbank im Vorfeld der Anhebung des Wechselkurses 2011.[87] Zu den direkten Geschäften im Umfeld einer Einzelintervention kommt der Vorteil des grundsätzlichen Wissens hinzu, das ebenfalls genutzt werden kann. Wer immer in den Neunzigern wusste, dass der Goldpreis nicht steigen würde, dürfte kaum Gold gekauft (beziehungsweise mehr Gold geliehen) haben.

Praktisch alle Gewinne, die durch Kurseingriffe entstehen, bewirken bei anderen Parteien Verluste. Insbesondere andere Anleger werden um einen Teil ihrer Ersparnisse gebracht. Bei Kurseingriffen von Privatinstituten kommt erschwerend hinzu, dass die Gewinne bei diesen verbleiben und im Unterschied zu Interventionen von Zentralbanken nicht der Allgemeinheit zu Gute kommen. Dabei spielt es keine Rolle, ob sie mit wohlwollender Billigung von staatlichen Stellen agieren, da auch dann die Gewinne bei den Privatinstituten verbleiben. Zu den vielen Nebenwirkungen der langfristigen Goldinterventionen gehören eben auch ökonomisch, moralisch und wohl auch rechtlich nicht gerechtfertigte Vermögensvorteile der Akteure bei gleichzeitiger Vermögensschädigung Unbeteiligter.

[87] Sie war am 15.8.2011 eine Devisenposition eingegangen. Wenig später gab die Nationalbank unter Führung ihres Mannes bekannt, im Devisenmarkt intervenieren zu wollen.

26. Interventionen im Silbermarkt

Wenn man sich mit den Interventionen am Goldmarkt befasst, stellt sich die Frage nach der Situation beim »kleinen Bruder« Silber. Insbesondere interessiert, ob es eigenständige Kursmanipulationen beim Silber gibt, also ob gezielt Silber gedrückt wird oder ob es nur parallele Rückgänge gibt aufgrund der hohen Korrelation von Gold und Silber. Zum besseren Verständnis betrachten wir zuerst Unterschiede und Gemeinsamkeiten der beiden Metalle. Silber ist ähnlich wie Gold ein Wertaufbewahrungsmittel. Allerdings ist es im höheren Masse auch Verbrauchsgut. Außerdem sind die oberirdisch gelagerten Bestände in Relation zu den Förder- und Verbrauchsmengen deutlich geringer. Die Bedeutung als Wertaufbewahrungsmittel ist bei Silber also geringer ausgeprägt als bei Gold. Dennoch kann es aus Sicht einer Zentralbank Sinn ergeben, den Silberpreis am Anstieg zu hindern. Dadurch würde ähnlich wie bei Gold zusätzliche Anlagenachfrage abgeschreckt. Es würde also verhindert, dass es wieder stärker als Wertaufbewahrungsmittel genutzt wird. Das wäre bei Silber sogar problematischer als bei Gold, denn das Marktvolumen ist viel zu klein, um diese Rolle sinnvoll ausfüllen zu können. Das geringe Marktvolumen spielt noch eine andere Rolle. Es würde großen Marktteilnehmern erleichtern, den Markt spekulativ in die Höhe zu treiben. Damit umzugehen wäre aber wie bei anderen Rohstoffen Aufgabe der Aufsichtsbehörden und gegebenenfalls der Politik und nicht der Zentralbank oder gar privater Finanzinstitutionen. Für solche privaten Finanzinstitutionen als Manipulatoren sieht die Lage ebenfalls ähnlich wie bei Gold aus, sie könnten versuchen, durch Kursdrückungen Gewinne zu erzielen. Im Unterschied zu Gold sind zudem bei Silber keine Zitate von Zentralbankern bekannt geworden, dass sie etwa einen niedrigeren Preis wünschten oder dass sie an Interventionen dächten. Außerdem kann die Leihe bei der Silbermanipulation keine große Rolle spielen, da die offiziellen Lagerbestände bei den Zentralbanken viel geringer sind als bei Gold.

Diese und weitere Faktoren sorgen dafür, dass die Beweislage bei Silber deutlich schwieriger als bei Gold ist. Trotzdem, und obwohl es sich um einen viel kleineren Markt handelt und obwohl Silber als monetäres Instrument heutzutage unbedeutender ist, scheint die Silbermanipulation mehr öffentliche Aufmerksamkeit als die Goldmanipulation zu erregen (was man etwa an der Anzahl Suchergebnisse bei der Internet-Suchmaschine Google erkennt, oder daran, dass die US-Börsenaufsicht CFTC sich mit dem Thema befasst). Einer der Hauptvertreter der Silbermanipulationsthese ist Theodore Butler. Bei ihm steht die Konzentration bei den Commercials auf der Short-Seite am Terminmarkt im Zentrum seiner Betrachtungen.[88] Wenige kommerzielle Teilnehmer, insbesondere die US-Großbank JP Morgan, hielten einen hohen Anteil an der Verkaufsposition. Dies ergebe nur bei einer systematischen Kursdrückung zur Gewinnerzielung Sinn, wobei sie durch die US-Regierung gedeckt seien. Zwar ist das Ausmaß der Konzentration in der Tat extrem. Sie ist höher als bei Gold und dem nachfolgenden Platin. Allerdings fällt es schwer, andere Gründe dafür auszuschließen (insbesondere, solange man auch keine Gründe für die unterschiedlich hohen Konzentrationen bei anderen, mutmaßlich nicht dauerhaft manipulierten Märkten benennen kann). Vor allem aber kann man im Ablauf keine klar unterscheidbare Phasen feststellen, wie es etwa bei Gold der Fall ist.[89] Die Hinweise auf Manipulationen lassen sich so nicht verdichten. Das gilt auch für manch andere Versuche, die Silbermanipulation statistisch zu beweisen.[90] Nichtsdestoweniger spricht vieles für eine eigenständige Silbermanipulation. Insbesondere lassen sich immer wieder schockartige Kursrückgänge unabhängig von Gold beobachten. Um dies auch statistisch zu untersuchen, wollen wir die Kurse von vielen Tagen in einem Chart als durchschnittlichen Verlauf zusammenfassen, wie wir es bei Gold getan haben. Der nachfolgende Chart zeigt den

88 Butler, Theodore: »A Manipulation Timeline«, November 26, 2012, www.silverseek.com/commentary/manipulation-timeline-7831

89 Siehe noch folgendes Kapitel »Das Mysterium des 18. Mai 2001, 12.31 Uhr«.

90 Einen interessanten Ansatz verfolgte Adrian Douglas. Er untersuchte die Korrelation von Silber und Gold und folgerte, die hohen Werte könnten nur an Manipulationen liegen, da die beiden Metalle fundamental zu unterschiedlich seien. Das Ergebnis lässt sich allerdings nicht bestätigen, wenn man methodisch richtig anstelle der Korrelation der Preise die der Erträge misst. Douglas, Adrian: «More Forensic Evidence of Gold & Silver Price Manipulation", September 21, 2010, http://marketforceanalysis.com/article/latest_article092110.html.

durchschnittlichen Intraday-Verlauf des Silbers ab August 1998, ab dem Intraday-Kurse vorliegen.[91]

Abb. 57: Durchschnittlicher Intraday-Verlauf des Silbers 8/1998-12/2012

Deutlich sichtbar ist, dass es zum Zeitpunkt des Silberfixings in London – gegen 7 Uhr früh an der US-Ostküste – gehäuft scharfe Kursrückgänge gab. Diese Kursrückgänge gibt es nicht bei Gold (siehe vor allem Abbildung 17)! Wie bei Gold dürfte auch bei Silber der Hintergrund dieser Häufung die Bedeutung des Londoner Fixings als Referenzkurs sein. Einen weiteren scharfen Rückgang erkennt man um 10 Uhr New Yorker Zeit. Grund dafür ist die enge Korrelation von Silber mit Gold (denn um diese Zeit ist das Nachmittagsfixing bei Gold, bei dem gehäuft der Goldpreis gedrückt wird). Insgesamt erkennt man also deutliche Unterschiede zur Situation bei Gold. Insbesonde-

91 Disk Trading, Iavor Kindekov, http://disktrading.is99.com/disktrading. Intraday-Kurse, die weiter zurück reichen, sind kostspielig, weshalb bei Silber auf eine Untersuchung dieser Zeiten verzichtet wurde. Die Original-Studie einschließlich eines durchschnittlichen Gold-Intraday-Charts über den identischen Vergleichszeitraum findet sich in Speck, Dimitri: »Price Irregularities In The Silver Market«, November 9, 2011, www.gold-eagle.com/editorials_08/speck110911.html.

re kann der Hauptrückgang des Silbers um 7 Uhr New Yorker Zeit nicht mit Gold in Verbindung gebracht werden. Dieser Rückgang kann im Unterschied zu dem um 10 Uhr New Yorker Zeit nicht der hohen Korrelation zu Gold geschuldet sein. Insgesamt zeigt der durchschnittliche Intraday-Chart bei Silber durch seinen Unterschied zu Gold, dass es eigenständige, von Gold unabhängige Kurseingriffe im Silbermarkt gibt.

Mangels weiterer Informationen (wie etwa Hinweisen in FED-Protokollen) soll hier eine weitergehende Interpretation der Situation bei Silber ausbleiben. Silber bietet aber noch eine weitere Besonderheit im Vergleich zu Gold. Es gab nämlich in der jüngeren Vergangenheit eine Phase, in der die Silberinterventionen anscheinend deutlich reduziert oder eingestellt wurden. Dies wird sowohl im Anstieg des Silberpreises als auch im durchschnittlichen Intraday-Chart sichtbar. Der nachfolgende Chart zeigt erst einmal den Kursverlauf des Silberpreises, und zwar von 2010 bis 2012.

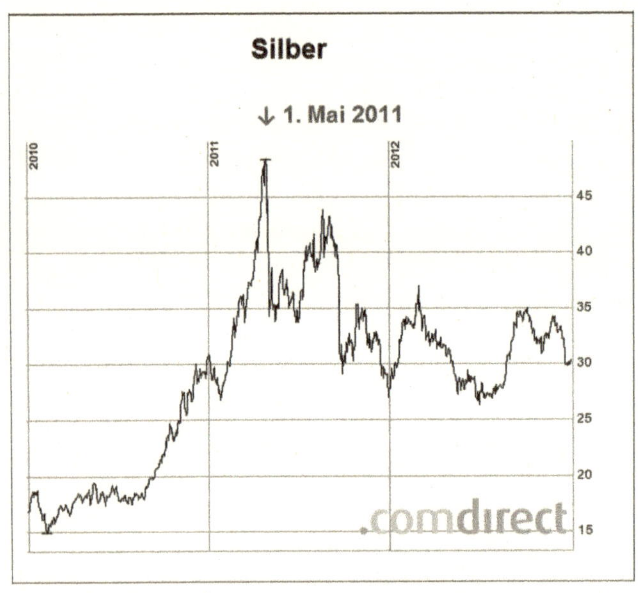

Quelle: Comdirect Bank

Abb. 58: Silberpreis 2010-2012, in US-Dollar je Unze (31,1 g)

Wir können zwei Phasen unterscheiden. Zuerst stieg Silber hausseartig bis zum 1. Mai 2011, dann fiel es sukzessive, wobei es zu zwei scharfen Rückgängen kam. Die Anstiegsphase ist nun bemerkenswert, denn es gibt Hinweise, dass die Interventionen eingestellt wurden: Im September 2010 kündigte JP Morgan an, dass sie eine Handelsabteilung schließen würden. Von der entsprechenden Handelsabteilung bei JP Morgan wiederum nahmen Marktbeobachter an, dass sie verantwortlich sei für die Silbermanipulationen. Dementsprechend vermutete die National Inflation Association am 9. September 2010, also noch am Beginn des Bullenmarktes, dass die Silbermanipulation bald vorbei sein könnte.[92] Die Prognose scheint eingetroffen zu sein, zumindest stieg der Silberpreis in den kommenden Monaten um mehr als das Doppelte. Wir wollen nun auch überprüfen, ob sich im durchschnittlichen Intraday-Chart ein Rückgang der Kurseingriffe während des Bullenmarktes bemerkbar macht. Die folgende Abbildung zeigt dazu den durchschnittlichen Intraday-Verlauf des Silbers über die 15 Monate bis zum 1. Mai, während derer der Anstieg stattfand.

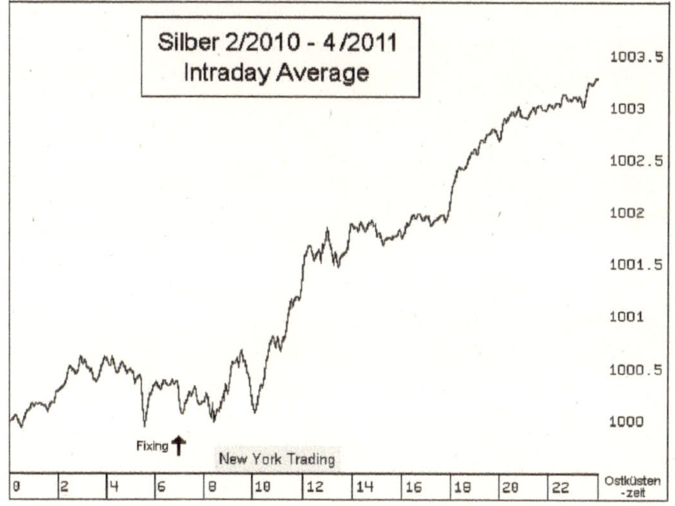

Abb. 59: Durchschnittlicher Intraday-Verlauf des Silbers 2/2010-4/2011

92 National Inflation Association: »Is JP Morgan's Silver Manipulation Over?«, September 9, 2010, www.inflation.us/jpmorgansilver.html.

Man sieht gleich einen relativ unauffälligen Verlauf. Insbesondere lassen sich keine gehäuften Schocks zum Silberfixing nachweisen. Diese Methode findet also kaum Hinweise auf Kursinterventionen in der betreffenden Zeit. Anscheinend waren sie eingestellt oder reduziert worden. Doch wie ging es weiter? Am 1. Mai kehrte der Trend schlagartig um und der Bullenmarkt war beendet. Sehen wir uns zuerst diesen Tag genauer an. Der 1. Mai war ein Sonntag, der elektronische Handel startet wegen der Zeitverschiebungen aber bereits jetzt. Wir sprechen also vom ersten Handel nach dem Wochenende mit nur sehr geringer Teilnahme von amerikanischen und europäischen Händlern. In der ersten knappen halben Stunde nach Eröffnung um 18.00 Uhr New Yorker Zeit bewegte sich der Markt kaum. Der Handel war wie üblich zu dieser frühen Stunde des asiatischen Handels noch ruhig. Dann aber, um 18.25 Uhr, begann ohne weiteren Anlass ein Kurssturz, bei dem Silber binnen elf Minuten fast sechs US-Dollar oder zwölf Prozent verlor. Es handelte sich um einen der schärfsten bekannten Kursrückgänge bei Silber. Es gab dafür auch keinen Anlass in Form einer Nachricht, denn anscheinend hatten die Marktteilnehmer kein Ereignis des Wochenendes als relevant für den Silberpreis erachtet (Silber hätte dann unmittelbar nach Eröffnung begonnen zu fallen).[93] Sollten die Kurseingriffe wieder eingesetzt haben? Wir betrachten dazu die 15 Monate nach dem 1. Mai im durchschnittlichen Intraday-Verlauf.

Deutlich kann man sehen, dass zum Silberfixing wieder gehäuft Schocks auftreten. Anscheinend wurden die Interventionen wieder aufgenommen. Der Anstieg zuvor war wohl zu schnell gelaufen. Während der Aufwärtsbewegung hatte es keine statistische Auffälligkeit zum Fixing gegeben, bei der Abwärtsbewegung hingegen schon. Der Zusammenhang ist überaus klar, einige Zeit gab es keine oder kaum Interventionen und der Kurs stieg, und dann gab es wieder welche und der Kurs fiel. Und beide Male wird dies im Intraday-Durchschnitt sichtar! Ähnlich wie bei Gold zeigt sich hier, dass sich die Kurseingriffe oft (nicht immer) im durchschnittlichen Intraday-Chart äußern.

---

[93] Die Meldung von der Tötung des Terroranführers Osama bin Laden kam erst Stunden später über die Ticker. Die Anhebung der Margin für den Silber-Future kann selbst den Rückgang nicht veranlasst haben (da die Long-Positionen aufgrund des schnellen Anstiegs stark im Gewinn waren); allenfalls können sie den Rückgang verstärkt haben.

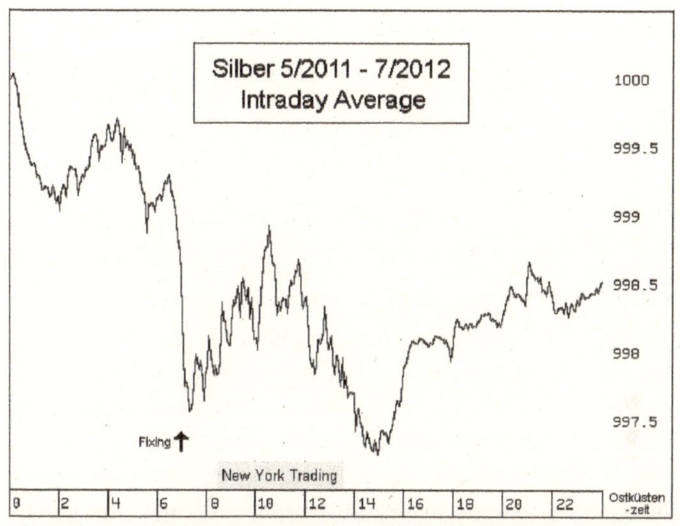

Abb. 60: Durchschnittlicher Intraday-Verlauf des Silbers 5/2011-7/2012

Wir können wie folgt zusammenfassen: Im September 2010 beschloss JP Morgan, eine Handelsabteilung zu schließen. Marktbeobachter prognostizierten daraufhin einen Silberpreisanstieg, da diese Handelsabteilung für die Silberdrückung zuständig sei. In den folgenden Monaten stieg Silber steil, wobei sich der Kurs in kurzer Zeit mehr als verdoppelte. Zugleich gibt es im durchschnittlichen Intraday-Chart keine Hinweise auf Eingriffe, die sich gezielt gegen Silber richten. Der Kurs drohte dann aber die Marke von 50 Dollar je Feinunze zu überschreiten. Diese Marke stellt nicht nur eine wichtige runde Zahl dar. Sie markiert auch den historischen Höchstkurs von 1980. Anscheinend wurde hier ein unkontrollierter Ausbruch befürchtet. Das sollte verhindert werden, weshalb man sich wieder zur Aufnahme der Kurseingriffe entschied. So kam es am 1. Mai im dünnen Handel zu einem scharfen Rückgang. Er leitete die Trendwende ein, der Silberpreis sollte nun über Monate fallen. Während dieser Abwärtsbewegung lassen sich im durchschnittlichen Intraday-Chart wieder Kursrückgänge zum Silberfixing nachweisen. Diese Schocks zum Referenzkurs sind für Kurseingriffe typisch. Ihr erneutes Auftreten bestätigt, dass die Silberdrückungen wieder aufgenommen worden waren. Die Operation, Silber vom Anstieg abzuhalten, ist gelungen.

27. Swappendes Bundesbankgold und andere Mysterien

Wir wenden uns jetzt einer Theorie zu, die das Gold der Deutschen betrifft. Seit Jahren wird am Goldmarkt kolportiert, die Bundesbank habe die Hälfte ihres Goldes, etwa 1700 Tonnen, über ein Koppelgeschäft mit den Amerikanern verliehen (manche meinen sogar, das ganze Gold sei weg). Diese Behauptung fußt auf dem grundsätzlichen Misstrauen, das Zentralbanken wegen ihrer intransparenten Informationspolitik, der verschwiegenen Leihmengen und der jahrelang verheimlichten Interventionen entgegengebracht wird. Der Mangel an Informationen regt natürlich zu Theorien an, die die Lücke zu füllen versuchen. Dafür müssen dann einzelne spärliche Beobachtungen und Einzelthesen zu einem Gesamtbild kombiniert werden. Dabei kann man manchmal übers Ziel hinausschießen. Wir schauen uns die Einzelthesen an, die zur Behauptung führten, das Bundesbankgold sei weitgehend weg.

Eine solche Einzelthese beruht darauf, dass die Lagerstelle West Point in den USA ihren Goldbestand von 1700 Tonnen neu klassifiziert hat, und zwar zu »custodial«. Das bedeute, dass das Gold im Lager jemand anderem – nämlich der Bundesbank – übertragen wurde. Die 1700 Tonnen amerikanischen Goldes seien über gegenseitige Verträge (»Swaps«) an die Bundesbank verliehen worden, zugleich hätte die Bundesbank die gleiche Menge ihres Goldes an die Amerikaner verliehen. Das alles sei geschehen, um das besser verfügbare Bundesbankgold (marktgängige Barren) dann im Markt verleihen zu können.

Zwar ist die Umbenennung merkwürdig, aber die daraus gezogene Schlussfolgerung ist allein deshalb nicht stichhaltig, da sie Handelsgepflogenheiten widerspricht. Ein Swap-Vertrag mag über eine Menge von 50 oder 100 Tonnen lauten (beziehungsweise gemäß den Usancen bei Goldleiheverträgen über eine bestimmte Zahl an Unzen), aber doch nicht über den zufälligen Bestand genau einer bestimmten Lagerstelle in den USA. Das ist abwegig. Außerdem ist die Menge von 1700 Tonnen (1994/1995!) viel zu hoch.

Vor allem aber ist die gezogene Verbindung zur Bundesbank nicht überzeugend. Diese wird aufgrund eines Protokolls der Fed-Sitzung vom Januar 1995 vorgenommen. Darin wird erwähnt, dass der für Interventionen zuständige Exchange Stabilization Fund (ESF) Gold-Swaps tätigen durfte. An anderer Stelle steht zudem, dass er einen Swap-Vertrag mit der Bundesbank habe. Deshalb, so die Folgerung, laute der Swap-Vertrag mit der Bundesbank auf Gold (die besagten 1700 Tonnen).

Dies hinkt schon daran, dass hier ein Zusammenhang unterstellt wird. Die Identität des Swaps mit einem der Gold-Swaps ist aber fraglich. Den Anwesenden ist die Protokollierung bewusst und sie werden in aller Regel (bis auf spontane Bemerkungen wie die zum ESF-Swap) alle Hinweise auf Goldinterventionen vermeiden. Sie werden also, wenn sie von Swaps sprechen, einfach immer nur Devisen-Swaps im Sinne haben. Es lässt aber auch der Kontext inhaltlich nur zu, dass es sich bei dem Swap mit der Bundesbank um einen Devisen-Swap gehandelt haben muss: Es geht darum, ob angesichts der angespannten Liquiditätssituation des ESF aufgrund der Unterstützung Mexikos noch andere Verpflichtungen bestehen. Diese Verpflichtung kann sich nur auf Dollar beziehen, denn solche werden für Mexiko benötigt. Der zur Verfügung stehende Dollarbetrag (der zuvor auch genannt wurde) würde nicht gemindert, wenn Gold verswappt wäre. Zu guter Letzt geht es sogar unmittelbar aus dem Wortlaut hervor, dass es sich um einen Devisen-Swap handeln muss, denn es steht im Folgesatz: *»[...] wenn sie der Bundesbank Dollar andienen wollen.«* Es geht also um einen Devisenvertrag (letztlich eine Swap-Linie).[94] Es

[94] FOMC19950201meeting.pdf, S. 125: »It is obligated only in the sense that they have one other swap arrangement with the Bundesbank. So, in some sense if they wanted to advance dollars to the Bundesbank, they would use some of the dollars for that. But nothing is obligated in a current commitment.« S.a. Osterberg, William; Thomson, James: »The Exchange Stabilization Fund: How It Works«, Cleveland 1999, Fußnote 13. www.clevelandfed.org/Research/commentary/1999/1201.pdf, wo der Swap mit der Bundesbank erwähnt wird. Die 1700-Tonnen-These findet sich etwa in Turk, James: »Behind Closed Doors«, www.fgmr.com/behind-closed-doors.html kombiniert mit Turk, James: »More Evidence From 1995«, www.fgmr.com/more-evidence-from-1995.html beide in »Freemarket Gold & Money Report«, 2001.

gibt somit keinen Grund zur Annahme, die Bundesbank habe die Hälfte ihres Goldes verliehen beziehungsweise verswappt.

Auch wenn die Interpretation hier übers Ziel hinaus schießt, ändert sich nichts daran, dass die Zentralbanken einen Teil des Goldes verliehen haben und am Markt intervenieren. Angesichts der jahrelangen Heimlichtuerei der Zentralbanken ist die Versuchung zur Überinterpretation gegeben, sobald jemand einmal die Goldinterventionen erkannt hat. Dies ist weniger denjenigen anzulasten, die sich an Schätzungen versuchen und um eine Aufklärung bemühen, als der Intransparenz der Zentralbankpolitik. Bereits Veneroso hatte die Menge verliehenen Goldes zu hoch geschätzt, gleichzeitig aber als Erster auf die Problematik aufmerksam gemacht. Das Beispiel verdeutlicht, wie der Mangel an Informationen zu Fehldeutungen führen kann. Niemand ist gänzlich davor gefeit, Fehler zu machen, wenn er die Puzzle-Stückchen zu einem Bild zusammensetzt. Man kann nur versuchen, so präzise wie möglich vorzugehen.

Drei weitere Beispiele verdeutlichen die Gefahr der Fehldeutung und sollten an dieser Stelle noch erwähnt werden. In einem geht es um die Exportstatistiken: Immer wieder fällt Analysten die große Menge der Goldexporte aus den USA auf. So seien etwa in den letzten beiden Jahrzehnten über viertausend Tonnen mehr abgeflossen, als durch die US-Produktion und andere Faktoren gerechtfertigt wäre. Das »Gap« bei der Exportmenge sei ein Hinweis auf heimlich von der US-Regierung aus ihren Tresoren ins Ausland verbrachtes Gold. Das Gold könne von nirgendwo anders herkommen und sei wohl zur Drückung des Preises verwendet worden. Die Zahl erklärt sich aber weitgehend, wenn man berücksichtigt, dass Gold, das ausländische Zentralbanken bei der Fed in New York lagern, in der US-Statistik als Export geführt wird, wenn es aus den USA geholt wird. Dies geschah in den letzten Jahrzehnten in großem Umfang (zum Verkauf, zur Verleihung und zur Repatriierung). Es handelt sich also um den in Kapitel »Wie viel Gold ist weltweit verliehen?« besprochenen Sachverhalt.

Die beiden anderen Beispiele wurden von Marktkommentatoren immer wieder als Beleg für Gold-Swaps zur Goldpreismanipulation genannt. In ihnen wird jeweils das Wort »Swap« zusammen mit dem Wort »Gold« genannt. Zum einen berichtete im Jahr 2005 der Nachrichtendienst Bloomberg über eine Aussage des damaligen Bundesbank-Chefs Weber: »We have been asked to negotiate with other central banks about potential swap deals involving gold.« (»Wir wurden gebeten mit anderen Zentralbanken über mögliche Tauschgeschäfte Gold betreffend zu verhandeln.«).[95] Hier sind keine Gold-Swaps gemeint. Vielmehr geht aus dem Kontext hervor, dass er sich auf die Quote Deutschlands beim WAG-Abkommen bezieht. Diese zwischen den Zentralbanken geschlossene Vereinbarung begrenzte die Menge des Goldes, die ein Land verkaufen durfte. Da Deutschland kein Gold verkaufte, konnte es seinen Anteil abgeben, also verswappen (etwa gegen eine künftige Quote, falls es doch mal verkaufen wollte).

Ein anderes Beispiel ist eine Aussage von Fed-Gouverneur Angell im März 1991: »I would hesitate for us to have foreign currency holdings that have swap puts that just sit there, [which] is now becoming the case for our gold.«[96] Auch hier sind keine Gold-Swaps gemeint. Vielmehr geht aus dem Kontext hervor, dass die Absicherung einer Devisenposition (durch Swappen von Puts) letztlich zu deren Zinslosigkeit führen würde, wie es bei Gold der Fall ist (das ebenfalls keinen Zinsen abwirft).

Trotz dieser Beispiele gibt es Hinweise, dass Swap-Verträge zwischen Zentralbanken eine Rolle spielen, um Gold für die Leihe verfügbar zu machen. Dazu gehört die Erwähnung (etwa in Anmerkungen zur Buchführung) auf Quality- oder Location-Swaps, bei denen lediglich Gold unterschiedlicher Qualität oder Örtlichkeit getauscht wird. Die Goldleihe dürfte der Hauptzweck solcher Swaps sein. Im Folgekapitel werden wir ferner die ESF-Gold-Swaps genauer besprechen.

---

95 Simon Kennedy, Simon: »Bundesbank's Weber Comments on Central Bank Gold Reserves«, Bloomberg 2006-10-05 10:00 (New York).

96 www.federalreserve.gov/monetarypolicy/files/FOMC19910326meeting.pdf, Seite 19.

28. Wer interveniert?

Die geringe Leihmenge und die fehelenden Hinweise auf ein Verswappen des Goldes bestätigen, dass die Bundesbank kein großer Spieler im Golddrückungsmarkt ist. Das überrascht eigentlich auch nicht weiter, denn die Bundesbank ist aufgrund der suboptimal verlaufenen deutschen Geldgeschichte gegenüber derartigen Methoden vermutlich nicht aufgeschlossen. Es gab allerdings trotz diverser Geldkatastrophen (Hyperinflation, Deflation und Währungsreform) selbst in Deutschland vonseiten der Politik, der Medien und sogar der Bundesbank selbst wiederholt Kräfte, die auf einen Verkauf von Bundesbankgold drängten. Sie konnten sich jedoch nicht durchsetzen. Anders lagen die Dinge etwa in Großbritannien. Auch dort ist die Notenbank sehr konservativ, dennoch kam es zum Verkauf. Hintergrund ist, dass die Entscheidung dafür nicht bei der Bank von England, sondern beim britischen Schatzamt, also in der Politik, lag.

Bei der Beantwortung der Frage, wer interveniert, ist insgesamt zu differenzieren: Zwischen Institutionen und auch in einer Institution sind nicht alle gleicher Meinung, zudem kann man seine Position auch ändern. So ist es etwa möglich, dass ein Zentralbanker 1993 für Goldinterventionen plädierte, um die Inflationserwartungen zu mindern. Er kann aber später gegen die Ausweitung des physischen Angebots gewesen sein, das in der zweiten Phase den Goldpreis von 400 auf 250 Dollar je Unze drückte.

Die ursprüngliche Initiative zu den systematischen Interventionen muss von den USA ausgegangen sein. Fed-Chef Greenspan hatte ja im Mai 1993 erwogen, Gold zu verkaufen, und Fed-Gouverneur Angell sprach im Juli 1993 davon, den Goldpreis zu halten. Im August 1993 begannen dann die Interventionen an der Marke von 400. Es war aber sicher keine Aktion der Fed als Institution. Aufseiten des amerikanischen Schatzamtes war damals der Unterstaatssekretär Larry Summers mit Deviseninterventionen betraut und wurde von Greenspan für seine diesbezüglichen Fertigkeiten gelobt. Summers hatte wenige Jahre zuvor als Wissenschaftler über den Zusammenhang des Goldpreises und der Realverzinsung geforscht.[97] Es dürfte naheliegen, dass er mehr Vor- als Nachteile in einem nicht weiter steigenden Goldpreis gesehen hat.

Die genannten Personen könnten zum Kreise derer gehört haben, die die anfängliche Entscheidung fällten, gegen einen weiteren Anstieg vorzugehen. Auf britischer Seite fällt Gordon Brown auf, der später die Goldverkäufe durchsetzte und dies vorher bekannt machte, was den Preis drückte und die Verluste für den britischen Steuerzahler erhöhte. Diese vermeintliche Ungeschicklichkeit war allem Anschein nach tatsächlich rhetorisches Schlechtreden des Goldes. 1993 war er aber noch nicht im Amt. Allerdings könnte 1993 eine grundsätzliche Bereitschaft britischer Politiker zur Zustimmung zu Goldinterventionen nach dem EWS-Debakel nur Monate vorher bestanden haben.

Die Fed selbst kann aus rechtlichen Gründen nicht die handelnde Organisation sein. Als Institution auf amerikanischer Seite kommt vorrangig der Exchange Stabilization Fund (ESF) in Frage, da dort der Einfluss des Kongresses geringer ist und da keine Protokolle veröffentlicht werden. Für seine tatsächliche Involvierung gibt es ein starkes Indiz. Reginald Howe machte im Jahr 2000 auf eine Bilanzanomalie aufmerksam.[98] Zu der Zeit wies der Monatsbericht der Fed an einer Stelle (1.18) den Goldbestand des Schatzamtes aus, an anderer Stelle aber den des Schatzamtes und des ESF (3.12). Die Differenz der Zahlen weist also zwingend auf den Bestand des ESF. Die nachfolgende Abbildung legt das Prinzip dar (die Zeiten sind nicht identisch).

---

97 Summers, Lawrence; Barsky, Robert: »Gibson's Paradox and the Gold Standard«, in »The Journal of Political Economy«, Chicago 1988, 96, 3, Seiten 528 ff., NBER Working Paper 1680; anders als der Titel vermuten lässt ist die Zeit nach dem Goldstandard in die Untersuchung miteinbezogen; Greenspans Lob von Summers findet sich in www.federalreserve.gov/monetarypolicy/files/FOMC19930518meeting.pdf Seite 5.

98 Klage Howe gegen Bank for International Settlements et al., US District Court for the District of Massachusetts Civil Action No. 00-CV-12485-RCL, www.goldensextant.com/Complaint.html Punkte 62 ff.; www.goldensextant.com/P'sSecondAffidavit.html Punkte 6 ff.; www.goldensextant.com/commentary18.html; www.goldensextant.com/SecondAffidavitExhibits.html.

3.12 U.S. RESERVE ASSETS

Millions of dollars. end of period

Asset	1997	1998	1999
1 **Total**	**69.954**	**81,755**	**71,516**
2 Gold stock, including Exchange Stabilization Fund[1]	11,050	11,041	11,089
3 Special drawing rights[2,3]	10,027	[illegible]	10,336
4 Reserve position in International Monetary Fund[2]	[illegible]	[illegible]	[illegible]

1.18 FEDERAL RESERVE BANKS Condition and Federal Reserve Note Statements[1]

Millions of dollars

Account	Wednesday		
	2000		
	Sept. 27	Oct. 4	Oct. 11
ASSETS			
1 Gold certificate account	11,046	11,046	11,046
2 Special drawing rights certificate account	3,200	3,200	3,200
3 Coin	790	826	823

Abb. 61: Auszüge aus dem Monatsbericht der Fed vom Januar 2001

Von 1974 bis 1995 waren die Werte in den meisten Jahren identisch. Später gab es häufig Differenzen. Da Gold im Zentralbanksystem der USA immer zum gleichen Kurs bilanziert wird, muss der Grund für die Differenzen in Goldhandelsaktivitäten liegen. Wiederholte Fehler in der Bilanz kann man wohl ausschließen (sie sollten außerdem allenfalls bei einem sehr aktiven Bestand vorkommen). Überaus auffällig hat die Fed dann reagiert, nachdem Howe diese Anomalie publiziert hatte und dies in einer Klage unterstrich: In der Folge wurde der ESF aus den Monatsberichten der Fed einfach herausgenommen und die Werte wurden korrigiert![99] Bereits in den Fed-Bulletins aus

[99] Dass Zentralbanken gezielt Bilanzen ändern, um Informationen zu verschweigen, ist naturgemäß nur schwer aus Dokumenten zu belegen. Ein entsprechender Vorschlag findet sich beispielsweise in einem nicht näher gekennzeichneten Arbeitspapier »U.S. Foreign Exchange Operations: Needs and Methods« vom 5. April 1961 aus der Dokumentensammlung des damaligen Fed-Chefs William McChesney Martin auf Seite 9 http://fraser.stlouisfed.org/docs/historical/martin/23_06_19610405.pdf. Den Fund verdanken wir Elaine Supkis.
Wie bereits erwähnt, verfälschte zudem die Bank of England in den 1920ern Zahlenangaben zum Zwecke der Zinsmanipulation (siehe Fußnote 21).

den Vierzigerjahren des vorigen Jahrhunderts findet das Gold des ESF Erwähnung. Eine über fünfzigjährige Bilanztradition findet so ihr jähes Ende.[100] Wenn bei einer Notenbank zwei Bilanzzahlen nicht zusammenpassen, möchte man eigentlich doch eine schlüssige Erklärung erwarten.

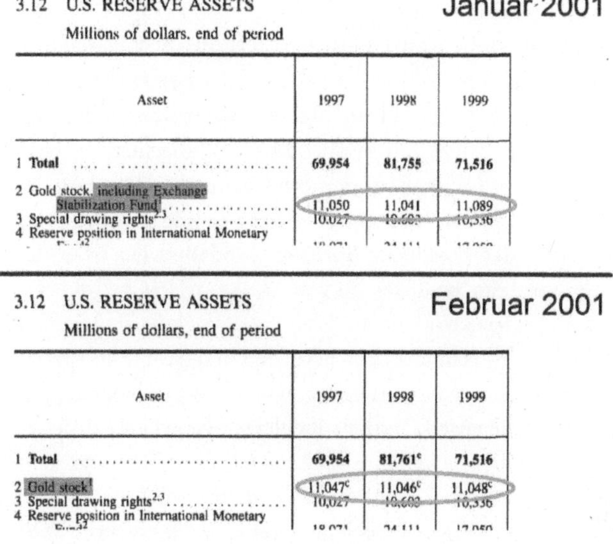

3.12 U.S. RESERVE ASSETS — Januar 2001

Millions of dollars, end of period

Asset	1997	1998	1999
1 **Total**	**69,954**	**81,755**	**71,516**
2 Gold stock, including Exchange Stabilization Fund[1]	11,050	11,041	11,089
3 Special drawing rights[2,3]	10,027	[illegible]	10,336
4 Reserve position in International Monetary Fund[2]	[illegible]	[illegible]	[illegible]

3.12 U.S. RESERVE ASSETS — Februar 2001

Millions of dollars, end of period

Asset	1997	1998	1999
1 **Total**	**69,954**	**81,761**[c]	**71,516**
2 Gold stock[1]	11,047[c]	11,046[c]	11,048[c]
3 Special drawing rights[2,3]	10,027	[illegible]	10,336
4 Reserve position in International Monetary Fund[2]	[illegible]	[illegible]	[illegible]

Abb. 62: Federal-Reserve-Bulletin-Auszüge im Vergleich

Ein weiteres Indiz für den Exchange Stabilization Fund als ausführende Organisation in den USA ist das bereits erwähnte Zitat über Gold-Swaps. In der Sitzung der Fed vom Januar 1995 geht es darum, ob es rechtlich einwandfrei ist, wenn der ESF dem kriselnden Mexiko ein Darlehen gibt. Dies wird auf vielfache Weise bestätigt. Man will aber hundertprozentig sichergehen. Nun schaltet sich der Ratgeber Mattingly in die Diskussion ein und bringt Gold-Swaps als Beispiel: *»Es ist recht klar, dass diese ESF-Operationen erlaubt sind. [...]. Das Gesetz ist sehr allgemein formuliert [...] – es hat Dinge wie die Gold-*

[100] Federal Reserve Bulletins sind online verfügbar unter http://fraser.stlouisfed.org/publications/FRB.

Swaps abgedeckt.«[101] Verträge über den gegenseitigen Tausch von Geschäften mit Gold, die auch damals bereits Gold-Swaps hießen, gibt es zwischen Zentralbanken seit vielen Jahrzehnten.[102] Es stellt sich die Frage, ob Mattingly Gold-Swaps wie gegenwärtig üblich gemeint hat, und damit solche, die dem Markt Gold zur Verfügung stellen (direkt oder über andere Zentralbanken). Dafür spricht die Arbeitssituation, bei der man doch eher zeitlich naheliegende Beispiele wählt. Dafür spricht auch, dass er überhaupt Gold-Swaps als Beispiel wählt: Zuvor wurde nämlich erwähnt, dass der ESF Darlehen und Abmachungen mit mindestens 37 Ländern hatte. Wenn er zeitlich weit zurückgreift, könnte er aus einer Vielzahl ein inhaltlich passendes Darlehensbeispiel nennen. Er nennt aber die Gold-Swaps, und zwar anscheinend weil sie gerade aktuell sind und ihm deshalb in den Sinn kommen. Dazu passt auch der bestimmte Artikel: »...it has covered things like *the* gold swaps.« Den bestimmten Artikel verwendet man, wenn Sprecher wie Hörer das Bezeichnete bekannt ist. Die Anwesenden scheinen zu wissen, von welchen Gold-Swaps er spricht, es frägt zumindest keiner nach. Es gibt aber auch Gegenargumente, denn der Kontext hingegen scheint gegen aktuelle Gold-Swaps zu sprechen: Es geht um ein Darlehen an Mexiko, bei früheren Gold-Swaps handelte es sich ebenfalls um Darlehen (die gegen Gold als Sicherheit vergeben wurden). Allerdings hat Mattingly selbst sechs Jahre später, nach dieser Aussage gefragt, behauptet, keine Kenntnis von Gold-Swaps zu haben (und vermutet, das Transcript sei fehlerhaft).[103] Wenn er sich 1995 aber auf Jahrzehnte zurückliegende Swaps bezogen hätte, sollte er diese ein paar Jahre später nicht vergessen haben. Zudem wären mit Gold besicherte Darlehen denkbar schlecht

---

101 www.federalreserve.gov/monetarypolicy/files/FOMC19950201meeting.pdf, S. 69: : »It's pretty clear that these ESF operations are authorized. I don't think there is a legal problem in terms of the authority. The statute is very broadly worded in terms of words like 'credit' – it has covered things like the gold swaps – and it confers broad authority.«

102 Der letzte berichtete Gold-Swap des ESF ist ein Gold-Devisen-Swap mit Portugal 1978 www.treasury.gov/resource-center/international/ESF/Pages/history-index.aspx Fußnote 3. Es ist aber auch ein Gold-Gold-Swap-Vertrag aus dem Jahr 1981 bekannt geworden, an dem die mit dem ESF eng verbundene US-Treasury beteiligt war http://treaties.un.org/doc/Publication/UNTS/Volume%201267/volume-1267-I-20864-English.pdf. Den Fund verdanken wir Ronan Manley.

103 Memorandum dated June 8, 2001, from J.Virgil Mattingly to Alan Greenspan, in: Letter dated June 25, 2001, from Alan Greenspan to Senator Jim Bunning, in: Klage Reginald H. Howe, Plaintiff, v. Bank for International Settlements, et al., District of Massachusetts, Civil Action No. 00-CV-12485-RCL, exhibit 5B, www.goldensextant.com/SecondAffidavitExhibits.html.

als Beispiel geeignet, da es bei dem Mexiko-Darlehen nicht um ein mit Gold besichertes Darlehen ging. Insgesamt scheint es so gewesen zu sein, dass Mattingly in dem FOMC-Meeting 1995 aktuelle Gold-Swaps meinte. Er nannte wohl einfach spontan ein naheliegendes Beispiel, von dem er vermutete, dass es alle kennen.

Als Institution käme auch die Arbeitsgruppe für die Finanzmärkte in Frage, die im Börsianerslang »Plunge Protection Team«, also Kurssturzverhinderungsteam, genannt wird. Sie wurde nach dem Börsencrash 1987 eingerichtet. Gelegentliche Treffen und Berichte sind bekannt. Allerdings fehlen Hinweise auf Goldaktivitäten. Sie mag dennoch koordinierend tätig geworden sein.

Auf jeden Fall ist die Arbeitsgruppe als Hintergrund von Bedeutung, denn sie sollte Lösungen favorisieren, die Marktteilnehmer privatwirtschaftlich durchführen,[104] eine Vorgehensweise, die man während des Börsencrashs 1987 praktizierte, die aber nie offiziell bestätigt wurde. Es ist ja genau diese Kooperation, wie sie 1987 stattfand, die als Vorbild bei den Goldinterventionen diente. Hierin liegt dann auch ein spezielles Problem: Wenn Marktinterventionen privatwirtschaftlich durchgeführt werden, dann müssen die privaten Häuser auf Dauer auch Gewinne erzielen. Wenn sie aber Gewinne erzielen, sei es durch den Carry-Trade, sei es durch die Terminmärkte etwa über Schocks, dann ist die Versuchung einfach ziemlich hoch, diese Interventionen mehr oder minder eigenständig zu betreiben und zu forcieren. Diese Manipulation der Kurse von privater Seite zu eigenem Nutzen ist nun aber sicher nicht mehr erlaubt. Sie wiederum erklärt aber wahrscheinlich am besten, wieso in der zweiten Phase der Goldinterventionen von November 1996 bis Mai 2001 Gold, ohne dass dies mit Inflationserwartungen oder irgendeinem geldpolitischen Ziel sinnvoll in Verbindung gebracht werden kann, von 400 auf 250 Dollar je Unze gedrückt wurde. Zu dieser Zeit wurde denn auch richtig Stimmung gegen Gold gemacht, unter anderem kam es zum moralisierenden Druck auf verschiedene Zentralbanken wie die der Schweiz, Gold zu

[104] »The Working Group shall consult, as appropriate, with representatives of the various exchanges, clearinghouses, self-regulatory bodies, and with major market participants to determine private sector solutions wherever possible.« Presidential Executive Order 12631 – Working Group on Financial Markets vom 18. März 1988, www.archives.gov/federal-register/codification/executive-order/12631.html.

verkaufen. Eine solche Vorgehensweise wäre völlig untypisch für eine Zentralbank, sie ließe sich aber gut erklären, wenn hier private wirtschaftliche Interessen dahintersteckten.

Grundsätzlich ist für eine Koordination allerdings auch kein institutioneller Rahmen nötig. Sie kann auch informell stattfinden, sofern sich die Interventionen für die Privaten rechnen und die Zentralbanken durch die Leihe einfach genug Gold zur Verfügung stellen. Im Prinzip reichte dafür eine begrenzte Kooperation. Von Seiten der Bullionbanken genügte es in der zweiten Phase, Lobbyarbeit bei den Zentralbanken zu machen und eine genügend große Zahl von ihnen zu Verleihungen oder Verkäufen zu bewegen. Dabei könnte es, obwohl Zentralbanken für den Rückgang während dieser Phase kein starkes Motiv hatten, welche gegeben haben, die den weiteren Rückgang forcierten, sei es aus Hybris, sei es aus Gewohnheit oder Freundschaftsdienst, sei es aus anderen Gründen (genannt wird mitunter die Einführung des Euro, was die starke Beteiligung vieler europäischer Zentralbanken an Verkäufen und Verleihungen erklären würde; ein konkreter Hinweis darauf ist aber nicht bekannt). Neben der amerikanischen und britischen Zentralbank müssen auch die jeweiligen Schatzämter erwähnt werden, die das Gold verwalten.

Auf privater Seite stellt sich die Frage, ob sich neben den Bullionbanken auch einige Goldminen daran beteiligten, gezielt für einen tieferen Goldkurs zu sorgen. Es gab unter ihnen welche, die sehr viel Gold in Relation zu ihrer Produktion geliehen hatten. Ihnen nutzte ein fallender Goldpreis, da er ihnen aufgrund der Preisabsicherung einen Wettbewerbsvorteil verschaffte. Sie wurden zudem als potenzielle Teilnehmer an der gezielten Golddrückung mit der Begründung genannt, dass einige von ihnen (ähnlich wie bei Bullionbanken) enge persönliche Verbindungen zur Politik hatten sowie außergewöhnlich lange dauernde Leihverträge zu außergewöhnlich guten Konditionen.[105] Allerdings verlief der Aktienkurs großer Goldleiher (etwa der Mine Barrick) in der zweiten Phase Ende der Neunziger auch nicht deutlich besser als der anderer Minen.

---

[105] Z. B. Siebholz, Dieter: »Barrick Gold und seine Derivate – Chancen und Risiken am Goldmarkt«, 7.8.2003 www.goldseiten.de/artikel/144--Barrick-Gold-und-seine-Derivate---Chancen-und-Risiken-am-Goldmarkt.html.

Auffällig ist noch ein Punkt, auf den Bill Murphy von der Gata früher oft aufmerksam machte, nämlich der beinahe identische Schlusskurs der Jahre 1997 bis 1999. In der Tat schloss Gold 1997 in New York bei 288,8, 1998 bei 288 und 1999 bei 287,5 Dollar je Unze. Die Schlusskurse waren also in den ersten drei Jahren der zweiten Phase der Goldinterventionen bis auf 1,3 Dollar gleich und betrugen alle drei beinahe genau 288 Dollar! Dies kann nun wirklich kein Zufall mehr sein. Die Spanne engt sich sogar noch weiter ein, wenn man die Jahresschlusskurse des maßgeblichen Frontmonats, des Februar-Kontrakts, an der Comex nimmt: 1997 schloss er bei 289,9, 1998 bei 289,2 und 1999 bei 289,6. Der Unterschied lag bei maximal 0,7 Dollar! Da wird tagaus, tagein über Jahre fleißig gehandelt und eifrig spekuliert, nur damit am Jahresende immer wieder der gleiche Kurs herauskommt, als wären die Preise amtlich fixiert. Das kann kein Zufall sein und das ist auch kein Zufall, sondern sicher eine Absprache aus Gründen, die mit dem Jahresabschluss in der Bilanz zusammenhängen. Es liegt also eine Absprache von mindestens zwei Parteien vor.

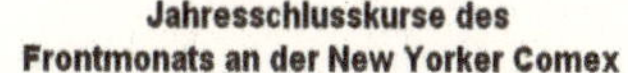

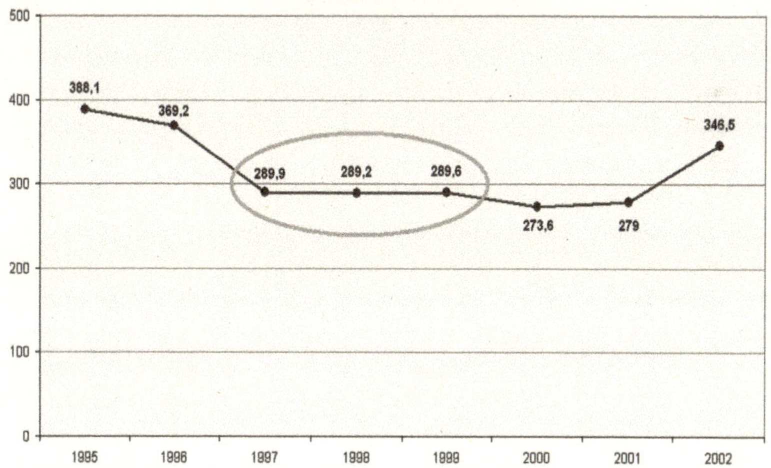

Abb. 63: Schlusskurse des Frontmonats an der New Yorker Comex für die Jahre 1995 bis 2002

Wir wollen hier aber dennoch sicherheitshalber kurz die Wahrscheinlichkeit abschätzen, mit der ein Kurs dreimal hintereinander auf diese Weise den gleichen Wert einnimmt. Da es an der Börse auch ohne Interventionen Abweichungen von der Normalverteilung gibt, errechnen wir die Wahrscheinlichkeit nicht theoretisch. Stattdessen messen wir sie (genauer gesagt: die Häufigkeit). Dazu nehmen wir die längste verfügbare passende Zeitreihe, die Kurse des Gold-Nachmittagsfixings von Anfang 1968 bis Ende 2012 (die Messung erfolgt daher für den Spot-Kurs). Die prozentuale Spanne, innerhalb derer die drei Schlusskurse der Jahre 1997 bis 1999 lagen, ergibt sich aus der maximalen Differenz von 1,3 Dollar und dem Schlusskurs von 288 Dollar. Sie betrug somit 1,3/288 (in Prozent 0,4513888 Prozent). Wir messen nun, wie oft es vorkam, dass drei Kurse im Abstand von je genau einem Jahr (251 Handelstage) in dieser engen Spanne lagen.

Es gibt nun von 10 798 möglichen Tripeln (Dreier-Kombinationen) insgesamt nur acht Fälle, in denen alle drei Kurse im Jahresabstand innerhalb dieser engen Spanne lagen. Das entspricht einer Wahrscheinlichkeit von gerade mal 0,074 Prozent. Die Wahrscheinlichkeit, dass drei Jahresschlusskurse zufällig so eng beieinanderliegen, liegt also unterhalb eines einstelligen Promillebereichs! Der Wert reduziert sich aber noch weiter, wenn man Folgendes bedenkt: Von den acht Fällen, bei denen drei Kurse nach je einem Jahr so eng beisammen waren, liegen sechs im Zeitraum 1994 bis 1996, als der Goldkurs dank Interventionen unter 400 »klebte«. Somit verhielt er sich damals nicht zufällig, sondern wurde in einen Seitwärtspfad gezwungen (was wiederum umgekehrt ein Beweis dafür ist, dass der Seitwärtsverlauf der Kurse unter 400 während der ersten Phase nicht zufälliger Natur war). Es verbleiben also zwei echte Fälle bei dann reduziert grob 9900 Möglichkeiten, woraus sich eine Wahrscheinlichkeit von 0,02 Prozent ergibt. Selbst dieser marginale Wert reduzierte sich noch weiter, wenn man anstelle der Spanne der Spotpreise von 1,3 die engere der Comex von 0,7 nähme! Aber lassen wir das, mathematisch und sachlich ist die Angelegenheit klar, es liegt kein normales Marktgeschehen vor (vermutlich hätten die Aufsichtsbehörden anhand gerade dieses Sachverhalts die genauen Hintergründe gut ermitteln können). Der ermittelte Wert ist insgesamt gut belastbar. Die Wahrscheinlichkeit, dass die Schlusskurse dreier aufeinanderfolgender Jahre so eng beieinanderliegen, wie sie es von 1997 bis 1999 taten, liegt bei oder unter 0,02 Prozent.

In der zweiten Phase der Goldinterventionen, die im November 1996 begann und bis Mai 2001 dauerte, gab es also eine regelrechte Zielgröße, zu der der Goldpreis nach unten hinbewegt werden sollte. Es war nicht mehr nur die Marke von 400, über die Gold aus geldpolitischen Gründen wie der Inflationsbekämpfung nicht steigen sollte, sondern es war mit 290 im Future ein deutlich tieferes Ziel, das zum Jahresende erreicht werden sollte. Anscheinend führte die übergeordnete Idee, unter der Marke von 300 zu bleiben, sicherheitshalber zur Zielgröße 290 knapp darunter, um Käufe zu verhindern, die bei Erreichen der Marke 300 angefangen hätten (so wie analog erfahrene Trader Stopps nicht bei runden Marken setzen). Die Zielgröße wurde anscheinend für den Future vereinbart, da dieser für die Bücher der ausführenden Akteure maßgeblich war. Da geldpolitische Ziele für diese Ausweitung der Goldinterventionen nicht ersichtlich sind, sollten es private sein. Allein die Existenz einer solchen einheitlichen Marke deutet auf die Bedeutung hin, die die privaten Institute mittlerweile hatten, denn Zentralbanken benötigen keinen einheitlichen Jahresabschlusskurs.

Aufgrund des Carry-Trades gibt es private Teilnehmer, die aus Eigeninteresse die Golddrückung forcieren. Sie sind eindeutig Teil der Interventionspraxis, sie sind die privatwirtschaftliche Lösung »wo immer möglich«, wie es bei der Aufgabenstellung der Arbeitsgruppe für die Finanzmärkte (»Plunge Protection Team«) analog heißt. Sie sind aber ganz klar auch eine eigenständige Kraft. Sie sind die Empfänger des Goldes, das die Zentralbanken in steigender Menge zu verleihen bereit sind, sollte sein Preis steigen, wie Greenspan es 1998 formulierte. Es kann also an ihrer Existenz keinen sinnvollen Zweifel geben. Sie übernehmen einen Teil der Arbeit, verfolgen aber auch ihr Eigeninteresse.

Zur Arbeit, die die privaten Institute übernehmen, gehört vermutlich auch die Kursbeeinflussung mittels des Terminmarktes, aus pragmatischen Gründen, aber auch wegen des Ertrages. Darauf deutet der einheitliche Jahresschluss am Terminmarkt von 290. Aber auch der ESF, das Schatzamt oder Zentralbanken könnten am Terminmarkt tätig sein. Darauf deuten die anscheinend oft eng koordinierten Interventionen bei Gold und Devisen. Wie die Aufteilung der Arbeit am Terminmarkt zwischen privaten Häusern und staatlichen oder staatsnahen Institutionen genau aussieht, lässt sich mit den vorliegenden Informationen nicht oder allenfalls indikativ sagen.

Auch wenn die zweite Phase der Goldinterventionen erst 2001 endete, setzten sich bereits 1999 aufseiten der Zentralbanken die Kräfte durch, die gegen den Verfall des Goldpreises waren. Dies wurde am 26. September 1999 klar, als einige bedeutende Notenbanken, die etwa die Hälfte der Welt-Goldreserven hielten, das bereits erwähnte Washington Agreement on Gold (WAG) unterzeichneten, worin sie ihre Verkäufe und Verleihungen von Gold begrenzten. Dies führte in den darauffolgenden Tagen zu einem scharfen Anstieg des Goldpreises um etwa 20 Prozent (anscheinend gab es aber vorher Insiderkäufe; wenn man dementsprechend die Tage zuvor berücksichtigt, war der Anstieg stärker).

Die beteiligten Zentralbanken haben wohl nicht mit einem so starken Anstieg gerechnet. Dennoch steht eine Begrenzung von Goldveräußerungen prinzipiell für die Absicht, keinen Kursverfall zu wollen. Dies scheint noch recht harmlos zu sein, wirft aber bedeutende Fragen auf. Wieso treffen Zentralbanken eine solche äußerst unübliche und rechtlich merkwürdige Vereinbarung? Sie ist eine Absichtserklärung, aber auch eine Botschaft. Die Absicht war, den Goldpreisverfall aufzuhalten, und genau das ist auch geschehen. Der Goldpreis markierte ein erstes Tief, und auch wenn dies zwei Jahre später noch einmal erreicht werden sollte, befindet sich Gold seitdem in einem Aufwärtstrend. Die Botschaft war eigentlich keine neue, denn viele Zentralbanker hatten sich bereits zuvor einzeln geäußert. Letztlich haben sie nun aber als Gruppe gesagt, dass sie keinen weiteren Kursverfall wollen, was im Ergebnis bedeutet: Von nun an steigt der Preis. Das ist aber ein Affront gegen die Kräfte, die einen fallenden Preis wollen. Die Zentralbanken entziehen sich so auch dem Druck zu weiteren Verkäufen, denn die einzelne Zentralbank kann sich jetzt immer auf die gemeinsame Haltung berufen. Ökonomisch gesehen bildeten die beteiligten Zentralbanken ein Kartell, ein Gegenkartell gegen das bestehende Kartell der Golddrücker, zu dem sie teilweise gleichermaßen selbst gehörten. Das ist keineswegs ein Widerspruch, denn die Unterschiede gehen nicht nur durch die Institutionen, sondern sind auch im historischen Ablauf zu sehen (eine Zentralbank kann bei einem Goldkurs von 400 für Interventionen sein, um die Inflationserwartung zu bekämpfen, bei einem von 300 und bei gleichzeitig geringer Inflation kann sie aber gegen einen weiteren Kursrückgang sein, da der Wert ihrer Reserve sonst bedenklich schwindet).

Die Botschaft des Washington Agreements ist aber vor allem im Umfeld der vorherigen britischen Aktion zu sehen. Es war ein offener Affront, die britischen Goldverkäufe im Voraus anzukündigen und damit den Goldpreis eigens unter Druck zu setzen. Damit war offen gezeigt worden, dass ein tieferer Goldpreis das eigentliche Ziel gewesen war. Das wollten und konnten sich die Kräfte, die keine weiteren Goldpreisrückgange sehen wollten, nicht bieten lassen, und sie mussten genauso öffentlich antworten. Einmal in Gang gesetzt, mussten sich alle maßgeblichen Zentralbanken anschließen, sei es im Vertrag selbst oder durch spätere Erklärungen, denn es hätte sonst Fragen aufgeworfen, weshalb sie abseitsstünden.

Damit war aber das Ende der zweiten Phase der Goldinterventionen eingeleitet mit ihrem starken privatwirtschaftlichen Antrieb, dem fehlenden geldpolitischen Sinn und dem bis an Erpressung reichenden Druck gegen einzelne Zentralbanken zu Goldverkäufen. Die Erklärung der Zentralbanken im Washington Agreement war eine »Kommandooperation« (Le Monde vom 30. September 1999), ausgehend von den Zentralbanken Frankreichs und Deutschlands. Es war aber eine Operation, die dem Gegner einen geordneten Rückzug ermöglichte: Indem sie gleichzeitig ankündigten, an stetigen Verkäufen festzuhalten, boten sie den Bullionbanken die Möglichkeit, ihre Leerverkäufe aus den Verleihungen aus dem Bestand der Zentralbanken zurückzuführen (wie es dann auch geschah). Die privaten Akteure der Goldinterventionen hatten überzogen, indem sie aus reinem Eigennutz den Goldpreis auf 250 Dollar befördert hatten. Aber auch ihre Unterstützer vor allem im britischen (und wohl auch im amerikanischem) Schatzamt hatten sich mit der offenen Ankündigung der britischen Verkäufe alle Sympathien verscherzt. Sie waren unterlegen, die Gewinne aus dem Kursrückgang im Zuge des Gold-Carry-Trades waren Geschichte. Der musste aber noch zurückgeführt werden.

Was die Gesamtmengen angeht, lösen sich scheinbare Widersprüche nur auf, wenn man die vorherigen Verleihungen miteinbezieht. Das Washington

Agreement begrenzte Verkäufe. In den zehn Jahren nach dem Agreement (und seinem Nachfolger) verkauften die Zentralbanken aber mehr Gold als in den zehn Jahren zuvor. Dennoch stieg der Goldpreis deutlich, während er in den zehn Jahren zuvor gefallen war. Der Grund hierfür ist, wie bereits dargelegt, dass das Angebot an Gold aus Zentralbankbeständen real fiel. In den zehn Jahren zuvor war nämlich viel Gold durch Verleihungen auf den Markt gekommen, in den zehn Jahren danach wurde dem Markt durch die Rückabwicklung von Verleihgeschäften Gold entzogen. Die Zentralbanken hatten also erkannt, dass sie als Gesamtheit den Bullionbanken so viel Gold geliehen hatten, dass diese es regulär nicht mehr zurückliefern konnten. Nur die Zentralbanken selbst konnten das Gold beschaffen. Sie mussten aus ihren eigenen Beständen Gold verkaufen, damit die Bullionbanken den Zentralbanken das geliehene Gold zurückzahlen konnten.

Das taten die Zentralbanken denn auch, sie erhöhten insgesamt die Verkäufe und führten die Verleihungen zurück. Damit machten sie vorherige Verleihungen zu vorgezogenen Verkäufen. Im Übrigen hätten die Zentralbanken spätestens, als die Gesamt-Verleihmengen eine insgesamt nicht mehr regulär rückführbare Menge erreicht hatten, ihre Verleihungen nicht mehr nennen können, denn damit hätten sie verraten, in welche Situation sie sich hineinmanövriert hatten beziehungsweise hatten hineinmanövrieren lassen. Das Washington Agreement on Gold war unter diesen Aspekten auch eine Ankündigung an die Bullionbanken, dass das Geschäft der Goldleihe rückabgewickelt würde, aber auch, dass die Zentralbanken selbst Gold dafür zur Verfügung stellen würden.

Die ganzen Vorgänge um das Washington Agreement fanden übrigens nicht gegen die amerikanische Zentralbank statt (sondern allenfalls gegen das amerikanische Schatzamt, das das US-Gold verwaltet). Zwar mag es so gewesen sein, dass die Europäer nicht gänzlich mit der US-Geldpolitik einverstanden waren, und es mag so gewesen sein, dass die Vorbereitungen zum Washington Agreement anfänglich ohne die Fed stattfanden. Dennoch muss man feststellen, dass die Fed maßgeblich an der wichtigsten Vorläuferaktion beteiligt war. Denn eine solche gab es, und auch sie war offenkundig bereits koordiniert. Nachdem am 7. Mai 1999 das britische Schatzamt im Voraus die Goldverkäufe angekündigt hatte und so den Affront auslöste, äußerte sich der Gouverneur der Bank von Frankreich, Claude Trichet, am 19. Mai im Namen von vier Zentralbanken, darunter der amerikanischen, mit einem klarem Statement, dass diese Zentralbanken kein Gold verkaufen wollten. Bereits einen Tag später, am 20. Mai, äußerte sich Greenspan mit relativ deutlichen Worten wie »*Deutschland konnte 1944 […] nicht mit Papiergeld bezahlen. Gold wird immer akzeptiert und ist das ultimative Mittel der Bezahlung*« für das Halten von Gold als Zentralbankreserve.[106]

Diese Aktion für Gold als Bestandteil der Zentralbankreserven war sicher abgesprochen, nicht nur wegen der zeitlichen Nähe, sondern auch, da Trichet für vier Zentralbanken sprach (was er sicher nicht ohne Absprache getan hätte). Damit hatten sich die vier Zentralbanken, deren Länder am meisten Gold halten (USA, Deutschland, Frankreich und Italien) bereits am 19. Mai 1999 koordiniert gegen Goldverkäufe geäußert. Sie taten es im unmittelbaren Anschluss an die britische Ankündigung am 7. Mai, und wie später das Washington Agreement so war auch diese Vorläuferaktion eine Reaktion darauf, und zwar unter Beteiligung der Fed. Damit hatten sich diese vier Zentralbanken aber bereits deutlich gegen einen weiteren Goldkursrückgang ausgesprochen, auch wenn der gewünschte Effekt noch nicht eintrat, was dann das Washington Agreement nötig machte. Erst damit wurde klar der Erfolg signalisiert, als der Goldpreis dadurch explodierte (eine Spur zu viel wohl auch für die verursachenden Zentralbanken, von denen die eine oder andere dann geholfen haben mag, den Preis wieder einzufangen).

Man darf sich hier nicht daran stören, dass sich mit Greenspan einer der mutmaßlichen Hauptinitiatoren der Goldinterventionen gegen Goldverkäufe von

---

106 »This issue was debated, incidentally, in the United States in 1976, and the conclusion was that we should hold our gold, and the reason is that gold still represents the ultimate form of payment in the world. It is interesting that Germany in 1944 could buy materials during the war only with gold, not with fiat, money paper. And gold is always accepted and is the ultimate means of payment and is perceived to be an element of stability in the currency and in the ultimate value of the currency and that historically has always been the reason why governments hold gold.« Am 20. Mai 1999 vor dem Banken-Komitee des Senats, http://commdocs.house.gov/committees/bank/hba57053.000/hba57053_0.htm; Trichet nach Sekundärquelle (Debatte im britischen Unterhaus vom 16. Juni 1999), www.publications.parliament.uk/pa/cm199899/cmhansrd/vo990616/debtext/90616-02.htm.

Zentralbanken einsetzte. Greenspan war anfänglich für Goldinterventionen, aber es ging in der ersten Phase ja auch um geldpolitische Ziele wie die Inflationsbekämpfung. Er stand nicht hinter der zweiten Phase, in der andere Motive wie die Gewinne privater Institute treibende Kraft waren. Es stellt sich noch die Frage, weshalb die amerikanische Zentralbank beim Washington Agreement keine offensive Rolle einnahm, obwohl sie das bei dessen Vorläuferaktion am 19. beziehungsweise 20. Mai getan hatte. Da Greenspan die Fed weitgehend hinter sich gehabt haben dürfte, wäre eine naheliegende Erklärung, dass Teile des amerikanischen Schatzamtes seine Position nicht teilten. Im Unterschied zur ersten Phase der Goldinterventionen, in der geldpolitische Motive dominierten und Personen aus der Fed treibende und ideengebende Kraft waren, sieht es so aus, als seien in der zweiten Phase auf politischer Seite Personen in den Schatzämtern Großbritanniens und der USA treibende Kraft gewesen (auf privatwirtschaftlicher Seite lag der Hauptantrieb bei den Gewinnen). Es waren denn auch der amerikanische Präsident Clinton und sein Finanzminister Rubin, aber auch der französische Präsident Chirac, die im März 1999 in kurzer Folge auf einen Verkauf des IWF-Goldes drängten. Die Politik, nicht die Geldpolitik, war jetzt treibende Kraft.

In der zweiten, profitgetriebenen Phase waren es somit Bullionbanken sowie Politiker insbesondere Großbritanniens und der USA, die einen niedrigeren Goldpreis anstrebten. In beiden Ländern ist die Politik, nicht die Geldpolitik fürs Gold zuständig. In den USA ist es zudem für gewöhnlich die Politik, die Interventionen im Devisenmarkt auslöst. Außerdem ist die amerikanische Regierung und nicht die Fed Herrin über den ESF, der anscheinend Goldinterventionen durchführt. Wenn also (wie oftmals hier im Text) von Goldinterventionen der Zentralbanken gesprochen wird, dann ist dies eine sprachliche Vereinfachung (man müsste strenggenommen von »Gold verwaltenden staatlichen Institutionen« oder Ähnlichem sprechen). Tatsächlich waren es sogar die Zentralbanken einschließlich die der Vereinigten Staaten, die 1999 die Schritte einleiteten, die seitdem langsam aber sicher zur Beendigung der systematischen Goldinterventionen führen.

Die Rollenverteilung zwischen britischer und amerikanischer Regierung ist dabei noch etwas aufzuhellen. Als die Briten ihre Goldverkäufe ankündigten, hatte dies eine Reihe von Spekulationen zur Folge. Insbesondere vonseiten der britischen Opposition war vermutet worden, dass die Regierung Gold verkaufe, damit die Zentralbank mehr Euro kaufen konnte, um so die Europäische Währungsunion zu unterstützen. Diese These ist in Kenntnis der Notwendigkeiten, die sich aus den Goldverleihungen ergeben, aber nicht haltbar. Die Goldverkäufe waren ja so angekündigt worden, dass der Goldpreis fiel, und somit würde auch der Erlös für den Erwerb von Euro geringer ausfallen. Die auffällige Ankündigung im Voraus war auch bemerkt worden, aber es fand sich für sie keine Erklärung. Tatsächlich ging es um Gewinne oder die Vermeidung drohender Verluste aufseiten der Bullionbanken oder auch des amerikanischen ESF. Der britische Goldverkauf wurde durchgeführt und zudem im Voraus angekündigt, um einen Kursrückgang zu erzeugen, und diente somit Gewinnen an anderer Stelle. Dabei kann es auch um die Vermeidung von Verlusten des ESF gegangen sein, die dieser möglicherweise bei Interventionen erlitten hatte. Der ESF kann Verluste nicht ohne weiteres aus anderen Quellen decken, und sie hätten, etwa dem Kongress, auffallen können (gegen diese These spricht aber Greenspans Statement gegen Goldverkäufe im Anschluss an die britische Ankündigung, was ein etwas starker Affront der Fed gegen die Treasury gewesen wäre). Wer konkret von den britischen Goldverkäufen profitieren sollte, ist bis heute ungeklärt.

Die zweite Phase der Goldinterventionen wirft die meisten Fragen auf. Wir wollen deshalb noch eine statistische Analyse vornehmen, die unmittelbar an die Erkenntnisse über die erste Phase anknüpft. In der ersten Phase von August 1993 bis November 1996 sollte der Goldpreis unter der Marke 400 gehalten werden. Damit muss er sich aber unter dieser runden Zahl gehäuft aufgehalten haben. Wir machen deshalb eine Analyse der Häufigkeit, wie oft der Goldpreis sich unter runden Zahlen aufhält. Da die Zentralbanken (und andere Preisbeeinflusser) sich damals an diesen runden Zahlen orientierten, muss sich das in einer Häufigkeitsanalyse äußern.

Um zu messen, wie oft sich der Kurs relativ knapp unter einer runden Zahl aufhält, zählen wir, wie oft sich der Goldkurs im oberen Viertel unter runden Zahlen aufhielt. Wir ermitteln also die Kurse zwischen 175 und 200 oder zwischen 275 und 300 oder eben zwischen 375 und 400 (und so weiter). Als

Nächstes nehmen wir eine Jahresglättung vor, damit die Kurve ruhiger wird. Dieses Maß hat zwar Schwächen (insbesondere ist die prozentuale Spanne zwischen 75 und 100 eine völlig andere als die zwischen 975 und 1000). Es ist jedoch angesichts der Orientierung der intervenierenden Zentralbanken an runden Zahlen genau richtig für diesen Zweck. Die Abbildung zeigt also die Häufigkeit, mit der sich der Goldkurs unter runden Hunderter-Marken aufhielt, und den zugehörigen Goldkurs.

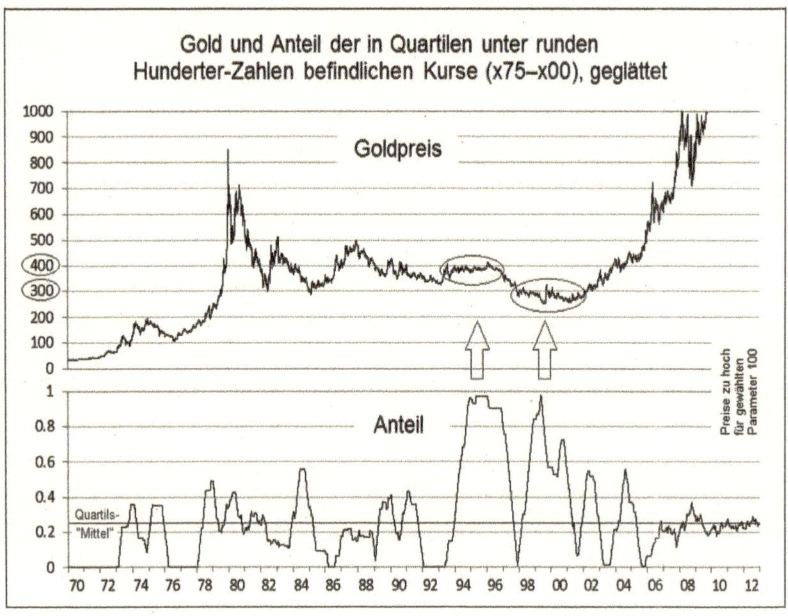

Abb. 64: Anteil der in Quartilen unter runden Hunderter-Zahlen befindlichen Kurse (x75-x00), geglättet

Da nur jeder vierte Kurs im oberen Viertel liegt, müsste sich die Linie über die Jahre bei 0,25 einpendeln (siehe Querlinie »Quartils-Mittel«). Bis zu Beginn der Interventionen pendelt er auch um dieses Mittel und liegt meist zwischen 0 und 0,5. Dann schießt das Maß der Häufigkeit auf fast 1, als der Kurs in der ersten Phase unter 400 gehalten wurde. Man kann auch am Kurs selbst leicht erkennen, wie er sich unter dieser Marke gehäuft aufhielt (erster Kreis). In dieser ersten Phase gab es eine klare Interventionsmarke, eine Vereinbarung zwischen verschiedenen Zentralbanken, den Goldkurs nicht über 400 steigen zu lassen. Motive waren die genannten geldpolitischen (»Thermometer«).

Das Häufigkeitsmaß signalisiert uns nun aber, dass es auch eine zweite Marke gegeben haben muss. In der zweiten Phase steigt die Häufigkeit nämlich noch einmal auf fast 1. Man kann denn auch am Kursbild erkennen, wie der Kurs unter der neuen Marke von 300 klebt (linke Hälfte des zweiten Kreises). Es muss also auch die Marke 300 gegeben haben! Das Häufigkeitsmaß zeigt uns also etwas, was man am Kursbild allein erst auf den zweiten Blick erkennt. Es war somit ein neues Kursniveau vereinbart worden. Die neue Marke war 300, der Kurs sollte sich darunter aufhalten (der vereinbarte Jahresschlusskurs an der Comex von 290 ist Teil der Vorgehensweise bezüglich dieser Marke). Weder über die Marke selbst noch über die Gründe, dieses tiefere Niveau anzustreben, gibt es ansonsten Informationen; es wurde anscheinend konsequent nur noch »off the records« gesprochen.

Das Häufigkeitsmaß verrät uns aber diese zweite Marke (und bestätigt nebenbei die erste). Die Existenz einer solchen Marke liegt ja auch nahe; nachdem man sich an der 400 orientiert hatte, wurde das nächste Ziel in Angriff genommen. Die neue Marke hatte aber weniger lange Bestand. Nachdem sich der Kurs gut ein Jahr knapp unter 300 hielt, sorgte das britische Schatzamt für den weiteren Kursrückgang (Mitte des zweiten Kreises), was dann die Mehrzahl der Zentralbanken opponieren ließ. Mit dem Washington Agreement gelang es ihnen auch, sich durchzusetzen, was dann zum scharfen Anstieg führte (senkrechte Linie Mitte des zweiten Kreises). Dies ist eigentlich bereits der Beginn des langsamen Endes der systematischen Goldinterventionen. Zwar konnte der Kurs 2001 noch einmal auf fast 250 zurückgeführt werden, seitdem steigt er aber. Die zweite Phase ist somit die uneinheitlichste und widersprüchlichste. Sie wirft auch die meisten Fragen auf: Wieso wurde ein tieferes Niveau vereinbart und der Kurs von der Marke 400 unter die neue Marke 300 gedrückt? Und wieso wollten die Briten dann einen noch tieferen Goldkurs? Bei beiden Fragen geht es darum, wieso ein tieferer Goldpreis angestrebt und nicht bloß ein Anstieg verhindert wurde, was sich als geldpolitisch motiviert erklären lässt.

Die Marke von 300 bestimmte wohl das Timing bei den vorgeschlagenen IWF-Verkäufen und denen der Briten, denn diese erfolgten, als Gold sich anschickte, über 300 zu steigen (siehe Abbildung 25). Die Marke hatte aber informell noch Bestand, selbst nachdem die Briten aus »der Reihe getanzt« waren und Gold weiter fiel. Sie lässt sich seitdem nur nicht so gut im Kursbild erkennen wie die 400er-Marke (aber auch 250 ist »unter 300«). Die Marke bestand sogar bis Anfang 2002 weiter, obwohl sie dann nur noch halbherzig verteidigt wurde. Ferdinand Lips macht in seinem Buch[107] darauf aufmerksam, dass die ersten drei Ankündigungen des damaligen Präsidenten der Deutschen Bundesbank, Ernst Welteke, Goldverkäufe zu erwägen, jeweils stattfanden, als sich der Goldpreis anschickte, die Grenze von 300 zu überschreiten. Diese zeitliche Feinabstimmung ist angesichts der Intransparenz der Goldpolitik, bei der beinahe alles Wesentliche verschwiegen wird, schon eine Art offizieller Bestätigung der Marke von 300. Die Marke konnte nicht gehalten werden, der Kurs machte nur kurze Gegenbewegungen.

Die kurze, spektakuläre und an Peinlichkeit kaum zu überbietende Phase der Golddrückung durch Vorab-Verkaufsankündigung neigte sich sowieso ihrem Ende zu. Es kam auch zu keinen Goldverkäufen seitens der Bundesbank (wie wir gesehen haben, gelang es ihr später, das verliehene Gold zurückzubekommen, ohne es aus eigenen Beständen liefern zu müssen). Zwei Jahre später gab es dann anscheinend noch einmal den Versuch, Gold an der vorherigen Marke von 400 zu halten. In der folgenden Abbildung sind der Anstieg nach dem Washington Agreement on Gold (WAG) und die Welteke-Verkaufsanregungen eingezeichnet sowie ein nadelstichartiger Anstieg Mitte Mai 2001 (der

---

[107] Lips, Ferdinand: »Die Goldverschwörung«, Rottenburg 2003, S. 303 (Lips nennt einmal den 8. Februar 2002, er muss den 18. Februar 2002 gemeint haben). Welteke machte später noch wiederholt Verkaufsvorschläge mit wechselnden Begründungen. Anscheinend hatte die Regierung ihn in der Erwartung, dass er Goldverkäufe durchsetzt, für das Amt des Bundesbankpräsidenten vorgeschlagen. Laut Presseberichten hatte er aber anfangs keine Mehrheit des Bundesbankvorstandes hinter sich. Die stand anscheinend aber allenfalls für den Fall in Aussicht, dass der Erlös nicht dem Haushalt zu Gute kommt (das schlug er dann zumindest vor). Später musste er wegen einer Affäre zurücktreten. Vertreter der Opposition vermuteten damals eine Intrige zur Durchsetzung von Goldverkäufen zugunsten des Haushalts. Reiermann, Christian: »Und ewig lockt das Gold«, Der Spiegel 4/2004 S. 75, www.spiegel.de/spiegel/print/d-29725583.html; »Kauder: Eichel will Bundesbank-Gold für Wahlkampf nutzen«, Frankfurter Allgemeine Zeitung, 15.4.2004 S.2, www.faz.net/aktuell/politik/inland/adlon-affaere-kauder-eichel-will-bundesbank-gold-fuer-wahlkampf-nutzen-1159801.html.

in Vorwegnahme des Ergebnisses des Folgekapitels als »Terminmarkt-Klimawechsel« bezeichnet wird).

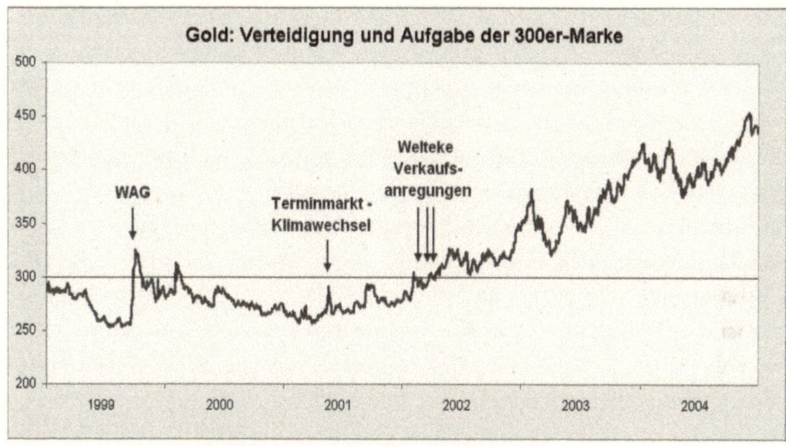

Abb. 65: Gold: Verteidigung und Aufgabe der 300er-Marke

29. Das Mysterium des 18. Mai 2001, 12.31 Uhr

Mit dem 5. August 1993 hatten wir den Tag gefunden, an dem die modernen systematischen Interventionen begannen, erst gegen einen steigenden Goldpreis, ab dem 21. November 1996 sogar für einen fallenden. Wir wollen nun den Tag identifizieren, an dem sich das Blatt wendete. Zweimal, 1999 und 2001, prägte der Goldpreis ein Tief in der Nähe von 250 Dollar je Unze aus. Das Jahr 1999 war zudem vom Washington Agreement on Gold gekennzeichnet, mit dem die Zentralbanken eine geänderte Sicht gegenüber Gold kundtaten, was kurzfristig zum scharfen Preisanstieg führte. Dennoch ist es ein Tag im Jahr 2001, an dem die dritte Phase und damit die erste Stufe der Beendigung der Goldinterventionen begann. Die Interventionen sind seitdem nicht mehr durch physisches Angebot durch die Goldleihe dominiert, sondern haben ihren Schwerpunkt an den Terminmärkten. Wegen des fehlenden zusätzlichen Zentralbankgold-Angebots steigt zudem der Goldpreis. Der Preis wird seitdem nicht mehr gehalten, lediglich der Anstieg gebremst. Wenn der Schwerpunkt nun bei den Terminmärkten liegt, liegt es nahe, sich dort nach weiteren Spuren umzusehen, die die Interventionen hinterlassen haben.

In den USA gibt es eine Meldepflicht für Positionen an den Terminmärkten, die eine bestimmte Größe überschreiten. Die Marktteilnehmer müssen sich dabei einer bestimmten Gruppe zuordnen. Eine dieser Gruppen heißt »Commercials«. Diese kommerziellen Marktteilnehmer unterscheiden sich von den beiden übrigen Gruppen tendenziell dahingehend, dass sie kein reines (»spekulatives«) Interesse an den Preisbewegungen haben, sondern das eines kommerziellen Geschäftes. Zu der Gruppe der Commercials gehören etwa Minen, die ihre Produktion im Voraus an den Terminmärkten verkaufen, oder Schmuckhersteller, die ihren Metallbedarf auf Termin kaufen. Es wird nun von Marktkommentatoren seit langem vermutet, dass die Interventionen an der Comex sich in den Werten für die Commercials äußern.

Einmal die Woche veröffentlicht die amerikanische Aufsichtsbehörde CFTC ausführliche Statistiken über die eingegangenen Positionen der verschiedenen Gruppen. Aus diesen Statistiken kann man ersehen, welche Positionierung die Commercials, hinter denen sich auch die Interventionskräfte verbergen könnten, eingenommen haben. Die nachfolgende Abbildung zeigt die Positionierung der Commercials über den gesamten verfügbaren Zeitraum ab 1986 zusammen mit dem Goldpreis. Dazu wird die Zahl der Kontrakte genommen, die long sind, und von der abgezogen, die short sind, um die Nettopositionen zu erkennen. Dieser Wert wird dann durch die Gesamtzahl aller offenen Kontrakte geteilt, um den Nettoanteil der Commercials auszuweisen. Werte unter 0 bedeuten somit, dass die Commmercials auf fallende Kurse setzen.

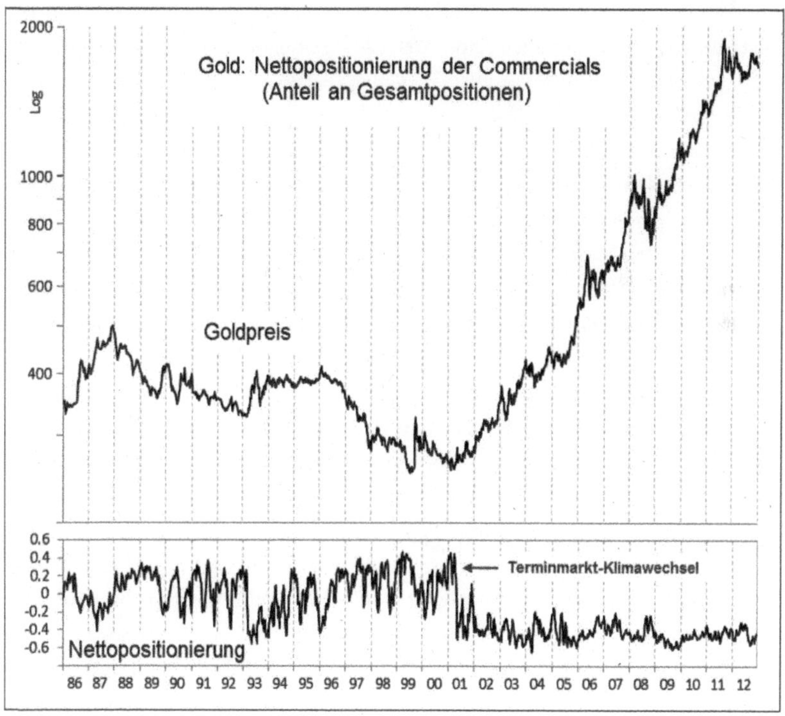

Abb. 66: Gold: Nettopositionierung der Commercials (Anteil an Gesamtpositionen)

Wir können deutlich erkennen, dass es in der Woche zum 22. Mai 2001 einen sehr scharfen Rückgang gab. Seitdem hält sich der Wert fast immer unter -0,2 auf, oft sogar deutlich tiefer. In den vielen Jahren zuvor schwankte er hingegen um die Nulllinie! Dies ist ein signifikanter Unterschied, der in etwa mit dem Anstieg des Goldpreises einhergeht. Der Wert deutlich unter null bedeutet, dass die Commercials insgesamt in hohem Maße auf fallende Kurse setzen. Den ganzen Anstieg über sind sie verlustreich positioniert.

Wir wissen nun von den Geschäftsberichten der Goldminen, dass diese im Zuge des Anstiegs des Goldpreises ihre Absicherung gegen fallende Preise deutlich reduziert haben. Sofern sie die Absicherung über die Comex gemacht hätten, müsste analog ein Auflösen der Absicherungen die Linie steigen lassen. Das ist nicht der Fall. Die Positionierung auf fallende Kurse entspricht hingegen dem, was man bei Verkäufen am Terminmarkt zum Zwecke von Interventionen erwarten würde. Seit Mai 2001 gelingt es den Interventionskräften anscheinend kaum noch, ihre Verkaufspositionen glattzustellen, und deshalb liegt der Wert unter -0,2.

Wir wollen die Beweiskraft der Statistik aber nicht überbewerten. Sie ist indirekt, und wir wissen nicht zuverlässig, in welcher Gruppe sich die Interventionskräfte formal einordnen. Zudem kam es auch vor Beginn der Interventionen im August 1993 zu Rückgängen der Linie der Commercials, also einem Anstieg der Short-Positionen (anscheinend weil die Minen aus Absicherungsgründen in Anstiege hinein verkauften). Diese Rückgänge können im Bullenmarkt seit 2001 systematisch ausgeweitet worden sein (was aber nicht zum grundsätzlichen Abbau der Absicherungsgeschäfte seitdem passen würde). Insgesamt können wir erkennen, dass sich seit 2001 an der Struktur der Positionierungen an den Terminmärkten etwas Grundlegendes geändert hat. Zudem fällt die Woche zum 22. Mai 2001 mit dem starken Rückgang auf.

Wir erweitern unsere Untersuchung noch durch eine weitere Statistik der amerikanischen Aufsichtsbehörde. Diese macht nämlich auch Angaben zur Konzentration. Konzentration bedeutet, wie groß der Marktanteil der größten Teilnehmer ist. Die Überlegung ist nun, dass Interventionen nur von wenigen Instituten oder gar einem einzigen Institut ausgeführt werden, während sich normale Marktaktionen über viel mehr Häuser verteilen. Die Konzentration sollte somit steigen, wenn viele Interventionen durchgeführt werden. Durch wenige Institute durchgeführte Interventionen an der Comex, mit denen der Preis gedrückt wird, müssen zu einer Erhöhung der Konzentration führen (sofern die Positionen nicht wieder glattgestellt werden können). Sie sind dann in der Statistik sichtbar. Die nachfolgende Abbildung zeigt, wie groß der Anteil der vier größten Institute an den gesamten Netto-Short-Positionen (die auf fallende Kurse zielen) ab 1986 war.

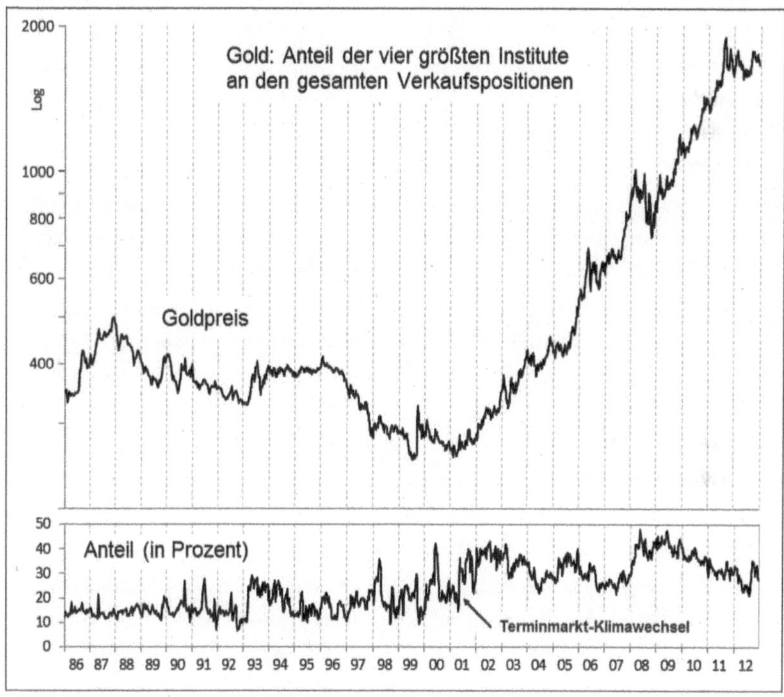

Abb. 67: Gold: Anteil der größten vier Institute an den gesamten Verkaufspositionen (in Prozent)

Wir erkennen erneut eine Niveauverschiebung. Während die Konzentration auf der Short-Seite bis 1993 im Mittel bei etwa 15 Prozent lag, stieg sie danach auf etwa 20 Prozent, wobei sie oft schwankte. Seit der Woche zum 22. Mai

2001 liegt sie aber bei etwa 30 Prozent, ein Niveau, das in den Anfangsjahren nur kurz bei Spitzen erreicht wurde. Oft betrug der Anteil der vier größten Häuser an den Verkaufspositionen sogar 40 Prozent und mehr! Erneut ist also eine deutliche Niveauverschiebung seit der Woche zum 22. Mai 2001 erkennbar. Wir wollen auch die Beweiskraft dieser Statistik nicht überbewerten. Sie ist indirekt, und es gab auch bei anderen Commodities in der Vergangenheit hohe Konzentrationen.

Sie passt aber gut in die Deutung, dass sich die Struktur der Terminmärkte durch eine Änderung bei der Interventionstätigkeit seit 2001 geändert hat. Zudem fällt erneut die Woche zum 22. Mai 2001 auf, diesmal mit einem starken Anstieg bei den Konzentrationen auf ein höheres Niveau, nachdem sie zuvor mit einer deutlichen und ebenfalls dauerhaften Erhöhung der Short-Positionierung der Commercials aufgefallen war. Was genau war in der Woche zum 22. Mai 2001 geschehen? Wir schauen uns den Intraday-Kursverlauf über das Wochenende an, genauer die zu einem Tag zusammengefassten beiden Tageshälften vom Freitag, den 18. Mai, und Sonntag, den 20. Mai 2001.[108] Für die Abbildung werden also die Kurse bis Handelsschluss am Freitagnachmittag in New York mit denen der ersten Handelsstunden am Montag früh in Sydney zusammengefasst (was Sonntagabend in New York entspricht).

Der Freitag, der 18. Mai 2001, begann ganz ruhig, es gab nur geringe Schwankungen. Um 12.31 Uhr durchstieß der Goldpreis im nächsten Liefermonat plötzlich die Marke von 275 (im hier gezeigten Spot-Markt geschah dies etwas später). Er stieg dann weiter bis fast 300 in den Morgenstunden des folgenden Handelstages Montag früh in Asien. Dies geschah im dünnen Wochenendhandel. Der Anstieg erfolgte ohne jeden Anlass. Er betrug fast 10 Prozent binnen weniger Handelsstunden. Zugleich markierte er eine Strukturwende an den Terminmärkten; die Commercials können sich seitdem nicht mehr von der Verkäuferseite lösen, und die Konzentration hat ein erhöhtes Niveau. Aber auch die Leihzinsen befinden sich seitdem auf einem nie zuvor gekann-

[108] Die Daten mussten aufgrund vieler Fehler manuell nachgearbeitet werden. Laut Marktberichten der Zeit lag der Höchstkurs aber sogar bei 298 Dollar.

ten niedrigen Niveau (auch wenn die Bewegung zu diesem Niveau nicht genau im Mai einsetze). Zwar kamen die Kurse danach erst einmal wieder herunter, dennoch markiert der 18. Mai 2001 einen Wendepunkt.

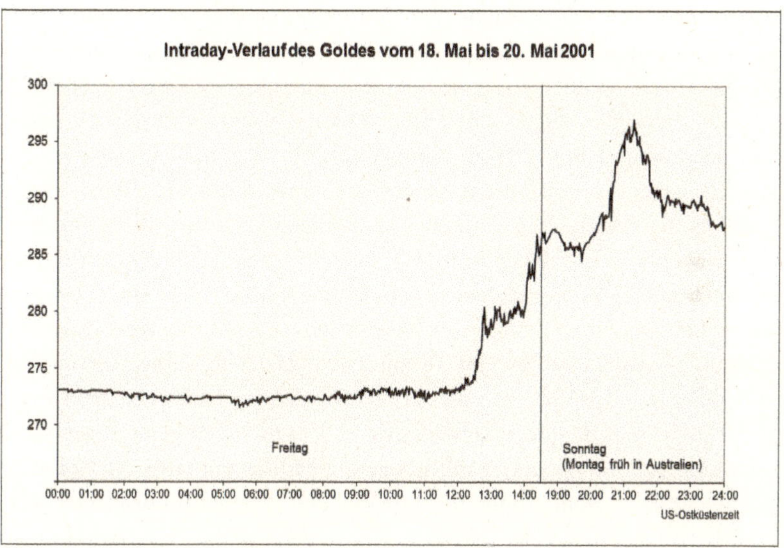

Abb. 68: Intraday-Verlauf des Goldes vom 18. Mai bis 20. Mai 2001

Wir wollen uns die damalige Situation anhand der damaligen Meldungen genauer ansehen. Zuerst fällt auf, dass in den Wochen zuvor die Leihzinsen deutlich angestiegen waren, ohne dass es gleichzeitig zu einem Preisanstieg gekommen war. Die Zentralbanken stellten also nicht genügend Gold für die Leihe zur Verfügung, änderten möglicherweise ihre Politik. Des Weiteren war die Zeit auch von den Aktivitäten in Öffentlichkeit, Politik und vor Gericht geprägt, die teilweise von der die Goldinterventionen bekämpfenden Gata entfaltet worden waren. Den genaueren Hintergrund kann eine inoffizielle Meldung erläutern, die hier ausnahmsweise zur Verdeutlichung des Hintergrundes aufgeführt wird. Sie gewinnt nämlich durch ihre unglaublich präzise Vorhersage und durch ihre Stimmigkeit mit dem erst viel später erkennbaren Gesamtkontext der veränderten Struktur sowohl des Leihe- als auch des Terminmarktes eine hohe Glaubwürdigkeit.

Am Montag, dem 14. Mai 2001, fünf Tage vor dem merkwürdigen Anstieg, wird dieser nämlich präzise angekündigt. Bill Murphy von der Gata schreibt in seinem Informationsdienst, dass Bob Chapman, Herausgeber eines anderen Informationsdienstes, ihm vorab einen Auszug aus seinem Börsenbrief zukommen ließ. Darin heißt es: »*Unsere Informanten haben uns informiert, dass Alan Greenspan den Bullionbanken bis Ende Mai Zeit gegeben habe, ihre Absicherungs- und offenen Derivatepositionen bei Gold in Ordnung zu bringen. [...] Sie sagten, sie glaubten, dass Gold am Freitag über 275 Dollar je Unze ausbrechen würde.*« [109] Es handelt sich hier also nicht einfach um eine Kursprognose, sondern um die genaue Vorhersage eines äußerst ungewöhnlichen Ereignisses. Denn der Kurs sollte am Freitag ausbrechen und sich genau bei 275 beschleunigen (wie der Chart zeigt). Der Anstieg erfolgte im dünnen Handel ohne jeden Anlass und war äußerst kräftig. Der genannte Hintergrund, die Bullionbanken sollten sich auf eine Änderung einstellen in Bezug auf Leihen und Termingeschäfte, ist im Nachhinein an den Statistiken gut erkennbar. Aus diesen Gründen sei ausnahmsweise eine inoffizielle Meldung erlaubt. Außerdem geht es hier nicht um einen Beweis der Goldinterventionen (dieser wird hier ausschließlich mit nachvollziehbaren Quellen geführt), sondern um die Erhellung des Hintergrundes eines Teilaspektes.[110]

Doch wer hat den Anstieg ausgelöst? Damals wurde etwas berichtet, das auf den ersten Blick sogar wie eine »Räuberpistole« wirken könnte, was jedoch am besten die Vorgänge erklärt. Es hieß, dass sich eine Gruppe gebildet habe, um einen Short-Squeeze (also ein Eindecken der Short-Positionen der

---

109 http://groups.yahoo.com/group/gata/message/769; die Datierung spätestens am Dienstag vor dem Freitag steht durch Aufführung auf dem unabhängigen Webdienst außer Frage. Quellen für die weiteren Informationen zum Thema: www.lemetropolecafe.com 14. Mai 2001 ff. (geschlossener Nutzerkreis). »Our intelligence sources have informed us that Alan Greenspan has given the bullion banks until the end of May to clear up their hedging and outstanding gold derivative positions. Evidentially this process has been going on for some time. Furthermore, Tony Blair will try to make available, at the upcoming British gold auction, additional gold which will go to banks designated by Greenspan. We were also told that AngloGold will sell forward a designated amount of gold to banks also specified by Alan Greenspan. Our source for this intelligence has been very accurate in the past. They also said they thought that gold would break out over $275.00 an ounce by Friday.«

110 Es gibt einige unbestätigte Belege der Goldinterventionen, die etwa im Internet verbreitet werden, etwa Zitate. Sie werden hier selbst dann nicht aufgeführt, wenn sie glaubwürdig erscheinen.

Bullionbanken zu deutlich höheren Kursen) zu erzwingen. Genannt wurden Soros (der schon die Bank von England »knackte«), eine arabische und eine chinesische Adresse. Die ausführenden Institute auf der Käuferseite seien Refco und Moore Capital, auf der Verkäuferseite Goldman Sachs und Chase Manhattan. Wer es auch immer war, es liegt nahe, dass es eine konzertierte Aktion zu diesem Zweck gab. Es wäre gewissermaßen ein Gegenkartell gegen das Kartell von Zentral- und Bullionbanken gewesen – zum Zwecke der Beendigung der Interventionen. Nebenbei hätte sich wohl auch ein erheblicher Gewinn ergeben können. Es deutet vieles darauf hin, dass es eine solche konzertierte Aktion gab: das vorherige Durchsickern des Anstiegs (einschließlich Tag und Kursniveau), der nach Absprache aussehende Zeitpunkt 12.30 Uhr (ähnlich wie bei Beginn 1993 anscheinend 8.30 Uhr), die große Stärke des Anstiegs, das Fehlen eines Anlasses und das Ausnutzen des dünnen Wochenendhandels. Hinzu kommt ein plausibler Hintergrund: Ein erzwungener Short-Squeeze hätte angesichts der ausstehenden Leihemengen sehr ertragreich sein können. Hinter den Kulissen wurde also hart gerungen. Gewonnen haben noch einmal die beteiligten Bullionbanken mit Unterstützung einiger Zentralbanken. Allerdings hat sich genau seit dieser Zeit die Struktur der Terminmärkte dauerhaft geändert. Zudem scheint es so zu sein, dass sich in etwa seit dieser Zeit auch die Struktur des Goldleihemarktes gewandelt hat.

Wir fassen zusammen: Die beteiligten Zentralbanken erkannten, dass sie den Goldpreis nicht dauerhaft auf diesem Niveau würden halten können, und teilten den Bullionbanken, die auf fallende Kurse setzten, mit, sie sollten sich auf einen Anstieg vorbereiten. Als Frist wurde erst das Ende des Monats Mai 2001 genannt, diese Frist wurde aber wohl noch im Mai auf das Ende des Jahres verlängert (bis dahin wird der Goldpreis unter 300 gehalten werden und erst dann steigen). Damit wurde nicht nur das Ende der durch das Leihegeschäft geprägten zweiten Phase der Goldinterventionen eingeleitet, sondern es wurden insgesamt die seit dem 5. August 1993 laufenden Interventionen in einen neuen Modus geführt, bei dem es nur noch um die Begrenzung des Anstiegs geht. Damit wurde zugleich der Beginn des Endes der Goldinterventionen eingeleitet in dem Sinne, dass das ursprüngliche Hauptziel der Anstiegsverhinderung nicht mehr erreicht wird.

Da zusätzliches durch die Leihe auf den Markt kommendes Gold als Drückungsinstrument wegfiel, müssen seitdem verstärkt die Terminmärkte für Interventionen genutzt werden. Der Wechsel geschah schlagartig gegen Mittag des 18. Mai 2001. Eine Gruppe gut informierter großer Investoren, die mit den Goldinterventionen nicht einverstanden war und zugleich Geld verdienen wollte, hatte sich vorgenommen, das Kartell von Zentral- und Bullionbanken zu sprengen und sie zum Aufgeben ihrer Positionen zu zwingen. 12.30 Uhr war anscheinend die vereinbarte Zeit für den Beginn der Käufe, eine Minute später wurde im Future die vereinbarte Marke von 275 durchbrochen mit dem Ziel eines sehr schnellen Anstiegs im dünnen Handel. Dies sollte andere zum Aufspringen veranlassen beziehungsweise zum Eindecken zwingen und so einen Aufwärtsschub erzeugen. Die Bullionbanken, vermutlich mit direkter Unterstützung einiger Zentralbanken, hielten dagegen und konnten den Kurs unterhalb von 300 abfangen und in den nächsten Tagen wieder nach unten führen. Dazu mussten sie große Short-Positionen in ihre Bücher nehmen, die sie seitdem nicht wieder abbauen konnten. Dies äußert sich in den Statistiken der Börsenaufsicht. Sie bekamen zudem mehr Zeit, bis Jahresende 2001, um sich besser auf einen Anstieg des Preises vorbereiten zu können. Seitdem steigt der Preis, wobei es sich letztlich um einen langsamen geordneten Rückzug der Interventionisten handelt. Um etwaige Verluste der Bullionbanken zu minimieren, reduzierten die Zentralbanken den Leihzins auf fast null.

So wie der 5. August 1993 den Beginn der systematischen Interventionen im Goldmarkt einleitete, so beendete der 18. Mai 2001 die Zeit, in der Gold am Anstieg durch zusätzlich verliehenes Gold gehindert werden konnte. Die Interventionen an den Terminmärkten dominierten seitdem, von nun an sollte ein Anstieg nur noch gedrosselt werden. Es ist diese Änderung beim Vorgehen im Terminmarkt zusammen mit der mutmaßlichen Aufforderung Greenspans in Bezug auf die Leihe, die den 18. Mai 2001 für die Aufwärtsbewegung im Goldmarkt zu dem macht, was der 5. August 1993 für die Abwärtsbewegung ist: zu einem bestimmenden Datum für die übergeordneten Trends am Goldmarkt, aber auch für die damit zusammenhängenden Einflüsse auf die übrigen Finanzmärkte und die Realwirtschaft. Mit dem 18. Mai 2001 ging nämlich auch der Antrieb für die Finanzblase zu Ende, der mit den Goldinterventionen ebenfalls am 5. August 1993 gestartet worden war. Zwar hatte die Trendwende an den Aktienmärkten bereits vorher begonnen, insbesondere die Technologiewerte waren bereits gefallen, dennoch ist es bemerkenswert, dass am nachfolgenden Montag, dem 21. Mai 2001, der Dow Jones ein wichtiges Hoch ausbildete (es wurde damals oft vermutet, dass auch an den Aktienmärkten und hier wiederum insbesondere am Dow Jones interveniert würde). Übergeordnet bildeten die Aktienmärkte um die Jahrtausendwende ein langjähriges Hoch aus, Gold ein langjähriges Tief. Ob Zufall oder Zusammenhang (und wenn, von welcher Art), es geht bei der Golddrückung nicht nur um den Goldmarkt, sondern immer auch um seinen Gegenspieler, die Welt des Kredits und des Kreditgeldes. Angemerkt sei hier noch, dass der Beginn des Endes am 18. Mai 2001 nicht mehr von den Zentralbanken festgelegt wurde, sondern vom Markt beziehungsweise einigen Marktteilnehmern (ähnlich wie das Ende der Fixierung des Britischen Pfundes am Beginn der EWS-Krise).

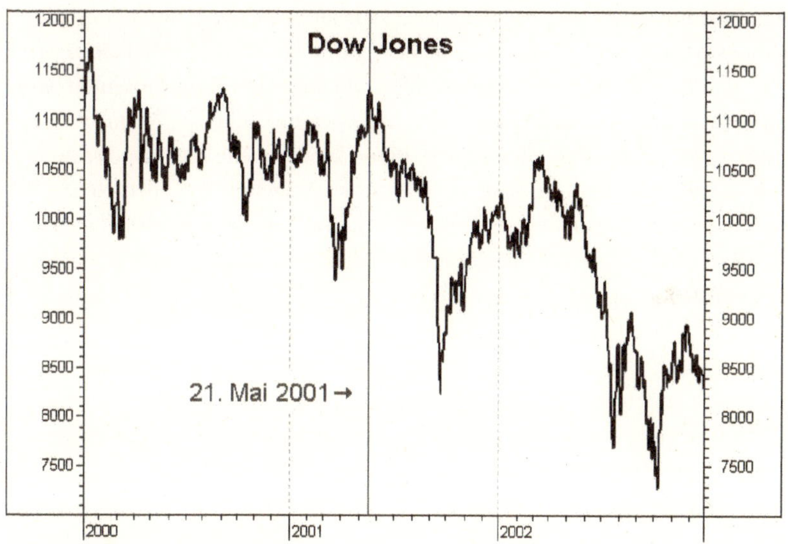

Abb. 69: Dow Jones 2000–2002

Spuren im Markt und in Dokumenten haben uns ein Bild gewinnen lassen in Bezug auf Motive, Akteure und Aktionen bei den systematischen Interventionen, die seit dem 5. August 1993 den Goldmarkt prägen. Manches aber bleibt vorerst ungeklärt. Dazu zählen das konkrete Motiv der britischen Regierung für ihre Vorankündigung, die Motive auf staatlicher Seite für die fallenden Kurse in der zweiten Phase ab 1996, die Namen der jeweils ausführenden Institutionen auf staatlicher und privater Seite, die Gewinne der privaten Parteien und ihre etwaigen späteren Verluste und natürlich viele Details, angefangen von der Spaltung in den Institutionen bei der Wende 1999 über die genauen Umstände des Mai 2001 bis hin zur konkreten Vorgehensweise bei den schockartigen Interventionen und den Glattstellungen der Short-Positionen. Wir haben Motive gesehen, die nachvollziehbar sind, wie die Krisenbekämpfung, und vermuten solche, die fragwürdig sind, wie die Gewinne der Goldleiher (beziehungsweise entsprechend auf Zentralbankseite das Eingehen auf deren Lobbyarbeit).

Zu den geldpolitischen Motiven der Zentralbanken gehörte die Bekämpfung der Inflationserwartung mit dem Ziel niedrigerer Inflationsraten und niedrigerer Kapitalmarktrenditen. Es stellt sich die Frage, ob diese Medizin gewirkt hat, aber auch, welche Nebenwirkungen sie hatte. Haben die Goldinterventionen zur Finanzmarktarchitektur seit der zweiten Hälfte der Neunzigerjahre beigetragen? Zur Aktienblase, zur späteren Immobilienblase, zum Leistungsbilanzdefizit der USA und zur zunehmenden Verschuldung allerorten? Und lebt die ganze Menschheit vielleicht seit Jahren auf einer großen Finanzblase? Eine Blase, die mit Hilfe auch der Golddrückung noch stärker aufgeblasen wurde?

30. Die Wirkungen der Golddrückung

Viele Spuren weisen auf die Interventionen im Edelmetallmarkt und ermöglichen die Erschließung der Hintergründe. Wir wollen uns nun der Frage zuwenden, welche Folgen diese nachhaltigen Interventionen hatten. Außerdem interessiert Grundsätzliches zu den beiden Antagonisten im Bereich der liquiden Wertspeicher, dem nur schwer vermehrbaren, schuldnerfreien Warengeld Gold auf der einen Seite und dem beliebig vermehrbaren, ausfallgefährdeten Kredit beziehungsweise Kreditgeld auf der anderen.

Sehen wir uns zuerst die Betragsdimension an, um die es bei den Goldinterventionen geht. Geht man von 170 000 Tonnen an bisher gefördertem Gold aus, so macht alleine eine Kursbewegung von 200 Dollar je Unze, die sicher durch Kurseingriffe erreicht wurde, einen Vermögensschaden von 1093 Milliarden Dollar aus. Zwar ist nicht mehr alles Gold verfügbar, sodass eine geringere Menge Goldes anzusetzen wäre. Umgekehrt dürfte die Annahme realistisch sein, dass der Goldpreis ohne Interventionen zumindest phasenweise um deutlich mehr als 200 Dollar höher gestanden hätte. Die Schätzung von grob 1000 Milliarden Dollar, um die die Halter von Gold geschädigt wurden, dient somit als Orientierungsmarke für die Größenordnung des Eingriffs. Es dürfte sich somit wohl um die größte Vermögensschädigung der Geschichte handeln, und wenn man sie als Betrug wertet, um den größten Betrug! Dieser Schaden ist durchaus real, auch wenn er etwa vom einzelnen Besitzer beispielsweise eines Eherings nicht wahrgenommen wird, beziehungsweise wenn er letztlich nur vorübergehender Natur sein sollte (das letztendliche Scheitern der Interventionen unterstellt). Dabei gibt es natürlich auch konkret Betroffene, seien es Gold haltende Anleger, seien es in Not geratene Verkäufer des Familienschmucks, seien es um ihren vollen Lohn gebrachte Minenarbeiter, oder seien es um Steuereinahmen gebrachte Rohstoffförderländer.

Bei der Würdigung des Schadens ist zu unterscheiden, ob die Eingriffe von privaten Parteien aus Gewinnabsicht oder von Staates wegen in der Absicht einer besseren Geldpolitik ausgeführt werden. Denn selbstverständlich relativiert sich der Schaden, wenn man ihm die beabsichtigten positiven Wirkungen der Goldinterventionen, wie die Senkung der Inflationserwartung und der Inflation, gegenüberstellt. Diese Wirkungen sind aber insgesamt zu würdigen, also nicht nur mit ihren kurzfristigen, beabsichtigten positiven Effekten, sondern auch mit langfristigen, möglicherweise negativen Folgen. Oft haben nämlich Eingriffe in die Märkte kurzfristig positive Folgen, langfristig aber negative! Für die Realwirtschaft ist dies mittlerweile hinlänglich bekannt, im Bereich des Geldes und des Kredits bleiben diese Zusammenhänge aber oft unverstanden.

Wir wollen die Wirkungen der Golddrückung in zwei Gruppen unterteilen, zum einen in solche, bei denen der Dollar im Vordergrund steht, und dann in solche, bei denen es grundsätzlich um Geld und Kredit geht. Die Golddrückung sollte den Dollar stärken. Sie sollte ausländische Anleger und vor allem Zentralbanken motivieren, in Dollar zu investieren. Zudem sollte sie das Handelsbilanzdefizit der Vereinigten Staaten finanzieren helfen. Seit den Fünfzigerjahren weisen die USA tendenziell ein außenwirtschaftliches Defizit aus, geben im Ausland mehr an Leistung und Kapital aus, als sie einnehmen. Die Versuchung war anfangs auch ziemlich groß, saßen sie doch auf dem größten Goldschatz der Erde. Doch wie oft summiert sich auch ein kleines Defizit im Laufe der Zeit auf, und der Goldbestand wurde immer geringer. Dies führte zum Zusammenbruch der Goldbindung im Jahr 1971. Seitdem gibt es erstmals weltweit ein reines Papiergeldsystem.

Die Loslösung begann tatsächlich aber mehrere Jahre früher. Bereits in den Sechzigerjahren des vorigen Jahrhunderts verzichtete Deutschland als eines der wichtigsten Dollarhaltenden Länder nämlich darauf, Dollar in Gold zu tauschen. Dies wurde nun 1967 in dem bereits erwähnten Blessing-Brief explizit bekräftigt. Vor über vierzig Jahren wurde damit ein System eingeführt, das im Prinzip heute noch so funktioniert und das den politischen und ökonomischen Zustand der Welt mitgestaltet. Wir wollen uns deshalb genauer ansehen, was damals war und was man sich dachte.

Die Amerikaner hatten Stützpunkte in Deutschland. Sie wollten 1967, dass Deutschland sich stärker an den Kosten beteiligte. Das wollte Deutschland nur in begrenztem Maße, es wollte aber auch nicht den Schutz der US-Truppen riskieren. Es stand sogar das Verteidigungsbündnis auf dem Spiel. Also verfiel man auf einen Trick: Der damalige Bundesbankpräsident Blessing sicherte mit Rückendeckung der Regierung zu, keine Dollar mehr in Gold zu tauschen, sondern sich mit US-Papieren zufriedenzugeben. Die Amerikaner beließen ihre Truppen. Angesichts der geballten Truppen des Ostblocks hatten die Deutschen nicht den Mut, sich auf die Seite Frankreichs zu schlagen, das weiterhin Gold von den USA verlangte. Der zugrunde liegende Mechanismus einer Staatsdefizitfinanzierung durch internationale Zentralbanken ist von zentraler Bedeutung für die politische und ökonomische Ordnung seitdem.

Inwieweit damals bereits die heutige Geldordnung geschaffen wurde, verdeutlicht ein damaliger Bericht an den amerikanischen Präsidenten. Er erklärt den Mechanismus schon recht gut. Er beschreibt im Jahre 1967 die deutsche Zusage, keine Dollar in Gold zu tauschen: *»Im Ergebnis wird es die Deutschen auf einen Dollar-Standard stellen. Und es ist ein erster wichtiger Schritt, die anderen Europäer (außer Frankreich) dazu zu bringen, ähnlichen Regeln zuzustimmen. Wenn wir erfolgreich sein sollten [...], müssen wir uns keine Sorgen mehr machen über ein angemessenes Zahlungsbilanzdefizit. «*[111] Die Truppen der Amerikaner sollen finanziert werden. Länder wie Deutschland sind nur begrenzt bereit, sich direkt an den Kosten zu beteiligen. Stattdessen finanzieren sie die Truppen, indem ihre Zentralbanken den Amerikanern deren Schuldtitel abkaufen. Dadurch reduziert sich deren Zinsaufwand, und auch außenwirtschaftliche Effekte werden neutralisiert. Ausländische Zentralbanken finanzieren seitdem direkt das Außendefizit Amerikas. Die USA können somit in eigener Währung im Ausland auf Kredit bezahlen. Zuvor stand dem Gold entgegen, und Gold stünde dem auch heute entgegen. Wenn die aus-

---

[111] Zitiert nach Holderegger, Thomas: »Die trilateralen Verhandlungen 1966/1967«, in: Wenger, Andreas (Hrsg): Zürcher Beiträge zur Sicherheitspolitik und Konfliktforschung Nr. 76, Zürich 2006, S. 235: »In effect it will put the Germans on a dollar standard. And it is an enormous first step toward getting the other Europeans (ex-France) to agree to the same kind of rules. If we succeed – and after some serious education on the Hill and in the financial community – we will no longer need to worry about reasonable balance of payments deficits.« http://e-collection.ethbib.ethz.ch/eserv/eth:28459/eth-28459-01.pdf.

ländischen Zentralbanken nämlich die supranationale Währung Gold fordern würden, bräche dieses System zusammen. Das gilt heute noch genauso wie 1967. Allerdings haben die Staaten gewechselt, die Bedeutung Deutschlands in Bezug auf Devisenreserven hat nachgelassen. Im Laufe der Zeit haben sich aber mehr oder minder alle Zentralbanken an dieser Finanzierung beteiligt.

Sie taten das auch aus anderen Motiven. Dazu zählte etwa die Subventionierung der eigenen Exportindustrie. Außerdem bevorzugen sie Dollars wegen der Größe des Marktes, wegen der Bedeutung im Handel und wegen der verhältnismäßig geringen politischen und militärischen Risiken bei Dollaranlagen. Diese Gründe genügen aber nicht, um einen Anteil des Dollars von oftmals 75 Prozent bei den Devisen der Zentralbanken zu erklären.[112] Sie könnten ihre Reserven in allen möglichen anderen Währungen anlegen, tun es aber seit Jahrzehnten nicht. Die Zentralbanken der Staaten der Welt finanzieren so das amerikanische Militär im Ausland. Sie tun dies selbst dann, wenn ihre Länder im Einzelfall gegen amerikanische Kriegsentscheidungen sind, wenn sie einem anderen politischen und kulturellen Umfeld angehören, und sogar dann, wenn sie (wie die Chinesen) auch schon mal als potenzielle künftige Kriegsgegner gehandelt werden. Sicher werden ausländische Zentralbanken dazu motiviert, US-Staatspapiere zu kaufen – und ein Mittel dazu ist die Golddrückung, die ihren Anteil daran hat, dass der Anteil ausländischer Zentralbanken an der Finanzierung der US-Staatsverschuldung von unter 10 Prozent auf etwa 25 Prozent stieg. Die Länder werden aber nicht bedroht, allenfalls wird der Entzug von Schutz angedroht. Am ehesten dürfte dies neben Deutschland in den Sechzigern für Länder wie Japan oder Taiwan mit ihrer starken sicherheitspolitischen Abhängigkeit von den USA gegolten haben. Aber auch bei anderen Staaten mag das militärische Motiv eine Rolle spielen, im Sinne einer »Pax Americana«, die ein berechenbares Maß an sicherem Handel, sicherer Rohstoffversorgung und Investitionssicherheit und generell an Sicherheit bringt.

---

112 Die Statistiken des IWF scheinen einen etwas geringeren Anteil auszuweisen. Sie führen aber auch eine Position mit nicht spezifizierten Währungen. Bei diesen dem IWF nicht berichteten Währungen ist der Anteil des Dollars aber ähnlich hoch wie bei den berichteten (das zeigt sich bei der nachträglichen Meldung vergangener Werte), sodass sich ein entsprechend höherer Dollaranteil ergibt.

Eine übergeordnete Macht, auch wenn sie unvollkommen ist, begrenzt Streitigkeiten. Das ist im Kindergarten so, auf dem Schulhof, im Zivilleben, es gilt zwischen Stämmen, und es gilt auch zwischen Staaten. Die großen Kriege in Europa in der ersten Hälfte des zwanzigsten Jahrhunderts oder die Legion an religiösen Streitigkeiten in der muslimischen Welt seit Anbeginn demonstrieren das relativ hohe Maß an Frieden, das in den letzten Jahrzehnten herrschte und das Voraussetzung für den enormen weltweiten Wirtschaftsaufschwung dieser Jahre war. Dass die Amerikaner dies nicht aus Altruismus taten, dass sie nicht als gerechter Richter militärisch auftraten und dass sie die Gelegenheit zur Weiterentwicklung des internationalen Rechts nicht aufnahmen, die das Ende des West-Ost-Konflikts bot, ändert an der grundsätzlichen Funktionsweise nichts.

Es spielt letztlich auch keine Rolle, wonach die Zentralbanken der Welt ihre Reserveentscheidungen konkret ausrichten. Der Zusammenhang zur Sicherheitspolitik ist für Deutschland Ende der Sechziger gut dokumentiert, für andere Länder dürfte Ähnliches gegolten haben; den übrigen sollte zumindest bekannt gewesen sein, dass sie auch das Militär finanzierten. Es spielt aber letztlich keine Rolle, ob sie sich gezielt an der Finanzierung der »Pax Americana« beteiligten oder ob sich in einem historischen Prozess ein Status quo eingependelt hat. Als Gesamtheit finanzierten die Staaten der Welt bereitwillig die bestehende Ordnung. Der wesentliche Baustein war indirekt über ihre Zentralbanken, hier sammeln sich letztlich die internationalen US-Schulden (die Abwicklung des internationalen Handels in US-Dollar – »Petrodollar« – spielte bei der Thematik hingegen nur eine indirekte Rolle, da es auf die vom Ausland gehaltenen Forderungen gegenüber den USA ankommt).

Bei der hier vorgenommenen Wertung als Pax Americana, bei der die anderen Staaten letztlich bereitwillig mitmachen im Sinne eines Beibehaltens des Status quo, spielt die Freiwilligkeit der Entscheidungen bei den Devisenreserven eine Rolle. Sie lag zwar später bei Gold aufgrund der Kursbeeinflussungen nur begrenzt vor, sehr wohl aber bei der maßgeblicheren Frage, ob und wie viel in Dollar angelegt wird. Freiwilligkeit setzt die Möglichkeit der Informiertheit voraus. Sie war zumindest für Fachkreise gegeben, auch wenn der veröffentlichte Tenor ein anderer war (»der amerikanische Konsument stärkt die Weltwirtschaft«). Der grundsätzliche Sachverhalt, wie die Abkehr von der Goldbindung und die Bildung von US-Dollar-Devisenreserven der Finanzierung des amerikanischen Militärs dient, ist seit den Siebzigern prominent publiziert.[113] Eine einseitige Wertung als Imperialismus greift zu kurz, denn die Finanzierung erfolgte nicht aufgrund militärischer Drohung (es gibt zumindest keinen Anhaltspunkt dafür, dass die Amerikaner beispielsweise China bombardiert hätten, wenn die Chinesen das US-Leistungsbilanzdefizit um eine Billion Dollar weniger finanziert hätten). Außerdem muss man sich das Ganze als Prozess aufeinanderfolgender Entscheidungen vorstellen.

Unabhängig von der (auch wechselnden) Motivlage steht die Aufhebung der Goldbindung (formell Anfang der Siebziger) und die Anhäufung von US-Dollar-Devisenreserven bei ausländischen Zentralbanken im engen Zusammenhang mit der Finanzierung des amerikanischen Militärs. Diese erfolgte nicht nur über das Ausland, sondern sogar in eigener (abwertbarer) Währung. Die Amerikaner zahlten dennoch auch einen schleichenden Preis im Inneren, denn letztlich konnten sie die Nachteile eines Leistungsbilanzdefizits nicht verhindern. Der stetig überbewertete Dollarkurs schwächte die eigene Industrie, und der bereitwillige Aufkauf der Schuldtitel durch ausländische Zentralbanken förderte die Verschuldung.

Die Golddrückung seit August 1993 ist Teil eines bereits seit Ende der Sechziger bestehenden Systems, das Außendefizit und die Pax Americana zu finanzieren, den Dollar zu festigen und den durch nichts gedeckten Dollar in der Außenwirtschaft zu dem zu machen, was zuvor Gold (oder Silber) war. Wir wollen einmal verdeutlichen, um welche Größenordnungen es heute geht. Die Abbildung zeigt die Devisenreserven der japanischen und chinesischen Zentralbanken (dabei ist »Devisenreserven« eigentlich die falsche Bezeichnung, als Reserve würde ein Bruchteil genügen; es liegt längst ein globaler Finanzierungsmechanismus vor). Auffällig ist der Anstieg der Kurve nach 1993, dem Beginn der systematischen Goldinterventionen.

---

113 Hudson, Michael: »Super Imperialism – The Economic Strategy of American Empire« New York 1972.

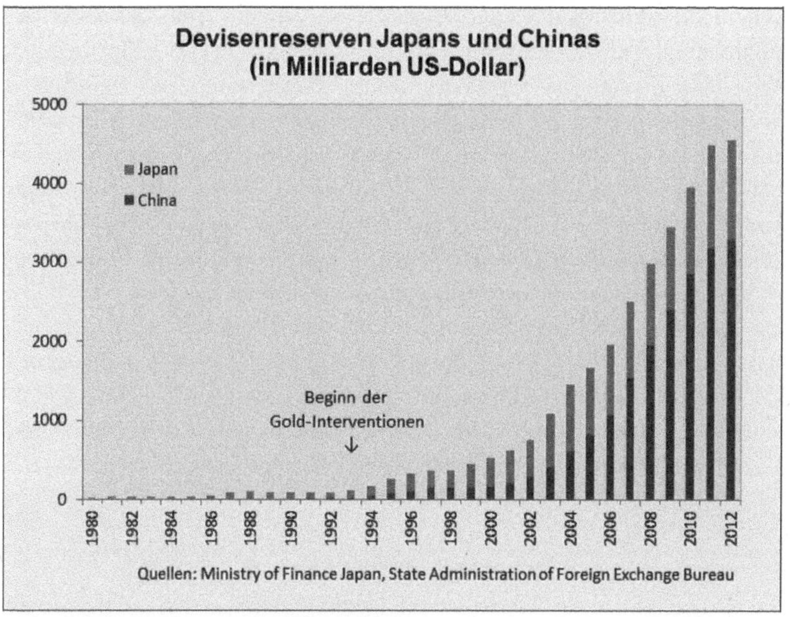

Abb. 70: Devisenreserven Japans und Chinas

Unmittelbares Hauptmotiv der beteiligten Länder ist die Subventionierung der eigenen Exportindustrie. Dabei handelt es sich um eine kostspielige Subventionierung, denn die Beträge sind so immens, dass sie selbst den Kurs bestimmen. Chinas Zentralbank alleine hat Reserven im Werte von über 3000 Milliarden Dollar, die in großen Teilen in Dollar gehalten werden. Wollte sie damit etwas anfangen, müsste sie deutliche Kursverluste in Kauf nehmen. Diese Verluste, also die Differenz zwischen dem gegenwärtigen Kurs und dem, der sich ohne die eigenen Devisenaktionen ergäbe, sind die eigentliche Subventionierung und eigentlich auch abzuschreiben. Sie erscheinen bloß nicht in der Bilanz der Zentralbank, weil sie selbst die Kurse macht. Wegen der einseitigen Ausrichtung versuchte China zuletzt verstärkt, den Dollaranteil an den Reserven zu reduzieren.

Indem eine ausländische Zentralbank Dollar kauft, subventioniert sie aber nicht nur die eigene Exportindustrie, sondern auch den amerikanischen Verbraucher.

Zudem unterstützt sie den amerikanischen Staat, der sich günstiger refinanzieren kann und der sich international Defizite überhaupt nur deshalb leisten kann, weil andere Zentralbanken bereit sind, diese zu finanzieren. Die Vorgänge sind in einem globalen Kredit- und Geldschöpfungskontext zu sehen, bei dem sich insbesondere die Chinesen in ein Dilemma begeben haben, insofern sie sich als Gläubiger in eine Abhängigkeit vom Schuldner begeben haben, den sie weiter finanzieren müssen, damit dessen Schuldverschreibungen nicht an Wert verlieren. Die Amerikaner selbst sind abhängig davon, dass etwa die Chinesen ihre Staatsschuldpapiere erwerben, deswegen konnten sie gegen die chinesische Export-Subventionierung, die der amerikanischen Industrie schadet, nicht vorgehen (etwa mit Zöllen). Was heute dieses unglaubliche Ausmaß angenommen hat, begann beinahe beiläufig mit der Zusage des deutschen Bundesbankpräsidenten 1967! Die nächste Abbildung verdeutlicht die zunehmende Bereitschaft des Auslands, die amerikanischen Staatsschulden zu finanzieren.

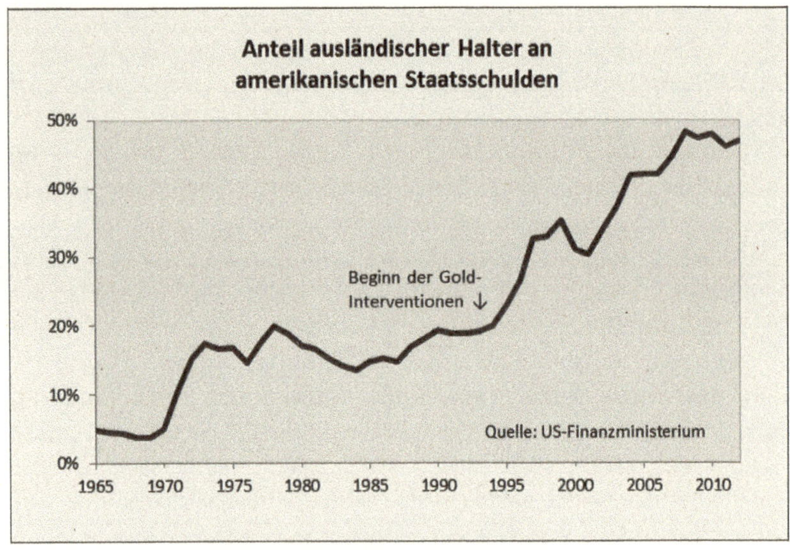

Abb. 71: Anteil ausländischer Halter an US-Staatsschulden

Man sieht, wie groß der Anteil der Ausländer, also insbesondere der Zentralbanken, unter den Haltern der US-Staatsschulden ist. In den Sechzigerjahren war er marginal, um dann mit der Aufhebung der Bindung des Dollars an das Gold Anfang der Siebziger deutlich zu steigen. Während der Anteil des Auslands dann über zwanzig Jahre bei unter 20 Prozent lag, stieg er ab Mitte der Neunzigerjahre schnell an bis etwa 50 Prozent. Beide Anstiege hängen mit Gold zusammen. Der erste war dadurch veranlasst, dass die ausländischen Zentralbanken keine Dollar mehr in Gold tauschen konnten. Beim zweiten hat anscheinend der künstlich niedrig gehaltene Goldkurs einen Beitrag für die Favorisierung von Dollarpapieren geleistet. Ausländer, vor allem Zentralbanken, kauften also US-Staatspapiere in Abhängigkeit von der Goldpolitik, in den Siebzigern, da sie überhaupt erst einmal nennenswerte Devisenmengen aufgrund der Beendigung der Goldbindung benötigten, in den Neunzigern, da ihnen Devisen aufgrund des niedrigen Goldkurses attraktiver erschienen, als sie es tatsächlich waren. Die beiden Phasen, die 1971 beziehungsweise 1993 begannen, sind also (geld-)politisch festgelegt, indem die Bedeutung von Gold reduziert wurde (nicht durch die Goldpreisentwicklung, die ja gegensätzlich war). Wir wollen nun sehen, welche Bedeutung Gold im Zentralbankbereich hat, und schauen uns dafür den Anteil an, den Gold an den weltweiten Zentralbankreserven hat.

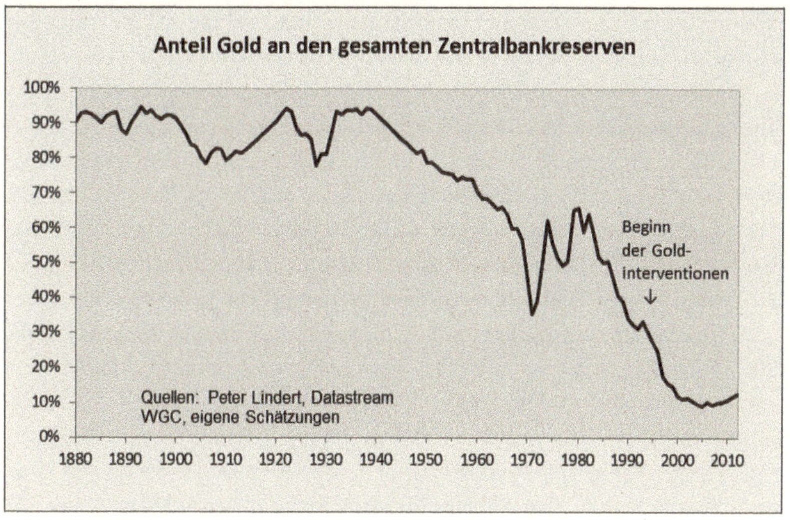

Abb. 72: Anteil Gold an den gesamten Zentralbankreserven

Ende des neunzehnten Jahrhunderts, als sich Gold gegen Silber durchgesetzt hatte und ein Golddevisenstandard erst im Entstehen war, lag der Anteil des Goldes an den gesamten Zentralbankreserven bei etwa 90 Prozent. Bis 1950 lag er meist über 80 Prozent; seitdem reduzierte er sich unter Schwankungen (insbesondere in den Siebzigern schwankte er durch die Aufhebung der Goldbindung und den nachfolgenden starken Preisanstieg). 1993, als die systematischen Goldinterventionen begannen, lag der Anteil noch bei über 33 Prozent (die kleine Zacke im Chart). Binnen weniger Jahre drittelte er sich auf etwa 10 Prozent! Dieser starke Rückgang war auch Folge der Goldinterventionen, denn der Bestand sank (durch Verkäufe), die Kurse sanken ebenfalls, und alternativ wurden die Währungen favorisiert.

Gold war unter Zentralbanken seit den Siebzigern zwar kein Geld mehr, mit dem sie zahlten, sehr wohl aber eine alternative Reserve. Die Bedeutung von Gold ist im Zentralbankbereich dabei bereits aufgabenbedingt größer als bei anderen Investoren (wenige liquide Alternativen, keine inländischen Investitionen etc.). Dementsprechend ist der Anteil, der in Gold gehalten wird, meist auch größer als bei privaten Anlegern. Die Zentralbanken sind dabei in einem natürlichem Zwiespalt, denn ein gedrückter Goldpreis wirkt für sie in zwei Richtungen: Er macht Gold unattraktiver und damit Dollaranlagen schmackhafter, greift zugleich aber den Wert der bestehenden Reserven an.

Die Vereinigten Staaten bilanzieren dabei anders als die europäischen Staaten ihr Gold zu sehr tiefen Kursen, sodass sie hier erst einmal unempfindlicher sind (was vielleicht zusätzlich erklärt, weshalb das Washington Agreement mehr von Europa ausging). Der Anteil an Gold ist im Übrigen bei den USA und bei vielen europäischen Staaten deutlich höher als bei anderen, insbesondere asiatischen Staaten. Er beträgt bei den USA, Deutschland, Frankreich und Italien etwa 75 Prozent. Es ist vielleicht kein Zufall, dass andere Zentralbanken ihre Devisen fast ausschließlich bei Ländern anlegen, die einen hohen Goldanteil aufweisen (zumindest ist es in der Tradition des Golddevisenstandards, bei dem die Devisen der Länder mit goldgedeckter Währung gehalten werden). Die Asiaten beispielsweise sind zwar große Reservehalter, ihre Währungen hält aber fast niemand (Japan wird zu einem geringen Anteil berücksichtigt). Es gibt aber wichtigere Gründe, weshalb sich Zentralbanken nicht von ihrem Gold verabschieden. Greenspan hat es bereits gesagt: Gold wird immer akzeptiert. Devisen können hingegen infolge politischer, finanzieller oder militärischer Ereignisse wertlos werden. Zentralbanken als letzte Geld- und Kreditinstanz verfügen mit Gold über eine unantastbare Reserve. Wer, wenn nicht sie, sollte das ultimative Mittel der Bezahlung halten? Und sollten es von diesen nicht wiederum vor allem diejenigen halten, deren Währung selbst als Reserve gehalten wird? Aber auch in normalen Zeiten schafft Gold Vertrauen. Als Anlage ist es bedeutsam, da es sich invers zum Dollar verhält.

Eine realwirtschaftliche Folge der außergewöhnlich großen Anhäufung der Devisenreserven war das wachsende Leistungsbilanzdefizit der USA. Hinter ihm verbirgt sich vor allem ein Überschuss an Importen über die Exporte. Auch hier besteht eine Parallelität zu der Periode ab Ende der Sechzigerjahre, als die Bedeutung von Gold reduziert wurde, in der erklärten Absicht, ein laufendes Außendefizit durchzusetzen. Ab Mitte der Neunziger half das Unattraktiv-Machen des Goldes durch systematische Interventionen bei der Finanzierung des Defizits durch ausländische Zentralbanken und bei der Stärkung des Dollars. Tendenziell war der Dollarkurs für die amerikanische Industrie zu hoch. Die Folge von Strong-Dollar-Policy und Golddrückung war ein gesättigter amerikanischer Konsument, der als Produzent zu wenig hergestellt hat. Man kann gut erkennen, wie das amerikanische Leistungsbilanzdefizit seit Mitte der Neunzigerjahre auf ein Niveau stieg, das es bei einer derart großen Nation wohl kaum jemals gab.

Hauptunterschied zu anderen Ländern ist aber die Sonderrolle der USA in der speziellen Finanzarchitektur seit Mitte der Neunzigerjahre, mit gedrücktem Goldpreis, erhöhtem Dollar, erhöhter Nachfrage nach Staatsanleihen insbesondere bei Zentralbanken, niedrigem Zins, Finanzmarktblasen, Überkonsum und Leistungsbilanzdefizit. Historisch einmalig ist ein Leistungsbilanzdefizit dieser Höhe aber beileibe nicht. Lediglich die Ursache ist es, bei den USA die Position des Dollars als Reservewährung, die den Wechselkurs künstlich beeinflusst, während es ansonsten meistens Währungsanbindungen (ohne Ausgleichsmechanismus wie im Goldstandard) sind, die für Leistungsbilanzdefizite sorgen (wie die betroffenen

Staaten vor der Asien- oder die vor der Eurokrise). Die Mechanismen sind vergleichbar, die USA weisen seit Jahren eine chronisch überbewertete Währung und künstlich zu niedrige Zinsen auf. Die Folge ist eine kreditfinanzierte Aufblähung des Konsumsektors zu Lasten der Wettbewerbsfähigkeit der eigenen Industrie. Politisch entschieden wurde das aber nicht erst durch die systematischen Goldinterventionen ab 1993, sondern letztlich bereits 1967, als man die Goldbindung zunehmend aufgab zugunsten stetiger Defizite, die andere Zentralbanken finanzierten. Durch deren Käufe von US-Staatsverbindlichkeiten wurde der Dollar-Kurs tendenziell angehoben und der Zins reduziert. Wie so oft haben die Politiker nur an eine bequeme Haushaltsfinanzierung gedacht, nicht an die langfristigen Folgen für die ganze Nation. Seitdem haben die USA ihre einst starke Gläubigerposition verlassen und gegenüber dem Ausland hohe Schulden aufgebaut. Sie müssen sich nun noch mehr mit der widersprüchlichen Lage auseinandersetzen, aus Finanzierungsgründen einen hohen Dollar zu benötigen, der aber der eigenen Industrie schadet, die realwirtschaftlich benötigt wird. Andere Länder, die ein vergleichbares Leistungsbilanzdefizit aufwiesen, haben es, meist nachdem sie durch eine Krise dazu gezwungen wurden, korrigiert. Der Markt ist immer im Fluss, er sucht aber auch sein Gleichgewicht und korrigiert vorherige politische Fehlentscheidungen und gesellschaftliche Fehlentwicklungen. Auch in den USA reduziert sich das Leistungsbilanzdefizit zuletzt etwas, vor allem infolge der Finanzmarktkrise 2008. Sie sind aber noch weit von einer neutralen Position entfernt, geschweige denn von Überschüssen, die nötig wären, um die jahrelang aufgebaute Schuldnerposition gegenüber dem Ausland abzubauen.

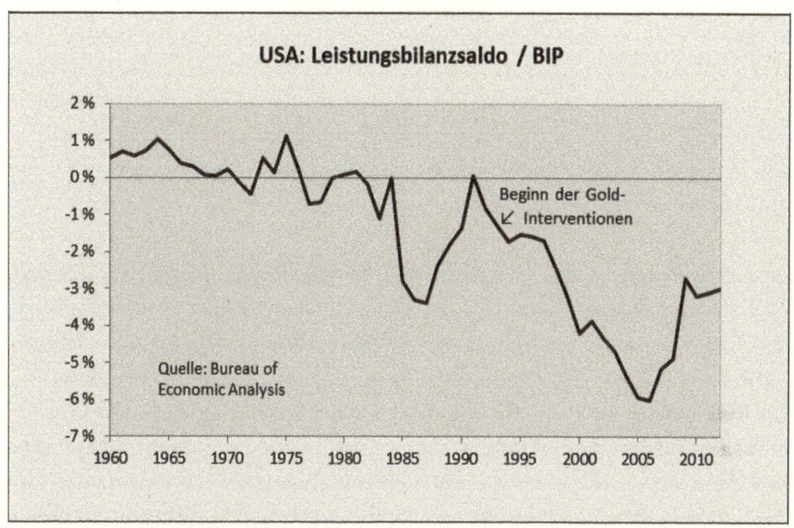

Abb. 73: Leistungsbilanzdefizit der USA

31. Die wunderbare Welt der Blasen

In den Sechzigern hätte man sich diese Entwicklung wohl kaum vorstellen können, aber damals begann sie, als man aus heutiger Sicht minimale Fehlentwicklungen nicht korrigierte. Die größte Fehlentwicklung lag allerdings nicht im Außenhandel, sondern in der stetig zunehmenden Verschuldung. Auch diese steht im Zusammenhang mit der Loslösung von Gold. Zwar kann Gold Kreditexzesse nicht verhindern, dennoch wirkt es als Bremse. So findet sich denn auch 1967 in dem erwähnten Bericht an den US-Präsidenten anlässlich des Verzichts Deutschlands, Dollar gegen Gold zu tauschen, folgender bemerkenswerter Satz: »*Diese Vereinbarung wird uns keine unlimitierte Druckerpresse geben. Aber solange wir unsere Wirtschaft so verantwortungsvoll betreiben wie in den vergangenen Jahren, wird sie uns erlauben, unbegrenzt mit moderaten Defiziten zu leben.*«[114] Es war damals bekannt, dass die Lösung von Gold »unbegrenzt« Defizite ermöglichte, und es war sogar Ziel! Aus Sicht einer Regierung ist es natürlich angenehm, möglichst leicht an Mittel zu kommen. Aber ist Verschuldung für eine Nation dauerhaft wünschenswert?

Wir wollen uns dem Kredit zuwenden. Verschuldung ist immer nur die eine Seite der Medaille, zu jeder Schuld gehört ein Guthaben, eine Forderung. Die Forderung ist die Gegenseite der Schuld. Bei Schuld, Forderung und dem neutralen Begriff Kredit geht es um das Gleiche, sie meinen aber jeweils etwas anderes davon. Wenn man von Verschuldung spricht, legt man auch die Betonung auf die Mühe des Bedienens der Schuld. Die Finanzminister klagen, wenn die Verschuldung steigt, denn sie müssen im Folgejahr mehr für die Be-

---

114 Zitiert nach Holderegger, Thomas: »Die trilateralen Verhandlungen 1966/1967«, a.a.O. S. 235: »This arrangement will not give us an unlimited printing press. But as long as we run our economy as responsibly as in the past few years, it will permit us to live with moderate deficits indefinitely."

dienung der Zinsen aufbringen. Die Mühen des Bedienens einer Schuld können eine große Last darstellen und für persönliche Schicksale den Sturz in großes Unglück bedeuten, gesamtwirtschaftlich sind die potenziellen Probleme auf der Forderungsseite ungleich größer.

Denn jeder Forderung ist eine Forderungsmacht inne, das Potenzial, im Markt Güter nachzufragen und eine Inflation in Gang zu setzen, aber auch eine Forderungsohnmacht, das Risiko auszufallen, eine Kettenreaktion des Nachfragerückgangs in Gang zu setzen und einen deflationären Kollaps auszulösen. Beides, drohende inflationäre Entwertung oder drohender deflationärer Kollaps, sind die Schatten, die jede Volkswirtschaft begleiten, in der Forderungen auftreten. Seitdem in Gesellschaften Forderungen in gesamtwirtschaftlich relevanter Größe auftreten, gibt es diese Probleme. Rund um den Globus und durch die Geschichte gab es tausende von Fällen, in denen diese Schatten ihre Wirkung entfalteten. Es entstanden forderungsgetriebene Blasen, und sie platzten. Es kam zu Rezessionen, Krisen und zu totalen Kollapsen. Von allen Geld- und Kreditproblemen ist das der Blase das einzige, das bisher nicht gelöst ist. Es ist auch das einzige, das nicht grundsätzlich lösbar ist. Man kann es aber besser machen. Es gehört daher zum Wichtigsten in der Ökonomie, forderungsgetriebene Blasen zu verstehen.

Als Greenspan 1987 den Vorsitz der Fed übernahm, stand ausgerechnet er als entschiedener Befürworter einer freien Wirtschaft der obersten Regulierungsbehörde vor. Er wurde sogar Chef einer Einrichtung, deren Existenz er ausweislich eines 1966 erschienenen Artikels früher entschieden abgelehnt hatte.[115] – Das Leben ist immer wieder für Überraschungen gut. – 1966 war er Befürworter des regelmäßigen Abbaus von übermäßigem Kreditwachstum durch anschließende Rezessionen. Jetzt leitete ausgerechnet er eine Institution, die genau diese Rezessionen vermeiden sollte und so das Kreditwachstum förderte. Indem er bei jeder Krise ausreichend Liquidität zur Verfügung stellte (was man dann sogar »Greenspan-Put« nannte), betrieb er intensiv das Ge-

[115] Greenspan, Alan: »Gold and Economic Freedom«, in: Rand, Ayn: The Objectivist, Bd. 5, Nr. 7, 1966, www.gold-eagle.com/greenspan041998.html; nach der Übersetzung von Deutsch, Reinhard: »Gold und wirtschaftliche Freiheit« www.goldseiten.de/content/kolumnen/artikel.php?storyid=96.

genteil seiner früheren Auffassung. In der praktischen Politik angekommen, schaute er auf zeitnahe Lösungen.

Anfangs, als Greenspan 1987 den Vorsitz der Fed übernahm, war er noch für eine straffe Geldpolitik. Er war der Einzige, der erkannte, dass sich an den Aktienmärkten eine Blase entwickelt hatte. Seine Kollegen und der aus zweihundert Finanzexperten bestehende Beraterstab waren ahnungslos. Greenspan bemerkte, dass der Anstieg der Vermögenspreise die Leute sich reicher fühlen und zusätzliche Ausgaben tätigen ließ, was zu einer Überhitzung der Wirtschaft führte und zu drohender Geldentwertung. Greenspan setzte deshalb im September 1987 die erste Diskontsatzerhöhung seit drei Jahren durch, um einen weiteren Anstieg der Aktien zu bremsen. Wenig später kam es zum Aktiencrash. In Erinnerung an die Weltwirtschaftskrise der Dreißigerjahre, die dem Aktiencrash von 1929 gefolgt war, wurde Schlimmes befürchtet. Vielleicht war der Crash eine prägende Erfahrung und Anlass, fortan von straffer Geldpolitik Abstand zu nehmen.

Als Greenspan 1987 den Vorsitz der Fed übernahm, waren die USA in einer Situation, in der gesamtwirtschaftlich die Schulden relativ zu einer realwirtschaftlichen Größe wie dem Bruttoinlandsprodukt im historischem Vergleich hoch waren und in der allenfalls eine von allen relevanten Kräften getragene Bemühung, diese zu reduzieren, noch gefruchtet hätte. Er hätte allein eine Reduzierung des Kreditniveaus im Sinne seines Artikels von 1966 nicht vornehmen können.

Greenspan wurde 1987 Teil einer Institution, die die gesetzlichen Ziele der Preisstabilität und des nachhaltigen Wirtschaftswachstums hatte, nicht aber einer Begrenzung der Menge der Kredite. Vielleicht hatte er die Begrenzung im Sinn, vielleicht hing er noch seinen in den Sechzigern getätigten Überlegungen der Notwendigkeit des Abbaus von zu großzügig gewährten Krediten nach, als er sich als Einziger 1987 für die Erhöhung des Diskontsatzes einsetzte und diese dann auch durchsetzte. Seine Äußerungen kreisten aber um die daraus drohende Inflation. Seine Prioritäten lagen bei der Geldwertstabilität, beim Wirtschaftswachstum und dann vielleicht noch beim Abbau staatlicher Schulden, anscheinend kaum noch beim Abbau der Schulden der übrigen Sektoren der Wirtschaft.

Greenspan dürfte 1987 weiterhin mit dem Goldstandard sympathisiert haben. Dafür spricht die Deutlichkeit und Durchdachtheit seiner Thesen in seinem Aufsatz von 1966 sowie die Tatsache, dass er 1981 und übrigens auch noch 1998 mit dem Goldstandard sympathisierte. Dabei hat sich aber anscheinend sein Fokus von der Kreditmenge weg auf die Geldwertstabilität hin verlagert.[116] Eine derart gefestigte Haltung gibt man nicht binnen weniger Jahre so nebenbei einfach auf. Er wäre aber nicht in der Position gewesen, den Goldstandard gegen die Politik durchzusetzen.

1987 bestand bereits eine Blase, ein gesamtgesellschaftlicher Forderungsüberhang, und Greenspan war Teil einer Institution, deren Macht gar nicht ausgereicht hätte, die Gesamtheit an Forderungen zu begrenzen oder gar abzubauen. Es war beinahe sogar umgekehrt. Wenn man die gesetzlichen Ziele der Fed, Preisstabilität und nachhaltiges Wirtschaftswachstum, nicht aber die Begrenzung der Forderungen, konsequent umsetzt, führt das zur perfekten Blase. Die Ziele führen nämlich zum Wachstum durch stetige Ausweitung der (vorerst) nicht preiswirksam werdenden Forderungsmenge. So kam es denn auch seit den Neunzigern: Die Wirtschaft wuchs, die Beschäftigungsrate war hoch, die Preise waren stabil, die Vermögen stiegen. Das Paradies. War es ein Scheinparadies? Denn die Forderungs- beziehungsweise Schulden- beziehungsweise Kreditmenge wuchs. Sie könnte den Keim für künftige Probleme bergen. Doch sehen wir uns erst einmal an, wie eine Blase überhaupt funktioniert.

---

[116] Time Magazine vom 5. Oktober 1981 »All That Talk About Gold« www.time.com/time/magazine/article/0,9171, 921073,00.htm, und United States. Congress. House. Committee on Banking and Financial Services. Subcommittee on Domestic and International Monetary Policy: »Conduct of Monetary Policy: Report of the Federal Reserve Board pursuant to the Full Employment and Balanced Growth Act of 1978, P.L. 95-523, and The State of The Economy: Hearing before the Subcommittee on Domestic and International Monetary Policy of the Committee on Banking and Financial Services, U.S. House of Representatives, One Hundred Fifth Congress, Second Session, July 22, 1998.« Washington 1998, S. 24, dort sagte Greenspan: »I am one of the rare people who have still some nostalgic view about the old gold standard, as you know, but I must tell you, I am in a very small minority among my colleagues on that issue.« http://fraser.stlouisfed.org/historicaldocs/679/download/17593/CMP_105HR_07221998.pdf.

Kreditfinanzierte Blasen entstehen durch kreditfinanzierte Käufe. Schauen wir uns einen solchen Kauf einmal genau an: Sie haben 100 000 Euro auf dem Konto und wollen ein Haus kaufen, das 200 000 Euro kostet. Beide Parteien zusammen, Sie als künftiger Käufer und der spätere Verkäufer, haben also ein Vermögen von 300 000 Euro. Jetzt gehen Sie zur Bank, leihen sich 100 000 Euro und kaufen das Haus. Die Vermögensbilanz beider Parteien lautet jetzt wie folgt: Sie besitzen das Haus für 200 000 Euro und haben Schulden über 100 000 Euro, nach Abzug der Schulden beträgt Ihr Vermögen somit 100 000 Euro. Der Verkäufer hat nun die 200 000 Euro auf dem Konto. Das Gesamtvermögen beider Beteiligter beträgt somit erneut 300 000 Euro. Dies war zu erwarten, denn es wurden keine Werte geschöpft.

Soweit die statische Betrachtung eines Einzelfalls. Die reale Welt ist aber dynamisch, und es gibt viele einzelne Fälle. Betrachten wir den kreditfinanzierten Kauf deshalb erneut: Die Kreditfinanzierung hat den Kauf erst ermöglicht, ohne sie wäre es nicht dazu gekommen. Die Kreditfinanzierung selbst hat somit Nachfrage geschaffen. Zusätzliche Nachfrage erhöht aber nach dem Gesetz von Angebot und Nachfrage den Preis. Obwohl also im Einzelfall und in der statischen Betrachtung das Gesamtvermögen beider Beteiligter vor und nach dem Kauf gleich hoch war, ändert es sich in einer dynamischen Welt mit vielen kreditfinanzierten Käufen. Tatsächlich sorgen kreditfinanzierte Käufe für einen Anstieg des Preisniveaus. Wenn also in einer Gegend viele Leute Kredite aufnehmen, um Häuser zu erwerben, steigen die Preise der Objekte. Sie tun dies, ohne dass sich real etwas geändert hätte. Die Kreditfinanzierung ist der einzige Grund des Preisanstiegs.

Was aber bedeutet der Preisanstieg für die Vermögensbilanz? Nehmen wir an, der Wert des Hauses steigt durch die vielen kreditfinanzierten Käufe in der Umgebung von 200 000 Euro auf, sagen wir, 300 000 Euro. Abzüglich der Schulden haben Sie nun ein Vermögen von 200 000 Euro, der Verkäufer hat weiterhin 200 000 Euro auf dem Konto.[117] Das Gesamtvermögen beider Beteiligter beträgt somit nun 400 000 Euro! Die zusätzlichen Käufe, die

[117] Zur Eruierung des Wirkmechanismus von Blasen wird hier so weit wie möglich vereinfacht. Der Zins etwa, der sich aufzudrängen scheint (»Exponentialfunktion«), ist beim Blasenphänomen erst sekundär von Bedeutung.

durch zusätzliche Kredite ermöglicht wurden, sorgen im Beispiel für einen Vermögenszuwachs von 100 000 Euro, ohne dass irgendjemand den Finger gekrümmt und etwas Reales hergestellt hätte. In einer kreditfinanzierten Blase kommt es also durch zusätzliche kreditfinanzierte Käufe zu einem Anstieg des Preisniveaus der Vermögen. Die Gesamtheit aller Kreditfinanzierungen führt in einem dynamischen Prozess dazu, dass die Beteiligten einen Vermögenszuwachs buchen, ohne dass etwas geschaffen wurde. Sie fühlen sich reicher, ohne dass sich real etwas geändert hat.[118]

Damit haben wir aber ein Entscheidungsproblem: Die Bücher spiegeln nicht die reale Welt wider! Durch bloße Finanzierungsvorgänge wurde aus einem Gesamtvermögen von 300 000 Euro eines von 400 000 Euro. In der Realwirtschaft hätte dazu etwas produziert werden müssen, etwa das Haus um die Hälfte erweitert werden müssen. Das Problem ist nun aber nicht, dass real nichts geschaffen wurde, denn auch Gewinne in der Finanzwirtschaft können volks- und betriebswirtschaftlich Sinn ergeben. Das Problem bei der kreditfinanzierten Blase ist, dass alle Beteiligten reicher wurden, dass es also keinen Verlust gab, wo woanders ein Gewinn entstand. Wenn aber alle Beteiligten durch bloße Buchungsvorgänge vermögender werden, wird eine maßgebliche Entscheidungsgrundlage beeinflusst. Denn die durch den Preisanstieg ausgewiesenen Gewinne werden zwar gebucht, haben aber keine Grundlage in realen Änderungen der wirtschaftlichen Umstände. Ihre einzige Grundlage sind die kreditfinanzierten Käufe selbst.

Indem in Blasen kreditfinanzierte Käufe das Preisniveau anheben und so eine Wohlstandsmehrung vortäuschen, die es nur in den Büchern, aber nicht in der Realität gibt, setzen sie die zeitnahen Regulierungskräfte des Marktes außer Kraft. Ein Markt kann nicht effizient sein, wenn bloße Buchungsvorgänge zu derselben Änderung bei der Entscheidungsgrundlage führen wie reale Produktionstätigkeiten. Der kreditfinanzierte Kauf, der sich selbst rentabel macht, ist von seiner Natur her Erschaffer eines Trugbildes. Er ist nur gerecht-

[118] Es kann auch nicht kreditfinanzierte Blasen geben, die nicht durch kreditfinanzierte Käufe, sondern durch Umschichtungen entstehen, wenn es etwa modebedingt zu einem Run auf bestimmte Güter kommt. Sie sind hier nicht Thema, da ihre finanziellen Folgen ebenfalls bloß aus Umschichtungen bestehen.

fertigt, wenn es an anderer Stelle des Systems zu einer entsprechenden Rückführung eines anderen Kredits kommt, sodass sich durch dessen Rückzahlung die Gesamtmenge aller Kredite nicht erhöht (oder nur entsprechend dem Wirtschaftswachstum).

Das Versagen der Markteffizienz durch Vortäuschung eines Gewinns macht kreditfinanzierte Blasen zu Vorgängen, die nicht sofort, sondern ähnlich wie Kettenbriefsysteme verspätet korrigiert werden. Die Wirtschaftsgeschichte ist voller Beispiele, in denen kreditfinanzierte Blasen erst zu einem Boom führten, der später durch schmerzhafte Preisrückgänge und Rezessionen korrigiert wurde. Der Zeitpunkt dieser Korrektur kann bereits ein Jahr nach Beginn der Blase erfolgen, oft sind es aber mehrere Jahre, mitunter sogar Jahrzehnte. Historisch kam es wohl immer zu dieser Korrektur, wenn sie nicht durch staatliche Eingriffe verhindert wurde.

Eine solche Korrektur ist durch eine Umkehrung der Vorgänge gekennzeichnet, die das vorherige Entstehen der Blase begleiteten. Das angehobene Preisniveau kommt zurück, und die Kreditmenge wird ebenfalls reduziert. Letzteres geschieht durch Ausfall der Forderungen, also durch Schuldnerbankrott. Wie beim Entstehen einer Blase die durch Kreditschöpfungen ermöglichten zusätzlichen Käufe das Preisniveau anhoben, gibt es beim Platzen einer Blase Verkäufe durch Kreditausfälle und damit eine Senkung des Preisniveaus (es wirken aber noch weitere Mechanismen, weshalb es auch bereits vor Schuldnerausfällen zu einer Senkung des Preisniveaus kommt). Beim Platzen der Blase wird aber auch der Wohlstand, der zuvor bloß gebucht und nicht geschaffen wurde, vernichtet. Er verschwindet aus den Büchern, aber auch aus den Köpfen der Leute. Sie fühlen sich nun wieder ärmer. Es ist letztlich der dem Menschen innewohnende Wunsch, reich zu sein, der für das Entstehen von Blasen sorgt und der es so schwer macht, ihr Platzen zu akzeptieren.

Nicht die Marktgesetze versagen, sondern deren Effizienz. Die Marktgesetze verschaffen sich auch in Perioden mit Blasen Geltung, sie tun dies nur mit Verzögerung (wobei tendenziell gilt: je enger Geld mit Gold verbunden ist, desto früher, je mehr staatliche Eingriffe es gibt, desto später). Während der Blasen kommt es aber zu vielfältigen Fehlentwicklungen. Einen eigenständigen Sinn haben kreditfinanzierte Blasen in aller Regel nicht. Sie können zwar Trends beschleunigen, dennoch ist ihr Preis höher als ihr Nutzen, denn die dabei auftretenden Fehlentwicklungen sind mannigfaltig (Details dazu gleich). Es gibt nur wenige Fälle, bei denen kreditfinanzierte Blasen einen eigenständigen Sinn aufweisen, etwa, wenn ein lokaler Preisanstieg vorweggenommen wird (etwa bei Immobilien in einer abgeschlossenen Bucht, die durch eine Straße touristisch erschlossen wird). Allerdings ist dies auch nur dann der Fall, wenn der Anstieg der Kreditmenge an dieser Stelle einhergeht mit einer Reduktion an anderer Stelle, es sich also um eine Umschichtung handelt, oder er durch Wirtschaftswachstum untermauert ist. Sonst ist nämlich letztlich doch die ganze Volkswirtschaft betroffen.

Immer wenn eine kreditfinanzierte Blase den Forderungsbestand einer ganzen Volkswirtschaft erhöht, weist sie den Charakter der sich selbst rentierenden Kreditschöpfung auf. Dabei spielt es keine Rolle, wo die Blase stattfindet. Häufig sind Blasen an den Immobilienmärkten oder an den Aktienmärkten, also bei Unternehmen. Es gab aber historisch auch Blasen, die im Rückblick eher erstaunen, etwa bei Blumen wie in der Tulpenblase im siebzehnten Jahrhundert. Blasen können auch von einem Gegenstand auf den nächsten überspringen, wie die Blase bei den Technologiewerten in den USA Ende der Neunziger des vorigen Jahrhunderts, die zum Jahrtausendwechsel durch eine an den Immobilienmärkten abgelöst wurde. Kreditfinanzierte Blasen können auch mehrere Anlageklassen gleichzeitig erfassen, etwa Immobilien und Aktien wie in Japan Ende der Achtziger, oder sich letztlich auf die ganze Volkswirtschaft ausweiten.

Kreditfinanzierte Blasen sind selbstrentabel. Daraus folgt das typische Blasenphänomen, dass sich Blasen selbst verstärken. Die Bewegung beschleunigt sich dabei oft gegen Ende der Blase. Hintergrund ist, dass durch die Wertsteigerung objektbezogen eine Reduzierung der Schulden stattfindet – zumindest ausweislich der Bücher. In obigem Beispiel war die Immobilie anfänglich 200 000 Euro wert und mit 100 000 Euro beliehen. Nach Anstieg des Preisniveaus stand das Haus bei 300 000 Euro, die Schulden aber standen immer noch nur bei 100 000 Euro. Die Immobilie war also erst zu 50 Prozent beliehen, dann nur noch zu 33,33 Prozent.

Ein jetziger Käufer dieser oder einer vergleichbaren Immobilie könnte bei gleicher Beleihung von 50 Prozent ein Darlehen von 150 000 Euro aufnehmen und so seinen Beitrag dazu leisten, dass das Preisniveau ein weiteres Mal angehoben wird. Dies führt zu einem Kreislauf, in dem die sich selbst rentierenden Käufe durch Kreditschöpfung einander gegenseitig verstärken und das Preisniveau immer weiter anheben. Die nachfolgende Abbildung verdeutlicht den sich selbst verstärkenden Kreislauf bei einer kreditfinanzierten Aktienblase. Da die Wirkmechanismen nur den Wohlstand in den Büchern, nicht aber den in der Realität mehren, platzen kreditfinanzierte Blasen typischerweise nach einiger Zeit.

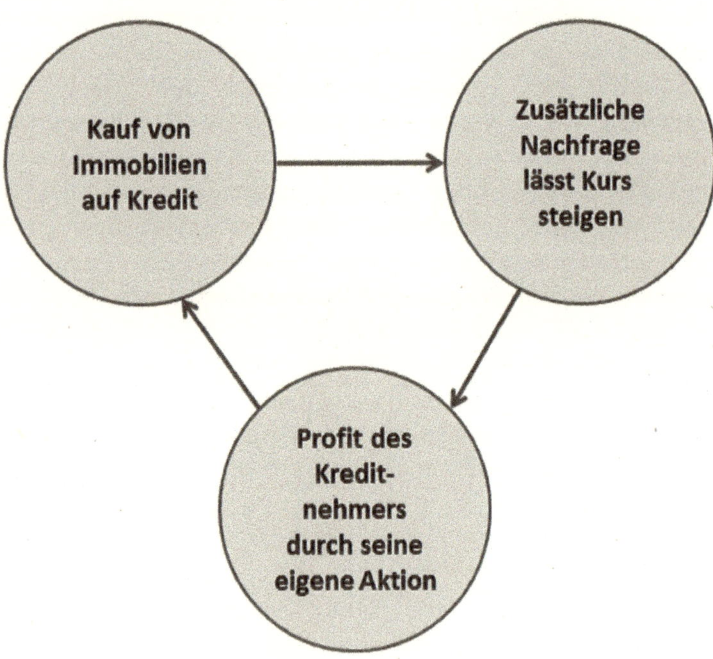

Abb. 74: Konventionelle Kreditblase

An dieser Stelle sei als Einschub ein kurzer Rückgriff auf den Gold-Carry-Trade erlaubt: Er führte nämlich zur ersten inversen Blase der Geschichte! Der Blasenkreislauf beim Carry-Trade war genau invers zum üblichen Blasenkreislauf: Gold wurde geliehen und verkauft – bei der konventionellen Blase wird Geld geliehen und etwas anderes (wie Immobilien) gekauft. Das zusätzliche Angebot führte zum Rückgang der Preise – bei der konventionellen Blase führt die zusätzliche Nachfrage zum Anstieg der Preise. Der Rückgang der Preise führte zum Profit der Goldleiher allein durch die Verkäufe des geliehenen Goldes – bei der konventionellen Blase führt der Anstieg der Preise zum Profit der Geldleiher. Dieser Profit eröffnete wiederum die Möglichkeit, noch mehr Gold zu leihen und den Blasenkreislauf in Gang zu setzen – bei der konventionellen Blase wird entsprechend erneut Geld geliehen.

Eine inverse Blase ist also genau spiegelbildlich zur konventionellen Blase. In den Neunzigern kam es so durch den Gold-Carry-Trade (und allgemein formuliert durch die Goldleihe) zur ersten inversen Blase der Geschichte (sofern man Blasen, wie meist üblich, auf die Preise von Gütern bezieht, und nicht etwa auf Währungen oder auf eine einzelne Aktie). Voraussetzung war nämlich die hohe Verfügbarkeit der Güter, wie sie nur bei Gold durch die Lagerung eines Vielfachen des Jahresverbrauchs gegeben ist. Weitere Voraussetzung war die Einführung der Goldleihe nach Aufhebung der Goldbindung ab Anfang der Achtzigerjahre. Zwar sind die Hintergründe der zweiten Phase der Interventionen Ende der Neunziger nur zum Teil bekannt, wir können aber begründet die Profite privater Bullionbanken als Hauptmotiv vermuten. Die Vorgänge sind noch leichter nachvollziehbar, wenn man berücksichtigt, dass eine inverse Blase vorlag. Der Rückgang des Goldpreises von 400 auf 250 Dollar je Unze Ende der Neunzigerjahre war der »Höhepunkt« – und vom Kursverlauf her gesehen der »Tiefpunkt« – der ersten inversen Blase der Geschichte.

Abb. 75: Inverse Blase des Gold-Carry-Trades

32. Vom Bläschen zur Megablase?

Eine konventionelle, kreditfinanzierte Blase ist also ein sich selbst verstärkender Rückkopplungsprozess. Bei einer Kreditblase, etwa mit Käufen von Aktien oder Immobilien auf Kredit, profitiert der Käufer vom steigenden Preis. Dabei schafft er zugleich zusätzliche Nachfrage und erzeugt so einen steigenden Preis, womit er selbst den Kreditkauf rentabel macht – bis die Blase platzt. Die Wirtschaftsgeschichte ist voller solcher Blasen, es gab um 1635 eine Blase mit Tulpen in Holland, 1720 die Mississippi- und zugleich die Südseeblase, um 1760 einen Boom in Preußen, um 1835 den Landboom in den Vereinigten Staaten und ein Jahrzehnt später den Eisenbahnboom in Deutschland. Die Aufzählung ließe sich beinahe beliebig fortführen, es gab Blasen wohl auch in der Antike oder im Alten China. Blasen entstehen, sobald es entwickelte Märkte gibt und dort mit Zahlungsversprechen bezahlt wird. Vorformen gab es sogar bei Gesellschaften ohne entwickelte Märkte (so beschenkten Indianerstämme Nordamerikas einander gegenseitig immer reichhaltiger, bis es nicht mehr steigerungsfähig war und die Blase platzte, welche nicht auf Forderungen basierte, sondern auf ihrem Vorläufer, dem Usus des zeitverzögerten Gegengeschenks).

Blasen gibt es in Gesellschaften mit Edelmetallgeld, in solchen unter dem Goldstandard und in solchen, in denen mit Papiergeld bezahlt wird. Blasen benötigen zum Entstehen lediglich den Wunsch der Menschen nach Wohlstand in Verbindung mit dem Bezahlen durch Forderungen. Auch wenn der Staat bei ihrer Entstehung oft eine große Rolle spielt, handelt es sich bei ihnen im Kern um ein wirtschaftliches Phänomen; sie benötigen zum Entstehen noch nicht einmal staatliches Geld.

Ein Beispiel verdeutlicht besonders gut, dass kreditfinanzierte Blasen lediglich auf Basis von Zahlungsversprechen entstehen. Anfang der Achtzigerjahre war der frühere Kamelmarkt in Kuwait, der Souk al-Manekh, ausgerechnet aufgrund neuer Regularien (auch das übrigens kein seltenes Phänomen) neben der Hauptbörse zum Handelsplatz für Aktien avanciert. Gehandelt wurden Nebenwerte der Region, also im Weltmaßstab völlig unbedeutende Unternehmen. 1982 kam es zu einer spektakulären Blase. Es war üblich geworden, mit vordatierten Schecks Aktien zu kaufen. Die Verkäufer der Aktien reichten die Schecks also nicht bei den Banken ein, sondern man vertraute einander. Ein Verhalten, das im Einzelfall funktioniert und unter Freunden oder Geschäftspartnern als Zeichen des Vertrauens auch nahezuliegen scheint, wird, wenn es viele praktizieren, zu einem dynamischen Prozess mit immer schneller steigenden Preisen.

Genau dies trat auch ein, es wurden immer mehr Schecks ausgestellt, nicht eingereicht, und die Aktien stiegen im Kurs. Die Käufer saßen also auf Gewinnen und konnten mit immer neuen Schecks noch mehr Aktien kaufen. Die Aktien stiegen so rasend schnell, dass der implizite Zins der Schecks auf etwa 100 Prozent pro Jahr stieg (da die Verkäufer der Aktien einen angemessenen Ausgleich für die entgangenen Gewinne erwarteten). Auf dem Höhepunkt der Blase war der frühere Kamelmarkt gemessen am Wert aller Aktien dieser kleinen Unternehmen nach New York und Tokio die drittgrößte Börse der Welt. Dann platzte die Blase (es war eigentlich kein richtiges Platzen mehr, denn aufgrund fehlender Nachfrage wurde der Handel einfach eingestellt), die Börse verschwand, und Kuwait stürzte in eine Rezession. Das Beispiel verdeutlicht nicht nur, wie Blasen lediglich aufgrund von Käufen auf Basis von Zahlungsversprechen entstehen, sondern auch die Möglichkeit des völligen Zusammenbruchs beim Wegfall des Vertrauens in einer Kettenreaktion (Ähnliches drohte 2008 an den Weltfinanzmärkten im globalen Maßstab).

Blasen gibt es aber auch in entwickelteren Märkten. So kam es in Japan in den Achtzigerjahren des vorigen Jahrhunderts zu einer durch Kredite finanzierten Blase an den Aktien- und zugleich an den Immobilienmärkten, von der sich Japan bis heute (2013!) nicht erholt hat. Eine der ersten Blasen, deren Verlauf sich historisch gut verfolgen lässt, da börsennotierte Aktien beteiligt waren, war die Südseeblase von 1720 in Großbritannien. Bei ihr lässt sich auch gut zeigen, wie Staat (und König) die Blase förderten. Vor ihrer Entstehung war im Parlament sogar scharfsinnig von »imaginären Reichtümern« die Rede, die das Land ruinieren würden, und es kam dann auch im Anschluss an die Blase prompt zu einer Rezession (auch jetzt, fast dreihundert Jahre später, war bei der jüngsten Blase bereits vorher bekannt, wie Instrumente wie Kreditverbriefungen die Immobilienpreise aufblasen würden). Das Interesse des Staates an Blasen sowie die Blasenbildung durch den Staat werden jedoch erst später erörtert. Vorerst geht es um die wirtschaftliche Funktionsweise. Die nachfolgende Abbildung zeigt den Kursverlauf eines aus drei britischen Aktien errechneten täglichen Aktienindex.[119]

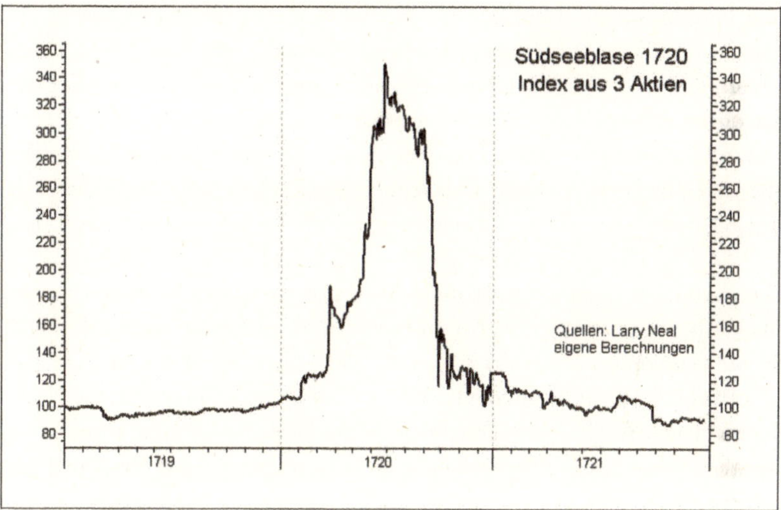

Abb. 76: Südseeblase

Kreditfinanzierte Blasen schaffen also Wohlstand in den Büchern. Während sie entstehen, gibt es unter allen Beteiligten anscheinend nur Gewinner. In aller Regel werden die nötigen Konsequenzen erst dann gezogen, wenn eine Blase geplatzt ist. Denn wenn Blasen platzen, folgen meist Rezessionen. Obwohl sie ihren Ursprung in Buch-Vorgängen haben, wirken Blasen auf die reale Welt. Nach dem Platzen von Blasen werden dann typischerweise die Lehren

119 Gleichgewichteter Kettenindex mit täglichem Rebalancing der Bank of England, der East India Company und der South See Company.

gezogen, um vergleichbare Blasen zu verhindern (im Beispiel der kuwaitischen Blase von 1982, die durch vordatierte Schecks entstand, liegt etwa ein Verbot von Vordatierungen nahe). Es gibt durchaus eine Vielzahl an Regelungen, die Blasenentstehung verhindern sollen. Dennoch entstehen aus unterschiedlichen Gründen immer wieder Blasen.

Deswegen kam man auf die Idee zu untersuchen, was man tun kann, um die typischerweise beim Platzen entstehenden Krisen und Rezessionen zu verhindern oder wenigstens zu mindern. Ökonomen wie John Law (1671–1729) und John M. Keynes (1883–1946) dachten daran, die Preisrückgänge beim Platzen von Blasen durch konträre Maßnahmen zu bekämpfen. Dazu gehört, Kredite zur Verfügung zu stellen, das Geldangebot auszuweiten und staatliche Nachfrage zu generieren. Die Idee ist es also, Preisrückgänge bei Verbrauchsgütern (Deflation) zu verhindern oder zumindest abzuschwächen. Vor allem aber soll eine Kettenreaktion ausfallender Schuldner vermieden werden. Dadurch können Rezessionen vermieden oder zumindest abgeschwächt werden.

Die staatlichen Institutionen können etwa platzende Kredite in die eigenen Bücher nehmen und so eine Kettenreaktion verhindern, sie können Liquidität zur Verfügung stellen oder sie können Ausgaben tätigen und die Nachfrage ankurbeln. Die Maßnahmen wirken also auf der Nachfrageseite, die Nachfrage soll nicht wegbrechen. Das durch die kreditfinanzierte Blase angehobene Preisniveau soll bei seinem Rückgang nicht zu sehr fallen, auf gar keinen Fall sollen Forderungen in großem Stil ausfallen. Die Maßnahmen wirken sogar. Seitdem diese Politik systematisch betrieben wird, etwa seit den Fünfzigerjahren des vorigen Jahrhunderts, ist die Anzahl der Rezessionen beispielsweise in den USA zurückgegangen. Allerdings haben die Maßnahmen ein »konstruktives« Problem: Sie bedienen sich letztlich der Mittel, Kredit und Liquidität, die die Blase schufen. Wird hier versucht, mit Feuer zu löschen?

Kreditkrisen im Anschluss an das Platzen von Blasen gehören zu den Krisen, in denen eine vorherige, mitunter langjährige Fehlentwicklung bereinigt wird. Sie gehören nicht zu den Krisen, in denen bloß gegenwärtige Einflüsse oder Entscheidungen wirken. Maßnahmen, die Kreditkrisen mit Krediten bekämpfen, zielen aber ausschließlich auf die Gegenwart, sie berücksichtigen nicht die

Folgen der Vergangenheit in Form der aufgelaufenen Forderungen. Sie achten auf Fluss- beziehungsweise Änderungsgrößen (wie die Zu- oder Abnahme des Kredits) und nicht auf Bestandsgrößen (wie die Menge des aufgelaufenen Kredits).

Es gibt nun, was Blasen angeht, zwei grundsätzlich unterschiedliche ökonomische Auffassungen. Die eine, eben beschriebene fokussiert auf die Gegenwart und auf Änderungsgrößen. Sie hält einen Eingriff des Staates, mit dem eine Rezession durch Kreditaufnahme verhindert wird, ohne größere Nachteile für die Zukunft für möglich. Diese Auffassung ist aktuell deutlich vorherrschend. Die andere sieht den Eingriff als Verhinderung eines Bereinigungsprozesses, der nur eine künftige, schwerere Krise erwarten lässt, da das Kreditvolumen noch weiter zunimmt. Sie wurde unter anderem von Repräsentanten der »Österreichischen Schule« vertreten (die so heißt, weil sie auf österreichische Ökonomen zurückgeht).

Auch der spätere Fed-Vorsitzende Alan Greenspan war in seinem bereits erwähnten Aufsatz von 1966 dieser Auffassung. Er schreibt über die wirtschaftliche Entwicklung im Goldstandard vor Gründung der Fed 1913 und vor Beginn des Ersten Weltkriegs 1914: *»Die Korrekturphasen waren kurz und die Wirtschaft fand schnell wieder eine gesunde Basis für weitere Expansion. Aber der Heilungsprozess wurde als Krankheit fehlinterpretiert. Wenn der Mangel an Bankreserven einen Konjunkturabschwung bewirkte – so argumentierten die Wirtschaftsinterventionisten – warum finden wir dann nicht einen Weg, um den Banken zusätzliche Reserven zur Verfügung zu stellen, sodass sie nie knapp werden müssen?«* Wenn also eine Blase entstanden sei, müsse man die Korrektur zulassen, die dann auch nicht lange dauert, wenn man regelmäßig so vorgeht und deshalb keine größere Blase entsteht. Die Rezession, die die Wirtschaftsinterventionisten verhindern wollen, sei ein »process of cure«. Danach ginge es, um die Fehlentwicklung bereinigt, weiter. Nach seinem Aufsatz ist es ein wichtiges Ziel, die Entstehung von zu viel Kredit, also von kreditfinanzierten Blasen, zu verhindern. Vor allem zu diesem Zweck schlägt Greenspan einen (verbesserten) Goldstandard vor, über dessen Wirkmechanismus er schreibt: *»Dies begrenzt die Finanzierung neuer Unternehmungen und erfordert von den bestehenden Schuldnern, dass sie ihre Gewinnsituation verbes-*

sern, bevor sie Kredite für weitere Expansionen bekommen können.« Das Kreditwachstum soll also mit der realen Entwicklung Schritt halten und nicht stärker sein. Greenspan plädiert in seinem Aufsatz ganz klar für eine strikte Begrenzung des Kreditwachstums und, falls dies einmal nicht gelingt, für eine zügige und konsequente Rückführung.[120]

Wie sieht es aber nun heute, vierzig Jahre nach Aufhebung der Goldbindung aus? Viele Jahrzehnte, nachdem man begonnen hat, Rezessionen mit Krediten und Liquidität zu bekämpfen? Viele Jahrzehnte aber auch, in denen sich die Staaten selbst verschuldeten? Wir wollen uns als Erstes die Geldmenge ansehen, also die Zahl der Forderungen in einer engen Abgrenzung. Auf diese Weise werden nur die Forderungen betrachtet, die typischerweise zum Bezahlen verwendet werden, also kurzfristig verfügbare Forderungen (»Geld«). Die nachfolgende Abbildung zeigt die Geldmenge M2 der USA in Relation zum Bruttoinlandsprodukt ab 1908.

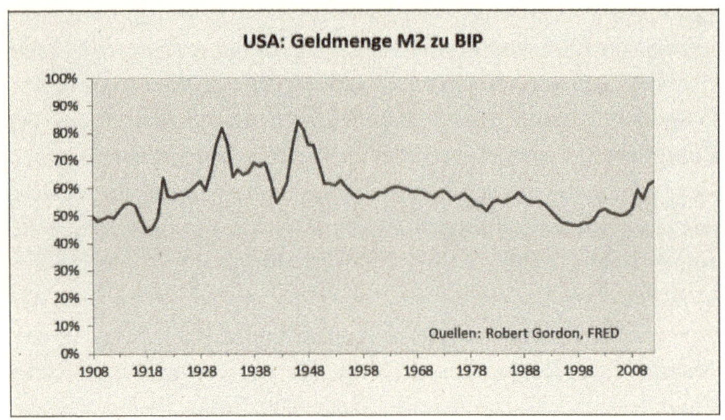

Abb. 77: USA Geldmenge M2 zu BIP

[120] Zugleich macht sein Vorschlag unbeabsichtigt klar, dass es in Bezug auf das Niveau ausstehender Kredite eben gerade kein Marktgleichgewicht gibt, sondern dass dieses von politischen Rahmenbedingungen abhängt (wie den von ihm vorgeschlagenen Detailregeln des Goldstandards). Ob die Gesamtzahl aller Kredite einer Volkswirtschaft bei 100 Prozent oder bei 150 Prozent des Bruttoinlandsprodukts liegen sollte, ist wegen der Preiseffekte des Kredits übrigens keine Frage des Marktes, sondern der politischen Festlegung. Greenspan, Alan: »Gold and Economic Freedom«, a.a.O.

Eigentlich hat sich die Relation recht stabil entwickelt. In dieser Zeit lagen zwei Weltkriege, der ebenfalls sehr teure Kalte Krieg, die Weltwirtschaftskrise der Dreißigerjahre mit ihrem starken Wirtschaftseinbruch und die starke Inflation der Siebzigerjahre. Natürlich gibt es Schwankungen der Kurve, hauptsächlich in der Weltwirtschaftskrise und während des Zweiten Weltkrieges, insgesamt sind die Schwankungen aber recht gering. Selbst die Aufhebung der Goldbindung konnte hier keine großen Fluktuationen hervorrufen. Zwar gab es insgesamt in diesen hundert Jahren eine starke Geldentwertung und auch Phasen höherer Inflationsraten. Danach kam es aber auch wieder zu geringeren Inflationsraten, eine Stabilisierung war also möglich. Auch wuchs die Wirtschaft recht gut, und die Rezessionen waren nicht allzu schwer. Insgesamt könnte man also eigentlich recht zufrieden sein. Trotz zwischenzeitlicher Inflationsphasen ist das Verhältnis der Geldmenge zur realwirtschaftlichen Bezugsgröße Bruttoinlandsprodukt in etwa auf dem Niveau wie vor hundert Jahren.

Man könnte so gesehen sofort genauso stabil weitermachen, als wären die letzten hundert Jahre nicht gewesen. Die Mechanismen, die Ausweitung der Geldmenge zu begrenzen, funktionierten in absoluten Zahlen zwar nur leidlich, aber hinreichend in Bezug auf die nominelle Wirtschaftskraft. Einer der Gründe ist die relative Unabhängigkeit der Zentralbank, die es dem Staat erschwert, seine Ausgaben unmittelbar durch das »Drucken« von Geld zu bezahlen. Dies ist sicher eine der wesentlichsten Innovationen des heutigen Papiergeldstandards in Relation zu seinem Vorläufer im Alten China. Der dortige, von Marco Polo erstmals im Westen beschriebene Papiergeldstandard löste sich im vierzehnten Jahrhundert in galoppierenden Inflationen auf, da die »Notenpresse« viele der Staatsausgaben finanzierte, obwohl den damaligen Theoretikern die Problematik durchaus bekannt war. Insofern ist ein Fortschritt zu beobachten.

Allerdings stellt sich die Frage, ob es ausreichend ist, auf die Geldmenge zu achten. Denn auch Forderungen, die nicht im Umlauf sind, die also gespart werden, sind potenziell Geld und können somit potenziell im Markt Nachfrage ausüben. Sie müssen in der Praxis lediglich kurzzeitig in gängiges Geld gewandelt werden. Zudem haben viele dieser Forderungen bei ihrem Entstehen im Markt Dinge gekauft (oft Anlagegüter wie Immobilien) und somit das Preisniveau angehoben. Außerdem müssen sie bedient werden, die Forderungen des einen sind ja die Schulden des anderen. Wir achten deshalb auch auf das Forderungsniveau. Die Methode, mit Kredit auf Kreditkrisen zu reagieren, und die häufige Verschuldung des Staates selbst hatten eine Zunahme des Kredits zur Folge. Die nachfolgende Abbildung zeigt die Menge aller Forderungen ab 1870, die die Wirtschaftssektoren der USA – Staat, Private und Unternehmen – schuldig sind, erneut relativ zur Wirtschaftskraft, sowie getrennt dieselbe Menge einschließlich des Finanzsektors. Leider gibt es keine präzisen amtlichen Zahlen, insbesondere gibt es bei den Forderungen des Finanzsektors Doppelungen, die sich nicht leicht trennen lassen. Der tatsächliche Wert dürfte deshalb irgendwo zwischen den beiden Linien liegen (vermutlich nahe an der unteren).[121]

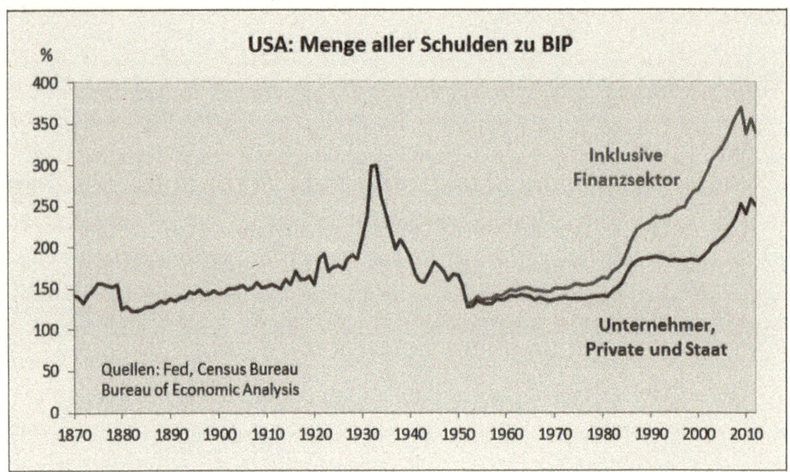

Abb. 78: USA – Menge aller Schulden zu BIP

[121] Es gibt Forderungen, die in der Statistik sowohl im Finanzsektor als auch in einem nicht finanziellen Sektor ausgewiesen werden. Wenn etwa ein Unternehmen ein Darlehen bei einer Bank aufnimmt und diese sich refinanziert, kann diese Verbindlichkeit sowohl im Unternehmens- als auch im Finanzsektor erscheinen, obwohl es in Bezug auf die Forderungsmenge dasselbe ist, als hätte sich das Unternehmen direkt am Kapitalmarkt finanziert. Umgekehrt gibt es aber auch eigenständige Verbindlichkeiten des Finanzsektors, etwa für Immobilienprojekte, sodass man den Finanzsektor auch nicht einfach weglassen kann.

Wir können eine Art Grenze erkennen in Höhe von 150 Prozent. Bis zu dieser Grenze war es anscheinend fast möglich, das Niveau stabil zu halten (aber auch darunter waren stets leichte Anstiege erkennbar, sodass der Wert von 150 Prozent als zu hoch für eine dauerhaft stabile Grenze anzusehen sein dürfte). Zweimal wurde diese Grenze überschritten, einmal mit Beginn des Ersten Weltkriegs bis zur Weltwirtschaftskrise und zum anderen ab den Siebzigern des vorigen Jahrhunderts und beschleunigt ab Anfang der Achtziger, als der Kalte Krieg ausgeweitet wurde, bis heute.

Auf dem Höhepunkt der Blase Ende der Zwanziger lag das Forderungsniveau bei 190 Prozent (der Anstieg nach dem Platzen der Blase ist dem massiven Rückgang der Bezugsgröße, des Bruttoinlandsprodukts, geschuldet). In den Dreißigern wurde weltweit das Forderungsniveau ziemlich rabiat reduziert mit Ausfall vieler Forderungen. Dieser erhebliche Rückgang gebuchten Wohlstands ging einher mit einem erheblichen Rückgang der wirtschaftlichen Tätigkeit. Der Rückgang war so stark, dass er die Ausbreitung radikaler politischer Strömungen (wie des Nationalsozialismus in Deutschland) stark förderte (und somit letztlich eine Grundlage für den Ausbruch des Zweiten Weltkriegs legte).

Heute liegt die Summe aller Forderungen sogar höher als Ende der Zwanziger, bei 336 Prozent der Wirtschaftsleistung, ein historisch ganz außergewöhnlich hoher Wert (er nahm etwas ab infolge der Finanzmarktkrise, der Wert ohne den Finanzsektor nimmt aber weiter zu und liegt bei sehr hohen 249 Prozent). Das relativiert aber das einigermaßen positive Bild, das wir gewonnen hatten anhand der Geldmenge, des Wirtschaftswachstums und der geringeren Zahl an Rezessionen. Wenn es heute nämlich mehr als doppelt so viele Forderungen gibt im Verhältnis zur Wirtschaftskraft als in den Sechzigern, dann sollte die Qualität der Forderungen abgenommen haben. Die heutigen Sparer haben doppelt so viele Forderungen an die Wirtschaftskraft als ihre Großeltern. Zwar wird beispielsweise eingewendet, die Anzahl der Forderungen sei in diesem Fall irrelevant, da die Schulden in eigener Währung aufgenommen wurden. Man könne die Schulden gewissermaßen einfach weginflationieren. Wenn das so einfach wäre, wieso hat man dann nicht bereits auf niedrigerem Niveau wenigstens so viel Inflation generiert, dass das Niveau stabil blieb? Spätestens mit dem Ende des Kalten Krieges hätte man eine derartige Stabilisierung oder Rückführung erwartet. Diese ist nicht eingetreten, im Gegenteil, das Forderungsniveau hat sich weiter erhöht. Offensichtlich werden bisherige Schulden (und die Zinsen daraus) mit neu geschöpften Schulden bedient, offensichtlich werden laufend mehr neue Kredite geschöpft, als die Wirtschaft nominell (einschließlich Inflation) wächst. Befinden wir uns in einer Serie aufeinanderfolgender kreditfinanzierter Blasen? Sind wir inmitten einer Megablase?

Wir wollen uns die Phase exzessiver Kreditausweitung der letzten mehr als zwei Jahrzehnte genauer ansehen. Wir wollen Hintergründe, Begleitumstände und Folgen der exzessiven Kreditausweitung untersuchen. Die relative Zunahme der Kredite ist natürliche Folge der Politik, Kreditkrisen mit Krediten zu bekämpfen. Sie ist aber auch Folge staatlicher Kreditaufnahme zu den vielfältigsten Zwecken. Megablase bedeutet hier, dass die Blase nicht nur wie etwa die am kuwaitischen Souk al-Manekh einen begrenzten Markt betrifft, sondern die meisten und wichtigsten Märkte der Welt. Vor allem bedeutet sie ein besonders hohes Niveau des Kredits.

Auch für eine Megablase sollten die Merkmale der Blasenbildung weitgehend zutreffen. Die zunehmende Kreditmenge der letzten Jahrzehnte wurde für die USA bereits gezeigt. Auch andere Länder weisen eine Zunahme auf, wenn zwar nicht immer ganz so exzessiv, so dennoch auf oder über einem Niveau, das in der Vergangenheit mit Blasen einherging. Mit den Krediten wurde aber auch etwas gekauft. Zumindest in der ansteigenden Phase der kreditfinanzierten Blasenbildung ist dies ja auch der Zweck des Kredits (später geht es zunehmend nur noch darum, bestehende Kredite abzulösen). Der Anstieg der Vermögenspreise ist denn auch das zweite wichtige Merkmal der Blasenbildung. Die wichtigsten Vermögenspreise sind die der Immobilien und die der Unternehmen. Eine Orientierung für den Verlauf des Wertes der Unternehmen bietet die Marktkapitalisierung, der Gesamtwert aller Aktien. Die nachfolgende Abbildung zeigt die Marktkapitalisierung der amerikanischen Aktienunternehmen in Relation zum Bruttoinlandsprodukt ab 1885.

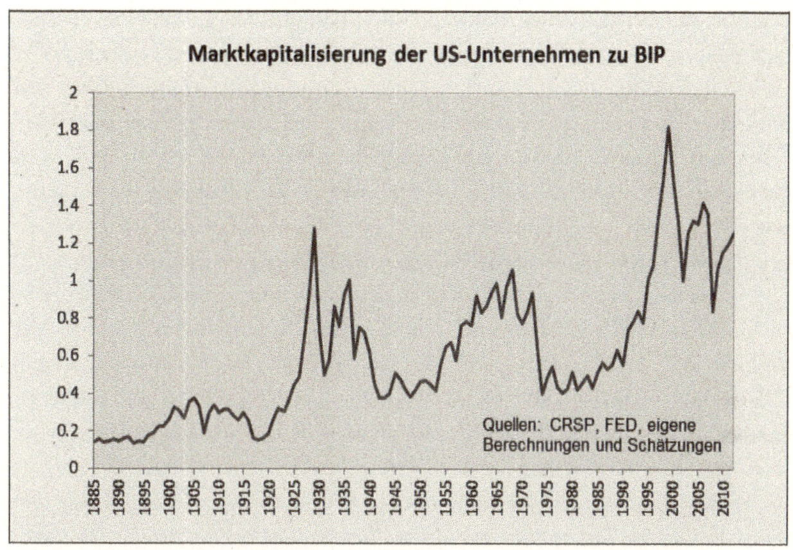

Abb. 79: Marktkapitalisierung der US-Unternehmen zu BIP, z. T. geschätzt

Wir können hier drei Phasen erkennen, in denen die Unternehmen überdurchschnittlich viel wert waren in Relation zur nationalen Wirtschaftskraft. Die eine lag in den Sechzigern, als die US-Wirtschaft sehr produktiv war und auch international florierte. Die anderen beiden stehen in Zusammenhang mit Blasen, zum einen die Ende der Zwanziger (mit Echo in den Dreißigern), zum anderen die ab Mitte der Neunziger. Gemessen an der Wirtschaftsleistung lag das Niveau der Aktienpreise der aktuellen Megablase in der Spitze sogar noch deutlich über dem Ende der Zwanziger! Dabei stieg nicht nur die Marktkapitalisierung der US-Aktien. Weltweit hat sich die Marktkapitalisierung der Aktien in Relation zur Wirtschaftskraft zwischen 1990 und 2000 mehr als verdoppelt. Danach korrigierten die Aktien zwar, es kam aber zu deutlichen Anstiegen an den Immobilienmärkten. Insgesamt ist die jüngere Vergangenheit also auch durch deutlich erhöhte Vermögenspreise gekennzeichnet. Bei Aktien und teilweise auch bei Immobilien war die Entwicklung in weiten Teilen der Welt ähnlich. Weltweit außergewöhnlich hohe Vermögenspreise zeigen zusammen mit dem hohen Niveau an Krediten klar, dass wir uns in einer weltweiten Megablase befinden.

Wenn es zu etwas »kommt«, stellt sich die Frage, wem es genutzt hat. Grundsätzlich überwiegt beim Anstieg der Blase der scheinbare Nutzen, da sich der Wohlstand in den Büchern mehrt. Damit gibt es auch viele Gewinner und starke Kräfte, die für das Blasenaufblasen eintreten. Profiteure einer Blase sind diejenigen, deren Wohlstand sich in den Büchern mehrt, also die Käufer und die Halter der Objekte. Es gibt dabei zumindest keine offenkundigen Verlierer, erst bei genauerem Hinsehen kann man (wie wir gleich zeigen werden) auch bereits im Prozess des Entstehens einer Blase Verlierer erkennen, und nicht erst, wenn die Blase platzt. Da es sich insgesamt aber um eine Wohlstandsmehrung in den Büchern handelt, sind die Gewinne der Gewinner höher als die Verluste der Verlierer. Die Halter der Vermögenswerte, Immobilien, Aktien oder etwa Blumen, sind also während des Entstehens einer Blase die unmittelbaren Profiteure. Beim Platzen der Blase verlieren sie natürlich entsprechend.

In der Wirtschaft bilden sich dann um diese boomenden Sektoren Kräfte, die ebenfalls von der Blase profitieren. Hier ist zuerst die Finanzwirtschaft zu nennen (Banken, Versicherungen, Brokerunternehmen und dergleichen), denn die Blase muss finanziert werden, die zusätzlichen Kredite müssen vergeben, die zugehörigen Vermögen verwaltet werden. Deswegen wächst typischerweise die Finanzwirtschaft, während eine Blase größer wird. Dies gilt auch für die aktuelle Megablase. Der Anteil der Finanzwirtschaft an der Gesamtwirtschaft ist deutlich höher als etwa 1980. Betrachtet man die Gehälter der Beschäftigten in der Finanzwirtschaft gegenüber denen aller Beschäftigten, die Marktkapitalisierung der Finanzunternehmen gegenüber der aller Unternehmen, die Gewinne des Finanzbereichs in Relation zu denen aller Sektoren, so ist festzustellen, dass der Anteil der Finanzwirtschaft auf dem Höhepunkt der aktuellen Megablase deutlich höher war als in der Zeit zuvor. So stieg etwa der relative Gewinn des Finanzsektors in den USA in der Spitze auf etwa das Doppelte des langjährigen Niveaus vor 1980. Es ist also klar, dass der Finanzsektor ein eigenständiges Interesse an einer Blase hat. Er hat aber auch ein Interesse daran, dass sie nicht platzt. Denn er ist der Sektor, der am meisten zu verlieren hat, nicht nur absolut, sondern auch relativ. Deswegen, aber auch weil er am unmittelbarsten damit befasst ist, war historisch der Finanzsektor der erste Bereich, der Versuche unternahm, Blasen am Platzen zu hindern, etwa durch koordinierte Stützungskäufe oder durch die Gründung einer Zentralbank (die historisch gesehen als »Spitze« des Bankensystems die bei Edelmetallgeld engeren Grenzen der Geld- und Kreditschöpfung ausweitet).

Aber auch in der Realwirtschaft gibt es Gewinner. Im Falle etwa einer Immobilienblase werden mehr Immobilien gebaut, somit profitieren beispielsweise Handwerker, Baumaterialhersteller oder Immobilienmakler. Aber auch Ämter, Medien oder Wissenschaftler, die sich mit einem boomenden Sektor befassen, profitieren (sodass sich Einstellungen ändern). Die Blasenentstehung verursacht somit, dass in bestimmte Bereiche aufgrund bloßer Buchgewinne zusätzlich investiert wird (»Fehlallokation«). An dieser Stelle wird auch klar, dass es bereits beim Entstehen einer Blase, die den Wohlstand in den Büchern insgesamt mehrt, relative Verlierer gibt: Dies sind alle übrigen Wirtschaftssektoren.

Blasen erzeugen aber auch einen strukturellen Nachteil bei der Verteilung der Einkommen. Die heutige Zeit ist wie die Ende der Zwanziger durch eine erhebliche Ausweitung der Spanne zwischen Arm und Reich gekennzeichnet. In Relation etwa zu den Sechzigerjahren ist die Einkommensverteilung extremer. Es gibt hierfür leicht einsichtige Gründe. So ist die Menge der Kredite in Relation zum Bruttoinlandsprodukt, der Wirtschaftsleistung, mehr als doppelt so hoch wie damals, und damit sind es tendenziell auch die Erträge (Zinsen) daraus. Ähnliches gilt für die übrigen Vermögen, deren Wert ebenfalls zugenommen hat und damit oftmals die Erträge daraus. Hinzu kommen die Gewinne aus dem Anstieg der Vermögenspreise. Nun sind Vermögen unterschiedlich verteilt. Durch die Megablase sind die Erträge daraus gewachsen und aufgrund der Verteilung die Spanne zwischen Arm und Reich. Es mag im Einzelnen auch andere Gründe für die Ausweitung der Spanne geben, die Zunahme der Kredite ist aber der Hauptgrund.

Hierbei muss klargestellt werden, dass es ökonomisch sinnvoll ist, wenn Vermögen ungleich verteilt sind, wegen des Anreizes, damit sich jemand darum kümmert und damit jemand eigenverantwortlich und nach den Erfordernissen des Marktes entscheidet, wo investiert wird. Außerdem wird nur bei Ungleichverteilung ausreichend investiert – wenn ein Millionär eine weitere Million erwirbt, wird er fast alles anlegen, wenn man die Million auf tausend Personen verteilt, wird fast alles ausgegeben werden (deswegen war der Sozialismus auch nicht so sehr eine Umverteilung von Reich zu Arm, sondern von der Substanz zum Konsum, was sich in verfallenden Immobilien und rückständigen Fabriken äußerte; es wurde zu wenig investiert). Jedoch ist die künstliche Ausweitung der Spanne zwischen Arm und Reich durch eine kreditfinanzierte Blase ökonomisch natürlich nicht gerechtfertigt.

Der gleiche kausale Zusammenhang, der zur Ausweitung der Spanne zwischen Arm und Reich führt, bewirkt eine strukturelle Verschiebung zu Lasten der Erträge aus der Produktion. Wenn die Einkommen aus Vermögen wachsen, sinken relativ dazu die Erträge der Produktionsunternehmen und die der dort Beschäftigten. Man kann sogar generell sagen, dass unternehmerische Tätigkeit und Arbeit relativ zu den Einkommen aus Vermögen geschwächt wird. Berücksichtigt man noch weitere Fehlallokationen (wie die Ausweitung des Finanzsektors, eventuell auch eine gestiegene Arbeitslosigkeit), muss die Blase als ein Grund für ein geringeres industrielles Wachstum in den Industrieländern gewertet werden. Hier kommen natürlich weitere Gründe wie die geringeren Einkommen in aufstrebenden Ländern hinzu oder im Falle der USA die Fehlbewertung der Währung im Kontext des Leistungsbilanzdefizits. Die geringere Rentabilität der Produktion führte bei einigen Industrieunternehmen dazu, dass sie sich im Finanzsektor engagierten (»Bank mit angeschlossener Automobilfabrik«).

Schlussendlich gibt es Hinweise darauf, dass die Arbeitslosigkeit steigt, durch Faktoren wie die Ausweitung der Spanne zwischen Arm und Reich, die Schwächung des Einkommens aus der Produktion und die Fehlallokationen, auch wenn die diesbezüglichen Zusammenhänge vielschichtiger sind. Es ist vermutlich eine weitere paradoxe zeitverzögerte Blasenfolge, dass die kreditfinanzierte Stimulierung der Wirtschaft mittelfristig Dauerarbeitslosigkeit bewirkt und damit erneut das Gegenteil dessen, was man beabsichtigte, aber nur kurzfristig erzielte.

Wenn Blasen nur Scheingewinne generieren und beim Entstehen und insbesondere bei ihrem Platzen schwere Nachteile aufweisen, stellt sich die Frage, wieso sie entstehen, aber auch, wieso der Staat sie nicht verhindern kann oder will – oder weshalb er sie womöglich fördert oder sie sogar selbst schafft. Der primäre Grund für das Entstehen von Blasen liegt im Moment der Entscheidung. Da hier die Vorteile überwiegen, während die Nachteile später kommen (beim Platzen) oder nicht unmittelbar sichtbar sind (bei den verlierenden übrigen Sektoren), gibt es eine Entscheidungspräferenz zur Blasenbildung. Streng genommen gibt es, schaut man exakt nur auf den Moment der Entscheidung, sogar gar keine Verlierer, denn im Moment der Erhöhung der Kreditmenge gibt es nur Profiteure oder Nichtbetroffene. Erst danach gibt es auch Nachteile beziehungsweise Verlierer, denn die Kreditmenge hat sich erhöht (es hängt also mit dem Vorliegen sowohl von Fluss- als auch von Bestandsgrößen zusammen). Da die Vorteile in der Gegenwart, die Nachteile aber in der Zukunft liegen, sind Entscheidungen zugunsten einer Blasenentstehung hin verzerrt.

Diese Verzerrung gilt nun für alle Beteiligten, auch für den Staat. Der Staat kann als Einziger mit Regelungen (wie dem Verbot von vordatierten Schecks) diese Verzerrung und damit eine Blasenentstehung verhindern. Allerdings profitiert er als Institution selbst von Blasen, oder er schafft sie als Wirtschaftssubjekt aus eigenem Grund. Wie profitiert der Staat von Blasen in der Wirtschaft? Zum einen kann er höhere Steuern einnehmen. Die wirtschaftliche Tätigkeit und das Preisniveau werden durch die Blase anfänglich gefördert, was insgesamt die Steuereinnahmen erhöht. Zudem kann er die aufgeblasenen Buchwerte der Vermögen besteuern, in den Vereinigten Staaten etwa durch die Vermögenszuwachssteuer. Außerdem profitiert der Staat (etwa bei Wahlen) davon, dass die Bürger zufriedener sind mit der Wirtschaft und mit ihrem Vermögenszuwachs. Hinzu kommt die Lobbyarbeit von Sektoren, die von Blasen profitieren, wie dem Finanzsektor. Das alles führt dazu, dass der Staat Blasen in der Privatwirtschaft zulässt oder sogar fördert.

Ein Beispiel ist die (unter anderem durch die Goldinterventionen geförderte) Aktienblase ab Mitte der Neunziger in den USA, die zu erhöhten Steuereinnahmen führte und die Neuverschuldung des Staates reduzierte. Ein anderes ist die darauffolgende Immobilienblase, die der Finanzmarktkrise des Jahres 2008 vorausging. Es war in den USA sozialpolitisch gewollt, dass Einkommensschichten, die bisher kaum Immobilieneigentum besaßen, ein solches bekamen. Deswegen sorgte der Staat dafür, dass an Personen Kredite gegeben wurden, die diese nicht wirklich bedienen konnten, sondern allenfalls durch den Anstieg der Immobilienpreise, der wiederum Folge der Kredite selbst war. Der Staat tat dies durch staatliche Immobilien-Institutionen, die die zusätzliche Kreditvergabe direkt und indirekt förderten, oder durch Zulassung kreditausweitender Finanzmarktinstrumente.

Ein Beispiel dafür sind die Kreditverbriefungen. Dabei werden viele Darlehen in einem Wertpapier gebündelt und an Investoren verkauft. Das Übertragen von Forderungen ist dabei nicht grundsätzlich abzulehnen. Anders als bei Hypothekenanleihen ist bei dieser Art Kreditverbriefungen das vermittelnde Institut aber von Anbeginn an nicht in der Haftung. Das bedeutet, dass derjenige, der entscheidet, ob ein Darlehen vergeben wird, im Unterschied zum normalen Bankier ein bloßes Interesse am Verkauf hat und kein eigenständiges an der Prüfung des Schuldners. Solche Kreditverbriefungen sind somit Blasenaufbläser erster Güte.

Der Staat war also bei der Blasenbildung in der Privatwirtschaft maßgeblich beteiligt. Im Zuge der Finanzmarktkrise 2008 fielen dann sehr viele dieser verbrieften Kredite aus. Zentralbanken und Staaten übernahmen die während der Blase zuerst in der Privatwirtschaft generierten Kredite in die eigenen Bücher, um einen deflationären Kollaps zu verhindern. Auch wenn die meisten Politiker heute so tun, als hätte es sich um ein Marktversagen gehandelt, ist es primär ein Politikversagen (Marktversagen gibt es letztlich sowieso nicht, es verursacht auch kein Physikversagen einen Flugzeugabsturz, aber Menschen können versagen. Sie bewegen sich im Rahmen der ökonomischen Gesetze wie dem von Angebot und Nachfrage). Es ist aber auch ein Versagen des Bürgertums, denn die Bürger wollten die Blase. Letztlich ist es ein Wechselspiel, bei dem allerdings der Staat seine Aufgabe, Blasen zu verhindern, nicht wahrgenommen hat. Hinzu kommt ein weitgehendes Medienversagen, denn die Medien übernahmen überwiegend unkritisch die Darstellung der Politik. Die Wissenschaft hat sich dem angeschlossen und die Problematik des Kreditniveaus in ahistorischer Engstirnigkeit schöngeredet.

Der Staat toleriert oder fördert aber nicht nur in der Privatwirtschaft entstehende kreditfinanzierte Blasen, er schafft sie auch selbst. Denn der Staat ist auch Wirtschaftssubjekt und muss seine Ausgaben finanzieren. Als solcher unterliegt er den Marktgesetzen, und seine Entscheider und Verwalter unterliegen den Gesetzen der menschlichen Schwäche. Historisch stehen denn auch Kriege am Anfang der meisten der großen Blasen. Über die Jahrhunderte hat sich herausgestellt, dass Staaten, die ihre Kriege durch Ausgabe von Anleihen finanzieren, eine höhere Wahrscheinlichkeit auf den Sieg haben als solche, die sich auf die Einnahmen aus Steuern verlassen. Deswegen hat sich die Kriegsfinanzierung durch Anleihen durchgesetzt, auch wenn danach regelmäßig die Staatsfinanzen zerrüttet waren und es Staatsbankrotte, starke Inflationen oder Währungsreformen gab.

Ein Staatskredit schafft aber keine konventionelle Blase, denn mit ihm werden Konsumgüter bezahlt und keine Anlagegüter. Nichtsdestoweniger stehen danach die Kredite im Raum und das Kreditniveau ist erhöht. Als Beispiel sei hier der Spanische Erbfolgekrieg (1701 bis 1714) genannt, der John Law auf seine Idee brachte, danach erstmals in Europa große Mengen Papiergeld in Umlauf zu bringen. Ähnliches gilt für das erste Papiergeld Chinas, das im elften Jahrhundert zur Kriegsfinanzierung ausgegeben wurde. Und auch das heutige Finanzsystem ist Folge der Finanzierung früherer Kriege, denn die Schulden blieben danach bestehen.

Vielen ist es nicht bewusst, aber die Geschichte des zwanzigsten Jahrhunderts ist zu wesentlichen Teilen auch eine des Kreditniveaus. Der Erste Weltkrieg verschlang Unmengen, und diese wurden überwiegend durch Staatsanleihen finanziert. Der Goldstandard wurde abgeschafft, denn er hätte die Finanzierung des Krieges unmöglich gemacht. Nach dem Krieg bestanden die Schulden weiter, auch bei den Siegernationen. Während es in Deutschland zu einer Hyperinflation kam und anschließend zu einer neuen Währung, hatten die Sieger ihre eigenen Kreditprobleme. Diese führten zur Blase der Zwanziger, in der stets neue Kredite in der Privatwirtschaft das Kreditniveau weiter anhoben. 1929 kam es dann zum Börsencrash und anschließend zur Weltwirtschaftskrise, die Hitler an die Macht brachte. In den Dreißigern bekämpfte man die Arbeitslosigkeit mit staatlichen Ausgabeprogrammen (damals wurden auch die Grundlagen für die heutigen ökonomischen Theorien gelegt). Das immer noch zu hohe Kreditniveau konnte auch in dieser Zeit nicht hinreichend heruntergeführt werden. Erst die Hyperinflationen und Währungsreformen nach dem Zweiten Weltkrieg, in Deutschland 1948, beseitigten letztlich das Überschuldungsniveau, das 1914 begonnen hatte! Es ist also alles andere als eine leichte Aufgabe, hohe Kreditniveaus zurückzuführen, und sie kann nicht nur zu wirtschaftlichen, sondern auch zu politischen, gesellschaftlichen und militärischen Umwälzungen führen.

Eine Umwälzung nach dem Zweiten Weltkrieg war die Ausbreitung des Sozialismus. Dies führte zum Kalten Krieg, der gelegentlich auch mit Waffengewalt ausgetragen wurde, etwa in Vietnam. Bereits in den Sechzigern begann der Ost-West-Konflikt, die Staatsfinanzen zu ruinieren, was dann 1971 die Aufhebung der Goldbindung veranlasste. Aber erst in seiner Endphase, der »kriegsentscheidenden« Hochrüstung der Achtziger, stieg das Kreditniveau deutlich. Nach der Beendigung des Kalten Krieges kam es in den früheren Staaten des Ostblocks zu schweren Wirtschaftskrisen und starken Inflationen. Im Westen blieben die Schulden nicht nur bestehen, das hohe Schuldenniveau wurde sogar deutlich ausgeweitet. Dabei entstand in den Neunzigern auf Basis des durch die staatliche Kreditaufnahme erhöhten Forderungsniveaus eine Blase im Privatsektor, während sich relativ dazu die Staatsfinanzen recht stabil hielten. Dies ähnelt sehr der Situation nach dem Ersten Weltkrieg, wo nach der staatlichen Verschuldungsorgie des Ersten Weltkriegs und der Aufhebung der Goldbindung ebenfalls eine Blase im Privatsektor entstand. Die heutige Megablase hat also durchaus historische Vorläufer, bloß sind wir weiter, und sie ist größer.

Der Staat schafft Blasen aber nicht nur durch erhöhte Ausgaben im Sonderfall eines Krieges, sondern auch durch seine laufenden Ausgaben, heutzutage insbesondere im Bereich der Wohlfahrt. Der Staat hat tendenziell Probleme, gut hauszuhalten, da Politiker und Beamte das Geld anderer ausgeben. In diesem Fall neigen Menschen nun einmal dazu, weniger auf die Kostenkontrolle zu achten. Beim Wohlfahrtsstaat kommt die Bestechung des Bürgers (in Demokratien: des Wählers) hinzu. Der Staat verspricht höhere Renten, höhere Sozialausgaben und dergleichen, verschweigt aber, dass er den entsprechenden Betrag dem Bürger an anderer Stelle wegnehmen muss.

Hier greift nun der Staat selbst gerne zum Trick der Kreditfinanzierung. Er tut, als würden die zusätzlichen Ausgaben den Bürger nicht belasten, und finanziert sie per Kredit. Um die Belastung des Bürgers zu kaschieren, nutzt er den Effekt staatlicher Kreditfinanzierung, dass der Einzelne seinen Anteil an der Schuld des Gemeinwesens nicht in seine Bücher nimmt. Der Bürger fühlt sich so wohlhabender, als er tatsächlich ist.

Ein schematisches Beispiel soll darlegen, wie der Staat den Bürger durch seine Kreditaufnahme täuscht: Wenn der Staat die Renten um 100 Euro erhöht, müsste er konsequenterweise das verfügbare Einkommen der Familien um 100 Euro belasten. Dies würde zu einem Interessenausgleich der Gruppen auf Basis realer Zahlen führen. Stattdessen nimmt der Staat einen Kredit über 100 Euro auf, und gibt sie dem Rentner. In den Büchern wurde nun die Familie nicht belastet, der Rentner hat aber dennoch 100 Euro mehr! Das Soll von 100 Euro ist beim Staat gebucht, wo es niemanden persönlich bekümmert. Da der Staat aber nur Kredite schöpfen, jedoch keine Waren herbeizaubern kann, wurde die Familie durch Preisentwertung real dennoch um 100 Euro belastet (möglicherweise wird dieser Effekt durch zusätzliche Importe oder Wirtschaftswachstum kurzfristig gemindert, grundsätzlich stellt er sich schematisch so dar).

Um Missverständnisse zu vermeiden, es geht hier nicht um die Einzelmaßnahme, sondern um volle Transparenz bei der Entscheidungsgrundlage – vielleicht wären die Renten im Ergebnis sogar höher als jetzt bei der durch Staatskredit verzerrten Entscheidungsgrundlage, da andernorts unsinnige Ausgaben gestrichen worden wären. Was hier für den größten Posten, den Wohlfahrtsstaat, dargelegt wurde, gilt im Übrigen auch für andere Bereiche, etwa die bevorzugte Klientel von Parteien oder für Wirtschaftssektoren. Auch bei diesen kommt es zu vielfältigen Subventionen, die an anderer Stelle wieder eingeholt werden müssen (letztlich oft bei der gleichen Person/beim gleichem Unternehmen) Grundsätzlich führt der Staatskredit zu leichtfertigeren Ausgaben, da er so tut, als müssten die zugehörigen Ausgaben nicht wirklich bezahlt werden. Da er als reiner Buchungsvorgang aber keine Güter schafft, müssen diese doch an anderer Stelle dem Bürger genommen werden. So forciert der Staatskredit, dass eine Kaskade an Umverteilungsmaßnahmen in Gang gesetzt wird, bei der das eigentliche politische Ziel im Ergebnis oft gänzlich verfehlt wird. In jedem Fall kostet er aber bei Behörden und in der Wirtschaft viel und verursacht Schaden durch seine gewollte oder ungewollte Einflussnahme.

Aber der Bürger möchte auch getäuscht werden. Man beachte die enormen gesellschaftlichen Widerstände Europas, als es etwa darum ging, das in manchen Ländern Europas niedrige Renteneintrittsalter zu erhöhen. Der Bürger will sich einfach wohlhabender fühlen, auch wenn durch Buchvorgänge nichts geschaffen werden kann. Dabei fehlt es oft am ökonomischen Basiswissen (was auch für Politiker und Gewerkschafter gilt). Ein paar Standardvorstellungen, die weit verbreitet sind, seien hier aufgegriffen. So kümmert es viele einfach nicht, woher der Staat die Mittel für die zusätzlichen Ausgaben nimmt; sie fühlen sich im Recht, dem Staat etwas abzufordern. Paradoxerweise gilt dies oft selbst für die, die es real bezahlen, etwa für Familien (und künftige Rentenzahlungsempfänger), um das vorherige Beispiel aufzugreifen. Diese weitverbreitete Grundhaltung gegenüber dem Staat ist tief verwurzelt in der menschlichen Natur, man tut letztlich so, als sei der »Vater« Staat eine getrennte Person, die eigenständig etwas leisten kann, ähnlich wie der Vater in der Kindheit Essen herbeigeschafft hat, ohne dass das Kind es tun musste. Psychologisch ist diese Grundhaltung nachvollziehbar, waren wir doch alle jahrelang versorgte Kinder, sachlich führt sie auf totale Irrwege. Fragt man nun konkret nach, woher die Zahlungen kommen sollen, werden oft Kredite genannt. Erinnert man daran, dass dadurch keine zusätzlichen Waren entstehen, kommen oft Umverteilungsideen auf, innerhalb des Staatshaushaltes oder auch innerhalb der Gesellschaft. Insgesamt liegt auch beim Staatskredit ein Wechselspiel zwischen Bürger und Staat vor. Die Finanzierung per Staatskredit ist nichts anderes als ein Täuschungsmanöver, wenn man so möchte, eine Selbsttäuschung.

Der Wohlfahrtstaat ist auch insofern ein schwieriges Thema, da oft irrational, emotional oder moralisierend argumentiert wird. Der Mensch möchte gut sein (oder so gelten) und tut sich mitunter schwer, eine jetzt scheinbar harte, aber langfristig positive Entscheidung zu treffen (was hier für den Wohlfahrtsstaat besprochen wird, gilt ähnlich aber auch für die weltweit stark verbreiteten Subventionen). Hier geht es nur um die Transparenz der Entscheidungsgrundlage, es geht darum, sich und andere nicht über den Trick der staatlichen Kreditfinanzierung zu täuschen. Hätten wir ohne staatliche Kreditfinanzierung einen völlig unsinnigen Umverteilungsapparat, der (je nach Erhebungsmethode) nennenswerte Teile der Bevölkerung zu Empfängern von Sozialleistungen macht, die diese dann an anderer Stelle weitgehend wieder selbst bezahlen? Hätte sich die Sozialhilfe vom Instrument der Abfederung individueller Schicksalsschläge zu einem umfangreichen und Fehlanreize setzenden Geldspender entwickelt, wenn der Bürger fair über seine Belastung informiert worden wäre? Hätte Europa eine den eigenen Sozialstaat (und nicht den des Herkunftslandes) belastende Immigration von Personen zugelassen, die sich am produktiven Wirtschaften nicht beteiligen, wenn die europäischen Arbeitnehmer und Konsumenten diese sauber durch Steuererhöhungen hätten finanzieren müssen? Es geht hier nicht um eine Bewertung der Einzelmaßnahmen, sondern um Transparenz. Nur bei einer korrekten Entscheidungsgrundlage können Entscheidungsprozesse funktionieren. Der Staatskredit täuscht den Bürger.

Der Staatskredit führt zwar nicht unmittelbar zu einer Blase an den Anlagemärkten, da mit ihm überwiegend Konsumgüter gekauft werden. Er ist eher ein Preistreiber der Konsumgüter, der Konsument wird gewissermaßen »besteuert«. Er führt jedoch zu einer Zunahme der Kredite. Historisch lässt sich nun mit einiger Regelmäßigkeit (wie auch bei der aktuellen Blase) beobachten, dass infolge einer deutlichen Ausweitung der Verschuldung des Staates in den darauffolgenden Jahren eine kreditfinanzierte Blase im Privatsektor entsteht, sodass ein Zufall wohl auszuschließen ist (die Gründe liegen vermutlich im Zusammenspiel zwischen Fluss- und Bestandsgrößen, also zwischen umlaufendem Geld und gespartem Geldvermögen beziehungsweise zwischen Konsumgut und Produktionsmittel).

Was den Wohlfahrtsstaat angeht, bewirkt die Kreditfinanzierung daher genau das Gegenteil dessen, was sozialpolitisch beabsichtigt ist. Denn zeitverzögert führt sie zu einer Blase, und diese Blase führt zu einer erheblichen Ausweitung der Spanne zwischen Arm und Reich, wie wir es aktuell beobachten können. Die kreditfinanzierte soziale Wohltat vor dreißig Jahren bewirkt heutige Armut. Insofern ist es absurd oder kurzsichtig, wenn Politiker oder Gewerkschafter die Kreditausweitung fordern, etwa um den Wohlfahrtsstaat auszuweiten oder um der Arbeitsplätze willen die Konjunktur zu fördern. Sie befördern mittelfristig damit nur eine Blase und bewirken eine Ausweitung der Spanne zwischen Arm und Reich, also das Gegenteil dessen, was bezweckt war. Politiker neigen wie alle Menschen dazu, den jetzigen Erfolg vorzuziehen, auch wenn der Preis in der Zukunft ein höherer ist. Es ist schon sehr auffällig, dass der Sozialstaat in den meisten Staaten des Westens heute deutlich umfangreicher ist als vor Jahrzehnten, die sozialen Probleme aber auch. Es wurde der Teufel mit dem Beelzebub ausgetrieben.

Ein weiterer Aspekt der Blasenbildung sei noch angesprochen. Er ist insgesamt eher vager Natur, aber dennoch vorhanden. Es geht um die Wirkung auf die Moral. Blase und Staatskredit suggerieren eine leichtere Finanzierbarkeit als real gegeben ist, da der Preis nicht unmittelbar in der Gegenwart sichtbar wird. Das beeinflusst Verhalten und Einstellung bei Privaten, Unternehmen und Behörden. Alles scheint leicht bezahlbar. Dies fördert eine Verschwendung in allen Bereichen. Es befördert aber auch eine Haltung, der Staat sei für Dinge zuständig, für die traditionell Private zuständig sind. Der Staatskredit dürfte so auch zu grundlegenden gesellschaftlichen Phänomenen wie der Schwächung der Familie einen Beitrag geleistet haben (da ihre relative wirtschaftliche Bedeutung geschwächt wurde). Weitere demoralisierende Aspekte sind etwa im Wertverlust der Ersparnisse und in den blasenbedingt zu niedrigen Einkommen aus produktiver Arbeit zu sehen.

Grundsätzlich stellt sich zudem die Frage, ob Blasenbildung insgesamt zu mehr oder zu weniger realer Produktion führt. Dass Kreditschöpfung die Wirtschaft anregt, ist empirisch gut belegt. Dies liegt einfach an der zusätzlichen Nachfrage und an der gestiegenen Profitabilität in den Büchern aufgrund der gestiegenen Vermögenspreise während der Blasenentstehung. Dieser reale Effekt der Blase wird klassischerweise in der anschließenden Rezession zurückgeführt, bei der umgekehrt Rückführung und Ausfall der Kredite zu einem Rückgang der realen Wirtschaftstätigkeit führen. Heute greift hier der Staat ein und verhindert solche Rezessionen, aber auch die Rückführung des Forderungsniveaus. Man muss vielleicht das Ende des aktuellen Mega-Blasenzyklus, also die Rückführung des Kreditniveaus, für eine fundierte Bewertung abwarten. Allerdings lässt sich bereits jetzt sagen, dass der Spielraum, die

Wirtschaft durch zusätzliche Kredite zu stimulieren, aufgrund des bereits erreichten Kreditniveaus immer mehr nachlässt. Zusätzliche Kredite kommen kaum noch in der Realwirtschaft an, da sie bestehende Kredite bedienen muss.

Es ist grundsätzlich fraglich, ob sich bei Blasen aufgrund von Buchgewinnen dauerhafter realer Wohlstand schöpfen lässt. Berücksichtigt man zusätzlich die Fehlallokationen, die bloß blasenbedingten Ausweitungen bestimmter Sektoren wie des Finanzsektors zu Lasten der übrigen, muss man insgesamt sogar von einer Schwächung ausgehen. Außerdem gibt es Beispiele, bei denen ein stagnierendes Kreditniveau oder gar seine Schrumpfung (Großbritannien nach dem Zweiten Weltkrieg) mit teilweise hohem Wirtschaftswachstum einhergingen. Letztlich ist es der sich frei entfaltende menschliche Geist, der Wohlstand schafft – nach dem Rad ist nicht vor dem Rad –, und nicht der Kredit. Vermutlich führen Faktoren wie die Fehlallokation in Wirtschaft, Staat und Gesellschaft dazu, dass sich der kurzfristige Vorteil der Kreditschöpfung in Form zusätzlicher Produktion insgesamt in einen Nachteil verwandelt (sowohl bezüglich der Größe desselben als auch bezüglich seines Nutzens, der bei Fehlallokationen naturgemäß geringer ist, auch wenn er in der volkswirtschaftlichen Gesamtrechnung erscheint). Die Endlichkeit der Wirkung zusätzlicher Kreditstimulierungsmaßnahmen sowie ihre Umkehrung bei der Kreditrückführung sprechen zusammen mit der Fehlallokation dafür, dass der reale Wohlstand, gemessen über die Dauer zwischen zwei Megablasen, höher ausfällt, wenn man die Megablasenentstehung verhindert, indem man keine Blasen entstehen lässt beziehungsweise schafft oder indem man gegebenenfalls kleine Blasen zwischendrin regelmäßig frühzeitig platzen lässt, wie es bis zu Zeiten des Goldstandards üblich war.[122]

Bei der Beschreibung des Entstehens und Vergehens von Blasen wurde davon ausgegangen, dass parallel zur Vergrößerung der Kreditmenge die Vermögenspreise steigen und dass beim Platzen beides zurückgeht. Angesichts des Eingriffs des Staates gilt dies so nicht mehr. Indem der Staat heute ein-

[122] Die Weltwirtschaftskrise der Dreißigerjahre dem Goldstandard zuzurechnen ist insofern irreführend, als dieser bereits ab 1914 abgeschafft worden war, was die Kreditexzesse erst ermöglichte. Er wurde erst später bei bestehenden Ungleichgewichten (hohes Kreditniveau, außenwirtschaftliche Ungleichgewichte) wieder eingeführt, was dann die deshalb heftigere deflationäre Kontraktion begünstigte.

greift, platzen Blasen meist nicht mehr vollständig, sondern nur im Teilbereich der Vermögenspreise. Der Forderungsbestand bleibt und wird nicht durch Schuldnerausfall beseitigt. Wenn also heute vom »Platzen einer Blase« die Rede ist, ist meist nur der Rückgang der Vermögenspreise gemeint. Da aber die Forderungen bestehen bleiben, ist das Platzen unvollständig. Die Blase ist nur dem Augenschein nach verschwunden (die Preise sind gesunken), ihr Grund (in Form erhöhter Kredite) aber bleibt. Von den beiden wichtigsten Merkmalen kreditfinanzierter Blasen, dem Kredit und den erhöhten Preisen, bleibt das erhöhte Kreditniveau erhalten.

Die weiterhin vorhandenen Forderungen bilden die Basis für die (heute weltweiten) Serien von Teilblasen. Das erhöhte Forderungsniveau, der ursprüngliche Grund für den Anstieg der Vermögenspreise der vorherigen Teilblase, forciert nun nach deren Platzen an neuer Stelle bald wieder die Bildung einer neuen Teilblase. Die Forderungen sind weiterhin nachfragewirksam in der Welt und erhöhen speziell Vermögenspreise (bis sie gegebenenfalls am Ende einer Megablase auf die Konsumentenpreise inflationär wirken). Ein Beispiel ist das Platzen der Teilblase an den Aktienmärkten nach 2000, bei der das Forderungsniveau erhalten blieb. Daraufhin bildete sich in den Immobilienmärkten die nächste Teilblase. Der vorübergehende Rückgang der Vermögenspreise in einer Teilblase ändert somit auch nichts an der Existenz einer Megablase. Aus diesen Gründen kann es sinnvoll sein, auch dann von einer Blase zu sprechen, wenn nur eines der beiden Blasenmerkmale (wie vermehrter Kredit) gegeben ist.[123]

Wir können schematisch drei Arten von kreditfinanzierten Blasen unterscheiden, ohne sie scharf abgrenzen zu wollen. Da sind solche, die nur im Privatsektor entstehen und die der Staat duldet beziehungsweise nicht verhindert. Sie sind meist von kurzer Dauer. Dann gibt es solche, die der Staat fördert, die aber auch im Privatsektor entstehen. Außerdem gibt es die, die der Staat selbst schafft. Greift der Staat ein, können Blasen sehr groß werden. Alle Blasenarten führen zu einem Scheinwohlstand, die Menschen fühlen sich wohlhabender,

---

[123] Das gilt auch, wenn nur das Merkmal »Anstieg der Vermögenspreise« gegeben ist, etwa durch modebedingte Umschichtungen in einen populären Sektor; nicht kreditfinanzierte Blasen sind hier aber nur Randthema.

ohne dass real entsprechend mehr geschaffen wurde. Dies äußert sich in der Kurve des Anstiegs der Gesamtzahl der Forderungen gegenüber dem Bruttoinlandsprodukt. Der Staatskredit als Spezialfall ist zusätzlich ein eigenständiges Täuschungsinstrument, da sich das Individuum nicht persönlich für die Schulden der Gemeinschaft verantwortlich fühlt.

Zu Blasen kommt es, da im Moment der Entscheidung die Vorteile scheinbar vorherrschen. Diese Verzerrung der Entscheidungsgrundlage betrifft alle Beteiligten, Private, Unternehmer, den Finanzsektor und den Staat. Erst später, beim Platzen der Blase, wird der Scheinwohlstand aus den Büchern entfernt. Dieses Platzen ist meist mit Rezessionen verbunden. Der wirtschaftliche Rückgang im Zuge solcher Rezessionen kann in der Folge größerer Blasen ohne weiteres ein Viertel der Wirtschaftsleistung oder mehr betragen. Erst wenn die Zahl der Forderungen relativ zum Bruttoinlandsprodukt wieder ein tieferes und stabiles Niveau erreicht hat, ist die Blase abgearbeitet. Dies kann viele Jahre dauern und mehrere Finanzkrisen umfassen. Ist die Rezession schwer, können politische Umwälzungen Ideologen (Sozialisten, Faschisten, Planungsbürokraten, Gesetzesreligiöse) an die Macht bringen und etwa über Militärausgaben den Keim künftiger Verschuldung und Blasen legen. Es kommt aber auch bereits während der Blase zu vielfältigen Verzerrungen. Dazu gehören Fehlallokationen, die bestimmte Sektoren von Wirtschaft, Staat und Gesellschaft zu Lasten der übrigen begünstigen. Aber auch der Finanzsektor, die Blasenbranche (wie etwa der Immobiliensektor), das Militär und die Wohlfahrt werden aufgebläht.

Die Nachteile von Blasen sind erheblich. Der Mensch ist aber ein vernunftbegabtes Wesen. Vielleicht ist es deshalb bei ausreichender Kenntnis künftig möglich, trotz der massiven Kräfte, die die Blasenentstehung fördern, ihre Entstehung zu verhindern, sie zu begrenzen oder sie seltener zu machen. Deswegen lohnt es sich, das Janusgesicht von Werttransportern genauer anzusehen. Das bietet uns auch eine bessere Basis, um Szenarien für die möglichen Ausgänge der derzeitigen Megablase zu entwickeln.

33. Geld oder Kredit

»Geld oder Leben« ruft der Bankräuber und erhält doch nur Kredit. Denn jedes heutige Geld ist Kredit. Deswegen wird es auch »Kreditgeld« genannt. Es hat stets zwei Seiten: Jemanden, der es schuldet, und jemanden, der die Forderung innehat. Es gibt nur wenige, mengenmäßig unbedeutende Ausnahmen (wie die Ausschüttung des Gewinns einer Zentralbank im Falle einer Goldpreisaufwertung), in denen Geld »netto« entsteht, also ohne dass es eine zugehörige Schuld gibt. Ansonsten ist unser heutiges Geld nichts als eine Forderung, dem eine gleich große Schuld entgegensteht.

Schauen wir uns dazu noch einmal das Beispiel des Immobilienkaufs auf Kredit an, mit dem die Blasenentstehung verdeutlicht wurde. Bei diesem Beispiel nahmen Sie 100 000 Euro als Kredit auf, um die Immobilie zu bezahlen. Nach dem Kauf haben Sie 100 000 Euro Schulden, der Immobilienverkäufer hat daraus hingegen ein Guthaben von 100 000 Euro. Auf diese Art sind also diese 100 000 Euro zusätzlich entstanden. Diese 100 000 Euro hat der Immobilienverkäufer in Form eines Guthabens als Forderung gegen die Bank, und die Bank wiederum gegen Sie, den Immobilienkäufer. Der gesamte Vorgang ist dabei keineswegs eine neutrale Angelegenheit, obwohl zu jeder Forderung die Gegenseite, die Schuld, existiert. Die Positionen heben sich nicht einfach auf, man kann sie nicht einfach gesamtwirtschaftlich wegrechnen, es handelt sich nicht um ein Nullsummenspiel, denn die Forderungen können im Markt Wirkungen ausüben. Wer ein Guthaben hat, kann bezahlen, Nachfrage im Markt ausüben, womit er (leicht) steigernd auf die Preise einwirkt.

Diese 100 000 Euro sind übrigens zusätzliche Forderungen im System, sie sind zusätzliches »Geld«. So und nicht anders entsteht heute in aller Regel Geld. Es ist nicht so, dass (wie man bei einem gegenständlichen Geldbegriff vermuten könnte) die 100 000 Euro, die die Bank einem leiht, von einem anderen eingezahlt und lediglich weitergereicht wurden.[124] Sie werden neu geschöpft. Nur wenn an anderer Stelle im Gesamtsystem Schulden getilgt werden (und zwar echt, aus laufendem Einkommen oder Realvermögen und nicht durch neue Schulden), vermehrt sich die Gesamtschuld nicht.

Dieses System mutet absurd an, denn die Forderungen berechtigen zu nichts anderem, als eine andere Forderung vergleichbarer Art zu bekommen. Sie beinhalten kein Recht, eine Ware wie etwa Gold oder Silber dafür zu bekommen. Dennoch funktioniert das System, denn es gibt Regelungen im Banken- und Zentralbankensystem, die das Entstehen neuer Forderungen begrenzen (sonst würden sie recht schnell wertlos). Außerdem haben die Forderungen durch ihre Festlegung als gesetzliches Zahlungsmittel einen Wert im Markt inne.

Man kann sich das stark vereinfacht so vorstellen: Früher wurde beispielsweise mit Silber bezahlt. Es war aber gleichwertig, mit Hinterlegungsscheinen auf Silber zu bezahlen, das bei einer Bank verwahrt war. Ebenso war es gleichwertig, durch Übertragen eines Guthabens (per »Überweisung« oder »Scheck«) bei einer glaubwürdigen Bank zu bezahlen. Später dann benannte man »1 Gramm Silber« beispielsweise in »1 Dollar« um, und noch später ließ man die Verbindung zum Edelmetall weg, das eh nur auf der Bank lag. Fertig war das heutige Kreditgeldsystem. Seitdem gibt es (beinahe) nur Geld, das eine Forderung darstellt, und zu jeder Forderung gibt es eine Schuld. Selbst Bargeld wie eine Banknote repräsentiert eine Forderung, sie wurde bloß durch das Bankensystem anonymisiert, ausfallsicher und besser übertragbar gemacht.

Es geht also nur um Forderungen, um deren Menge und um deren Wert. Sekundär geht es auch um die Laufzeit, die Verzinsung, die Umlauffähigkeit, die Bonität und Art und Person des Schuldners und dergleichen. Wir sehen auch diese Dinge an, sobald sie von Bedeutung sind. Wir versuchen uns aber auf die Dinge zu konzentrieren, die für die gegenwärtige Finanzsituation maßgeblich sind, für die Megablase, aber auch für vergangene und etwaige künftige Blasen. Ebenso wollen wir die Wirkungen auf die Realwirtschaft und die Stabilität

---

[124] Das Geld der einzahlenden Person besteht schließlich weiterhin als zusätzliches (und übertragbares) Guthaben bei der Bank.

des Geldes betrachten. Wir verzichten dabei auf eine ausführliche Beschreibung der Geldgeschichte, der Entstehung des Geldes, auf eine Definition des Geldes, insbesondere auf eine gegenständliche oder rechtliche Definition, und wir verzichten auf einen Lobpreis früherer Geldsysteme. Wir versuchen einfach, uns auf das ökonomisch Relevante zu konzentrieren, auf das, was im Markt wirkt, was dort Nachfrage erzeugen kann – auf Forderungen.

Das gängige Kriterium, die Güte einer Forderungseinheit (wie Dollar oder Euro) zu bewerten, ist die Preisstabilität. Wenn ein Sparer heute mit seinen Ersparnissen noch in etwa dieselbe Menge an Gütern erwerben kann wie beispielsweise vor einem Jahr, gilt das Geld als »stabil«. Ein leichter Verlust an Kaufkraft gilt als tolerabel, schließlich erzielte der Sparer auch Zinsen. So gesehen scheint alles in Ordnung zu sein. Aber hat die Medaille nicht noch eine zweite Seite? Was ist mit der Menge an Forderungen? Wie wir gesehen hatten, hat sich in den USA die Anzahl der Forderungen gegenüber der Wirtschaftskraft seit den Sechzigerjahren fast verdoppelt und steht (inklusive Verbindlichkeiten des Finanzsektors) bei etwa 350 Prozent des Bruttoinlandsprodukts.

Wenn es aber mehr als doppelt so viele Forderungen gibt, muss dann nicht die Qualität der Forderungen nachgelassen haben? Gemeint ist hier nicht nur die Geldentwertung im Laufe der Zeit (die in diesen gut vierzig Jahren den Wert des Geldes deutlich reduziert hat), sondern die gesamte Menge an Forderungen. Vor vierzig Jahren konnte man mit einer bestimmten Menge an Forderungen eine bestimmte Menge an Gütern kaufen, heute kann man mit einer deutlich größeren Menge an Forderungen dieselbe Menge an Gütern kaufen. Außerdem hat sich aber die Menge der Forderungen in Relation zur Wirtschaftskraft verdoppelt! Zusätzlich zur Thematik der Geldentwertung hat sich im Bereich der Forderungen somit etwas erheblich geändert. Das gängige Kriterium, um die Güte einer Forderungseinheit zu bewerten, die Preisstabilität, bezieht sich nur auf das einzelne Ersparte, auf den Wert einer einzelnen Forderung. Es ignoriert völlig, dass die Gesamtheit der Sparer heute mehr als doppelt so viele Forderungen hält! Dies gilt bereinigt um Preisänderungen und Wirtschaftswachstum, es liegt also eine substanzielle Änderung im Bereich der Forderungen vor.

Forderungen können nicht von der gleichen Güte sein, wenn es doppelt so viele von ihnen gibt, selbst wenn sich dies in der Maßzahl der Geldentwertung nicht widerspiegelt. Zwar kann der einzelne Sparer mit seinen Forderungen dieselbe Menge an Verbrauchsgütern erwerben, ganz unabhängig davon, ob die Gesamtzahl der Forderungen bei 100 Prozent oder bei 200 Prozent des Bruttoinlandsprodukts liegt. Für die Gesamtheit der Sparer gilt dies aber nicht! Der Wert ihrer Forderungen an der realen Wirtschaftskraft hat sich halbiert. Es gibt also einen großen Unterschied, der aber nicht zwingend zum Tragen kommt, denn die Gesamtheit aller Sparer will ja nicht plötzlich ihre Ersparnisse auflösen. Es kann aber kein Zweifel bestehen, dass sich die Risiken erhöht haben, wenn doppelt so viele Forderungen ausstehen.

Doch was hat sich eigentlich geändert? Wie kann es doppelt so viele Forderungen geben, ohne dass sich die Preise (zusätzlich zur normalen Inflation) verdoppelten? War die Geldentwertung zu klein, zumindest relativ zum Zuwachs der Menge der Forderungen, die noch stärker wuchsen? Zur Beantwortung der Frage muss betrachtet werden, was der Inhaber mit einer bestehenden Forderung machen kann. Formal gesehen geht es um den Unterschied zwischen Fluss- und Bestandsgrößen, konkret um den Unterschied zwischen Forderungen, die laufend zum Bezahlen benutzt werden, und solchen, die zum Sparen zurückgelegt wurden.

Wir wollen den Unterschied einmal genauer darlegen. Die 100 000 Euro, die der Immobilienverkäufer als Guthaben erhalten hat, kann er ausgeben, etwa für ein Auto, oder er kann sie sparen. Im ersten Fall werden sie in der Realwirtschaft nachfragewirksam, im zweiten (vorerst) nicht. Durch die (leicht) erhöhte Nachfrage werden aber im ersten Fall auch die Preise (leicht) erhöht, im zweiten nicht. Wenn also bestehende Forderungen gespart und nicht ausgegeben (übertragen) werden, wirken sie nicht auf das Preisniveau.

Ein Werttransporter (um es allgemeiner zu formulieren, denn neben Forderungen kann es sich auch um Warengeld wie Gold oder Silber handeln) hat also zwei Aspekte: Man kann ihn ausgeben, dann nennt man ihn »Geld«. Der zugehörige Vorgang heißt »Tauschen« (oder »Bezahlen«, wenn man nur die eine Hälfte eines Tausches ansieht). Derselbe Werttransporter kann aber auch für künftige Ausgaben zurückgelegt werden, dann nennt man ihn allgemein »Wertaufbewahrungsmittel«. Der zugehörige Vorgang heißt »Sparen«. Es handelt sich um ein und denselben Werttransporter, der nur unterschiedlich gebraucht wird.

Es ist somit keine gegenständliche Eigenschaft eines Werttransporters, ob er »Geld« oder »Wertaufbewahrungsmittel« ist, sondern es hängt davon ab, wie er benutzt wird. Wird ein Werttransporter laufend zum Bezahlen benutzt, tauschen wir mit ihm beispielsweise unsere Arbeitskraft gegen Nahrung, ist er im Wirtschaftskreislauf. Legen wir ihn etwa für die Kinder zurück, sparen wir ihn, dann ist er künftig potenziell im Wirtschaftskreislauf, aktuell aber nicht nachfragewirksam. Damit wirkt er aber aktuell auch nicht steigernd auf das Preisniveau.

Wir verwenden hier den Oberbegriff »Werttransporter«, der sowohl »Geld« als auch beispielsweise alle langfristigen Forderungen umfasst und künstliche Abgrenzungen vermeidet. Auf diesen bezogen benutzen wir von den drei wichtigsten Geldfunktionen – Zahlungsmittel-, Wertaufbewahrungsfunktion und Wertmaßstab – den Wertmaßstab nicht, aus dem einfachen Grunde, weil seinetwegen kein Geld nachgefragt wird. Zwar ist der Wertmaßstab des Geldes ein Nutzen, aber seinetwegen erwirbt kein Mensch Geld. Er tut dies nur, um bald etwas zu kaufen (Zahlungsmittel) oder es für später zurückzulegen (Wertaufbewahrung). Diese beiden sind also auch die primären Geldfunktionen. Geld wird nur nachgefragt, um Wert zu transportieren (über die Vielfalt an Gütern/Dienstleistungen [»Tauschen«] oder über die Zeit [»Sparen«]), aber nicht, um etwas zu messen.

Wir fokussieren hier nicht auf die Fälligkeit, denn man kann seine Ersparnisse auch jahrelang auf Tagesgeldkonten liegen lassen, und umgekehrt kann man auch mit einer zehnjährigen Anleihe bezahlen, indem man sie in Geld auf dem Girokonto tauscht (wobei gesamtwirtschaftlich gesehen auf Seite der Gegenpartei der gleich große Anlagebedarf entsteht, wenn die Parameter ansonsten gleich bleiben). Wir konzentrieren uns nur auf das, was unmittelbar wirtschaftlich Wirkungen zeigt, und das ist der Vorgang des Bezahlens.

Eine Forderung ganz gleich welcher Art, mit der bezahlt wird, unterscheidet sich grundsätzlich von einer, die gespart wird, denn sie fragt aktuell Güter nach. Aus diesen Gründen fokussieren wir auf die umfassende Umschlagshäufigkeit (beziehungsweise »Umlaufgeschwindigkeit«)[125] und nicht auf eine, die durch die Fristen der Forderungen oder Ähnliches begrenzt ist. Weil alle Forderungen potenziell Nachfrage ausüben können, ist es für eine Gesamtbetrachtung nicht sinnvoll, sich ausgerechnet bei der Umschlagshäufigkeit, dem Maß, das Umlauf und Bestand zusammenführt, auf weniger als die Gesamtheit zu beziehen. Deswegen ist die Umschlagshäufigkeit aller Forderungen maßgeblich und nicht die Umschlagshäufigkeit einer eingeschränkten Geldmenge.

Vom Monatsgehalt beispielsweise wird das meiste etwa einmal im Monat umgeschlagen, ein Teil aber sagen wir bis Jahresende (Weihnachten) gespart, also seltener umgeschlagen und so weiter. Das Umgekehrte der Umschlagshäufigkeit ist die Anlagedauer. Die nachfolgende Abbildung verdeutlicht schematisch die beiden Seiten von Werttransportern, das Tauschen (Bezahlen) und das Sparen.

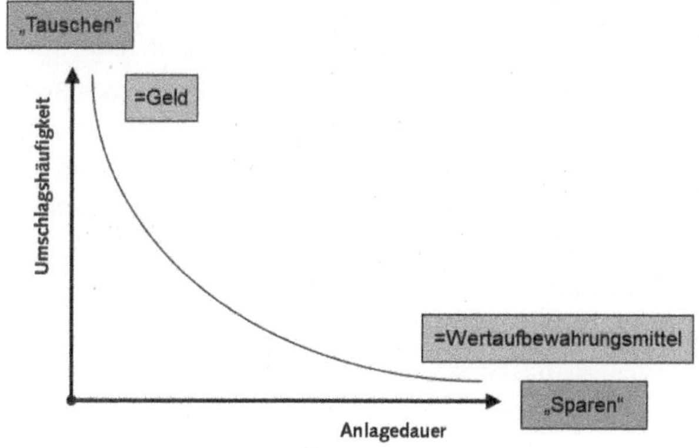

Abb. 80: Die zwei Seiten von Werttransportern

[125] Die Bezeichnung Umlaufgeschwindigkeit ist irreführend, denn es handelt sich um eine Häufigkeit.

Es sind diese beiden Seiten von Werttransportern (im heutigen Geldsystem handelt es sich wie gesagt um Forderungen), die primär von wirtschaftlicher Relevanz sind. Sie stehen im Zentrum der Frage, ob gekauft wird oder nicht, ob gewirtschaftet wird oder nicht, ob die Preise steigen oder nicht. Das hängt davon ab, ob eine Forderung im Umlauf ist oder ob sie gespart wird. Viele andere Aspekte, von der Fälligkeit über den Zins bis hin zur Bonität und vielem mehr, sind demgegenüber sekundär. Hinzu kommt lediglich das Bezahlen mit neu geschöpften Forderungen, wie bei der Blasenentstehung beschrieben. Das ist wie früher beim Gold, man konnte mit Gold zahlen, das bereits Jahrhunderte im Umlauf war, und mit solchem, das eben erst gefördert wurde. Es gibt heute somit zwei Möglichkeiten, um zu bezahlen, einmal mit dem Übertragen einer bestehenden Forderung, zum anderen mit der Schöpfung einer neuen.

Da Bezahlen mit Nachfrage und Nachfrage mit Inflation zu tun hat, ist die Preisentwicklung ein Vorgang, der durch die Lage eines Werttransporters in dieser Spanne zwischen seinen beiden Seiten »Bezahlen (Tauschen)« und »Sparen« bestimmt wird und nicht etwa nur über die Menge desselben. Wenn Werttransporter vom Umlaufbereich (»Geld«) in den Anlagebereich (»Wertaufbewahrungsmittel«) wechseln, fällt die Nachfrage und die Inflation wird weniger drückend. Der umgekehrte Vorgang ist der Wechsel vom Anlagebereich in den Umlaufbereich, er wirkt preissteigernd (der andere preistreibende Vorgang ist der bereits beschriebene kreditfinanzierte Kauf).

Inflationsentwicklung auf Basis von Inflationserwartung ist somit eine reale Angelegenheit, denn Menschen entscheiden, wo in dieser Spanne sie ihren Werttransporter halten, ob sie ihn ausgeben oder ob sie sparen. Dementsprechend konnte auch der Mechanismus, auf den die Fed seit August 1993 setzte, als sie die Inflation über die Minderung der Inflationserwartung mittels der Goldinterventionen bekämpfte, ein wirksamer Vorgang sein. Sie hat die Inflation verhindert, indem sie das Sparen angeregt hat (und damit die Inflation mutmaßlich in die Zukunft verschoben, also »aufgestaut«, hat). Den umgekehrten Vorgang kann man am deutlichsten bei Hyperinflationen beobachten, wo das ganze Bemühen der Menschen darauf ausgerichtet ist, das Geld unverzüglich auszugeben und auch Dinge zu kaufen, die man eigentlich nicht benötigt. Wegen starker Geldentwertung wird nicht gespart. Ergänzend ist aber zu sagen, dass bei Verbrauchsgütern auch der Bedarf einen Einflussfaktor darstellt, denn man isst nicht das Doppelte beziehungsweise die Hälfte, nur weil man steigende beziehungsweise fallende Preise erwartet.

Im Zuge der Entstehung der aktuellen, sich seit den Sechzigern und insbesondere Achtzigern bildenden Megablase hat sich nicht nur einfach das Niveau der Forderungen erhöht, sondern parallel dazu auch ihre Umschlagshäufigkeit verringert. Nur so konnte die Zahl der Forderungen relativ zur Wirtschaftsleistung überhaupt steigen. Die Änderung der Umschlagshäufigkeit ist die Erklärung dafür, dass sich die Preise nicht einfach proportional zur Menge der Forderungen verhalten. Wir wollen nun verdeutlichen, wie die Änderung der Umschlagshäufigkeit mit der relativen Zunahme der Forderungen seit den Sechzigern zusammenhängt.

Die nachfolgende Abbildung unterteilt die Forderungen in verschiedene Gruppen, solche, die eher laufend zum Bezahlen verwendet werden (also die Flussgrößen), und solche, die eher dem Bereich des Sparens (also den Bestandsgrößen) zugeordnet sind. Es handelt sich nur um eine schematische Darstellung zur Veranschaulichung, da nicht genau bekannt ist, wann eine Forderung zum Bezahlen verwendet wird. Ausgangspunkt ist die Gesamtmenge der Forderungen gegenüber dem Bruttoinlandsprodukt in Höhe von etwa 150 Prozent im Jahr 1965. Für 1965 seien die Forderungen für die nachfolgende Abbildung gleichmäßig auf die Gruppen verschieden hoher Umschlagshäufigkeit (beziehungsweise umgekehrt der Anlagedauer) verteilt.

Die erste Gruppe an Forderungen von vereinheitlicht einem Monat entspricht etwa der Gehaltszahlung (Bargeld, Girokonto), die zweite von drei Monaten der Kassenhaltung von Unternehmen. Beide sind überwiegend im Flussbereich, also mehr dem laufenden Bezahlen zuzurechnen. Die nächste mit einem Jahr bezieht sich auf Anschaffungen etwa im Haushalt und die darauffolgende mit fünf Jahren auf größere Anschaffungen, etwa eines Automobils. Es folgen die beiden letzten Gruppen, die ganz überwiegend dem Sparbereich zuzuordnen sind mit fünfzehn Jahren fürs Alter etwa oder für die Ausbildung der Kinder sowie die zeitlich unbegrenzten Daueranlagen ohne konkreten Sparzweck oder als Reserve für Notfälle.

Dem wird die Menge der Forderungen von gegenwärtig etwa 350 Prozent gegenübergestellt. Bei ihrer Verteilung wird davon ausgegangen, dass die Flussgröße bei den Forderungen relativ zum Bruttoinlandsprodukt gemäß den bisherigen Überlegungen recht konstant geblieben sein muss, was auch die recht konstante relative Geldmenge M2 nahelegt. Die ersten 50 Prozent werden deshalb wie für 1965 auf die ersten beiden Gruppen verteilt. Die restlichen 300 Prozent an Forderungen werden für die Abbildung zunehmend den Bereichen mit Sparcharakter (mit langer Anlagedauer beziehungsweise geringer Umschlagshäufigkeit) zugeordnet. Es handelt sich bei der Abbildung nur um ein Schema, das verdeutlichen soll, wie sich im Zuge der Entstehung der gegenwärtigen Megablase der Bestand an Forderungen in Relation zu deren Umlauf vergrößert hat.

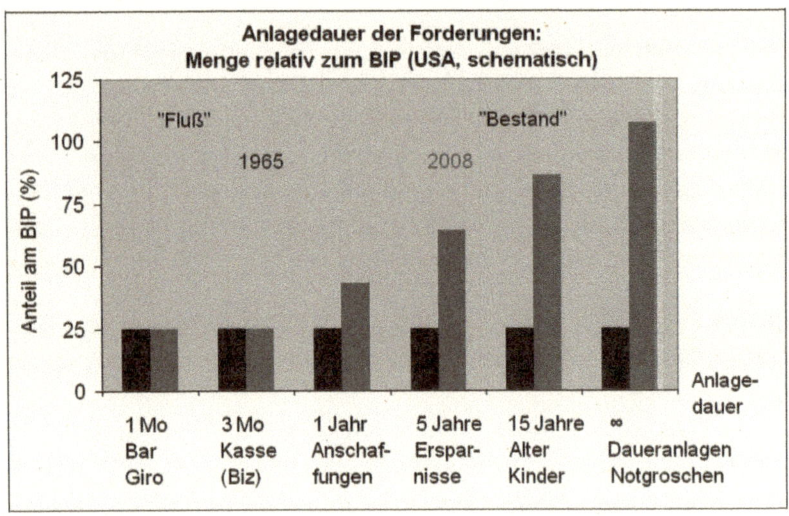

Abb. 81: Anlagedauer der Forderungen: Menge relativ zum BIP

Es gibt gute Gründe, das gesamte Forderungsniveau zu beachten, und nicht etwa nur Teile wie die Staatsschuld oder ein Geldmengenaggregat in enger Abgrenzung (und folglich auch die Umschlagshäufigkeit aller Forderungen zu betrachten und nicht nur die der Geldmenge). Das gilt bereits für die Phase der Kreditzunahme während der Blasenentstehung, denn mit jedem Kredit kann unabhängig von seiner Art bei seiner Schöpfung bezahlt werden. Später finden dann zunehmend erhebliche wirtschaftliche Veränderungen statt (wie Fehlallokationen, Ausweitung der Spanne zwischen Arm und Reich). Hinzu kommt dann, dass sich die Struktur der Finanzmärkte ändert, insoweit als mehr bestehende Kredite bedient werden müssen; neu geschaffene Kredite dienen somit zunehmend der Bedienung der bestehenden Kredite und kommen nicht in der Realwirtschaft an. Die Sinnhaftigkeit der Betrachtung aller Forderungen gilt aber auch für die Phase der Spitzenbildung einer Blase und ihr Platzen beziehungsweise Auflösen (sowie grundsätzlich bei Analysen der Wirkungen von Forderungsniveaus).

Wenn es mehr Forderungen gibt, wachsen automatisch die Risiken in den Finanzmärkten, denn es können auch mehr Forderungen ausfallen. Die Wahrscheinlichkeit eines Ausfalls steigt, denn je Forderungseinheit besteht weniger reale Wirtschaftsleistung, die die Forderungen letztlich bedienen muss. Zudem lassen die schuldenmindernden Preiseffekte der Blasenbildung nach und die Bedienung bestehender Schulden wird zunehmend schwieriger. Naheliegenderweise wäre außerdem die im Falle einer Kettenreaktion betroffene Menge ausfallender Kredite viel größer. Der vierte Bereich, bei dem das Forderungsniveau eine Rolle spielt, ist das von ihm ausgehende Nachfragepotenzial. Wenn es mehr Forderungen gibt, ist die potenzielle Nachfrage zwangsläufig höher.

Wie bei der Blasenentstehung die Inflation vermieden wurde, indem sich Forderungen aus dem Bereich des Umlaufs in den des Sparens verschoben, so birgt das erhöhte Forderungsniveau das Potenzial, dass sich Forderungen aus dem Bestand lösen und in den Umlauf zurückkehren und dort nachfrage- und preiswirksam werden. Diese Blasenauflösung wäre einfach die Umkehrung dieser Vorgänge beim Entstehen der Blase und somit kein klassisches Platzen der Blase, denn die Forderungen fielen nicht durch Schuldnerbankrott aus. Vielmehr würde sich der Entstehungsprozess einer Blase derart umkehren, dass durch steigende Inflationserwartung angesparte Forderungen wieder in den Umlauf geraten und eine starke Inflation erzeugen.

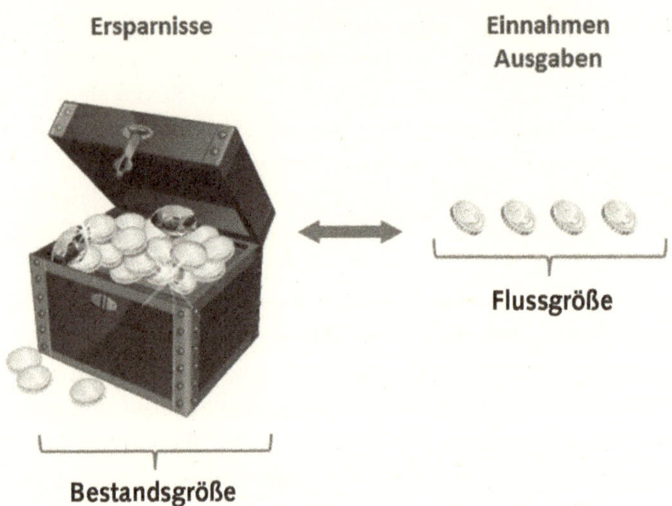

Abb. 82: Fluss- und Bestandsgrößen

Es gibt also gute Gründe, die Wirkungen des Bestands an Forderungen zu erforschen. Was die Forschung angeht, kümmert sie sich derzeit aber nur in geringem Maße um das gesamte Forderungsniveau. Bei Industrieländern werden schwerpunktmäßig nur die Staatsschulden untersucht. Das gesamte Forderungsniveau spielt eine untergeordnete Rolle, obwohl es seit vielen Jahren in Relation zum Bruttoinlandsprodukt steigt und der Prozess somit nicht als stabil aufgefasst werden kann. Öfter wird das Schuldenniveau bei Kreditkrisen von aufstrebenden Ländern sowie bei historischen Blasen untersucht. Allerdings wird auch dann meist nur ein Teil der Kredite wie die in Fremdwährung aufgenommenen Auslandsschulden betrachtet.

Mitunter wird argumentiert, wenn die Schulden in eigener Währung aufgenommen wurden, stelle das gesamte Schuldenniveau kein Problem dar, weil man sie leicht weginflationieren könne. Zum einen ist es anscheinend nicht so leicht, denn weltweit fand ein wirksames Entschulden per Inflation in den letzten Jahrzehnten offenbar nicht statt; die Verschuldungen in Relation zum Bruttoinlandsprodukt stiegen in der großen Mehrzahl der Länder. Hinzu kommen aber noch die vielen genannten übrigen Effekte einer hohen Gesamtverschuldung (von der Fehlallokation bis hin zu den Ausfallrisiken), die von erheblicher Bedeutung sind und alleine deshalb eine Erforschung wert sind.

Genauso, wie meist nur der Bestand an Forderungen einzelner Bereiche (etwa des Staates, gegenüber dem Ausland, in Fremdwährung) von der Forschung analysiert wird, kommt es an anderer Stelle zur Beschränkung auf die Forderungen in einer engeren Abgrenzung wie M2, die als Geld gewertet werden. Auch wenn auf diese Weise richtigerweise die Menge und damit eine Bestandsgröße betrachtet wird, wird damit dennoch gerade der Hauptbestand an Forderungen, die Ersparnisse längerer Anlagedauer, ignoriert. Die Einbeziehung nur einer eingegrenzten Geldmenge und nicht aller gesparten Forderungen zielt am zentralen Punkt genau vorbei, dem Verschieben von Forderungen zwischen Umlauf und Bestand.

Mit der Fokussierung auf die Geldmengen engerer Abgrenzung anstelle der Gesamtheit aller Forderungen kann es im Ergebnis sogar dazu kommen, dass man zwar formal Bestandsgrößen betrachtet (»Geldmenge M2«), faktisch aber doch eine Flussgröße, denn die Bestandsgröße M2 ist relativ zum Bruttoinlandsprodukt viel konstanter als die Gesamtmenge der Forderungen, die viel stärker gewachsen sind. Letztlich wird so doch der Bestand ignoriert, da man eine eingeengte Menge verwendet, die stark mit den Flussgrößen korreliert. Eine Geld- und Kreditpolitik, die die Geldmenge berücksichtigt (wie in der Tradition der Bundesbank üblich), verfolgt also die richtige Idee, kann aber dennoch für keine dauerhafte Stabilität sorgen, solange die Kreditmenge ignoriert wird.

Meist wird die Preisstabilität als Maß der Güte des Geldes aufgefasst. Man achtet bevorzugt auf die Inflation und nicht auf die Menge aller Forderungen und damit das Ausmaß potenzieller Kaufkraft. Bei dieser Vorgehensweise werden aber die Effekte kreditfinanzierter Blasen gänzlich ignoriert. Es liegt also ein einseitiger Fokus auf der Geldentwertung, einer Änderungsgröße, und nicht auf der Bestandsgröße.

Generell scheint bei der Betrachtung von Geld und Kredit die Tendenz zu bestehen, auf die Änderungsgröße zu fokussieren (das Kreditwachstum) und den Bestand (die Menge aller Kredite) zu ignorieren. Dies gilt auch für die Politik und die öffentliche Diskussion. Eine solche Betrachtungsweise ist aber unvollständig. Man muss beides beachten, Änderung und vollständigen Bestand, genauso wie man bei einem Stausee nicht nur darauf achtet, was herauskommt, sondern auch, wie viel Wasser überhaupt drinnen ist. Und wie es bei einem Stausee auf die Gesamtmenge des Wasser ankommt und nicht nur auf die in einem Teilbereich, so ist auch die Gesamtmenge aller Forderungen maßgeblich. Auch wenn es in der Wirtschaft schwieriger ist, darf man den Bestand nicht ignorieren. Es gibt nun mal beides, Änderungs- und Bestandsgrößen, und sie stehen in gegenseitiger Wechselwirkung und generieren weitere Effekte.

34. Mögliche Szenarien für die Zukunft

Die Probleme, die die Menschheit sich in den letzten Jahrzehnten durch die zunehmende Kreditmenge aufgeladen hat, sind erheblich und keineswegs auf einfache Weise zu lösen. Der Forderungsüberhang, der im Ersten Weltkrieg aufgebaut wurde, war erst nach dem Zweiten Weltkrieg abgebaut, um eine zeitliche Dimension in den Raum zu werfen. In den Jahrzehnten dazwischen lagen Inflationen, Deflationen, Wirtschaftskrisen, soziale Umwälzungen, Kriege und Währungsreformen, die im Zusammenhang mit der Kreditmenge standen. Der heutige Forderungsüberhang ist größer. Die Zukunft ist allerdings offen, man muss einander nicht gegenseitig erschießen, weil es viele Forderungen gibt.

Auch der wirtschaftliche Ausgang ist offen. Wenn es anders wäre, wären Börsenprognosen kinderleicht und wir wären alle reich. Kommt eine Deflation, eine Inflation, geht es weiter wie gehabt? Ausgangspunkt der weiteren Überlegungen ist das Forderungsniveau, die Menge aller Schulden von Privaten, Unternehmern und Staat in Relation zum Bruttoinlandsprodukt.[126] Je mehr Forderungen es gibt, desto höher ist das Potenzial eines deflationären Kollaps, eines Ausfalls der Schuldner und mit ihnen der Forderungen. Umgekehrt ist aber auch das Inflationspotenzial höher, denn die Forderungen sind potenzielle Nachfrage. Außerdem sind, wenn es gelingen sollte, das Preisniveau halbwegs zu halten, Aufwand und Dauer des Abbaus der Forderungsmenge entsprechend größer, bis wieder ein tiefes Niveau erreicht ist.

Wir hatten für die USA ein sehr hohes Forderungsniveau festgestellt. Die Vereinigten Staaten weisen zudem seit Jahren ein hohes Leistungsbilanzdefizit

---

[126] Diese realwirtschaftliche Bezugsgröße ist besonders gut als Maßstab geeignet, da aus ihr die Forderungen bedient werden müssen. Außerdem gehört sie zum Flussbereich und ist somit im Unterschied zu Bestandsgrößen wie dem Wert einer Volkswirtschaft nicht selbst von der Menge der Forderungen direkt beeinflusst.

auf. Darin ähneln die USA den typischen Krisenländern der jüngeren Geschichte, etwa den von der Asienkrise betroffenen Ländern oder den von der Eurokrise betroffenen südeuropäischen Ländern. Bei ihnen gingen der Krise ebenfalls ein hohes Leistungsbilanzdefizit und ein hohes Kreditwachstum voraus. Die USA sind aber ein Sonderfall, denn sie haben sich in eigener Währung verschuldet. Außerdem erleichtern andere Zentralbanken durch ihre Anlageentscheidungen zugunsten von US-Dollar-Devisenreserven den USA die Finanzierung des Defizits. Das ändert an der Existenz der grundsätzlichen Problematik aber nichts.

Die Weichenstellung für das Ungleichgewicht wurde in den Sechzigern gelegt, als man sich für ein ungehemmtes Kreditwachstum und ein dauerhaftes außenwirtschaftliches Defizit entschied, eine Entscheidung, die nie gänzlich korrigiert wurde. Zwar kann sich eine Volkswirtschaft auch ohne außenwirtschaftliches Defizit stark verschulden. Oft aber geht beides Hand in Hand. Ein solches Defizit bedeutet ja im Wesentlichen, dass mehr konsumiert als produziert wird. Die zugehörige Differenz muss finanziert werden, was typischerweise durch zusätzliche Verschuldung geschieht.

Es gibt aber auch Länder, die kein Leistungsbilanzdefizit aufweisen, und zwangsläufig auch solche, bei denen ein Überschuss besteht. Bei ihnen fällt die fehlangepasste Währung als Verschuldungsanreiz weg und deshalb könnte die Verschuldung geringer sein (sofern nicht an anderer Stelle Fehler gemacht wurden). Eine fehlangepasste Währung mit laufendem Außendefizit ist ja nur ein spezieller Grund für einen chronischen Schuldenaufbau. Historisch (und aktuell) eines der bedeutendsten Überschuss- und Exportländer ist Deutschland. Wir wollen uns deshalb mal ansehen, wie sich in Deutschland seit 1950 die Menge der Forderungen in Relation zum Bruttoinlandsprodukt entwickelt hat. Hierzu werden erneut die Forderungen der Privaten, der Unternehmer und des Staates herangezogen, diesmal jedoch ohne die des Finanzsektors.[127]

[127] Die relativen Schulden des Finanzsektors sind in Deutschland weit höher als in den USA, da etwa Bankfinanzierungen, die zu Doppelzählungen führen können, üblicher sind als in den USA. Würde man die Finanzschulden hinzuzählen, läge gegenüber den USA eine Überzeichnung vor. Das tatsächliche Schuldenniveau Deutschlands liegt damit aber höher als in der Abbildung ausgewiesen, denn auch der Finanzsektor hat eigenständig Schulden, nicht nur solche als Intermediär.

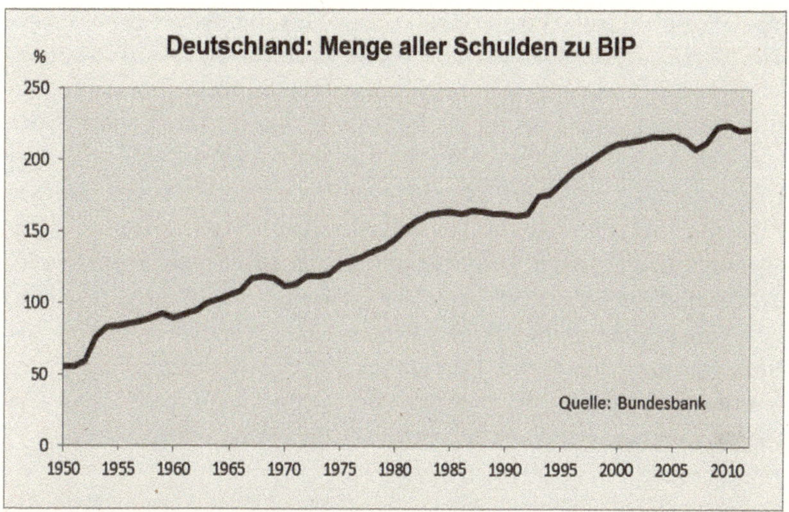

Abb. 83: Deutschland – Menge aller Schulden zu BIP

Wir können sehen, dass das aktuelle Niveau mit 222 Prozent geringer, aber in der Größenordnung der USA liegt (249 Prozent ohne Finanzsektor). Es ist auch in Deutschland deutlich höher als die Niveaus, die in der Vergangenheit Plateaus waren und die man als gewogen für eine Volkswirtschaft bezeichnen könnte (von vielleicht 100 Prozent bis 150 Prozent). Zudem gibt es auch in Deutschland den langfristigen Trend, dass sich die relative Kreditmenge laufend vergrößert, eine Entwicklung, die man sicher nicht als stabil bezeichnen kann. So wichtig es ist, Kreditexzesse durch überbewertete Währungen zu vermeiden, so deutlich wird an dem Beispiel, dass dies bei weitem nicht ausreicht. Interessanterweise unterscheiden sich die Kurven Deutschlands und der USA im Detail. Den stärksten Anstieg gab es in Deutschland ab Beginn der Neunziger, was hauptsächlich mit der Kreditfinanzierung des Aufbaus des durch den Sozialismus heruntergewirtschafteten Teils Deutschlands nach der Wiedervereinigung zusammenhängt. Ähnlich wie in den USA gab es Phasen, in denen die relative Kreditmenge nicht oder nur gering wuchs. Man kann insgesamt vier solcher Phasen mit einer Dauer von sieben bis neun Jahren erkennen, in den Fünfzigern, um 1970, in den Achtzigern und seit 2000.

Dies ist insofern bemerkenswert, als es zeigt, dass eine Stabilisierung auf hohem Niveau und selbst bei geringem Wirtschaftswachstum (wie in den letzten Jahren) möglich ist, auch wenn dies jeweils nur für begrenzte Zeit gelang. Diese Stabilisierung wiederum ist ein Indiz dafür, dass ein katastrophaler Ausgang – in Form einer Deflation ähnlich wie die in den Dreißigern oder einer Hyperinflation wie in Deutschland in den Zwanzigern –, der von manchen befürchtet wird, nicht zwingend kommen muss. Allerdings gelang auch keine substanzielle Rückführung, sodass es nicht leichtfällt, einer angenehmeren Art der Reduktion der derzeitigen Megablase eine hohe Wahrscheinlichkeit zuzubilligen. Daran ändert auch ein Land wie Kanada nichts, wo ab Mitte der Neunziger sogar eine leichte Rückführung der Gesamtverschuldung gelang. Aber Kanada ist wegen seiner Rohstoffvorkommen nicht repräsentativ und konnte zudem den langjährigen Trend nicht umkehren.

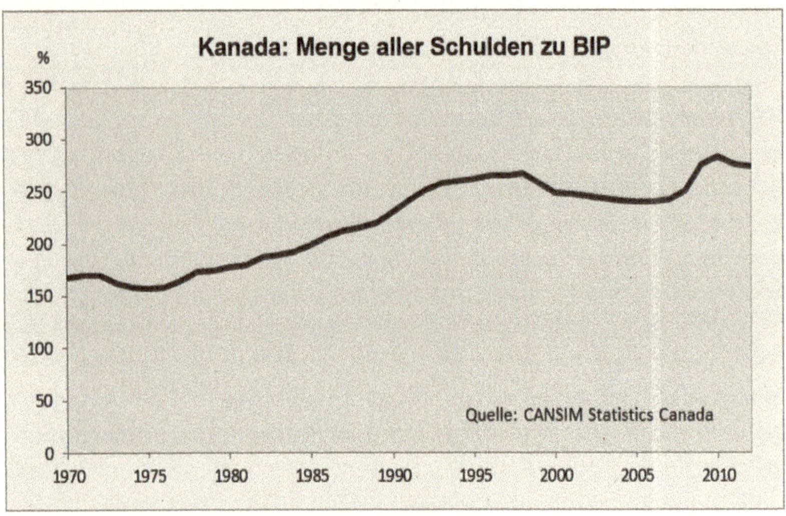

Abb. 84: Kanada – Menge aller Schulden zu BIP

Schauen wir uns die Szenarien an, die sich historisch infolge einer Phase des übermäßigen Kreditbestandes ergaben. Der Klassiker, der die Wirtschaftsgeschichte bis zur Weltwirtschaftskrise der Dreißiger dominierte, ist die Deflation. Preisrückgänge und ausfallende Schuldner und damit ausfallende Forderungen sind es, die historisch gesehen typischerweise auf Blasenbildungen folgten. Der zugrunde liegende Mechanismus ist die vollständige Umkehrung des Blasenbildungsvorgangs. Die Blasenentstehung basiert darauf, dass Käufe auf Basis neuer Kredite erfolgen, was den Preis der gekauften Anlagegüter (Immobilien, Aktien usw.) anhebt, sodass diese auf höherem Niveau höher beliehen werden können, was zu neuen kreditfinanzierten Käufen führt, und so weiter. Die Blase muss platzen, da die Flussgrößen (Mieten, Dividenden usw.) mit dem Wachstum des Kreditbestandes nicht mithalten (da also, relativ gesehen, die Geldentwertung zu niedrig ist und nicht etwa zu hoch). Dadurch kommt es zu Scheren, sowohl bei der Fluss- als auch bei der Bestandsgröße entstehen sich zunehmend weitende Spannen. Auf Seite der Flussgrößen werden die Erträge (Mieten, Dividenden usw.) in Relation zu den nominell festgeschriebenen Zinsen immer geringer. Auf Seite der Bestandsgröße wirken zusätzliche kreditfinanzierte Käufe immer weniger anhebend auf das bereits erhöhte Preisniveau.

Ausgehend von den schlechtesten Schuldnern kommt es nun zu einer Kettenreaktion. Im Grenzbereich des Blasenhochs reicht die geringere Zunahme des Preisniveaus je geschöpfter Krediteinheit zusammen mit den reduzierten Erträgen nicht mehr, um die Sollseite bei den Schulden zu bedienen. Erste Schuldner fallen aus, gleichzeitig kommen weniger neue nach. Der Prozess verstärkt sich, da durch das fallende Preisniveau immer mehr Schuldner unter ihre Beleihungsgrenze fallen. Gleichzeitig werden immer weniger neue Kredite vergeben, da für die Kreditgeber die ausfallenden Schuldner einen Vermögensverlust darstellen und da auch sie die fallenden Preise bemerken. Der künstliche Wohlstand und die künstlichen Gewinne in den Büchern verschwinden, erst sukzessive, was sich aber bereits auch auf die Realwirtschaft auswirkt, zu niedrigeren Flussgrößen (Mieten, Dividenden, Gewinnen usw., auch Löhnen) führt und das Bedienen der Schulden auch von dort angreift. Der rückläufige Preistrend macht Käufe zudem unattraktiver. Die Preise kommen vollständig zurück, die Menge der Kredite fällt durch Platzen auf das Ausgangsniveau, womit der künstliche Wohlstand aus den Büchern verschwindet, die Wirtschaft kollabiert. So in etwa verläuft die klassische Blasenbildung und Blasenrückführung, wie wir sie etwa bei der Südseeblase sehen konnten, aber auch bei vielen weiteren.

Häufig ging einer Blase staatliche Kreditaufnahme voraus (oder sie war davon begleitet). Außerdem gab es oft Änderungen der Finanzmarktregeln, bei denen die Verhinderung von Blasenbildung als Ziel tatsächlich nicht ausreichend berücksichtigt wurde.[128] Der Staat war wohl im Regelfall Beteiligter, oft sogar maßgeblich Miterschaffer von Blasen (dies macht es so schwer, Blasen zu verhindern, weil es keine den Staat begrenzende und ihn zur Vernunft führende Macht gibt, während der Staat sehr wohl Entstehung und Ausmaß von in den Märkten entstehenden Blasen begrenzen kann). Insgesamt ist die große Zahl an Parallelen, die es bei Blasen gibt, obwohl sie in den verschiedenartigsten Zeiten und unter unterschiedlichsten Umständen stattfanden, bemerkenswert.

Ein solches deflationäres Szenario drohte beim Börsencrash 1987, aber auch in der Finanzmarktkrise 2008.[129] Beide Male wurde ein Preisrückgang (an den Aktien- beziehungsweise Immobilienmärkten) zwar vielleicht begrenzt, aber nicht verhindert. Hingegen wurde sehr wohl verhindert, dass Forderungen ausfallen. Dadurch wurde vermieden, dass es in einer Kettenreaktion an Forderungsausfällen zu einem deflationären Kollaps kam, was angesichts des Forderungsniveaus im Jahr 2008 eine Rezession in der Größenordnung von vielleicht 25 bis 50 Prozent hätte zur Folge haben können – anstelle von etwa –5 Prozent, wie es dann passierte. Der Staat kann immer eine Deflation verhindern, wenn er möchte. Letztlich kommt es darauf an, dass die während der Blasenbildung übergroß gewachsene Kreditmenge nicht kollapsartig schrumpft.

Der Staat kann etwa ausfallende Forderungen in die eigenen Bücher nehmen und so einen Rückgang der Forderungsmenge verhindern. So tat er es 2008 in großer Zahl, als viele Immobilienkäufer in den USA begannen, ihre Kre-

[128] Paradoxerweise führen selbst neue Regeln, die die Sicherheit erhöhen sollen, oft an anderer Stelle und insgesamt zu mehr Unsicherheit. Das war 1982 in Kuwait so, wo neue Börsen-Regularien den »Kamelmarkt« zum Ausweichmarkt werden ließen, das galt auch vor der Finanzmarktkrise 2008, weil die Forderung nach verbesserter Bankensicherheit die Auslagerung von Risken in die gefährlichen Kreditverbriefungen forcierte. Dass Blasen von neuen Gesetzen regelrecht geschaffen wurden, kann man freilich bereits bei der Südseeblase 1720 feststellen.

[129] Es drohte auch in der Eurokrise 2011. Wegen der vorherigen Finanzmarktkrise waren Politik und Geldpolitik jedoch grundsätzlich handlungsbreiter (auch wenn es angesichts der Vielstimmigkeit der europäischen Politik nicht so ausgesehen haben mag).

dite nicht mehr zu bedienen, und die Zentralbanken schlechte Forderungen in Milliardenhöhe in die eigenen Bücher nahmen. Die Bilanz der Fed weitete sich aufgrund dieser Aktionen beinahe explosionsartig aus. Ähnliche Aktionen gab es weltweit.[130]

Der Staat kann aber auch einfach Garantien aussprechen und so den Ausfall von Krediten verhindern und zugleich die Schöpfung neuer Kredite fördern. Auch das geschah 2008, als etwa die deutsche Bundeskanzlerin alle Bankeinlagen garantierte. Dieses Instrument ist insofern bemerkenswert, da es die Kreditschöpfung und das Preisniveau wieder anheben und so die Garantien selbst wieder überflüssig machen kann (gegebenenfalls um den Preis einer neuen Teilblase und weiteren Ausweitung der Megablase). Überspitzt formuliert könnte der Staat den Banken Immobilienkredite an Obdachlose garantieren, worauf diese natürlich sofort kreditfinanziert Immobilien kaufen würden, was das Preisniveau blasenartig anheben würde.

Ferner kann der Staat selbst Kredite schöpfen und den Bürgern in Form von Steuerreduzierungen oder Zuschüssen zukommen lassen. Auch das geschah 2008, als etwa in den USA mit dem Programm »Cash für Clunkers« der Autokauf versüßt wurde. Staatliche Kreditschöpfung kann aber nicht nur indirekt, sondern auch direkt im Markt nachfragewirksam werden. Denn der Staat kann Kredite aufnehmen und damit auch selbst Ausgaben finanzieren, etwa direkte oder indirekte Arbeitsbeschaffungsmaßnahmen (diese Methode kam 2008 wohl deshalb kaum zur Anwendung, da sowohl die Methode als auch die staatlichen Apparate angesichts des schnellen Ablaufs der Finanzmarktkrise zu langsam waren). Staatliche Maßnahmen gegen eine Deflation werden oft unter dem Begriff Reflation zusammengefasst und gehen tendenziell mit einer Zunahme der staatlichen Verschuldung und meist auch des Staatsanteils an der Gesamtwirtschaft einher.

Mit dieser Vielzahl an Maßnahmen kann der Staat eine Deflation verhindern. Seit vielen Jahrzehnten entscheiden sich die meisten Staaten gegen deflationä-

---

[130] Dabei wurden aber meist die Banken gerettet, und nicht die Forderungen. Das Retten ganzer Institute verhindert, dass kleine Institute nachwachsen können, die vielleicht besser sind und geringere Boni zahlen.

re Entwicklungen, es gibt nur wenige und vom Ausmaß her geringfügige Ausnahmen (dagegen glitten einige Staaten im zwanzigsten Jahrhundert in starke Inflationen). Zwar ist damit für die Zukunft ein deflationärer Kollaps, der das Forderungsniveau der aktuellen Megablase zurückführt, nicht ausgeschlossen. Er wäre aber untypisch. Letztlich ist es eine politische Entscheidung. Eine Deflation könnte im Ergebnis beispielsweise dann zustande kommen, wenn die Politik zusätzliche Staatsverschuldung vermeiden wollte oder wenn sie nicht schnell und konsequent genug eingreift (2008 war es durchaus knapp, und den Ausschlag gaben wohl nur wenige Personen wie der Fed-Chef Bernanke, der sich ausgiebig mit dem Kollaps Anfang der Dreißiger befasst hatte). Der Vorteil eines deflationären Kollaps wäre eine schlagartige, komplette Bereinigung. Der Nachteil wäre Arbeitslosigkeit in einem Ausmaß, wie sie kein Mensch ernsthaft verantworten kann.

Es gibt aber noch weitere Methoden, steigernd auf das Preisniveau einzuwirken. Dazu gehört vor allem die klassische (also die echte, nicht die metaphorisch gemeinte) »Druckerpresse«, die Nettoschöpfung von Geld, ohne dass wie bei der Kreditschöpfung neben der Forderung gleichzeitig eine Schuld entsteht. Auch da gibt es mehrere Methoden. Da die »Druckerpresse« historisch meist gemeinsam mit Inflationen auftrat, sei sie dort besprochen. Sie kann aber natürlich auch zur Deflationsbekämpfung verwendet werden.

Neben diesen beiden Punkten, die auf die Menge abzielen, der Kreditmehrung und der Nettogeldschöpfung, gibt es aber noch einen weiteren Bereich. Die Entstehung der derzeitigen Blase war ja begleitet worden von Maßnahmen, die auf die beiden Seiten einwirkten, die Forderungen einnehmen können, das Umlaufen und das Sparen. Der ursprüngliche Hauptzweck der Goldinterventionen war es schließlich, die Inflationserwartung zu mindern, um die Sparer zu bewegen, ihr Geld auf dem Konto zu belassen und nicht aus Furcht vor Inflation auszugeben. Dadurch sollte die Inflation gemindert werden. Dieser Prozess ist natürlich reversibel. Es können Forderungen aus dem Sparbereich in den Umlauf gelangen und dort Nachfrage erzeugen. Diese Erhöhung der Umschlagshäufigkeit würde auch steigernd auf das Preisniveau wirken.

Gezielt erreichen kann man dies ebenfalls durch das Gegenteil dessen, was bei den preisdrückenden Goldinterventionen gemacht wurde: Ein steigender Goldpreis wirkt hebend auf die Inflationserwartung und diese veranlasst Sparer, ihr Geld schneller auszugeben. Ein steigender Goldpreis könnte somit durchaus von Zentralbanken gewünscht sein, um das Preisniveau anzuheben und eine deflationäre Entwicklung zu bekämpfen, ohne die Nachteile von Maßnahmen im Kreditbereich in Kauf zu nehmen.

Neben dieser Beeinflussung über den Goldpreis wurden auch bereits administrative Verfahren diskutiert, um gesparte Forderungen in Umlauf zu bringen. Dabei wird das Sparen als solches bestraft. Zu diesen Verfahren zählen negative Zinsen, Steuern auf das Halten von Forderungen (»Umlaufgebühren«) und regelmäßiges Ungültigerklären eines Teils des Wertes von Zahlungsmitteln (das gab es als eine Art Münzsteuer bereits im frühen Mittelalter). Solche Maßnahmen haben aber auch Nachteile und sind leicht zu umgehen (deswegen macht es ja auch kein Staat, es wäre ja eine bequeme Einnahmequelle). Zudem ist fraglich, wie viele der Forderungen tatsächlich umlaufen würden und nicht stattdessen einfach in Aktien oder Immobilien umgeschichtet würden (diese Frage stellt sich bei allen Maßnahmen, die auf die Umschlagshäufigkeit abzielen, auch beim Schüren der Inflationserwartung durch einen steigenden Goldpreis). Es gibt also auch Mittel zur Deflationsbekämpfung, die nicht auf die Bestandsgröße (die Menge der Kredite), sondern auf die Flussgröße (Umschlagshäufigkeit) zielen. Wie die beiden vorherigen ist auch dieser Bereich umgekehrt bei der Betrachtung einer möglichen Inflation von Bedeutung.

Die zweite mögliche Folge der Megablase ist nämlich eine Inflation, eventuell sogar eine starke Inflation, also paradoxerweise das genaue Gegenteil der klassischen Folge Deflation. Der Grund hierfür liegt in den Maßnahmen gegen eine drohende Deflation, denn diese wirken von ihrer Natur her zwangsläufig inflationär. Man könnte nun annehmen, dass ein Gleichgewicht erreicht werden kann, dass also die Maßnahmen gegen die Deflation begrenzt werden können beziehungsweise dass anschließend eine umgekehrte Wirkung erzielt werden kann. Die Zentralbanken nehmen dazu im Anschluss an die Stützungsmaßnahmen wieder »Liquidität aus dem Markt«. Bei kleineren Blasen ist dies möglich, wie die Vergangenheit gezeigt hat. Aber ist dies stets möglich? Oder droht vielleicht bei dem hohen Forderungsbestand der Megablase ein Abgleiten in eine stärkere Inflation?

Diese Forderungen sind schließlich potenzielle Nachfrage, und diese potenzielle Nachfrage ist beim aktuellen US-Forderungsniveau von, sagen wir der Einfachheit halber, 300 Prozent, etwa doppelt so hoch wie in den Sechzigern, als sie bei 150 Prozent lag. Wir wollen uns dazu die Bereiche, wie Nachfrage im Markt und damit Inflation entstehen kann, noch einmal und speziell unter dem Aspekt einer drohenden Inflation ansehen. Diese waren Kreditschöpfung und »Gelddrucken« (netto, ohne Schuldner), und das Verschieben von gesparten Forderungen in den Umlaufbereich (die Erhöhung der Umschlagshäufigkeit aller Forderungen).

Bei den Krediten kann man im Zuge der Megablase beobachten, dass beim Platzen einer Teilblase im freien Markt erst einmal weniger Kredite geschöpft werden und zudem Kredite ausfallen. Der Staat kompensiert diesen Prozess wie gezeigt durch eine Vielzahl an Maßnahmen, wie etwa die, dass er ausfallende Forderungen in die eigenen Bücher nimmt (eine verzögerte Abschreibung von ausgefallenen Forderungen im privaten Bankensektor hat eine vergleichbare Wirkung). Dies stellt allerdings nur einen Forderungstausch dar, die Marktteilnehmer haben nun gute Forderungen in ihren Büchern und gehen nicht mehr Bankrott, und der Staat hat die schlechten Forderungen in seinen Büchern. Es ist keine Kredit-Neuschöpfung. Seit dem Hoch der Teilblase 2008 lässt sich aber beobachten, dass der Rückgang bei der Kreditschöpfung bei Privaten und Unternehmen durch zusätzliche Kreditschöpfung beim Staat kompensiert wird, sodass insgesamt ein Kreditwachstum besteht. Zusätzlich versucht der Staat, eine »Kreditklemme« im nicht staatlichen Sektor zu bekämpfen, damit auch Private und vor allem Unternehmen neue Kredite schöpfen oder zumindest nicht zu sehr zurückfahren. Letztlich kommt es nur darauf an, was insgesamt in einer Volkswirtschaft an neuen Krediten geschöpft wird. Dies ist in den meisten Ländern seit der Finanzmarktkrise der Fall und das sagt uns primär, dass aktuell kein deflationärer Kollaps durch Forderungsausfall entsteht. Allerdings betrifft die Feststellung, dass die Kreditmenge derzeit wächst, nur die Änderungsgröße. Sie ignoriert die wichtige Bestandsgröße, das Forderungsniveau, und ihre Rückkopplungseffekte. Doch bevor wir dazu kommen, sehen wir uns den Klassiker der Inflation an, die Nettoschöpfung von Geld bis hin zum »Gelddrucken«.

Bei der Nettoschöpfung von Geld entsteht im Unterschied zur Kreditschöpfung nur der Werttransporter, aber keine Schuld. Sie ist schwer (Minenförderung) oder leicht (einfaches Papiergelddrucken) durchzuführen. Wir betrachten die Nettogeldschöpfung in der Reihenfolge, wie schwer die Geldvermehrung ist. Je schwerer sie ist, desto stabiler ist der Geldwert typischerweise. Wir beginnen also mit dem klassischen Warengeld. Die Schöpfung von Warengeld – Gold, Silber (heute nur noch in geringem Maße), früher auch Muscheln und dergleichen – ist historisch die erste Form der Nettoschöpfung von Geld, die bei Edelmetallen durch Förderungen in Minen erfolgte (manchmal auch durch Raub ...). Sie war in der Regel eng begrenzt (bis auf Ausnahmen wie nach der Eroberung Amerikas), da die Förderung sehr aufwendig ist. Daher ist Warengeld langfristig ein recht wertstabiler Werttransporter. Die oft kritisierten hohen Kosten der Schöpfung von Warengeld erzwingen seine Knappheit und somit eine Überlegenheit zum Kreditgeld, dessen Knappheit künstlich erzeugt werden muss. Warengeld konnte deshalb nicht zum Verschwinden gebracht werden, trotz vielfältiger Versuche der meist defizitären Staaten, da deren Geld historisch gesehen über kurz oder lang immer problematisch wurde.

Neben der Minenförderung gibt es aber noch eine weitere Form der Nettogeldschöpfung im Warenbereich. Sie ist ebenfalls begrenzter Natur, wenn auch in geringerem Maße, und führt uns schlagartig in die Gegenwart. Es handelt sich um die Ausschüttung des Gewinns der Aufwertung der Goldreserven von Zentralbanken. Wenn der Goldpreis steigt oder wenn er amtlicherseits höher festgelegt wird, entsteht ein Buchgewinn, den die Zentralbanken an den Staat ausschütten (oder anderweitig verwenden) können. Zwar ist eine solche Aufwertung leichter durchzuführen als die aufwendige Minenförderung neuen Goldes, sie ist aber zugleich begrenzter als bloßes »Drucken«. Wegen dieser Begrenzung steht sie hier in der Aufzählung an zweiter Stelle. Die Aufwertung des Zentralbankgoldes könnte demnächst eine Rolle spielen, etwa falls die Zentralbanken sich der schlechten Forderungen entledigen wollten, die sie seit der Finanzmarktkrise in die eigenen Bücher genommen haben. Dieser Gewinn aus Nettogeldschöpfung durch Goldaufwertung ist somit einer der möglichen Gründe, weshalb Zentralbanken in naher Zukunft ein Interesse an einem steigenden Goldpreis haben könnten.[131]

Kommen wir nun zu den Bereichen der Nettogeldschöpfung, die früher weitgehend, heute auch gänzlich unbegrenzt stattfinden können. Historisch ist der Münzgewinn für den Staat bedeutsam, wenn bei edelmetallhaltigen Münzen, die eine Währungseinheit (wie heute »Dollar«) tragen, der Metallgehalt reduziert wird. Voraussetzung für das Gelingen dieses Tricks ist einfach, dass die Währungseinheit, nicht der Edelmetallgehalt, als Maß festgesetzt wird (der Übergang zur Einheit und die Metallverdünnung sind historisch notwendige Vorläufer unseres heute völlig edelmetalllosen Geldes). Der Staat finanziert durch die Münzverschlechterung sein laufendes Defizit. Eine solche Münzverschlechterung war stetiger Begleiter im Römischen Reich, bis zum Kollaps des römischen Finanzsystems Mitte des dritten Jahrhunderts. Erst zwei Generationen später konnte wieder eine neue Währung etabliert werden, bei der man die früheren Fehler vermied und die dann über Jahrhunderte stabil war. Wir wissen über das Römische Reich zwar einiges, etwa dass es hohe Schuldenniveaus gab, leider haben wir aber praktisch keine Zahlen für die Wirtschaftsleistung oder das Forderungsniveau.

Der Endpunkt der Münzverschlechterung ist der Wegfall werthaltigen Edelmetalls. Historisch lief die Entwicklung allerdings oft nicht über eine direkte Münzverschlechterung, sondern über Hinterlegungsscheine (»Noten«), deren Deckungsgrad reduziert wurde. Die in Europa seit über vierhundert Jahren verwendeten Noten waren anfangs noch voll durch Edelmetall gedeckt. Da sie aber umliefen, konnte die Deckung reduziert werden. Damit konnte man die Einlösepflicht auch gänzlich aufheben. Die klassische »Druckerpresse« ist somit das schlichte Prägen von wertlosen Münzen oder Papiernoten (und zwar ohne Begleitung durch einen Kreditschöpfungsvorgang wie beim heutigen

[131] Weitere Gründe sind grundsätzlich der Wertanstieg der Anlagen und das Erzeugen einer Inflationserwartung in einem deflationären Umfeld (also das Gegenteil eines der Hauptgründe bei Beginn der Interventionen). – An eine Nettogeldschöpfung durch Goldaufwertung dachte man (ablehnend) bei der Fed beispielsweise 1995: www.federalreserve.gov/monetarypolicy/files/FOMC19950706meeting.pdf, Fund von Goldthumb (Pseudonym).

Geld, was ebenfalls, wenn auch weniger wirksam, die Geldmengenentstehung begrenzen kann).

Münzverschlechterung führt zur Inflation. Sie wurde in der Antike lediglich durch die Kosten des Prägens der Münzen und die des Rohmaterials begrenzt. Da alles manuell erfolgte, begrenzten die Kosten das Prägen auch einfacher Bronzemünzen, was die Geldentwertung begrenzte. Deshalb kam es erst in der Neuzeit zu Hyperinflationen, da erst jetzt keine Münzprägekosten mehr die Ausgabefreude des Staates begrenzten. Die Kosten der Geldschöpfung konnten aber bereits in China in der ersten Hälfte des zweiten Jahrtausends weitestgehend eliminiert werden, beim ersten Papiergeldsystem vor dem derzeitigen. Der Informationstand für das Alte China bietet uns wie der des Römischen Reichs keine gesamtwirtschaftlichen Daten. Jedoch haben uns die damaligen Geldtheoretiker nicht nur ihre Ideen überliefert, sondern auch ihnen bekannte Zahlen, insbesondere wie hoch das Staatsdefizit war, nämlich mitunter in Größenordnungen der Hälfte der Ausgaben. Dieses wurde durch die Neuausgabe von Papiergeld finanziert. Das führte zu einer starken Geldentwertung und Mitte des vierzehnten Jahrhunderts zur Wertlosigkeit des Papiergeldes und zum Kollaps des chinesischen Finanzsystems. Erst über zwei Generationen später konnte wieder eine Währung auf Edelmetallbasis etabliert werden. Zwischenzeitliche Versuche, erneut Papiergeld einzuführen, scheiterten, trotz diverser Begleitmaßnahmen wie Strafandrohungen oder einer Steuerpflicht in Papiergeld. Das eigentliche Problem, das Staatsdefizit, wurde nämlich nicht gelöst und somit lief auch die Finanzierung über die Notenpresse (beziehungsweise ihren chinesischen Vorläufer) weiter. Der Markt, als wirtschaftspolitischer Agent des Volkes, erzwang über die Akzeptanz nur einer Edelmetallwährung letztlich eine Ausgabenbegrenzung des Staates, die dieser sich nicht freiwillig auferlegte.

In Teilen eignet sich das Papiergeldsystem des Alten Chinas als Modell für das heutige, darunter in seiner mehrhundertjährigen, schrittweisen Entstehungsgeschichte. Es gibt aber auch Unterschiede und sogar Fortschritte zu verzeichnen. So ist das Staatsdefizit heutiger Staaten geringer. Wenn es jedoch in modernen Industriestaaten mit modernen Verwaltungen gelungen ist, das Defizit von Werten bis über 50 Prozent auf solche unter 5 Prozent zu reduzieren, kann es im nächsten oder in einem späteren Zyklus vielleicht auch gelingen, es auf 0 Prozent zu bringen. Denn eines legt eine Vielzahl an historischen Beispielen nahe: Stabiles Geld, eine megablasenfreie Wirtschaftsentwicklung und die monetäre Basis für eine freie, in ihren Entscheidungen transparente Gesellschaft sind nur möglich, wenn Staaten dauerhaft weder ein Defizit noch einen Schuldenstand aufweisen.

Was ist nun das moderne Äquivalent der früheren »Druckerpresse«? Wir achten auch hier auf die Buchvorgänge, denn die Bilder aus den Hyperinflationen mit den Unmengen an Bargeld und dort aufgedruckten Trillionen-Werten wie im Deutschland der Zwanzigerjahre oder zuletzt in Simbabwe täuschen: Für die moderne Druckerpresse ist physisches Drucken sekundär, unser heutiges Geld ist schließlich Kreditgeld. Die moderne Druckerpresse beruht auf Buchungsvorgängen, sie ist auf Bargeldvermehrung wie in Rom (Münzen) oder im Alten China (Papiergeld) nicht angewiesen (man stelle sich als Ausgangsbasis für die nachfolgenden Überlegungen einfach eine bargeldlose Welt vor, in der ausschließlich per Überweisung, Scheck, oder mit Kreditkarte bezahlt wird). Wie nun wird heute durch Buchungsvorgänge Geld »gedruckt«?

Wir hatten als Beispiel einer Nettogeldschöpfung bereits die Höherbewertung des Goldbestandes einer Zentralbank aufgeführt, die den dabei entstehenden Buchgewinn abführt. Dies wird auch tatsächlich gemacht, ist aber weitgehend unkritisch, da Gold nicht vermehrbar ist (es ist aber nicht gänzlich unkritisch, denn eine Aufwertung könnte unbegrenzt oft erfolgen). Anstatt ihren Goldbestand höher zu bewerten, kann die Zentralbank auch irgendetwas nicht ausreichend Werthaltiges höher bewerten, sagen wir ein Stück Käse, und dies mit hundert Milliarden ansetzen und diesen Betrag ausschütten (bei dieser prinzipiellen Betrachtungsweise bleiben rechtliche Aspekte erst einmal außen vor). »Käse« steht hier natürlich nur synonym für etwas Geringwertiges.

Als ich mich aber für die erste Auflage dieses Buches für Käse als Beispiel entschied, dann auch, weil Käse sprichwörtlich für Unsinn steht. Nichtsdestoweniger wurde kürzlich in den USA ernsthaft dieser Trick durch Nutzung einer Gesetzeslücke diskutiert. Es sollte einer Platin-Münze ein Nennwert von 1 Billion Dollar aufgeprägt und damit von der Treasury bei der Fed Schulden

»bezahlt« werden. Es würde sich ganz eindeutig um Nettogeld handeln, um schuldner-freies Geld. Im Unterschied zu üblichen Umlaufmünzen, die ebenfalls meist Nettogeld darstellen, würde Nettobuchgeld geschaffen, da die Münze nicht umlaufen würde. Es würde also einfach Soll ohne Haben gebucht! Mittlerweile wird in einem westlichen Industriestaat also ernsthaft über eine isolierte Nettogeldschöpfung innerhalb des Zentralbanksystems (d.h. ohne Goldpreisaufwertung oder Münzemission) über fiktive Buchungsvorgänge diskutiert.[132] Interessant ist dabei auch, dass nicht allen Diskutanten der ökonomische Unterschied zu einer Schuldverschreibung (oder der zu einer gängigen Umlaufmünze) bekannt zu sein schien.

Natürlich könnte man den Käse oder das Stück Platin auch gleich weglassen und die Bilanz im Soll stehen lassen. In der üblichen Notenbankpraxis wird die Zentralbank irgendein Stück Papier, meist eine Forderung, ansetzen. Fertig ist das durch Buchungsvorgänge »gedruckte« Geld. Ein solches entsteht historisch überwiegend in Diktaturen, etwa in den sozialistischen Bürokratiestaaten, in denen stets mehr Geld als Waren produziert werden konnte. Wieso wird überwiegend in Diktaturen auf diese Weise Geld »gedruckt«? Es liegt ganz einfach in der Machtfülle, viele Diktatoren wollen sich von einer Zentralbank (sofern überhaupt vorhanden) nicht vorschreiben lassen, wie viel sie ausgeben dürfen. Dem steht in demokratischen Republiken institutionell die (mehr oder minder weitgehende) Unabhängigkeit der Zentralbank entgegen. Allerdings ist selbst vollständige Unabhängigkeit keine Garantie, dass eine Zentralbank kein Geld »druckt«. Zur Nettogeldschöpfung durch Buchungsvorgänge kann sie sich zur Vermeidung eines deflationären Kollapses veranlasst sehen. Dies ist ansatzweise seit 2008 geschehen, als Zentralbanken Immobilienpapiere in ihre Bücher nahmen, die weniger wert waren als die

---

132 Bereits 2001 erwähnte ich in einem Forumsbeitrag die Möglichkeit einer solchen kreditfreien Geldschöpfung: »Sollte einmal ein ›real asset aus dem Nichts‹ geschöpft werden, etwa um eine Deflation zu vermeiden, so wäre eine internationale Organisation wie der IWF theoretisch in der Lage, dieses ›Kunstgold‹ in festgelegter Quantität zu schöpfen (also seine Existenz zu erklären), und nach einem Schlüssel an die nationalen Notenbanken zu verteilen. Diese könnten dann ›schuldfrei‹ Geld emittieren. Im Vergleich zur (genauso willkürlichen) Aufwertung des Goldes würde keine überflüssige zusätzliche Förderung von Gold in Gang gesetzt. Im Vergleich zur nationalen ›Schöpfung aus dem Nichts‹ wäre wechselseitig die Sicherheit gegeben, daß die jeweils andere Währung nicht nach Belieben ›aus dem Nichts geschöpft‹ wird.« www.dasgelbeforum.de.org/ewf2000/forum_entry.php?id=76284; www.washingtonpost.com/blogs/wonkblog/post/can-a-giant-platinum-coin-save-our-credit/2011/07/11/gIQA-2VAPjI_blog.html; www.thomhartmann.com/blog/2008/12/transcript-ellen-hodgson-brown-09-december-2008.

Zentralbankpapiere, die sie dafür ausgaben. Die Differenz, also der nicht abgeschriebene Betrag, ist »netto«. Der Vorgang ist allerdings in Bezug auf Inflationserzeugung durch zusätzliche Forderungen vorerst unkritisch, da es sich um einen bloßen Forderungstausch handelt. Es stellt sich aber die Frage, ob wir hier einen Mechanismus sehen, der angesichts des hohen Forderungsniveaus in der Gesamtwirtschaft dazu führen könnte, dass eine große Zahl von im Sparbereich befindlichen Forderungen in den Umlaufbereich wechseln, zu »Geld« werden. Auf diese Weise könnte die Bekämpfung eines deflationären Kollapses angesichts des hohen Forderungsniveaus zu einer starken Inflation führen. Bevor wir uns dieser Schlüsselfrage zuwenden, wollen wir aber versuchen, die Nettogeldschöpfung durch Buchungsvorgänge unter zweierlei Aspekten gegenüber dem normalen Staatskredit abzugrenzen.

Wir stehen nämlich vor einem ziemlichen Abgrenzungsproblem. Die Kerneigenschaft nämlich, ob es sich um »Gelddrucken«, also um Nettogeldschöpfung, oder um einen Kredit handelt, ob es also einen Schuldner gibt, ist bei Buchungsvorgängen im Unterschied zum bloßen physischen Papiernotendrucken gar nicht definitiv entscheidbar! Woher wollen wir wissen, ob ein Soll in einer Zentralbank später bedient werden wird, also eine echte Schuld des Staates wird? Und woher wissen wir, ob eine Staatsschuld, die konventionell begeben wurde, bedient werden wird? Schuldversprechen nämlich, die nicht bedient werden sollen, unterscheiden sich nicht mehr vom bloßen Gelddrucken. Wenn der Staat aber seine Schulden nicht aus Wirtschaftskraft oder Steuern bedient, sondern lediglich durch immer neue Schulden, werden die von ihm versprochenen Forderungen nicht wertlos, wie es bei einem privaten Schuldner irgendwann der Fall wäre, sondern bleiben vorerst werthaltig. Der Unterschied zur netto gedruckten Note verschwindet. Der Staat ist eben kein gewöhnlicher Schuldner, sondern einer, bei dem sich kein Bürger und kein Unternehmen persönlich für die Bedienung zuständig erachtet, den kein Bürger und kein Unternehmen als Soll anteilig in seine Bücher nimmt und den niemand zwingen kann, seine Schuldenaufnahme zu begrenzen. Wenn aber lediglich der Finanzminister versucht, ein Defizit zu mindern, dann kann man nur von einem eingeschränkten Schuldner sprechen, der im Unterschied etwa zu einem Familienvater sein Darlehen meist nicht zurückführt. Zwar kann der Staat jahrelang Zins und Tilgungen leisten, aber niemand kann ihn hindern, immer neue Kredite aufzunehmen und damit die alten zu bedienen, und niemand kann ihn hindern, dies zunehmend – bis zur völligen Wertlosigkeit des Geldes – zu tun. Es hängt deshalb lediglich vom Willen des Staates und von seinen Möglichkeiten ab (und diese hängen wiederum vom Umfeld ab), ob und inwieweit der Staatskredit als »netto« aufgefasst werden muss. Letztendlich birgt jeder Staatskredit die Gefahr in sich, dass es auf ein »Gelddrucken« hinausläuft. Obwohl also beim Staatskredit formal ein Schuldner besteht, gibt es die Verwandtschaft zum »Gelddrucken«, denn beides kann unbegrenzt erfolgen. Man könnte die Unterschiede wie folgt zusammenfassen: Beim »gedruckten« Geld gibt es keinen Schuldner, beim Staatskredit gibt es zwar einen, aber er ist lax gegenüber Folgekreditaufnahmen, einzig beim Privat- oder Unternehmenskredit gibt es einen Schuldner, der sich um die Bedienung seiner Schulden kümmern will beziehungsweise muss. Des Weiteren gilt tendenziell, dass »Gelddrucken« zügig in eine Inflation führt, der Staatskredit systemische Risiken birgt und der Privat- oder Unternehmenskredit ein Individualrisiko.

Der zweite Aspekt der Abgrenzung vom Staatskredit zum »Nettogeld« bei Buchungsvorgängen führt uns zur Schlüsselfrage. Es geht um den Unterschied in der Wirkung im Markt. Bei der Entstehung wirken beide gleich: Ob der Staat mit frisch »gedrucktem« Geld bezahlt oder mit neu geschöpftem Kredit, beide Male wird Nachfrage generiert und das Preisniveau angehoben (sofern der Staat etwas im Markt bezahlt und nicht lediglich frühere Schulden bedient). Danach aber wirken beide Schöpfungsvorgänge unterschiedlich. Während »gedrucktes« Geld tendenziell weiter umläuft, wird die beim Staatskredit entstehende Forderung überwiegend gespart. Der Unterschied ist also, dass sich der eine Werttransporter tendenziell im Umlaufbereich befindet, der andere im Sparbereich.

Das Hauptinstrument, um den Staatskredit aus dem Umlauf in den Sparbereich zu bewegen, ist dessen Zins. Er ist der Anreiz, der zum Sparen anhalten soll, denn durch ihn wird der Staatskredit konkurrenzfähig zu anderen Anlagen, die ebenfalls einen Ertrag abwerfen. Indem er aus dem Umlauf in den Sparbereich verschoben wird, wirkt der Staatskredit nach seiner Entstehung weniger inflationär als zinsloses »gedrucktes« Geld. Zugleich hebt er aber das Forderungsniveau einer Volkswirtschaft. Wir befinden uns also wieder inmitten der Thematik, wo im Feld zwischen »Umlaufen« und »Sparen« sich ein Werttransporter befindet. Ob eine Zentralbank »monetarisiert« (»Geld« aus der Umwandlung von Anlagen schafft) oder »sterilisiert« (»Geld« in Daueranlagen verwandelt), es geht letztlich darum, wo sich Forderungen aufhalten, im Umlauf- oder Sparbereich, es geht um die Umschlagshäufigkeit aller Forderungen. Die Schlüsselfrage ist nun, ob eine Zentralbank diese Steuerung auch dann nach Belieben durchführen kann, wenn ein hohes Forderungsniveau besteht und wenn sie gleichzeitig einen deflationären Kollaps verhindern möchte.

Wenn es nämlich im Zuge der Endphase der Megablase zu einer starken Inflation kommen sollte, dann letztlich durch den Wechsel von Forderungen aus dem Spar- in den Umlaufbereich. Entscheiden sich genügend Leute, ihre Ersparnisse auszugeben? Es gibt schließlich doppelt so viele Ersparnisse in Relation zur Wirtschaftsleistung als in den Sechzigern. Damit ist aber auch das Nachfragepotenzial doppelt so hoch und auch die potenzielle Wirkung auf die Preise. Dies kann man sich durchaus als einen dynamischen Prozess vorstellen, denn wenn einmal die Preise zu steigen beginnen, könnten sich immer mehr Leute entscheiden, ihre Ersparnisse auszugeben, von denen dann immer noch genügend da sind, um weitere Nachfrage auszuüben.

Hinzu kommt, dass der »Randbereich« vermutlich größer ist. Denn wenn von allen Ersparnissen immer ein Teil, sagen wir ein Zehntel, kurz davor ist, ausgegeben zu werden, also in den Umlauf zu wechseln, so sind dies beim Forderungsniveau von 150 Prozent nur 15 Prozent, bei einem von 300 Prozent aber 30 Prozent, die nachfragewirksam werden. Letztlich muss der Wechsel in den Umlauf von einem Randbereich ausgehen.

Die Frage bei einer Megablase ist also, ob die große Menge Forderungen aus dem Bestand in den Umlauf wechselt. Nach außen hin sähe es dann so aus, als würde die Zentralbank »Geld« schaffen und sich quasi ungeschickt verhalten. Aber welche Alternativen hätte sie? Letztlich muss sie (oder indirekt der Staat) Forderungen schlechter Bonität, die aber in Büchern stehen, in die eigenen Bücher übernehmen, wenn sie einen deflationären Kollaps verhindern will. Angesichts des hohen Forderungsniveaus würde ein solcher Kollaps drohen; der Zusammenbruch des Interbankenhandels während der Finanzmarktkrise 2008 trotz massiver staatlicher Rettungsmaßnahmen hat das Risiko verdeutlicht.

Eine weitere Frage ergibt sich im Kontext langfristiger Anlagen, insbesondere Anleihen. Deren Umschlagshäufigkeit ist meist sehr gering. Aber auch diese können recht schnell zum Kauf verwendet werden, sogar zum Kauf von Konsumgütern. Zwar wird niemand mit einer, sagen wir, zehnjährigen Bundesanleihe sein Auto bezahlen. Anderseits spricht aber auch nicht allzu viel dagegen, der Vorgang wäre einfach ein Übertragen der Anleihe auf den Autohändler zum aktuellen Kurs. In der Praxis müsste die Anleihe vom Autokäufer verkauft und dann nach Geldüberweisung vom Händler gekauft werden. Gesamtwirtschaftlich gibt es keinen Grund, weshalb die Kurse von Anleihen durch derartige Vorgänge leiden sollten. Theoretisch ist nur ein kurzer Moment nötig. In der Praxis mag dadurch dennoch ein Angebotsdruck entstehen. Vor allem aber dürfte die erhöhte Inflationserwartung den Anleihenmarkt belasten (schließlich würden die Anleihen zusätzliche Käufe wie den des Autos ermöglichen). In dem Fall würde sich die Frage stellen, ob dann nicht die Zentralbanken als Käufer auftreten müssten, wollten sie einen Anstieg der Renditen verhindern, weil ansonsten angesichts des hohen Niveaus ausstehender Forderungen die Schuldner, vor allem der Staat, hohe Zinszahlungen leisten müssten (bereits jetzt treten Zentralbanken als Anleihenkäufer auf, jedoch aus anderen Gründen wie der Erleichterung der Staatsfinanzierung oder um Schuldner schlechter Bonität zu helfen). Wie dem auch sei, die lange Frist von Anleihen schützt zwar den Schuldner vor häufigen Refinanzierungen, sie bindet aber in keiner Weise den Forderungsinhaber. Die Forderungsinhaber können auch langfristige Forderungen so oft übertragen, wie sie wollen, und damit Güter, Anlage- und Verbrauchsgüter, erwerben.

Weder Bonität noch Fristen sind bei Vorliegen einer Megablase also ein zwingender Grund, weshalb Forderungen, die im Bestand sind, nicht in den Umlauf wechseln könnten. Die Frage, auf die bei einer Megablase alles hinausläuft, ist somit, ob sich die Umschlagshäufigkeit aller Forderungen erhöht und das Preisniveau zu steigen beginnt. Beim Entstehen der Megablase spielte das Verschieben von Forderungen vom Umlauf in den Sparbereich die maßgebliche Rolle. Dieses Verschieben erklärt einzig die Erhöhung des relativen Forderungsniveaus. Bewirkt wurde es durch eine Vielzahl an Prozessen vom Staatskredit bis zur Golddrückung. In der Schlussphase einer Megablase, die nicht durch Forderungsausfall deflationär kollabiert, kann es zum Gegenstück kommen, zur Verschiebung vom Sparbereich in den Umlauf, was eine starke Inflation verursachen würde. Diese würde die vorausgegangene Inflationsvermeidung umkehren. Die Inflation würde also nicht durch bloße Erhöhung der Forderungsmenge entstehen, sondern durch Einwirkung von der Bestandsgröße, der Forderungsmenge, auf die Flussgröße, den Umlauf.

Es gab im zwanzigsten Jahrhundert viele starke Inflationen mit teilweise unterschiedlichem Hintergrund. Doch kann man die Inflation nicht für eine recht bequeme Lösung des überhöhten Forderungsniveaus halten. Zum einen ist es keineswegs so, dass sich durch das inflationsbedingt höhere Preisniveau das Forderungsniveau reduziert, denn gleichzeitig mit der zunehmenden Inflation steigt in aller Regel der Zins und die Menge der neugeschöpften Gelder und Forderungen. Deswegen besteht die tatsächliche Lösung eines überhöhten Forderungsniveaus im Anschluss an eine Inflation dann oft in Schuldenstreichungen, Währungsreformen, Steuern oder anderen Zwangsmaßnahmen und partiellen oder gänzlichen Bankrotten. Dabei werden die Sparer gänzlich oder teilweise um ihre Ersparnisse gebracht, was diese nicht wollen und was sie demoralisiert. Zudem muss man eine gestartete Inflation auch stoppen können, sonst werden alle Forderungen wertlos. Ferner entstehen in einer Inflation selbst Probleme, von Alltagssorgen (wie schnelles Geldausgeben bei Hyperinflationen) bis hin zum realwirtschaftlichen Rückgang (der sehr stark und sogar existenzbedrohend sein kann).

Das hohe Forderungsniveau stellt eine hohe potenzielle Nachfrage und somit potenzielle Inflation dar. Im Unterschied zur klassischen aufgestauten Inflation (wie etwa im Sozialismus) liegt keine zu geringe Gütermenge in Relation zur Geldmenge bei fixierten Preisen vor, sondern eine zu große Menge gesparter Forderungen in Relation zu denen, die in Umlauf sind. Sollte eine Inflation beginnen, könnte eine Flucht in Sachwerte einsetzen. Diese würde durch Rückkopplung ausreichend aus dem hohen Forderungsbestand versorgt, denn die Sparer würden die Forderungen in Sicherheit bringen wollen, da diese an Wert verlieren würden. Es würde sich dabei die Frage stellen, bei welcher Art von Gütern es wann zu Preissteigerungen käme, denn auch bei Gütern gibt es zwei Arten, die der Flussgröße zugehörigen Verbrauchsgüter und die der Bestandsgröße zugehörigen Anlagegüter. Der Transmissionsmechanismus, wie es im Detail zu Preisanstiegen bei Verbrauchsgütern über die im Bestand befindlichen Forderungen kommen würde, ist derzeit noch offen. Vermutlich breitet sich die Inflationserwartung sukzessive aus und gelangt zunehmend in den Verbrauchsgüterbereich. Historische Beispiele legen nahe, dass dies einhergeht mit ausgeprägter Staatsfinanzierung durch die Zentralbank (in der Folge der Finanzmarktkrise hat es auch bereits weltweit zunehmende Anleihenkäufe durch Zentralbanken gegeben). Sollte es zu einer Inflation kommen, wird der Mechanismus, wie die Forderungen aus dem Bestand in den Umlauf geraten, im Detail sichtbar werden. Doch muss es am Ende einer Megablase zu so einem stark inflationären Szenario kommen, wenn man einen deflationären Kollaps vermeiden möchte, oder gibt es weitere Alternativen?

Um das zu beurteilen, lohnt sich erneut ein Blick in die Geschichte. Ein Land, das ein hohes Forderungsniveau hatte, ohne dass es danach zu einem deflationären Kollaps oder einer ausufernden Inflation kam, war Großbritannien nach dem Zweiten Weltkrieg. In der Spitze betrug die Staatsverschuldung 250 Prozent des Bruttoinlandsprodukts, hinzu kam die allerdings relativ geringe Verschuldung der Privaten und der Unternehmer. Das Niveau aller Forderungen lag somit sogar über dem der Vereinigten Staaten heute. Großbritannien konnte in den Folgejahren dieses Niveau deutlich reduzieren und zugleich Wirtschaftswachstum aufweisen. Großbritannien gelang also das Kunststück einer Tilgung bei gleichzeitigem Wirtschaftswachstum, es wuchs gewissermaßen aus den Schulden raus. Das Beispiel Großbritanniens nach dem Zweiten Weltkrieg zeigt, dass ein hohes Forderungsniveau nicht zwingend einen ungünstigen Ausgang wie eine Deflation oder eine ausufernde Inflation zur Folge haben muss. Zudem zeigt es, dass sogar Wirtschaftswachstum möglich ist (wenn es auch in Großbritannien geringer war als in vergleichbaren Staaten). Das ist eher atypisch für Volkswirtschaften, die ein hohes Niveau an Überschuldung abbauen. Großbritannien befand sich allerdings in der Folge des Zweiten Weltkriegs in einer Sondersituation, etwa bezüglich der Umstellung seiner Staatswirtschaft, der Struktur der Kredite und des hohen Wirtschaftswachstums benachbarter Länder (die nach Währungsreformen weitgehend schuldenfrei von neuem begannen). Es liegt also keine klassische Blase der Vermögenspreise vor. Dennoch ist es sicher ein bemerkenswertes Beispiel; gerade die Ausnahmen von der Regel könnten helfen, einen Sachverhalt noch besser zu verstehen. Die nachfolgende Abbildung zeigt den Verlauf des Schuldenstandes in Großbritannien ab 1940 aufgeschlüsselt nach Schuldnergruppen (einerseits Privaten und Unternehmen und anderseits der Staat) sowie insgesamt (ohne Finanzsektor). Es wird leider auch sichtbar, dass der mühsam erreichte Abbau der Schulden wieder verspielt wurde und dass heute die Rekordstände nach dem Zweiten Weltkrieg fast wieder erreicht wurden.

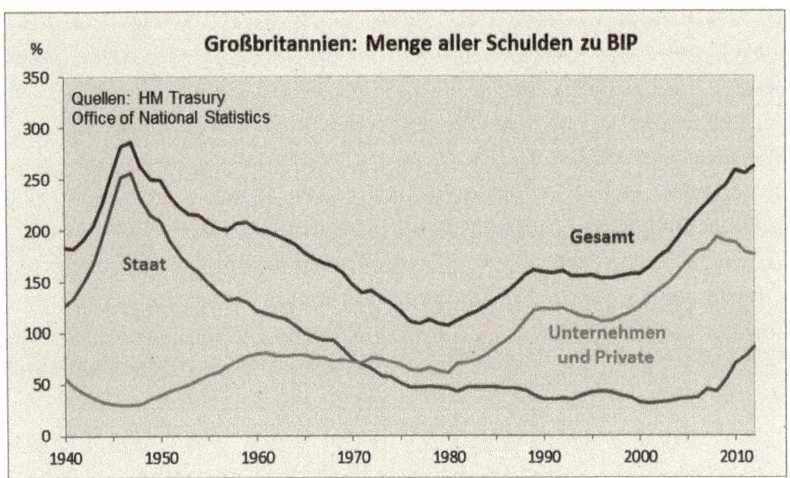

Abb. 85: Großbritannien – Menge aller Schulden zu BIP

Einen geeigneteren Vergleich mit der heutigen Situation in den USA könnte die Megablase Japans in den Achtzigern bieten. Ihr ging eine kreditfinanzierte Stützung der Wirtschaft durch den Staat in den Siebzigern voraus, wie es Zeitgeist und Lehre damals forderten. Sie hob das Kreditniveau und legte die Basis für die weiteren Entwicklungen. Gezündet durch diesen Überkredit, stieg ab Anfang der Achtzigerjahre die Verschuldung der Privaten und Unternehmen sehr stark. Infolge der staatlichen Kreditaufnahme und des damit verbundenen erhöhten Forderungsniveaus entwickelten sich während der Achtziger sowohl in den Aktienmärkten als auch an den Immobilienmärkten kreditfinanzierte Blasen mit deutlich überzogenen Preisen. Man erzählte sich, der Kaiserpalast in Tokio sei so viel wert wie ganz Kalifornien. Das Ziel war Wirtschaftswachstum um beinahe jeden Preis, das Mittel war die kreditfinanzierte Blase, getragen durch ein spezielles japanisches Banken-Finanzierungssystem. Währenddessen gelang es dem Staat kurzfristig, seine Schulden zu reduzieren, die Gesamtverschuldung stieg aber weiter (im Ergebnis übernahm der Privatsektor Schulden des Staates).

Es war ansonsten aber eine recht klassische Megablase, am Ende waren Private und Unternehmen stark verschuldet, das Schuldenniveau des Staates hingegen war relativ dazu gering. Als die Blase 1990 platzte, lag das Gesamtforderungsniveau bei über 250 Prozent des Bruttoinlandsprodukts und damit auf dem der USA heute. Ab dann übernahm zunehmend der Staat die Schulden des unternehmerischen Sektors, die dieser nicht mehr bedienen konnte, um einen deflationären Kollaps zu vermeiden. Das führte zu einer sehr starken Ausweitung der Staatsverschuldung, die bis heute anhält. Das Gesamtschuldenniveau liegt seit einigen Jahren in der Nähe von rekordverdächtigen 350 Prozent des Bruttoinlandsprodukts. Dabei kam es bisher zu keiner schweren Krise. Dennoch war das Wirtschaftswachstum in dieser langen Zeit äußerst gering, die Aktien- und Immobilienpreise verharrten in einer dekadenlangen Baisse, die Renditen auf Staatsanleihen waren sehr niedrig. Eine Rückführung des Forderungsniveaus gelang nicht. Der auf die Megablase folgende Stillstand könnte insgesamt deutlich länger dauern als die Phase erhöhten Wachstums in den Siebzigern und Achtzigern, die ihn verursacht hat.

Die Megablase Japans weist viele Parallelen zu der heute in den USA bestehenden auf, vom sehr hohen Forderungsniveau über den großen Anteil Schulden bei Privaten und Unternehmen bis zur Übernahme der ausfallenden Schulden in die öffentliche Hand. Es gibt aber auch Unterschiede, etwa bei der Struktur der Finanzmärkte, bei Leistungsbilanzdefizit und Schuldnerposition gegenüber dem Ausland oder bei der Bedeutung der Landeswährung als Reserve bei Zentralbanken. Die nachfolgende Abbildung zeigt das Kreditniveau Japans in Relation zum Bruttoinlandsprodukt ab 1964, aufgeschlüsselt nach Schuldnergruppen (Privaten, Unternehmen und Staat) sowie insgesamt (ohne Finanzsektor).

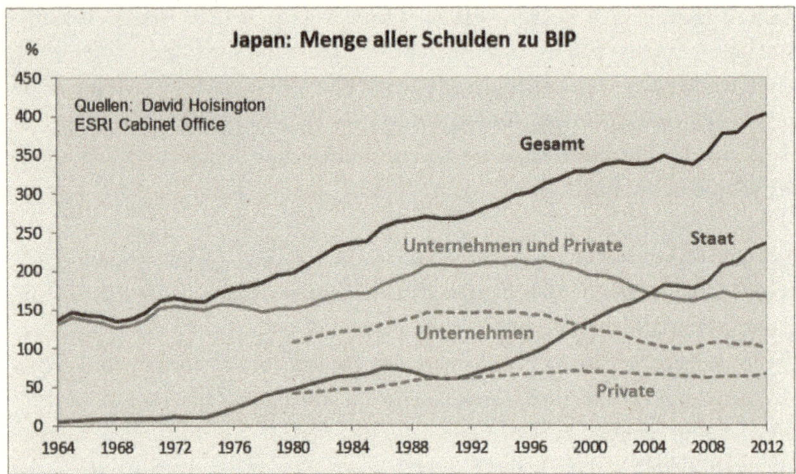

Abb. 86: Japan – Menge aller Schulden zu BIP

Wie kann es sein, dass in Japan das Platzen einer Megablase nicht zu einer Megakrise führte, sei sie deflationär oder stark inflationär? Wie schaffte es Japan, dem Schicksal der meisten historischen Blasen zu entkommen (zumindest bisher, denn noch ist kein Teil des Weges eines Schuldenabbaus geschafft)? Zum einen ist zu sagen, dass es Japan anscheinend gar nicht gelungen ist, dem Schicksal gänzlich zu entrinnen. Vielmehr scheint Japan den typischen schlagartigen deflationären Kollaps oder eine starke Inflation (bis hin zur Hyperinflation mit anschließender Währungsreform) in einen schleichenden Kollaps verwandelt zu haben. Die Wirtschaft brach nicht auf einmal um 25 bis 50 Prozent ein mitsamt den darauffolgenden massiven sozialen und weiteren Problemen, stattdessen liegt sie seit Jahren unter ihrem Potenzial, das sich ergäbe, wenn das Forderungsniveau nicht deutlich überhöht wäre. Der Blasengewinn wird nicht schlagartig, sondern stückweise abgegeben, der Scheinwohlstand in den Büchern wird nicht schockartig, sondern stetig reduziert, auf die Megablase folgte keine Megakrise, sondern Dauerstillstand.

Auch in Japan scheint es so zu sein, dass der Gewinn an realer Wirtschaftsleistung (höheres Wirtschaftswachstum), der beim Entstehen der Megablase durch stetiges zusätzliches Kreditwachstum entstand, gänzlich wieder abgegeben wird (wegen der Fehlallokationen vermutlich sogar darüber hinaus). Es erfolgte lediglich eine zeitliche Streckung anstelle einer schlagartigen Krise.

Doch wie gelang es Japan, einen negativeren Ausgang bisher zu verhindern? Schauen wir uns die Fluss- und Bestandsgrößen an, und zwar sowohl in der Real- als auch in der Finanzwirtschaft. In der Realwirtschaft liegen die Flussgrößen bei den Verbrauchsgütern (etwa Brot) und die Bestandsgrößen bei den Ertrag abwerfenden Anlage- oder Investitionsgütern (wie eine Bäckerei). Es gibt auch Güter, die dazwischen liegen und ihre Position wechseln (wie das Auto des Bäckers, das dieser zum Mehlholen und für Ausflüge nutzt). Im Finanzbereich ist die Flussgröße der Umlauf der Forderungen, die Bestandsgröße ist das Forderungsniveau. In der Realwirtschaft hatten sich durch die japanische Megablase stark überhöhte Vermögenspreise gebildet. Die Preise der Immobilien waren in Relation zu Mieten und Einkommen extrem hoch, die Kurse der Aktien in Relation zu Dividenden und Gewinnen ebenfalls. Diese Missverhältnisse bilden sich seitdem zurück. So beträgt das Niveau der Aktienmärkte heute nur wenig mehr als ein Viertel des Höchstkurses vor 23 Jahren. Es findet also auch hier eine zeitliche Streckung des Anpassungsprozesses statt. In Japan fallen die Vermögenspreise relativ stetig und nicht durch einen großen Krach. Es handelt sich um einen der größten Bärenmärkte der Geschichte, aber einen ohne schlagartigen Ablauf. Japan nimmt also die nötigen Anpassungen in der Realwirtschaft vor. Die Bestandsgrößen, die Vermögenspreise, werden reduziert in Relation zu den Flussgrößen, den Erträgen und Einkommen. Japan vollzieht aber auch diesen Anpassungsprozess zeitlich gestreckt.

Die eigentlichen Mechanismen, weshalb Japan bisher nicht schlagartig kollabiert ist, liegen allerdings im Finanzbereich. Sehen wir uns auch hier die Fluss- und die Bestandsgrößen an. Japan hat seit vielen Jahren ein sehr niedriges Zinsniveau. Ein niedriger Zins hat aber zur Folge, dass mit gleicher wirtschaftlicher Leistung ein entsprechend höherer ausstehender Schuldbetrag bedient werden kann. Es ist für eine Volkswirtschaft dasselbe, ob sie 6 Prozent Zinsen auf Schulden in Höhe von 150 Prozent des Bruttoinlandsprodukts leistet oder 3 Prozent bei 300 Prozent. Beide Male muss sie 9 Prozent der laufenden wirtschaftlichen Leistung für Zinsen erwirtschaften. Damit wird das Kreditniveau aber noch nicht zurückgeführt. Dazu müsste noch zusätzlich getilgt werden. Japan führte (ausweislich der vorliegenden Zahlen) seine Verschuldung nicht zurück. Großbritannien tat es nach dem Zweiten Weltkrieg freilich (allerdings unter anderen Bedingungen). Angenommen, es wäre Japan zusätzlich gelungen, 6 Prozent zu tilgen – zusammen mit den 9 Prozent Zinsen läge in der Beispielrechnung der Schuldendienst dann bei 15 Prozent (tatsächlich sind die Zinsen in Japan niedriger).

Zu berücksichtigen ist, dass die Tilgung aus der laufenden Wirtschaftsleistung erfolgen muss, worauf sich die Angabe des Forderungsniveaus in Relation zum Bruttoinlandsprodukt aber bereits bezieht. Wenn also, sagen wir, eine Tilgung in Höhe von 5 Prozent des Bruttoinlandsprodukts vorgenommen wird, so dauert (bei ansonsten identischen Parametern) eine Rückführung von 350 Prozent auf beispielsweise 150 Prozent vierzig Jahre (200/5), eine von 200 Prozent auf 150 Prozent jedoch nur zehn (50/5). Hinzu kommt die Problematik der Zahlungen der Zinsen, die ebenfalls höher sind.

Doch auch wenn es mathematisch leicht geht, in der Praxis kann man Zinsniveaus nicht einfach halbieren, und der übrige Datenkranz kann sich ändern. Insbesondere kommt es darauf an, dass die Sparer ihre Ersparnisse trotz niedriger Zinsen nicht in Umlauf bringen, was eine Inflation bewirken würde. In Japan ist dies bisher geglückt. Einer der Gründe lag in der mangelnden Attraktivität wichtiger alternativer Anlageklassen, denn sowohl Immobilien als auch Aktien warfen in der Folge des Abbaus der Megablase kaum Renditen ab und wiesen keinen Kursanstieg (insgesamt sogar Kursrückgänge) auf. Dies alleine reicht aber nicht aus, denn es gab im Ausland natürlich reichlich sehr hochrentierliche und auch zugängliche Anlagen. Wichtiger dürfte deshalb sein, wer die Halter der Forderungen sind. Staatliche Pensionskassen, Zentralbanken oder wohlhabende, oft ältere Herrschaften geben ihr Geld nicht so einfach für, sagen wir, ein weiteres Paar Schuhe aus, nur weil es kaum Zinsen abwirft, und sie machen oft auch keine größeren Anlageentscheidungen mehr. Voraussetzung für die zeitliche Streckung, die Stabilisierung einer Megablase nach dem japanischen Modell oder gar den Abbau nach dem britischen Modell ist somit, dass der Anteil der Forderungen, die in den Umlauf geraten, nicht so hoch ist, um eine stärkere Inflation entstehen zu lassen, und dass der Anteil der Forderungen, die alternative Anlagen suchen, nicht so groß ist, um insgesamt einen zu hohen Abfluss aus den Anleihen zu bewirken. Beides hängt eng damit zusammen, wer die Halter der Forderungen sind und welche Entscheidungen sie treffen, ist also mathematisch nicht ohne weiteres greifbar. Eine weitere Voraussetzung ist, dass das niedrige Zinsniveau anders als üblich in Japan nicht zu neuen Kreditschöpfungen und damit einer neuen Teilblase führt. Hierfür gibt es mehrere Gründe, darunter die Blase selbst, denn die fallenden Vermögenspreise ermuntern nicht zur Investition.

Die zeitliche Dehnung der Anpassungsprozesse ist historisch selten zu beobachten gewesen. Ein langjährig relativ stabiler Zustand wie in Japan oder sogar ein Herauswachsen wie in Großbritannien nach dem Zweiten Weltkrieg ist aber möglich, wenn sich einige Parameter entsprechend verhalten. Zum einen muss die Geld- und Kreditmenge gegenüber der Wirtschaftskraft stabil bleiben beziehungsweise sinken. Zudem darf sich die Umschlagshäufigkeit nicht schlagartig ändern, es dürfen also nicht zu viele Ersparnisse in den Umlauf gelangen. Typische Merkmale für die zeitliche Dehnung, die das Schuldenniveau zurückführt, sind niedrige Nominalzinsen (eventuell in Verbindung mit einer Besteuerung der Guthaben) sowie staatliche Maßnahmen, die Geld in Forderungen lenken beziehungsweise dafür sorgen, dass es dort verbleibt (diese Mittel werden unter dem Begriff »Financial Repression« zusammengefasst). Hinzu kommt eine deutliche, aber nicht ausufernde Inflation (beispielsweise von 5 Prozent), sodass die reale Verzinsung negativ wird. Eine Bevorzugung von Tilgungs- vor Kreditschöpfungsvorgängen (also auch staatliche Haushaltsdisziplin) ist nötig, damit sich das Kreditvolumen nicht durch neue Kreditschöpfungen erhöht, und ein möglichst hohes reales Wirtschaftswachstum, damit sich die Wirtschaftskraft, die die Schulden bedienen muss, erhöht.

Die Politik scheint weltweit auf eine solche zeitliche Dehnung der Anpassungsprozesse hinauszulaufen (und damit zum Teil auf eine schleichende Gläubigerenteignung, aber ohne Wirtschafts- oder Währungskollaps). Im besten Fall kommt es dabei zu einer echten Tilgung und zu einem Herauswachsen aus den Schulden wie in Großbritannien nach dem Zweiten Weltkrieg. Im schlechtesten Fall verliert man einfach ein oder zwei Dekaden und es kommt dann doch zum negativen Ausgang in Form einer Deflation oder starken Inflation. Sollte eine Reduktion des Kreditniveaus durch zeitliche Dehnung möglich sein, wird man die Dauer auf mindestens 10 bis 30 Jahre ansetzen. Die Probleme auf diesem Weg sind vielfältig, sie reichen von der Schwierigkeit, die Inflation unter Kontrolle zu halten, über die Gefahr, dass die Gesellschaften unfreier werden und erstarren, bis hin zur Schwierigkeit, möglichst alle gesellschaftlichen, staatlichen und wirtschaftlichen Fehlentwicklungen, die sich im Zuge des Aufbaus der Megablase eingestellt hatten, zurückzuführen.

Es gibt als klassischen Abschlussprozess einer Blase somit die Deflation, bei der Forderungen ausfallen und schlagartig eine Rezession auslösen. Zudem gibt es die starke Inflation, bei der diese größeren deflationären Forderungsausfälle durch staatliche Kredit- oder Geldschöpfungsmaßnahmen verhindert werden. Hierbei erfolgt die Reduzierung erst durch negative Realverzinsung und dann durch anschließende Währungsschnitte oder andere staatliche Eingriffe. Sie ist phasenweise vom dritten Abschluss nicht sauber zu trennen: Mit der zeitlichen Dehnung der Anpassungsprozesse haben wir eine weitere Variante dessen gesehen, was auf ein überhöhtes Forderungsniveau folgen kann. Anstelle eines schlagartigen Bereinigungsprozesses findet ein zeitlich gestreckter statt, bei dem die Missverhältnisse zwischen Fluss- und Bestandsgrößen sukzessive in kleinen Schritten, Zeitspanne für Zeitspanne, behoben werden. Insgesamt gibt es eine Bereinigung nach unten (Deflation), eine nach oben (Inflation) und zur Seite (zeitliche Dehnung). Diese drei Abschlüsse der Blasen sind gekennzeichnet durch eine Änderung der Forderungsmenge.

Es gibt aber auch die Möglichkeit einer administrativen Maßnahme in Form einer »Währungsreform«. Gemeint ist hier kein Währungsschnitt, keine bloße Schuldenstreichung, keine Tilgungsaussetzung, keine Zwangsanleihe, keine Einführung einer Parallelwährung oder dergleichen, sondern ein direkter Eingriff in den Zusammenhang von Bestands- und Flussgrößen. Bei diesem wird die Gesamtmenge aller Forderungen in einer Weise reduziert, dass die Ströme an Zahlungen (Löhne, Mieten etc.) weiterlaufen, es aber nicht zu Konkursen aufgrund nachfolgender Überschuldungen kommt (es werden beispielsweise je Person Schulden und Guthaben berücksichtigt).

Eine solche Währungsreform ist prinzipiell möglich, denn Forderungen sind Verträge zwischen Personen und damit Gegenstand möglicher Änderungen. So könnte das Forderungsniveau auf eine abstrakt gesehen beinahe perfekte Weise reduziert werden, denn sie würde weder zu einem deflationären Kollaps noch zu einer starken Inflation noch zu einem jahrelangen mühsamen Abarbeiten unklaren Ausgangs führen. Mit einer solchen Währungsreform würde aber direkt in das Vermögen der Sparer eingegriffen, es wäre eine partielle Enteignung (wobei aber bei den anderen Blasenausgängen ebenfalls die Sparer um den Wert ihrer Ersparnisse gebracht werden, teilweise wird der Scheinwohlstand sogar radikaler gemindert). Ihre Wirkung wäre allerdings äußerst demoralisierend. Außerdem würde verhindert, dass die bei Staat und Gesellschaft begangenen Fehler, die sich im Zuge des Aufbaus der Megablase einstellten, zwingend rückgängig gemacht werden. Auch auf den Staat würde eine solche Währungsreform demoralisierend wirken, denn er käme in Versuchung, dieses Mittel wiederholt zu gebrauchen und sich künftig erst recht zu verschulden. Es würde sich ferner die Frage stellen, von welchem Forderungsniveau aus man diese Maßnahme ergreifen dürfte und welches Forderungsniveau das Ziel sein sollte. Üblich sind Währungsreformen (auch die anderer Art) nur nach Kriegen, politischen Umstürzen und starken Inflationen. Eine solche Währungsreform gab es im kriegszerstörten und finanziell zerrütteten Deutschland 1948 mit einem Anpassungsfaktor von über 10:1. In den USA und vielen anderen Ländern besteht derzeit ein Forderungsüberhang von vielleicht 2:1 (bei einem Ziel des Forderungsniveaus in Relation zum Bruttoinlandsprodukt im Rahmen von 100 Prozent bis 150 Prozent).

Diese vier Wege (Deflation, Inflation, zeitliche Dehnung und Währungsreform) sind es im Wesentlichen, die eine Volkswirtschaft gehen kann, die sich am Ende einer Megablase befindet. Abstrakt gesehen gibt es natürlich weitere, etwa die Abschaffung des Finanzsystems (und das Weiterleben der Menschen als Selbstversorger auf deutlich niedrigerem Niveau) oder die Einführung einer wie auch immer gearteten staatlichen Planwirtschaft (was auch ein niedriges Niveau verspricht, zudem viel Unfreiheit). Die Einführung einer parallelen Währung, auch wenn sie golddeckt wäre, würde das zugrunde liegende Problem nicht lösen, denn die Forderungen sind gebuchter Wohlstand, in welcher Währung sie auch lauten. An diesem Sachverhalt dürften auch andere Lösungsvorschläge scheitern, denn im Ergebnis wird es am Ende des Zyklus bei reduziertem Forderungsniveau weniger gebuchten Wohlstand geben. Neben den vier Wegen sind zudem natürlich auch Mischformen denkbar, etwa die bereits angesprochene Mischung der beiden Wege »Inflation« und »zeitliche Dehnung«. Eine Mischung kann sich auch in zeitlicher Abfolge ereignen, beispielsweise erst Deflation und dann Inflation. Außerdem könnte unter Umständen versucht werden, mittels partieller Schuldenstreichung, Sondersteuern oder anderer Eingriffe die Forderungsmenge oder ihre Wirkung zu begrenzen, wobei aber beträchtliche Nebenwirkungen drohen.

Von diesen vier Wegen am Ende einer Megablase ist die Deflation für die jüngere Geschichte untypisch geworden, sie wäre vom derzeitigen Forderungsniveau aus wohl auch verheerend. Eine Währungsreform welcher Art auch immer wäre ohne vorherigen Anlass (wie eine Inflation) ebenfalls untypisch. Ein typischerer Ausgang einer Megablase, wie sie derzeit in den USA und vielen anderen Ländern herrscht, wäre für die gegenwärtige Epoche eine starke Inflation. Diese gibt es in verschiedenen Formen, etwa schlagartig oder sich beschleunigend, mit Nettogeld oder ohne. Der andere typische, wenn auch historisch bisher seltene Weg wäre der der zeitlichen Dehnung der Anpassungsprozesse. Hier stellt sich die Frage, ob die USA und andere Länder den Weg Japans seit Mitte der Neunziger oder sogar den Großbritanniens nach dem Zweiten Weltkrieg gehen können.[133] Eingeschlagen wurde der Weg bereits (wie man an der negativen Realverzinsung erkennen kann). Die vielen und schwierigen Voraussetzungen lassen den Ausgang kaum prognostizierbar erscheinen. Zu beachten sind auch die übrigen makroökonomischen Faktoren, etwa die Bedeutung anderer Länder in einer ökonomisch vernetzten Welt. Sowohl beim Beispiel Großbritanniens als auch Japans handelte es sich um Inseln, während gleichzeitig der Rest der Welt mitsamt seiner Kreditmenge wuchs. Diesmal ist letztlich die ganze Welt betroffen. Es wird darum gehen, dass das weltweite Forderungsniveau zurückgeführt wird. In den letzten Jahrzehnten stieg dies jedoch laufend an. Dies weist auf einen mangelnden Willen oder auch auf eine mangelnde Möglichkeit.

---

133 Japan wurde seinerzeit von einigen US-Ökonomen für seinen Weg kritisiert, jetzt werden die USA womöglich froh sein, wenn ihnen ein vergleichbarer Weg gelingt. Tendenziell wurde von diesen Ökonomen der Gesamtbestand an Krediten nicht beachtet, stattdessen auf Änderungsgrößen fokussiert.

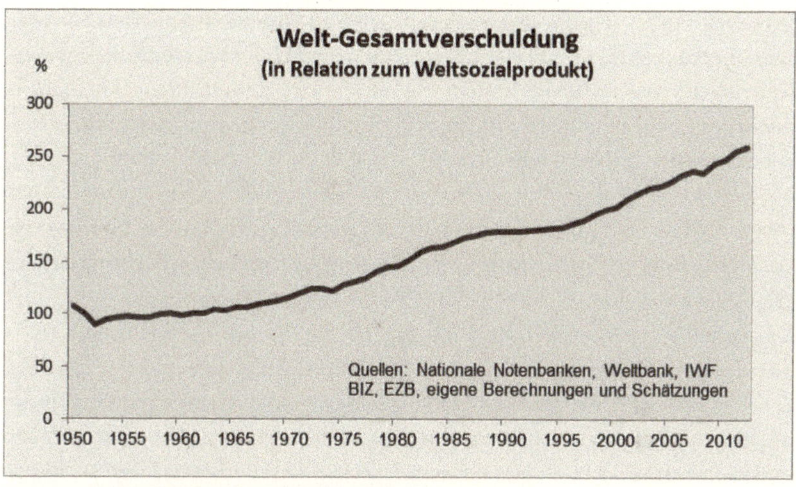

Abb. 87: Welt – Menge aller Schulden zu BIP

Wenn es um das Ende der Megablase geht, stellt sich die Frage des Zeitpunkts. Schließlich kann es noch Jahre weitergehen, in denen weltweit gesehen die Kreditmenge wächst, bevor der Wendepunkt erreicht ist. Das Beispiel Japans scheint zwar nahezulegen, dass moderne Staaten mit geeigneten Finanzmarkttechniken eine Megablase auf ein Forderungsniveau von grob 350 Prozent in Relation zum Bruttoinlandsprodukt treiben können. Diese Zahl ist jedoch nicht in Stein gemeißelt. Sind vielleicht auch 500 Prozent möglich? Bei anderen Volkswirtschaften mag hingegen bei 200 Prozent das Ende der Fahnenstange erreicht sein. Zudem gibt es nicht nur die USA, sondern auch die übrigen Länder. Einige von ihnen haben ein geringeres Schuldenniveau, bei ihnen wäre selbst dann noch zusätzliche Verschuldung möglich, wenn man bereits das Niveau der USA als Wendepunkt ansieht. Beides, die unbekannte Höhe des Wendepunktes und der mögliche Verschuldungsspielraum der anderen Länder, bedeutet, dass global gesehen die Weltmegablase auch noch Jahre weiterwachsen kann. Möglicherweise wäre dies verbunden mit einer Stabilisierung des Forderungsniveaus der USA oder einer anderen Weltregion bei gleichzeitigem Wachsen der Kredite außerhalb und der Bildung neuer Teilblasen dort. Es sind auch andere Szenarien denkbar, darunter eine schnelle Geldentwertung in einer Region ohne vergleichbare Entwicklung andernorts (eine besonders schnelle ereignete sich 2002 in Argentinien). Die USA spielen dabei in mehrfacher Hinsicht eine Sonderrolle, vom Leistungsbilanzdefizit über die wirtschaftliche Bedeutung bis hin zum Reservestatus der eigenen Währung. Diese Sonderrolle dürfte auch für die Endphase der weltweiten Megablase von Bedeutung sein.

Grundsätzlich ist die Verschuldung ein weltweites Problem. Aber obwohl fast alle Länder ein hohes Schuldenniveau aufweisen, sollten sich Unterschiede im Ablauf einstellen. Wir hatten Kanada als Beispiel genannt, wo in der Vergangenheit eine temporäre Rückführung gelang, sowie Großbritannien nach dem Zweiten Weltkrieg. Ein weiteres Beispiel ist Australien, wo es nach dem Zweiten Weltkrieg ebenfalls zu einem Rückgang kam (wenn auch von einem niedrigeren Ausgangsniveau aus). Interessant ist Australien aber auch deshalb, weil es hier in den letzten Jahrzehnten zu einem starken Anstieg der Schulden des Privatsektors kam, ohne dass zuvor wie meistens eine Basis in Form ausufernder Staatsverschuldung gelegt worden war. Wie der Staatssektor kann also auch der Privatsektor ganz alleine für eine Überschuldung sorgen. Dies lag in Australien vor allem an Kreditexzessen im Immobiliensektor. Es wäre ein Leichtes gewesen, diese Blase zu verhindern.

Die Grundlage für die gegenwärtige und künftige Situation wurde gegen Ende der Sechziger und in den Siebzigern gelegt, als man sich für ein Defizit im Außenwirtschaftsbereich und für staatliche Kreditaufnahme zur Rezessionsbekämpfung entschied – und gegen die Goldbindung, die dem entgegenstand. Alles, was danach kam, baute darauf auf. Das erhöhte Kreditniveau forcierte neue Teilblasen, die sich seit den Achtzigern allerorten bildeten. Sie bauten auf bereits überhöhtem Forderungsniveau auf. Allenfalls wurden die Vermögenspreise bereinigt, nicht aber die Mengen der Forderungen, womit wiederum die Voraussetzung für die nächste Teilblase gelegt war. Die Bereinigung des überhöhten Forderungsniveaus steht noch aus. Sie ist die Hauptaufgabe. Politische Fehlentscheidungen, die zu einem Kreditwachstum führen, haben Auswirkungen, die sich unter Umständen erst nach Jahrzehnten zeigen und deren Nachteile die vorherigen Vorteile überwiegen.

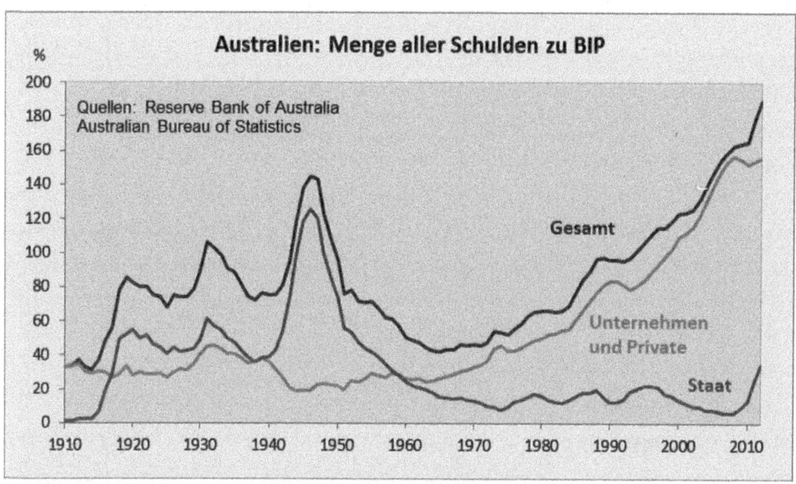

Abb. 88: Australien - Menge aller Schulden zu BIP

Die theoretische Grundlage für diese Entwicklung wurde aber bereits früher gelegt. Man hatte Geld und Kredit einfach nicht hinreichend verstanden. Oder man wollte es nicht verstehen. Das gilt im Prinzip bis heute. Die Fokussierung lag beinahe ausschließlich auf der Güte einer einzelnen Währungseinheit, auf dem Wert, den der einzelne Sparer erzielen kann, auf der Geldwertstabilität. Völlig vernachlässigt wurde die Gesamtheit aller Forderungen, die Menge aller Kredite relativ zur Wirtschaftsleistung, die Nachfrage, die die Sparer potenziell damit ausüben können. Man sah immer nur auf die Flussgröße, auf die Änderungen, auf das Kreditwachstum und die Inflation, und ignorierte den Bestand an Forderungen in Relation zur Wirtschaftskraft. Einen Anlass dazu mag die Geschichte gegeben haben, denn das klassische Blasen-Platzen war deflationär und mit schweren Rezessionen verbunden, und genau das konnte man ja verhindern. Wozu sich noch um Kreditmengen kümmern? Der Anreiz war sehr gering, nachdem jahrzehntelang alles weitgehend gut ging. Es entspricht nicht der alltäglichen Lebenserfahrung, dass etwas, das jahrzehntelang funktioniert hat, vielleicht doch nicht auf Dauer funktionieren kann. Daher kann es sehr schwerfallen, sich gegen diesen Trend zu stemmen. Selbst Greenspan verfiel anscheinend dem Zeitgeist, obwohl er sich in jungen Jahren des Problems der Kreditmenge bewusst war. In einer 2002 gehaltenen Rede erwähnt er die geringe Inflation der letzten zwei Dekaden, die Hoffnungen wecken würde, dass das Papiergeldsystem verantwortlich geführt werden könne. Die Kreditmenge erwähnt er nicht.[134]

Diese eindimensionale Sichtweise ist nicht zu halten. Es spricht einfach zu viel dagegen, dass der Forderungsbestand ignoriert werden kann. Man kann sich nun mit den Beobachtungen und Argumenten auseinandersetzen oder darauf warten, dass die Zukunft den Beweis bringen wird. Bereits heute kann man aber feststellen, dass das relative Forderungsniveau keine stabile Größe ist, sondern stetig wächst, ein klares Indiz, dass hier etwas Grundsätzliches danach drängt, berücksichtigt zu werden.

Eine dauerhaft ausgerichtete Geld-, Kredit- und Wirtschaftspolitik wird nicht eindimensional nur auf Änderungsgrößen, sondern auch auf den Bestand achten. Dies ist unbequem, denn es versperrt Lösungen, die nur auf den Moment zielen, und erfordert die Berücksichtigung der zukünftigen Folgen. Darin ähnelt das gesamtgesellschaftliche Forderungsniveau dem Privatkredit, bei dem jeder weiß, dass er seinetwegen auch wieder verzichten muss. Ein hohes Kreditniveau, gemessen an einer Flussgröße wie dem Bruttoinlandsprodukt, ist in vielfacher Hinsicht nachteilig. Zudem ist die Beendigung einer Blase problematisch, riskant und schlecht fürs Wachstum. Die geringen Vorteile an Wachstum in der Entstehungsphase, zum Beispiel in Japan in den Siebzigern und Achtzigern, ziehen erhebliche Nachteile nach sich, was ebenfalls in Japan gut sichtbar wird. Irgendwo zwischen 100 Prozent und 150 Prozent scheint eine Art Grenze zu liegen, jenseits derer in der gesellschaftlichen Realität eine dauerhafte (also auch über viele Dekaden reichende) Stabilisierung nicht mehr möglich ist.

---

134 Man glaubt freilich, den Hauch eines Zweifels heraushören zu können: »Central bankers' success, however, in containing inflation during the past two decades raises hopes that fiat money can be managed in a responsible way. [...] If the evident recent success of fiat money regimes falters, we may have to go back to seashells or oxen as our medium of exchange. In that unlikely event, I trust, the discount window of the Federal Reserve Bank of New York will have an adequate inventory of oxen.« Greenspan, Alan: »The History of Money«, Eröffnungsrede zur Ausstellung der amerikanischen numismatischen Gesellschaft, Federal Reserve Bank von New York, New York, 16. Januar 2002, www.federalreserve.gov/boarddocs/speeches/2002/200201163/default.htm.

Das Problem ist nicht nur ein mathematisches oder wirtschaftliches, sondern auch ein menschliches. Denn in der gesellschaftlichen, politischen und wirtschaftlichen Realität ist eine lineare Stabilisierung für vielleicht zehn Jahre möglich, wie die Beispiele USA und Deutschland zeigen. In der Realität kommt es dann zu Steigerungen, die man zurückführen müsste, um das vorherige Niveau wieder zu erreichen. Aus verschiedenen Gründen wird dies aber immer schwerer, je höher das Forderungsniveau ist, unter anderem, weil mehr gebuchter Wohlstand zurückzuführen ist.

Grundsätzlich ist Wirtschaftswachstum aber auch ohne überproportionales Kreditwachstum möglich, da letztlich Ergebnis des sich frei entfaltenden Geistes, der sich unter guten Rahmenbedingungen auch gut entfalten kann. Probleme mit Forderungsmengen begleiten Volkswirtschaften seit Jahrtausenden, doch noch wurde nichts Besseres gefunden, das Forderungen ersetzen könnte und funktioniert. Ideologische Konzepte – vom Zinsverbot über Umlaufgebühren bis zur sozialistischen Staatswirtschaft – bieten nur Scheinlösungen. Selbst eine Edelmetallwährung oder eine mit Edelmetall gedeckte Währung kann nur einen Beitrag zur Problemminderung leisten, nicht per se eine umfassende Lösung sein.

Eine Geld-, Kredit- und Wirtschaftspolitik, die nicht nur auf kurzfristige Erfolge aus ist, sondern auch die langfristigen Folgen berücksichtigt, wird durch staatliches Tun und Unterlassen nicht nur auf Preisstabilität und Wirtschaftswachstum, sondern auch auf die gesamte Forderungsmenge achten. Da der Goldstandard ein Instrument dafür war, da es schon Begriffe wie »goldene Regel« gibt und da dieses Buch von Gold handelt, seien diese drei Zielgrößen als »Goldenes Dreieck der Geld- und Kreditpolitik« bezeichnet. Die Preisstabilität ist bereits Ziel der Geldpolitik. An die Stelle der Geldmenge tritt die der Kreditmenge, von der die Geldmenge ein Teil ist (und weiterhin von Bedeutung ist, unter anderem wegen der Umschlagshäufigkeit). Das Wirtschaftswachstum wird in dem Kontext als Bezugsgröße adressiert, es geht nicht etwa um eine kreditfinanzierte Ausgabenpolitik, sondern grundsätzlich um ein Umfeld, das Wachstum begünstigt.

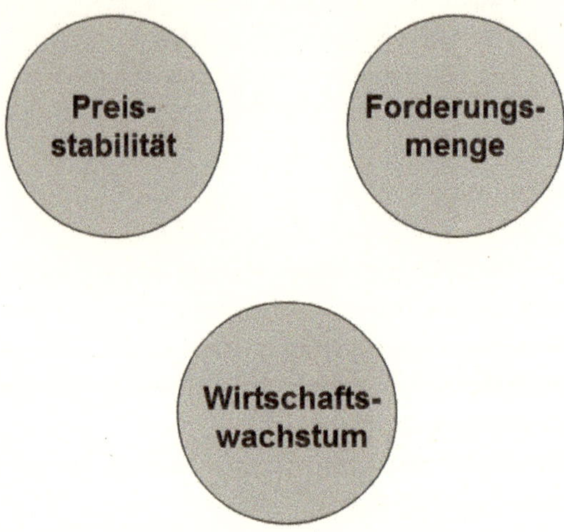

Abb. 89: Das Goldene Dreieck der Geld- und Kreditpolitik

35. Zurück zum Gold

Und was hat Gold mit all dem zu tun? Nichts. Absolut nichts. Das ist es ja gerade. Gold ist unabhängig vom fröhlichen Forderungsschöpfen und Geldvermehren. Das macht Gold interessant für Private und Volkswirtschaften, aber auch für Staaten und Zentralbanken. Als Warengeld ist es nicht beliebig vermehrbar, es muss mühsam und unter großen Opfern gefördert werden. Das ist ein Nachteil, aber eben auch ein Vorteil, denn seine Menge ist begrenzt. Die nachfolgende Abbildung zeigt die Menge des Goldes gegenüber dem Weltbruttoinlandsprodukt. In den letzten Jahrzehnten nahm die Goldmenge aufgrund technischer Fortschritte erheblich zu. Aber auch das reale Bruttoinlandsprodukt der Welt wuchs stark, die Wirtschaftskraft wuchs sogar deutlich stärker als die Goldmenge. Beides wurde aber weit in den Schatten gestellt vom Wachstum der Forderungsmenge (wir verzichten auf eine Darstellung, sie würde die Abbildung »sprengen«).

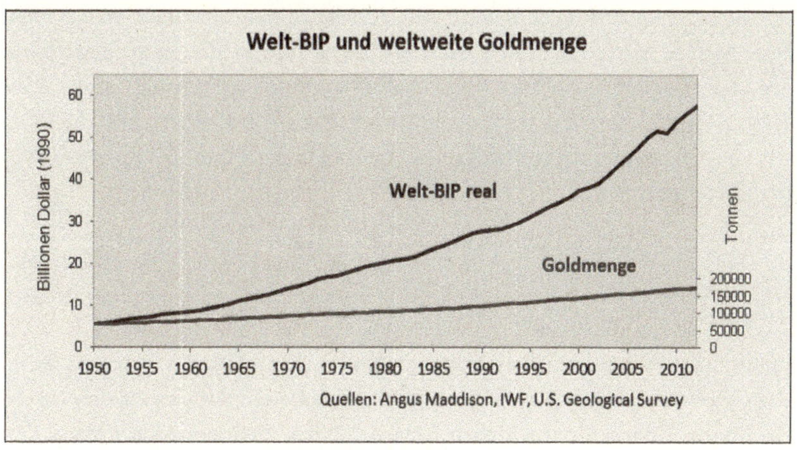

Abb. 90: Welt-BIP und weltweite Goldmenge

Das erste Mal in der Geschichte haben wir ein weltweites Papiergeldsystem, und nach dem Vorläufer im Alten China vor über fünfhundert Jahren ist es das zweite Mal, dass ein großer Wirtschaftsraum betroffen ist. Im Unterschied zu damals wurde der Fehler, dass Geld in großer Menge einfach netto »gedruckt« wird, um den Staatshaushalt zu finanzieren, nicht gemacht (zumindest bisher). Allerdings wurde ein schleichendes Defizit per Kredit finanziert, und im Anschluss dazu kam es zur zunehmenden Blasenbildung und Kreditschöpfung auch im privaten Sektor. Es gibt im Unterschied zum Alten China nicht einfach zu viel »Geld«, das umläuft, aber zu viele gesparte Forderungen, die ausfallen (mit der Folge Deflation) oder aber aktiviert (mit der Folge Inflation) werden können. Diese Forderungsmengen wachsen seit Jahren.

Es gab in den letzten Jahrzehnten bereits eine Vielzahl an Währungskrisen, sie waren jedoch lokal und vom Ausmaß beschränkt. Diesmal sieht es so aus, dass mit den USA auch das Zentrum betroffen ist. Außerdem handelt es sich bei dem zu hohen Kreditniveau um ein weltweites Phänomen, dem sich nur wenige kleinere Länder entziehen konnten. Da bei der sehr großen Menge an Forderungen ein (Schein-)Wohlstand immensen Ausmaßes in den Büchern steht, ist eine einfache Lösung ausgeschlossen. Welchen Weg die Geschichte gehen wird, um diesen instabilen Zustand zu bereinigen, wird man in fünf oder fünfzig Jahren wissen. Eine Antwort auf diese Frage ist derzeit unmöglich, da es mehrere denkbare Wege gibt. Zudem können alle Beteiligten auf die Erkenntnisse reagieren, die sie im Laufe der künftigen Ereignisse gewinnen. Beendet ist der Zyklus wahrscheinlich erst, wenn das Forderungsniveau wieder zurückgekommen ist und irgendwo zwischen 100 Prozent und 150 Prozent des Bruttoinlandsprodukts liegt (oder bei 0 Prozent im Falle eines völligen Geldwertverlusts).

Der Vorteil des Goldes ist seine begrenzte Menge. Es sind Szenarien denkbar, in denen dieser Vorteil zur Geltung kommt, etwa im Falle einer Inflation. Eine solche dürfte sich unterscheiden von der der Siebziger, da sie von einem deutlich höheren Forderungsniveau ausginge. Aber wie damals wäre Gold eine stabile alternative Währung. Bei Inflationen entwickeln sich parallele Marktstrukturen mit stabilem Geld. In den Mittelmeerländern wurde in den inflationsträchtigen Siebzigern die Deutsche Mark nachgefragt, in den sozialistischen Staaten waren es Westwährungen, in den Hyperinflationsländern Deutschland 1923 und zuletzt in Simbabwe war es der Dollar. Was aber, wenn die Leitwährung betroffen ist und die übrigen auch nicht viel besser sind?

Im Alten China waren es am Schluss wieder die Edelmetalle, und es gibt keinen Grund zur Annahme, dass es etwa Muscheln sein würden. Zwar ist denkbar, dass wie im Alten China der Edelmetallbesitz verboten oder zumindest besteuert würde. Die Staaten wären aber nicht gut beraten, eine sich parallel bildende Währung zu unterbinden, da damit auch ihr Nutzen unterbunden würde. Das verdeutlicht plastisch der Extremfall Hyperinflation, in der es einfach unpraktisch ist, mit Geldbündeln durch die Straßen zu hetzen und unnütze Dinge zu kaufen, nur um das Geld schnell wieder loszuwerden. Wenn die Marktteilnehmer in einem inflationären Umfeld stabiles Geld wie Gold erzwingen, ergibt es ökonomisch keinen Sinn, sich dem entgegenzustellen. Es stellt sich zudem die Frage, welches Recht der Staat hätte, dem Bürger den Besitz eines liquiden Wertaufbewahrungsmittels zu untersagen.

Zudem hat der Goldpreis eine Indikatorfunktion für die Stabilität des Forderungssystems. Es ergibt einfach keinen Sinn, einen Indikator zu verbieten. So signalisierte der steigende Goldpreis denn auch in den Siebzigern die damaligen Probleme, auch wenn nicht alle nötigen Konsequenzen – insbesondere eine dauerhafte Begrenzung der Verschuldung – gezogen wurden. Anstatt auf den Überbringer der Nachricht böse zu sein, sollte man die Nachricht ernst nehmen und versuchen, die richtigen Konsequenzen zu ziehen.

Greenspan hat die schöne Metapher vom »Thermometer« gebraucht. Dieses würde die »Psychologie« ändern, wenn es steigen sollte. Als er das »Thermometer« anhielt, die Anzeige des »Thermometers« durch Goldinterventionen senkte, war der Patient schon krank (um bei der Metapher zu bleiben). Es gab bereits zu viele Forderungen. Eine gesenkte Thermometeranzeige senkt aber nicht das Fieber. Der Patient mag sich vielleicht kurzfristig besser fühlen, wenn ihm sein Arzt dadurch Mut macht, er bleibt aber krank, wenn er nicht wirklich behandelt wird. Der tief gehaltene Goldpreis signalisierte eine Gesundheit des Forderungssystems, die es in Wahrheit längst nicht mehr gab. So konnte die zweite Hälfte der Neunziger als wirtschaftlich geglückt erscheinen. Es gab wenig Arbeitslose, ein gutes Wachstum und stabile Preise. Aber der Goldpreis hätte, wenn er nicht am Steigen gehindert worden wäre, auf das kaum beachtete steigende Kreditniveau hingewiesen.

Es gab aber auch erkennbare Ungereimtheiten, etwa stark steigende Vermögenspreise. Es lag eine weitere Teilblase vor. Sie ist Teil einer Megablase, deren Ursprung bereits Ende der Sechziger gelegt wurde. Vor allem aber wurde mit der Staatsverschuldung in den Siebzigern die Grundlage für ein erhöhtes Forderungsniveau gelegt. Anfang der Achtziger hätte eine Stabilisierung wohl noch relativ leicht erreicht werden können, stattdessen erfolgte eine zunehmende Staatsverschuldung und die Bildung immer neuer Teilblasen.

Die eigentlichen Ursachen aber sind älter, sie liegen in Theorien, die die Verschuldung schönreden, aber auch in der Natur des Menschen und in seinen Organisationsformen. Spätere Reparaturen waren Heilungsversuche an Symptomen, das Forderungsniveau wurde nicht zurückgefahren. Die Goldinterventionen seit dem 5. August 1993 waren Teil dieser verfehlten Kur. Sie imitierten anfänglich sogar einen Goldstandard, indem sie den Goldpreis »fixierten«. Allerdings wurde nur ein Teil der Funktionen, die ein Goldstandard erzielen kann, erfüllt, insbesondere die Inflationsbekämpfung. Andere Funktionen wurden verfehlt, so wurde das Leistungsbilanzdefizit nicht reduziert sondern sogar ausgeweitet. Auch weitere Funktionen, wie die Rückführung des überhöhten Forderungsniveaus, wurden konterkariert, denn der künstlich niedrige Goldpreis signalisierte eine niedrige Inflation.

Dies ermöglichte zu niedrige Zinsen mit der Folge einer überhöhten Kreditaufnahme. Das Sparen wurde künstlich attraktiv gemacht, nicht zuletzt bei ausländischen Zentralbanken. Sie finanzierten bereitwillig direkt die Staatsverschuldung der Amerikaner. Das Hauptproblem ist aber das erhöhte Forderungsniveau. Es entstand weltweit staatlicherseits und auf privater Seite, weil man die notwendigen Rückführungen und Beschränkungen nicht vornahm. Das erhöhte Forderungsniveau ist wiederum der eigentliche Hintergrund der Finanzmarktkrise 2008 und aller seitdem folgenden Krisen.

Abb. 91: Goldpreis 12.-18. April 2013 - Der »Gold-Crash«

Im Vorwort war ein Chart abgebildet. Er zeigte, wie der Goldpreis gemäß dem typischen Interventionsmuster binnen kurzer Zeit wie ein Stein fiel. Die scharfen Kursrückgänge gibt es bis heute (2013). Es wird weiterhin regelmäßig interveniert. Ein besonders heftiger Rückgang ereignete sich übers Wochenende vom Freitag, den 12., auf Montag, den 15. April 2013. Der 2-Tages-Rückgang von fast -14 Prozent war der stärkste seit drei Jahrzehnten und sollte als »Gold-Crash« in die Geschichte eingehen. Während anderen Crashs wie dem am Aktienmarkt 1987 oder dem bei Gold 1980 stark steigende Kurse vorangingen, war der Kurs aber diesmal zuvor kaum gestiegen. Er stand nur wenig höher als zwei Jahre zuvor, es lag also keine Überhitzung vor. Am Donnerstag, dem Vortag des ersten starken Rückgangs, waren wie so oft vor Interventionen die Goldminen bei unverändertem Goldpreis gefallen. Typisch für eine Intervention war dann der schockartige Rückgang im frühen Handel am Montag in Asien, als der Preis zweimal hintereinander binnen Minuten um jeweils über 20 Dollar einbrach. Während Verkäufer mit Gewinnabsicht große Aufträge aufteilen und liquide Märkte bevorzugen, um die Kurse nicht durch den eigenen Auftrag zum eigenen Nachteil zu beeinflussen, ist bei Interventionen ein dünner Markt von Vorteil. Wenn die meisten Marktteilnehmer abwesend sind, kann eine solche Order die größte Wirkung im Sinne einer Kursbeeinflussung erzielen. Die Abbildung auf der vorhergehenden Seite zeigt den Intraday-Kursverlauf des Goldes während der fünf Tage des Crashs vom 12. bis 18. April 2013 (für eine klare Darstellung auf Basis der Ostküstenzeit plus sieben Stunden). Der linke Kreis markiert den eben erwähnten Rückgang am Montag. Er half, im Laufe des Tages weitere Verkäufe von anderen Terminmarktteilnehmern auszulösen. Der rechte Kreis markiert einen weiteren blitzschnellen Rückgang im dünnen Markt drei Tage später. Nachdem der Kurs zuvor bereits tiefer gelegen war, kann dieser Rückgang nicht durch Zwangsglattstellungen anderer Marktteilnehmer ausgelöst worden sein.

Auch wenn die Interventionen noch nicht offiziell bestätigt wurden, haben sich dennoch die Zentralbanken in Bezug auf Gold bewegt. Dies geschah am meisten in Deutschland: 2012 hatte sich ein starker öffentlicher, institutioneller und politischer Druck auf die Bundesbank aufgebaut. In dessen Folge wurde ein geheimer Bericht des Rechnungshofes über die Prüfung des Goldes Journalisten zugespielt. Aus ihm ließ sich weitgehend die Verteilung des Bundesbankgoldes auf die verschiedenen Lagerstätten erschließen. Da somit absehbar war, dass die Verteilung publik würde, entschloss sich die Bundesbank zur Flucht nach vorne und publizierte sie. Dabei blieb es jedoch nicht, denn nun kam es Schlag auf Schlag. Im Dezember 2012 drehte der größte deutsche Fernsehsender ZDF einen Film über das Gold der Bundesbank. Im Zuge dessen konnte ich als Kritiker der bisherigen Informations- und Lagerstellenpolitik mit dem zuständigen Bundesbankvorstand Thiele vor laufenden Kameras ein längeres Gespräch über das Bundesbankgold und dessen Lagerstellen führen. Mit der Bereitschaft zu diesem Gespräch und dem für eine Zentralbank unüblichen Gesprächsformat signalisierte die Bundesbank deutlich, dass sie künftig mehr Wert auf Transparenz legen würde und dass sie sich der Kritik an dem hohen Auslandsanteil bei den Lagerstellen stellen würde. Dem Signal folgten Taten. Wenig später veröffentlichte das Magazin Spiegel einen Artikel über die Geschichte der Lagerorte auf Basis von Informationen, die es von der Bundesbank erhalten hatte. Mitte Januar 2013 verkündete Thiele dann, dass die Lagerortverteilung einer Prüfung nach sachlichen Kriterien unterzogen wurde. Künftig würde die Hälfte des Goldes im Inland lagern. Zur Abrundung veröffentlichte die deutsche Zentralbank kurz darauf noch weitere Details zur

Geschichte des Bundesbankgoldes, worin sich viele Transaktionen aufgelistet fanden. Nach Jahren der Verschwiegenheit waren diese Vorgänge sensationell. Die Bundesbank stellte sich dem begründeten Bedürfnis der Öffentlichkeit nach Informationen. Es bleibt abzuwarten, ob andere Zentralbanken dem Beispiel der Bundesbank folgen und sich zu Transparenz in Bezug auf Gold entschließen werden. In Bezug auf den Gegenspieler des Goldes, den Kredit und dem darauf basierenden Geld, ist die Entwicklung weniger positiv. Die Verschuldungen der meisten Nationen sind weiterhin auf historischen Höchstniveaus. Die Folgen dieser Problematik werden mit rechtlich und ökonomisch fragwürdigen Monetarisierungsaktionen bekämpft. Einer der bizarrsten Vorschläge dabei war, durch das Hochbuchen einer Platinmünze eine Billion Dollar zu schaffen. Das wäre in der Tat möglich. In anderer Form werden bereits vergleichbare Geldmengen geschöpft. Eines ist aber weiterhin nicht möglich: Keine Regierung kann per Dekret 1 000 000 000 000 Gramm Gold schaffen.

Danksagung

Dieses Buch gäbe es so nicht, wenn nicht weitere Leute direkt geholfen oder Vorarbeit geleistet hätten. Harry Clawar, Bill Murphy und Chris Powell haben mich mit dem Thema konfrontiert. Frank Veneroso hat die Goldinterventionen früh an die Öffentlichkeit gebracht, erstmals bereits im Jahr 1995 durch einen Artikel im Forbes-Magazin.[135] Im Magazin Smartinvestor, auf Goldeagle.com und auf Goldseiten.de konnte ich früh publizieren. Paul C. Martin und der mittlerweile verstorbene Reinhard Deutsch haben mich bei Diskussionen inspiriert. Mein Verleger Christian Jund hat mich zu dem Titel motiviert. Palgrave Macmillan und dort insbesondere Pete Baker haben nun die englische Ausgabe ermöglicht und damit, den Inhalt einem internationalem Publikum zugänglich zu machen. Dazu musste der Text gründlich überarbeitet und aktualisiert werden, was auch der deutschen Ausgabe zu Gute kommt. Dank auch an die Verlagsmitarbeiter, die das Buch eifrig und fleißig ermöglicht haben. Dank an die Kollegen, die bei den Abbildungen geholfen haben, sowie an alle Lieferanten von Daten und Informationen und an die weiteren Unterstützer.

[135] Siehe Anhang 5

Anhang

Anhang 1: A.) Intraday-Charts Gold bis 4.August 1993

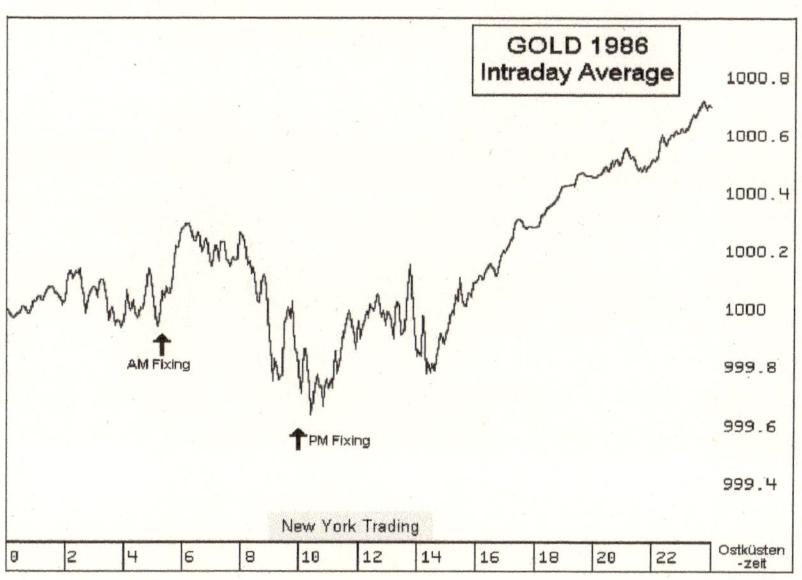

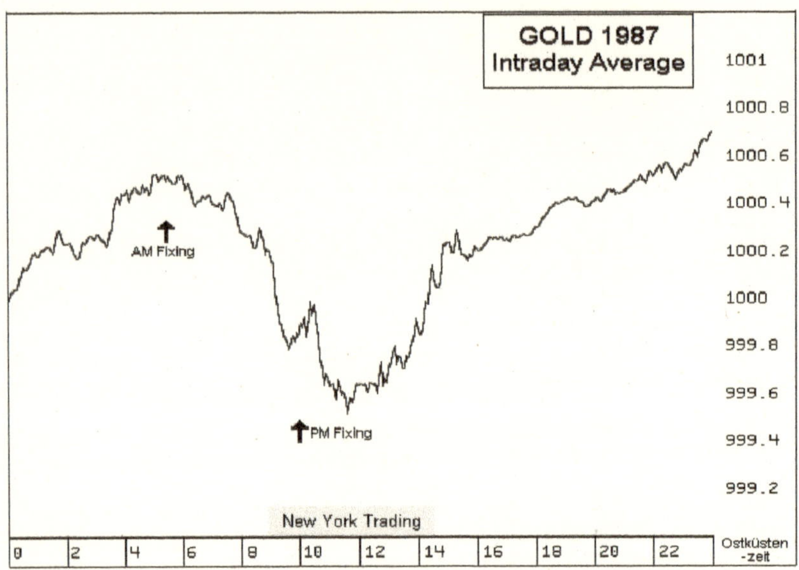
GOLD 1987
Intraday Average
1001
1000.8
1000.6
1000.4
1000.2
1000
999.8
999.6
999.4
999.2
AM Fixing
PM Fixing
New York Trading
0
2
4
6
8
10
12
14
16
18
20
22
Ostküsten-zeit

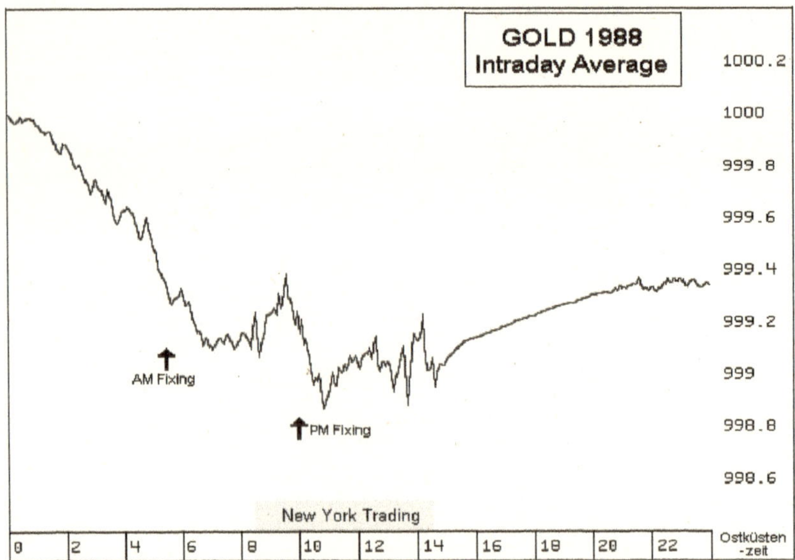
GOLD 1988
Intraday Average
1000.2
1000
999.8
999.6
999.4
999.2
999
998.8
998.6
AM Fixing
PM Fixing
New York Trading
0
2
4
6
8
10
12
14
16
18
20
22
Ostküsten-zeit

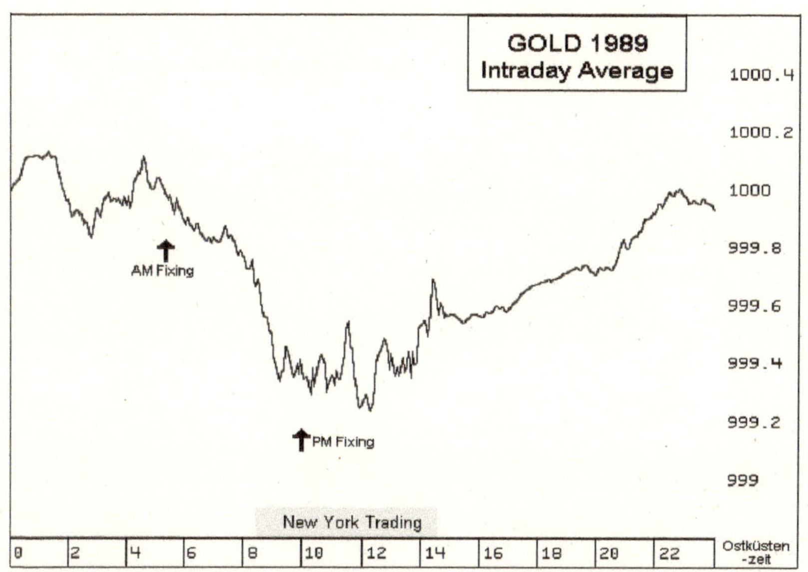
GOLD 1989
Intraday Average
1000.4
1000.2
1000
999.8
999.6
999.4
999.2
999
AM Fixing
PM Fixing
New York Trading
0
2
4
6
8
10
12
14
16
18
20
22
Ostküsten
-zeit

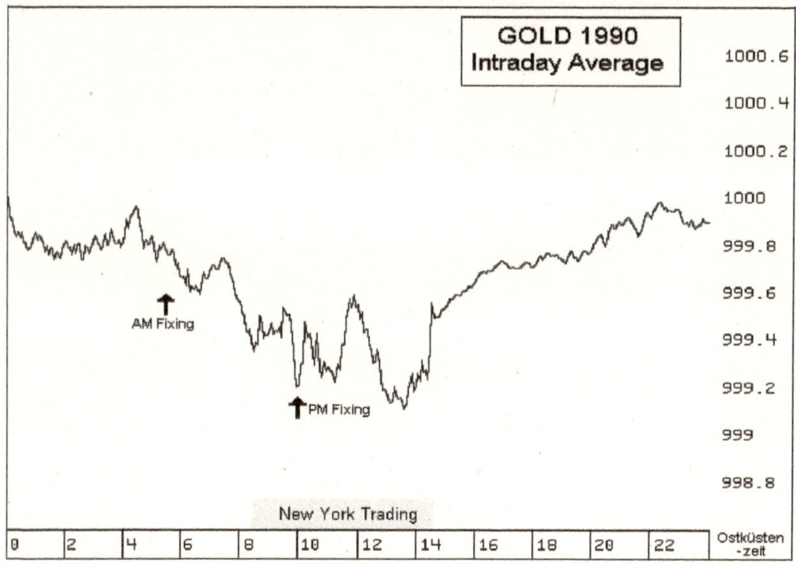
GOLD 1990
Intraday Average
1000.6
1000.4
1000.2
1000
999.8
999.6
999.4
999.2
999
998.8
AM Fixing
PM Fixing
New York Trading
0
2
4
6
8
10
12
14
16
18
20
22
Ostküsten
-zeit

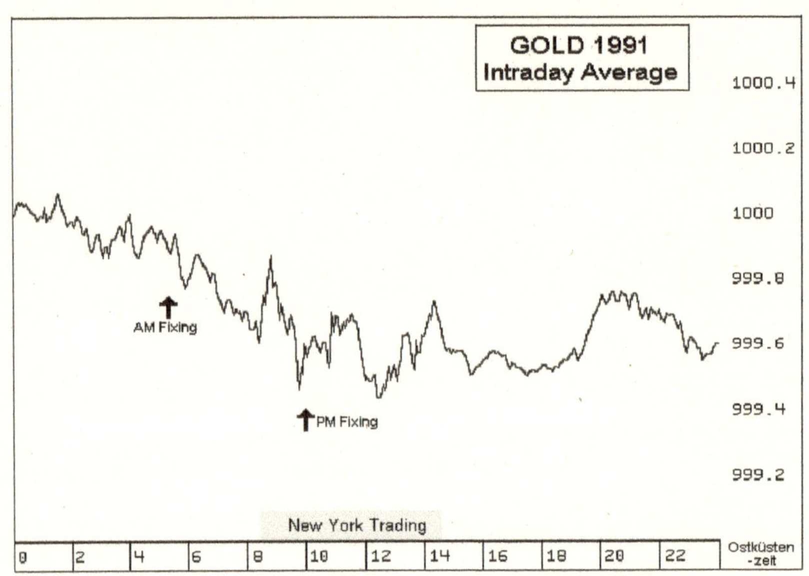
GOLD 1991
Intraday Average
1000.4
1000.2
1000
999.8
999.6
999.4
999.2
AM Fixing
PM Fixing
New York Trading
0
2
4
6
8
10
12
14
16
18
20
22
Ostküsten
-zeit

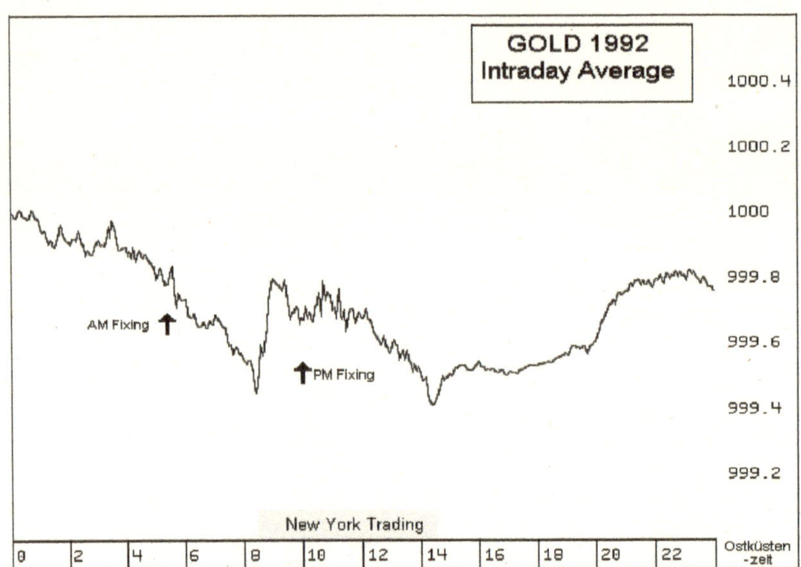
GOLD 1992
Intraday Average
1000.4
1000.2
1000
999.8
999.6
999.4
999.2
AM Fixing
PM Fixing
New York Trading
0
2
4
6
8
10
12
14
16
18
20
22
Ostküsten
-zeit

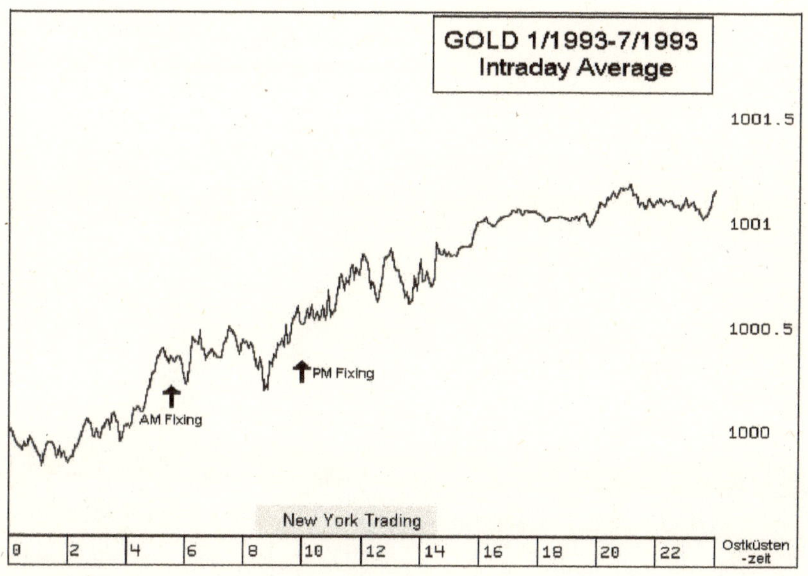
GOLD 1/1993-7/1993
Intraday Average
1001.5
1001
1000.5
1000
AM Fixing
PM Fixing
New York Trading
0
2
4
6
8
10
12
14
16
18
20
22
Ostküsten -zeit

Anhang 1: B.) Intraday-Charts Gold ab 5.August 1993

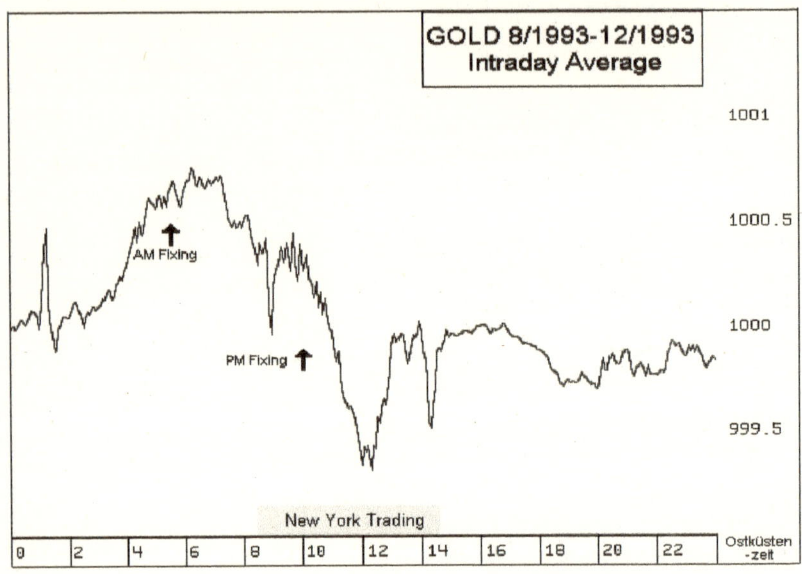

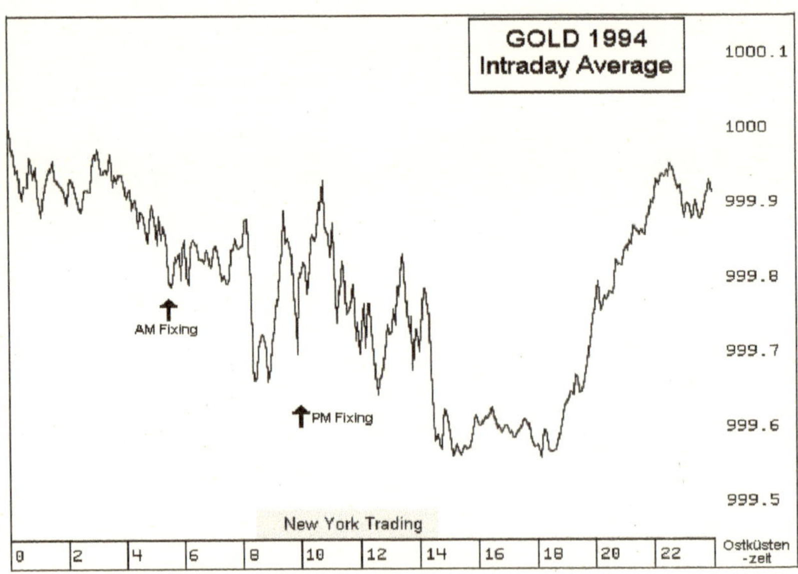

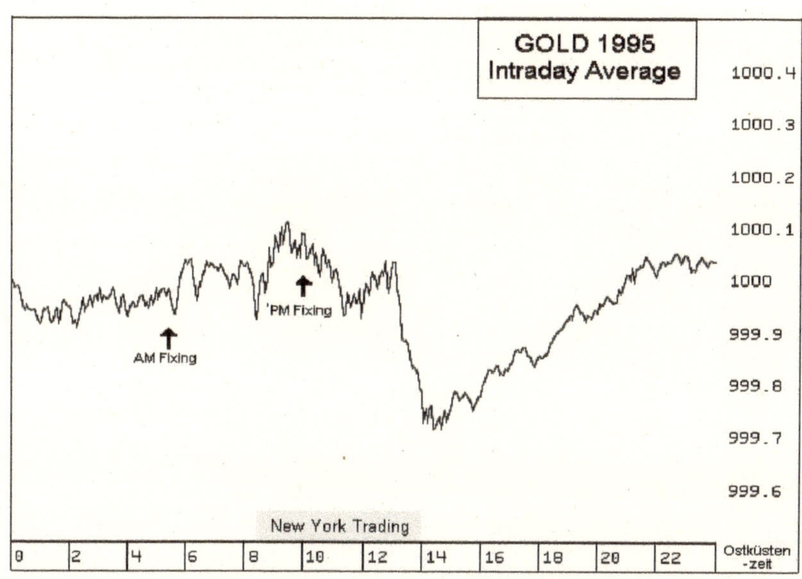

GOLD 1995
Intraday Average
1000.4
1000.3
1000.2
1000.1
1000
999.9
999.8
999.7
999.6
AM Fixing
PM Fixing
New York Trading
0
2
4
6
8
10
12
14
16
18
20
22
Ostküsten
-zeit

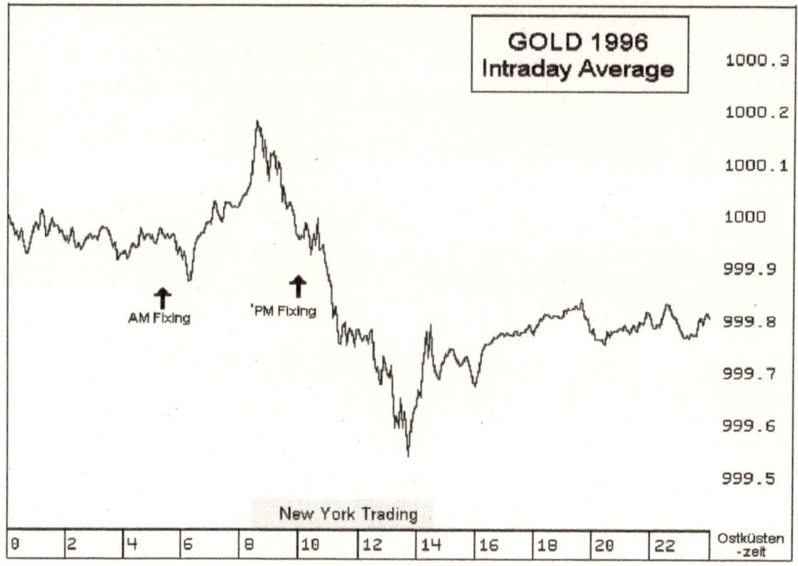

GOLD 1996
Intraday Average
1000.3
1000.2
1000.1
1000
999.9
999.8
999.7
999.6
999.5
AM Fixing
PM Fixing
New York Trading
0
2
4
6
8
10
12
14
16
18
20
22
Ostküsten
-zeit

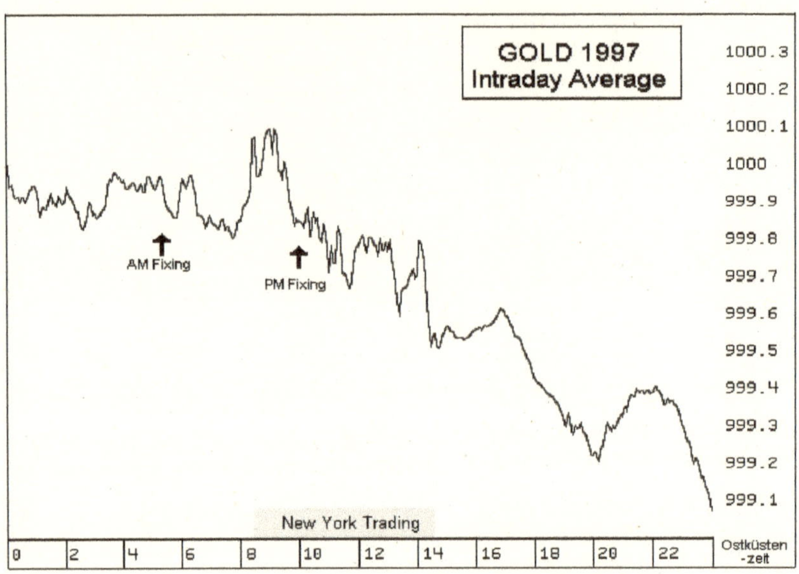
GOLD 1997
Intraday Average
1000.3
1000.2
1000.1
1000
999.9
999.8
999.7
999.6
999.5
999.4
999.3
999.2
999.1
AM Fixing
PM Fixing
New York Trading
0
2
4
6
8
10
12
14
16
18
20
22
Ostküsten
-zeit

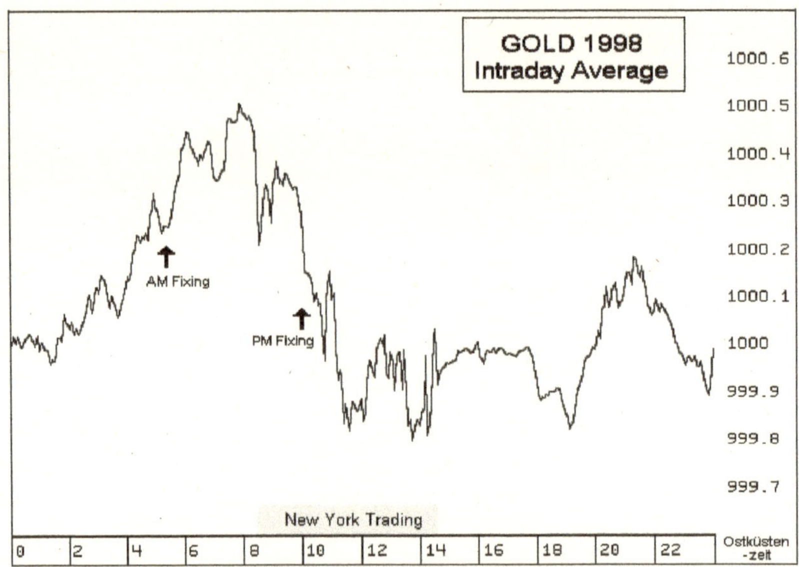
GOLD 1998
Intraday Average
1000.6
1000.5
1000.4
1000.3
1000.2
1000.1
1000
999.9
999.8
999.7
AM Fixing
PM Fixing
New York Trading
0
2
4
6
8
10
12
14
16
18
20
22
Ostküsten
-zeit

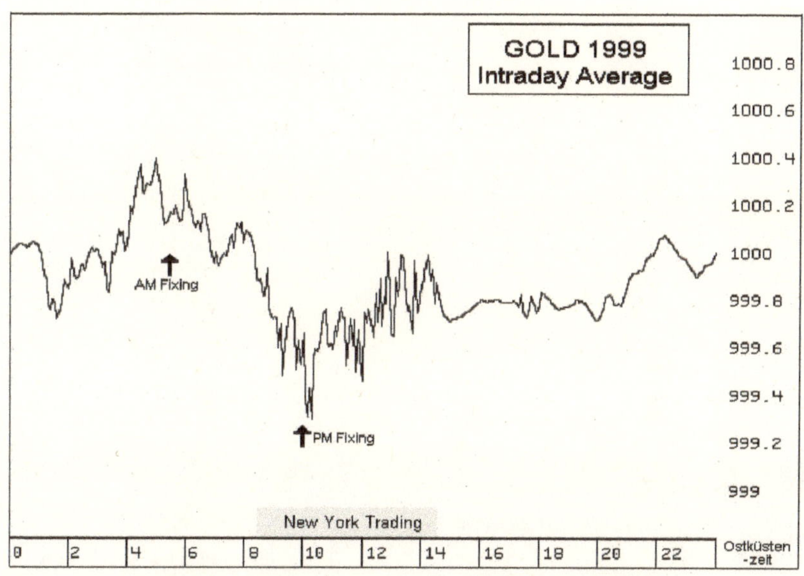
GOLD 1999
Intraday Average
1000.8
1000.6
1000.4
1000.2
1000
999.8
999.6
999.4
999.2
999
AM Fixing
PM Fixing
New York Trading
0
2
4
6
8
10
12
14
16
18
20
22
Ostküsten
-zeit

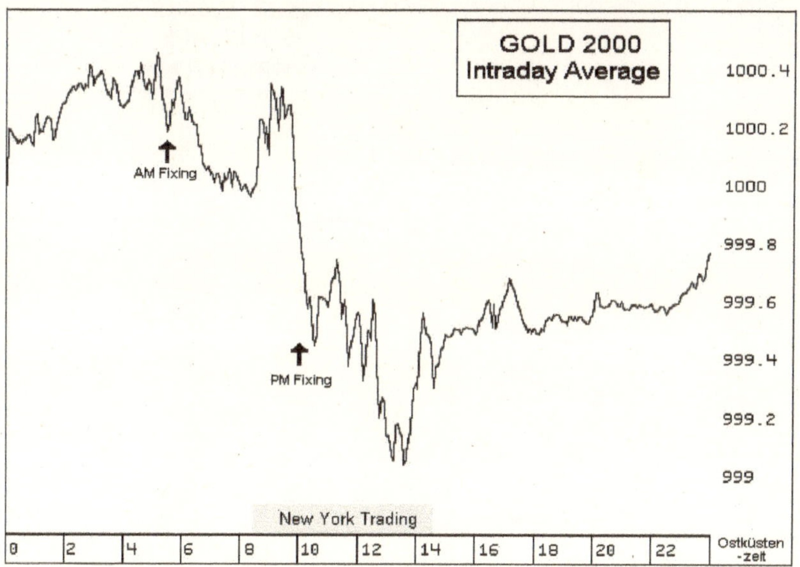
GOLD 2000
Intraday Average
1000.4
1000.2
1000
999.8
999.6
999.4
999.2
999
AM Fixing
PM Fixing
New York Trading
0
2
4
6
8
10
12
14
16
18
20
22
Ostküsten
-zeit

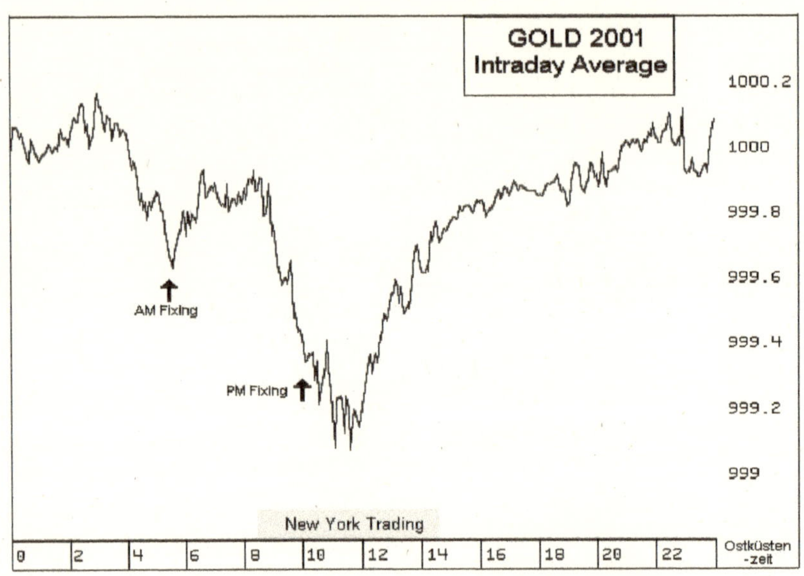
GOLD 2001
Intraday Average
1000.2
1000
999.8
999.6
999.4
999.2
999
AM Fixing
PM Fixing
New York Trading
0
2
4
6
8
10
12
14
16
18
20
22
Ostküsten
-zeit

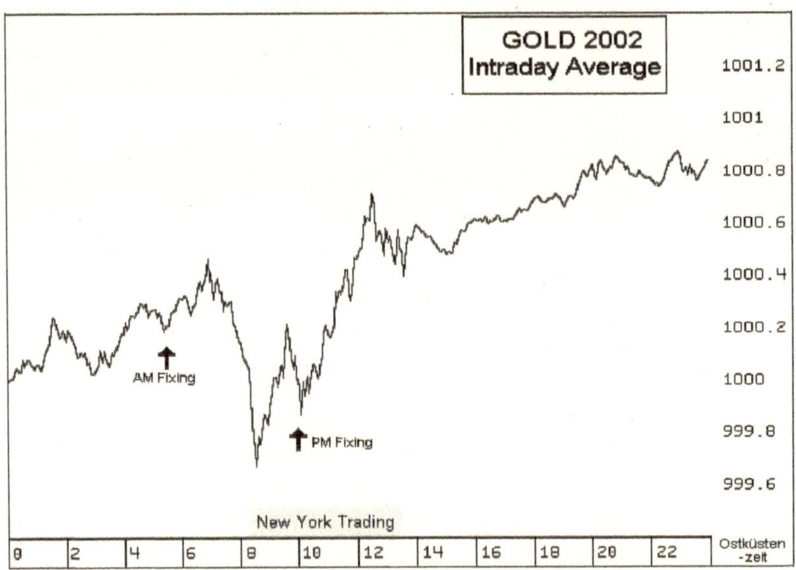
GOLD 2002
Intraday Average
1001.2
1001
1000.8
1000.6
1000.4
1000.2
1000
999.8
999.6
AM Fixing
PM Fixing
New York Trading
0
2
4
6
8
10
12
14
16
18
20
22
Ostküsten
-zeit

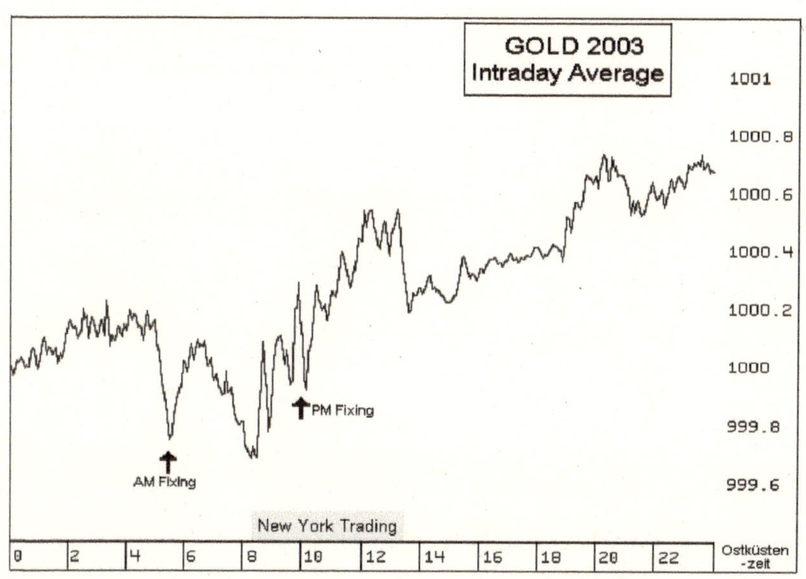
GOLD 2003
Intraday Average
1001
1000.8
1000.6
1000.4
1000.2
1000
999.8
999.6
PM Fixing
AM Fixing
New York Trading
0
2
4
6
8
10
12
14
16
18
20
22
Ostküsten
-zeit

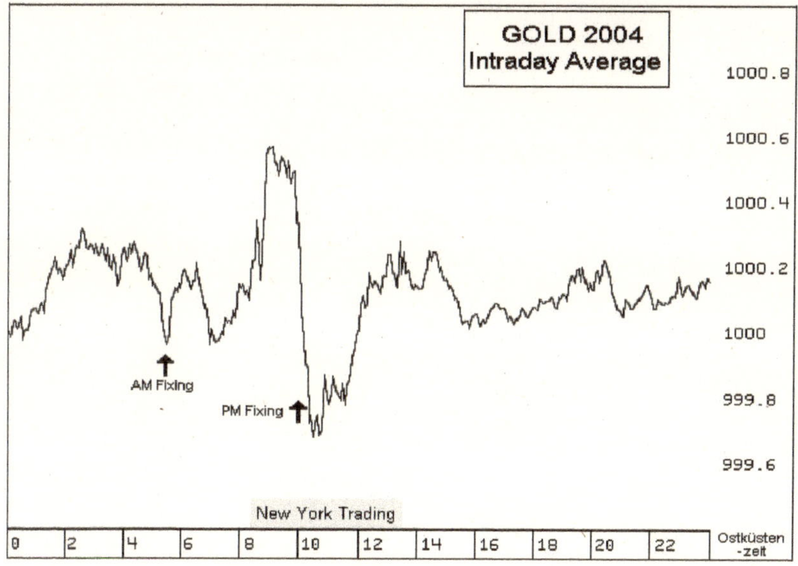
GOLD 2004
Intraday Average
1000.8
1000.6
1000.4
1000.2
1000
999.8
999.6
AM Fixing
PM Fixing
New York Trading
0
2
4
6
8
10
12
14
16
18
20
22
Ostküsten
-zeit

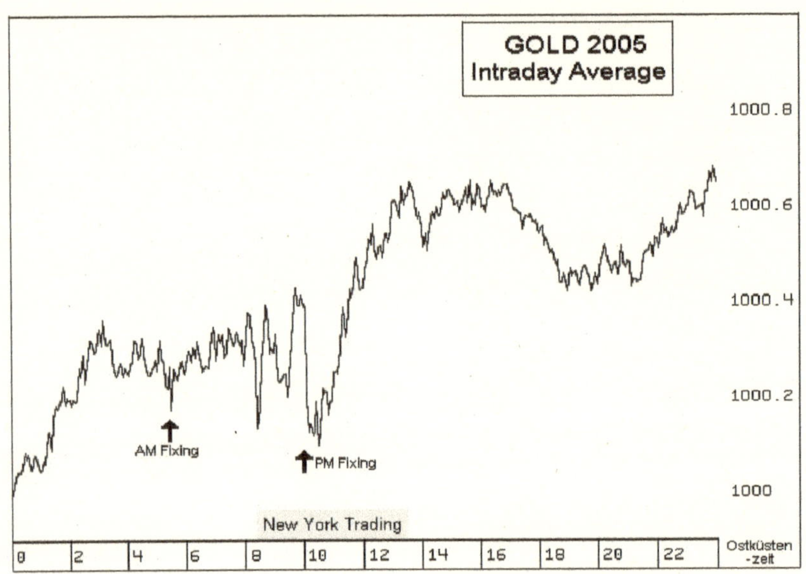
GOLD 2005
Intraday Average
1000.8
1000.6
1000.4
1000.2
1000
AM Fixing
PM Fixing
New York Trading
0
2
4
6
8
10
12
14
16
18
20
22
Ostküsten-zeit

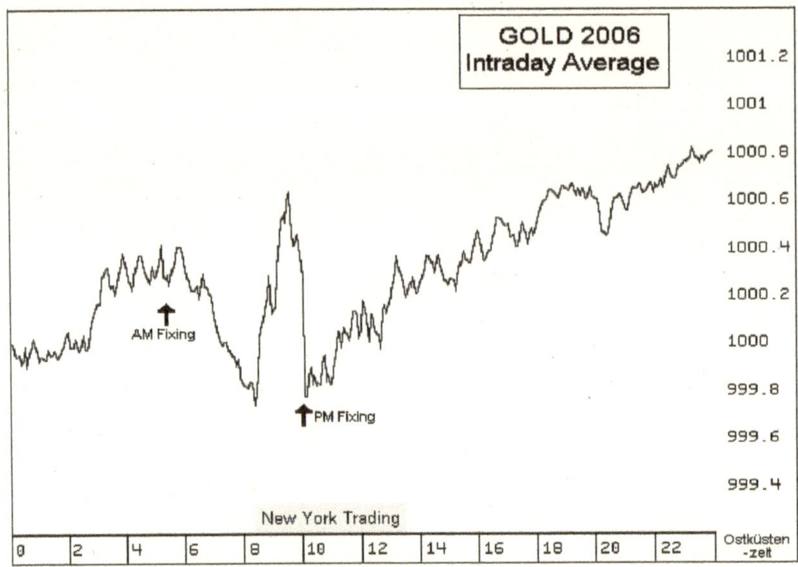
GOLD 2006
Intraday Average
1001.2
1001
1000.8
1000.6
1000.4
1000.2
1000
999.8
999.6
999.4
AM Fixing
PM Fixing
New York Trading
0
2
4
6
8
10
12
14
16
18
20
22
Ostküsten-zeit

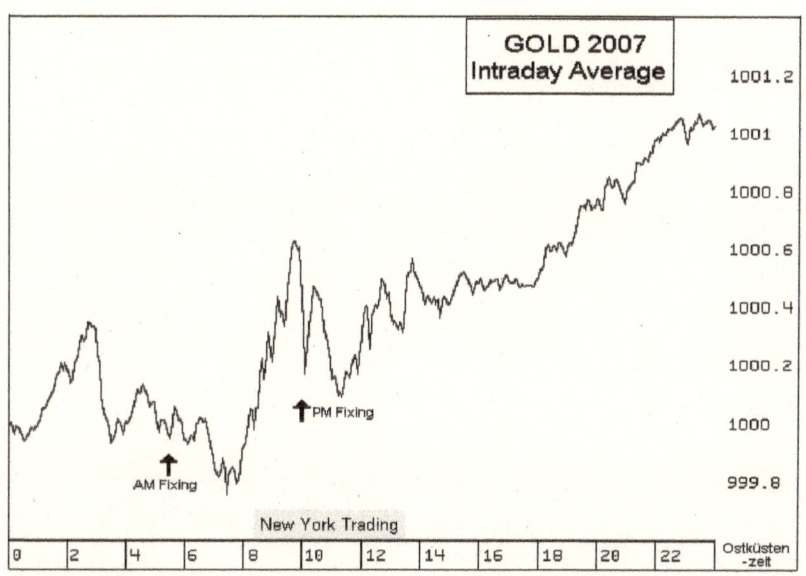
GOLD 2007
Intraday Average
1001.2
1001
1000.8
1000.6
1000.4
1000.2
1000
999.8
PM Fixing
AM Fixing
New York Trading
0
2
4
6
8
10
12
14
16
18
20
22
Ostküsten
-zeit

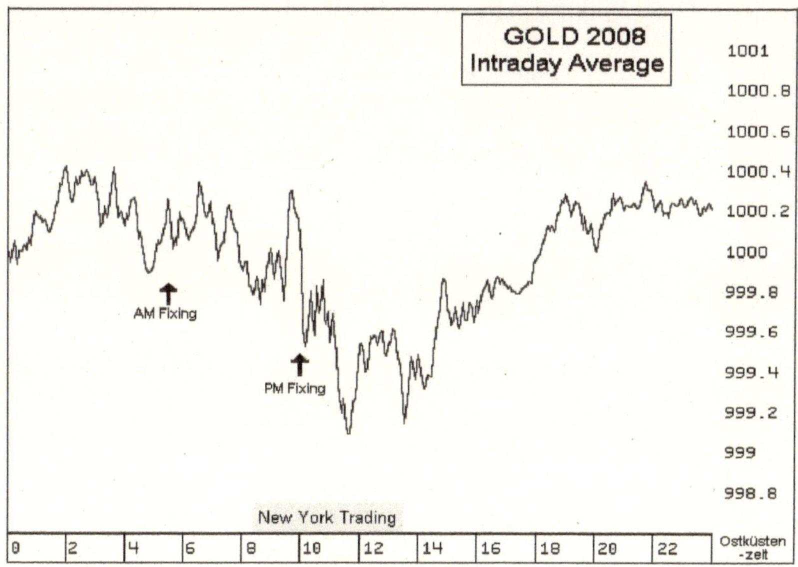
GOLD 2008
Intraday Average
1001
1000.8
1000.6
1000.4
1000.2
1000
999.8
999.6
999.4
999.2
999
998.8
AM Fixing
PM Fixing
New York Trading
0
2
4
6
8
10
12
14
16
18
20
22
Ostküsten
-zeit

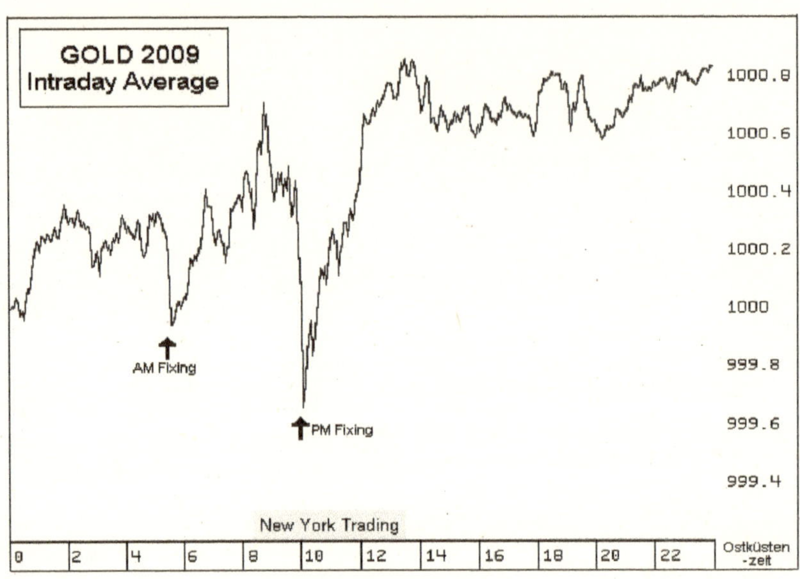
GOLD 2009
Intraday Average
1000.8
1000.6
1000.4
1000.2
1000
999.8
999.6
999.4
AM Fixing
PM Fixing
New York Trading
0
2
4
6
8
10
12
14
16
18
20
22
Ostküsten
-zeit

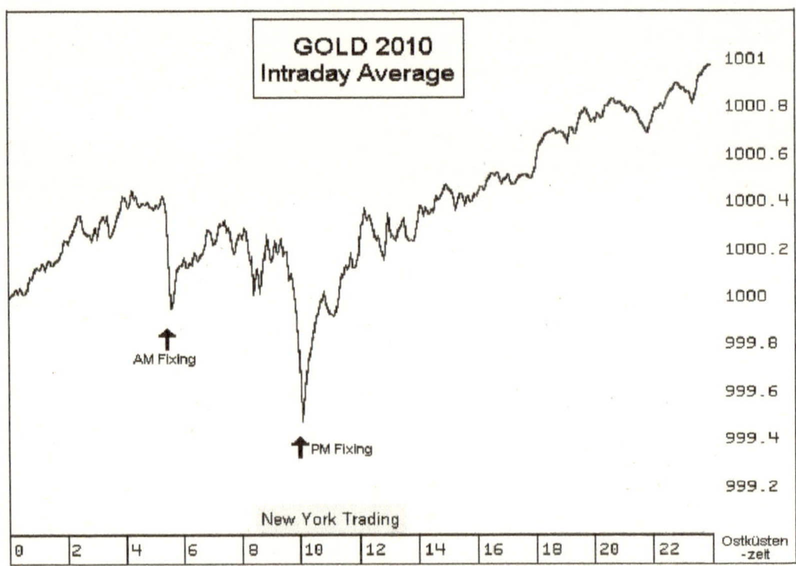
GOLD 2010
Intraday Average
1001
1000.8
1000.6
1000.4
1000.2
1000
999.8
999.6
999.4
999.2
AM Fixing
PM Fixing
New York Trading
0
2
4
6
8
10
12
14
16
18
20
22
Ostküsten
-zeit

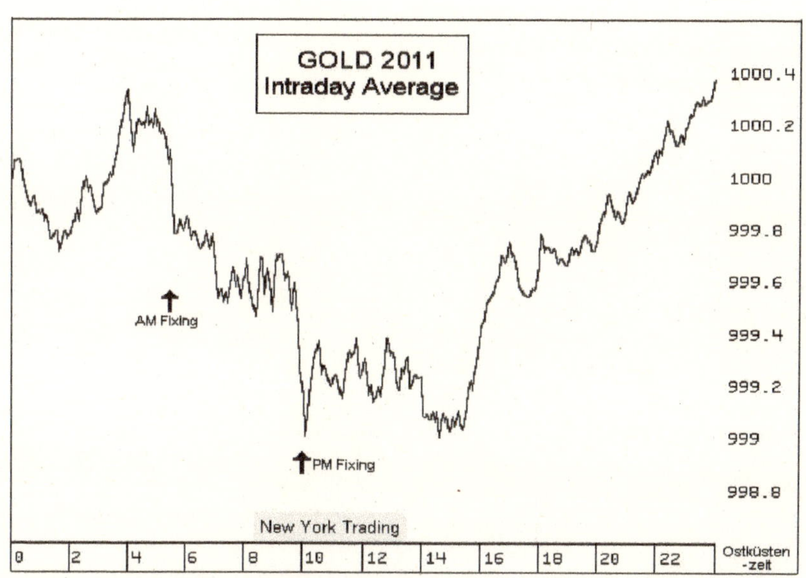
GOLD 2011
Intraday Average
1000.4
1000.2
1000
999.8
999.6
999.4
999.2
999
998.8
AM Fixing
PM Fixing
New York Trading
0
2
4
6
8
10
12
14
16
18
20
22
Ostküsten -zeit

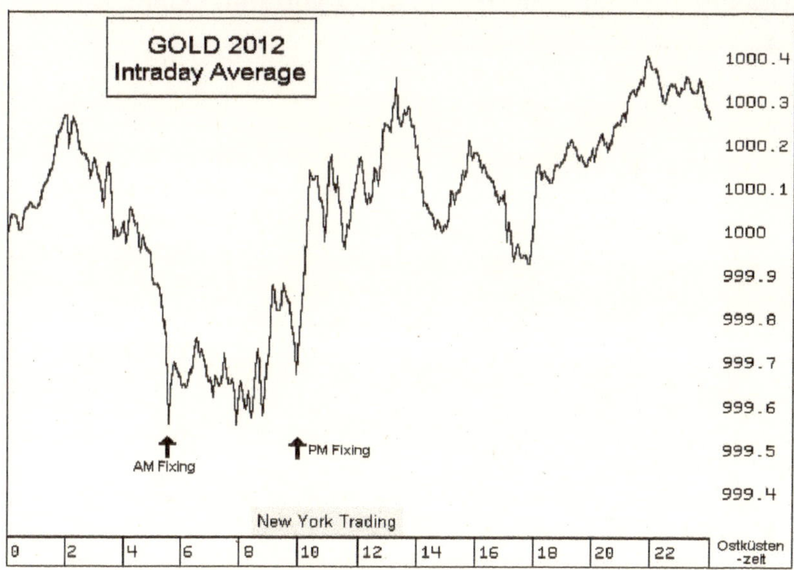
GOLD 2012
Intraday Average
1000.4
1000.3
1000.2
1000.1
1000
999.9
999.8
999.7
999.6
999.5
999.4
AM Fixing
PM Fixing
New York Trading
0
2
4
6
8
10
12
14
16
18
20
22
Ostküsten -zeit

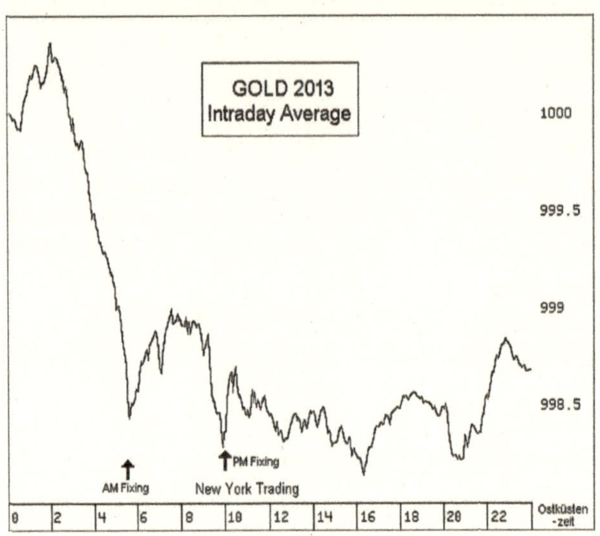

Anhang 2: Details zur Messung der Intraday-Anomalie

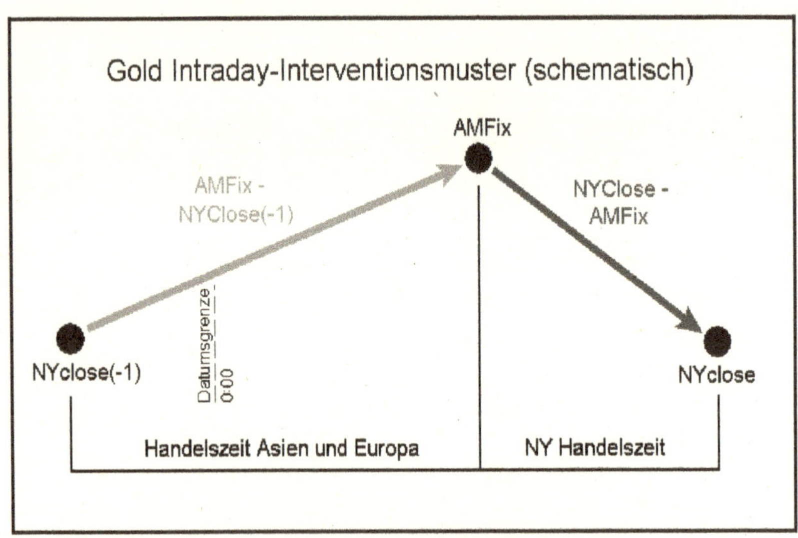

Abb.: Gold Intraday-Interventionsmuster (schematisch)

Die Differenz zwischen dem New Yorker Schlusskurs und dem AM Fixing in London wurde bei Clawar als eine Näherung für den Kursverlauf während der New Yorker Handelszeit aufgefasst (mathematisch formuliert als NYSchluss – AMFixing). Entsprechend lässt sich die Kursentwicklung während der übrigen Welt-Handelszeit darstellen als Londoner Vormittagsfixing abzüglich des New Yorker Vortagesschlusskurses (AMFixing – NYVortagesschluss). Zieht man nun den einen Ausdruck vom anderen ab, erhält man die relative Kursentwicklung während dieser Tageszeiten ((NYSchluss – AMFixing) – (AMFixing – NYVortagesschluss)). Gebildet wird also die Differenz zwischen dem New Yorker Kursverlauf und dem der übrigen Zeit. Wenn also wie im Beispiel Gold während der New Yorker Handelszeit um 1 Dollar steigt, während er im Rest der Welt um 10 Dollar zulegt, fällt der Kurs in New York relativ gesehen um 9 Dollar (–9 = 1–10). Ein negativer Zahlenwert drückt also aus, dass der Kurs in New York relativ zum Rest der Welt gefallen ist. Dies ist im Beispiel auch klar der Fall, denn in New York stieg er bloß um 1 Dollar, während er in der übrigen Zeit um 10 Dollar stieg. Die New Yorker Bewegung war somit schwächer. – In einem Artikel vom April 2000 war Clawar nahe an einem vergleichbaren Ansatz, als er die Anomalie als Tradinggeschäft ausnutzen wollte.[136]

[136] Er bildete aber keine Differenz der Differenzen und interpretierte den Ansatz nicht als Mittel, unabhängig von der übergeordneten Marktbewegung eine taggenauen Datierung zu erzielen. Clawar, Harry: »Making Money with Manipulators«, www.gold-eagle.com/editorials_00/clawar040300.html. Die Idee, Geld mit den Gold-Intraday-Bewegungen zu verdienen, wird bis heute immer mal wieder aufgegriffen, z. B. »Revisiting Our Proposal for an Overnight Gold Fund«, www.skoptionstrading.com/updates/2012/1/14/revisiting-our-proposal-for-an-overnight-gold-fund.html.

Anhang 3: Details zu verliehenem Bundesbankgold

Am 2.1.2013 teilte mir die Bundesbank überraschend die Leihemengen per E-Mail mit. Einige Zeit zuvor hatte ich für die erste Auflage dieses Buches die Leihemengen anhand anderer Angaben geschätzt.[137] Dadurch ergibt sich eine gute Gelegenheit, eine Schätzung zu überprüfen. Man kann einen Eindruck davon gewinnen, welchen Aufwand man für die bestmögliche Schätzung betreiben muss und in welcher Größenordnung sich dann ihre Genauigkeit bewegt. Nebenbei zeigt sich, dass die im Laufe der Jahre gemachten Angaben zur Menge der Bundesbank in sich schlüssig sind. Wir wollen uns deshalb die Schätzung (in verkürzter Form) ansehen.

Basis der Schätzung der Menge des verliehenen Goldes der Bundesbank war die Nennung der Erträge aus der Goldleihe. Die Erträge werden in der Bilanz zwar nicht genau angegeben, aber es ist mit iterativen Verfahren möglich, die Genauigkeit einer Angabe in der Bilanz zu erhöhen. Diese Angaben wurden dann mit weiteren Informationen verknüpft. Erst diese insgesamt recht aufwändige Vorgehensweise ermöglichte die Abschätzung der Leihmenge der Bundesbank, des zweitgrößten Goldhalters der Welt. Schauen wir uns dazu die entsprechende Stelle im Geschäftsbericht 2008 an.

Zinserträge — Tabelle 20

Position	2008	2007	Veränderung gegenüber Vorjahr	
	Mio €	Mio €	Mio €	in %
Zinserträge in Fremdwährung Gold	0	1	– 1	– 56,0

Abb.: Auszug aus der Bilanz der Deutschen Bundesbank

Da steht unter »Zinserträge in Fremdwährung« in »Mio. €« unter »Gold« die Zahl »0«. Wegen der Rundungsregeln bedeuten 0 Millionen, dass die Bundesbank 2008 zwischen 0 und 500 000 Euro an Zinserträgen erzielt hat. Zugleich

[137] Speck, Dimitri: »Geheime Goldpolitik«, München 2010, S. 80 ff.

gibt sie aber die Änderung mit -56 Prozent an. Das bedeutet, dass sie 2008 noch Zinsen eingenommen hat, sonst müsste hier -100 Prozent stehen. Durch die Angabe der Änderung erhalten wir somit eine zusätzliche Information.

Aus beiden Größen, den Zinserträgen und der genauen Angabe der Änderungen, lässt sich nun ziemlich genau errechnen, wie hoch die Zinserträge aus Goldverleihgeschäften tatsächlich waren. Die Änderungsrate zu den Vorjahren engt nämlich die oberen und unteren Grenzen für die Folgejahre ein. Die Angaben wurden erstmals für 2003 getätigt (für 2002 gingen sie in der Position »Sonstiges« unter). Ein Zinsertrag von 7 Millionen im Jahr 2003 bedeutet wegen der Rundung, dass zwischen 6,5 (Untergrenze) und 7,5 (Obergrenze) erlöst wurden. Für das Folgejahr 2004 gibt die Bundesbank nun 6 Millionen an, woraus eine Untergrenze von 5,5 und eine Obergrenze von 6,5 folgt. Zudem nennt sie aber eine Änderung von -19,4 Prozent. Daraus folgt nun ein genauerer Wert für die Obergrenze des Folgejahres 2004: Denn im Vorjahr waren es maximal 7,5 Millionen (Obergrenze 2003), die sich bei -19,4 Prozent zu nicht mehr als 6,045 Millionen reduziert haben können. Da 6,045 Millionen weniger sind als 6,5, haben wir einen genaueren Wert für die Obergrenze gefunden! Für die Untergrenze des Jahres 2004 lässt sich durch die zweite Randbedingung hingegen kein genauerer Wert als 5,5 Millionen angeben (denn 6,5 - 19,4 Prozent ergeben 5,239, für eine Anhebung der Untergrenze benötigten wir aber mehr als 5,5). Durch dieses iterative Eingrenzungsverfahren lassen sich nun von Jahr zu Jahr die Spannen zwischen den unteren und oberen Grenzen verkleinern. Dadurch können die Werte immer genauer ermittelt werden, auch wenn sie sich stark ändern. Die nachfolgende Tabelle verdeutlicht die Methode.

	2003	2004	2005	2006	2007	2008
Zinsertrag	7	6	6	0	1	0
Änderung (in %)		-19,4	-8,7	-94,3	220,2	-56,0
Obergrenze	7,5	6,045	5,519	0,315	1,007	0,443
Untergrenze	6,5	5,5	5,5	0,314	1,004	0,442

Tab. 1: Zinserträge der Bundesbank aus Goldverleihungen (in Millionen Euro)

Die Bundesbank hat also z.B. 2008 zwischen 0,442 und 0,443 Millionen Euro Zinsertrag aus Goldverleihgeschäften erzielt. Diese Spanne ergibt sich bei Rechnung mit drei Nachkommastellen wie in der Tabelle. Rechnet man mit einer höheren Genauigkeit von einem Euro, ergeben sich 441 684 Euro für die Untergrenze und 443 216 Euro für die Obergrenze. Somit hat die Bundesbank im Jahr 2008 Zinserlöse aus Goldverleihgeschäften in Höhe von 442 450 Euro erzielt (was mit einer Genauigkeit von ± 766 Euro angegeben werden kann).

Aus dem Zinsertrag und den bekannten Zinssätzen konnte so die Menge an Gold, die die Bundesbank verliehen hatte, abgeschätzt werden. Leider schwankte der Zinssatz stark und war auch sehr von den Fristen abhängig. Zu berücksichtigen sind Verschiebungen, denn der Zins kann erst im Folgejahr eingegangen sein. Weitere im Laufe der Jahre gemachte Angaben der Bundesbank halfen nur etwas, den Wert einzugrenzen. Die daraus resultierende Schätzung konnte deshalb nur grob sein. Sie ergab in der Spitze 350 Tonnen.

Tatsächlich waren es 250 Tonnen, die die Bundesbank maximal verliehen hatte. Der Rückgang der Leihe erfolgte dann anfangs deutlich schneller, später langsamer, als von mir geschätzt. Bedenkt man, dass damals (und auch heute noch) viele Marktbeobachter glaubten, weite Teile des Goldes (beispielsweise 1700 Tonnen oder mehr) seien verliehen, ist Genauigkeit der Schätzung mit einer Abweichung von 100 Tonnen beim Spitzenwert recht gut (sie würde beispielsweise bedeuten, dass die Bundesbank 0,7 Prozent anstelle angenommener 0,5 Prozent Zins erzielt hat). Angesichts ausufernder Spekulationen über die Menge des verliehenen Goldes ist es erfreulich, dass die Bundesbank die Leihemengen nunmehr mitgeteilt hat. Die Goldleihe, zu der sich die Bundesbank 1996 entschieden hatte, wurde mittlerweile eingestellt.

Anhang 4: Details zu weltweit verliehenem Gold

Abbildung 35 zeigt zwei Linien, einmal die direkt errechneten Werte, zum anderen eine um weitere Faktoren bereinigte. Die direkte Methode basiert ausschließlich auf den in New York lagernden Mengen (ab 2005 werden auch die in London berücksichtigt). Die von den drei Notenbanken Schweiz, Deutschland und Portugal bekannten Werte und das Gesamtumfeld legen aber einen stärkeren Rückgang nahe. Indem wir noch andere Faktoren miteinbeziehen, passen wir die Kurve entsprechend an. Dazu vergleichen wir zuerst die Werte einzelner Jahre mit den Ergebnissen anderer Schätzungen. Neben den Schätzungen, die in Bezug auf den Umfang der Carry-Trades zu extrem in der einen oder anderen Richtung ausfallen, gibt es glücklicherweise für zwei Zeitpunkte Schätzungen, die auf anderen Verfahren basieren. Für das Jahresende 1993 kann eine Schätzung gemacht werden, die eine Umfrage der Bank von England verwendet. Sie umfasste nicht den Gesamtmarkt und kann auf Werte zwischen 3000 und 4700 Tonnen extrapoliert werden.[138] Unser »New Yorker«-Verfahren kommt auf knapp 4000 Tonnen und liegt damit für den Zeitpunkt Ende 1993 im Rahmen dieser Schätzung (aber oberhalb des realistischeren niedrigeren Wertes). Für die Jahrtausendwende gibt es zudem weitere Schätzungen, welche in Bezug auf den Carry-Trade nicht zu sehr in die eine oder andere Richtung ausschlagen. Sie betragen 7000 und 6000 Tonnen. Die eine Schätzung wurde im April 2000 von Dinsa Mehta (Chase Manhattan) vorgestellt.[139] Die andere, aus der gleichen Zeit, von Jessica Cross (Virtualmetals) ist umfragebasiert; Andy Smith (Mitsui) kam auf einen ähnlichen Wert.[140] In der Spitze liegt das nur auf den Lagermengen basierende Verfahren bei 8000 Tonnen somit im Rahmen dieser Schätzungen (aber erneut etwas zu hoch).

Neben diesen Ankerpunkten achten wir aber auch auf den Verlauf. Bei der auf den New Yorker Lagermengen beruhenden Methode wurde letztlich ein konstantes Verhältnis zwischen den Tresoren unterstellt. In den Jahren unmittelbar vor 1980 gab es jedoch einen leichten Rückgang bei der in New York lagern-

[138] Siehe Veneroso 1998, Seite 34 (3000 Tonnen) und Seite 49 (4700 Tonnen = [5200 - 500 privates Verleihen]; letztere Zahl erscheint zu hoch).

[139] www.goldensextant.com/Complaint.html.

[140] www.gata.org/files/GDBC_Report.pdf.

den Menge, dem kein Rückgang der Gesamtmenge entsprach. Verschiedene Gründe kommen dafür in Betracht (etwa ein Abzug, weil mit Wegfall jeder Golddeckung 1971 die Bedeutung dieser Lagerstelle abnahm). Es wäre denkbar, dass dieser Trend nach 1980 anhielt, was eine leichte Überzeichnung der verliehenen Menge zur Folge hätte. Eine Steigerung dieses Effekts könnte sich ab 2001 bei Goldleihe-Reduktionen bemerkbar machen, denn möglicherweise wird dabei unterproportional viel Gold nach New York zurückgeführt.

Umgekehrt gibt es aber noch eine weitere große Unbekannte, die Menge des verliehenen US-Goldes. Es gibt Hinweise, dass über den Exchange Stabilization Fund (ESF) US-Gold verliehen wurde (siehe Kapitel »Wer interveniert?«). Sofern US-Gold aus amerikanischen Tresoren heraus verliehen wurde (und nicht etwa über Swaps über andere Länder), wäre es naturgemäß durch die auf ausländischen Goldbewegungen fußende Methode nicht erfasst. Es gibt also mehrere mögliche Verzerrungen, die nur von ihrer Richtung her bekannt, aber teilweise entgegengesetzt sind und sich deshalb vielleicht halbwegs aufheben. Aus diesem Grund – und weil die genannten Ankerpunkte auch alles andere als genau sind und uns deshalb keine Präzisierung bieten können – kann die aus den New Yorker Mengen errechnete Kurve doch als halbwegs genaue Darstellung gelten, sofern sie konsequenterweise dann aber auch das amerikanische Gold umfasst (es gibt keine belastbaren Hinweise auf die Menge direkt verliehenen amerikanischen Goldes). Wohlgemerkt: Es handelt sich um eine Methode, die die Verleihungen gar nicht direkt zu erfassen sucht!

In der adjustierten Kurve versuchen wir hingegen, diese (unsicheren) Faktoren miteinzubeziehen. Berücksichtigt man die Eckpunkte sowie den sich ändernden Verlauf, ergibt sich eine etwas tiefer verlaufende Kurve. Den ersten Ankerpunkt haben wir für 1993 (alles jeweils Jahresende) mit dem niedrigeren Wert der erweiterten Schätzung der Bank von England (3000 Tonnen). Er steht im Einklang mit der »Schieflage« unserer Methode aufgrund des bereits vor 1980 vorliegenden Trends des Abzugs von Gold aus New York. Für den Jahrtausendwechsel nehmen wir 7000 Tonnen an (wobei wir weiterhin annehmen, dass dieses Maximum im Jahr 2001 auftrat).

Ab 2005 liegen uns zusätzlich die Werte für das Lager der Bank of England vor (eine längere Historie fehlt leider). Die Änderungen der Lagermengen dort gehen in beide Kurven ein. Für 2012 werden als Schätzung für die adjustierte Kurve 3000 Tonnen angenommen. Das Niveau des Wertes passt zum deutlichen Rückgang bekannter Verleihmengen (Bundesbank und Schweizerische Nationalbank), bei gleichzeitig weiter durchgeführter Goldleihe anderer Zentralbanken. Zu berücksichtigen ist, dass Käufe von Zentralbanken aus laufender Produktion zu keiner Änderung der Leihemengen führen (aber von der direkten Methode so interpretiert werden).

Ausgerechnet beim aktuellsten Wert liegt theoretisch die größte Ungenauigkeit vor. Die Gründe dafür sind, dass der Fehler sich durch die Methode im Lauf der Jahre vergrößert und dass eine halbwegs solide Fundierung etwa auf Basis von Umfragen nicht vorliegt. Konventionelle Schätzungen kommen auf knapp 2000 Tonnen. Es zirkulieren jedoch weiterhin auch Schätzungen im Markt, die von einer Verleihmenge von über 15 000 Tonnen und damit einem Vielfachen der hier geschätzten 3000 Tonnen ausgehen. Es ist auf Basis vorliegender Informationen aber nur sehr schwer zu sagen, wie viel Carry-Trades im Umfeld steigender Preise überhaupt noch bestehen und wie schwierig ihre Schließung war beziehungsweise ist.

Die für die Adjustierung der Kurve verwendeten Eckwerte sind nun 1993 und 2001 um je etwa 1000 Tonnen geringer als die nur unmittelbar aus den New Yorker Lagermengen errechneten Werte. Der aktuelle Wert ist stark durch die Londoner Lagermengen bestimmt. Mit diesen Eckwerten wird die zweite, adjustierte Kurve konstruiert. Der Pfad dazwischen wird angepasst.

Anhang 5: Erste Erwähnung der Goldintervention

Wahrscheinlich war Frank Veneroso der Erste, der die systematischen Goldinterventionen erwähnte. Im Artikel »What's holding gold down?« (»Was hält Gold unten?«), erschienen im Forbes Magazine am 5 Juni 1995, schrieb er: »Again, the gold price has met resistance at $400 an ounce. The markets are abuzz with rumors that central banks have capped the price.« (»Erneut traf der Goldpreis bei 400 Dollar je Unze auf Widerstand. Die Märkte sind erfüllt mit Gerüchten, dass die Zentralbanken den Preis gedeckelt haben«).

Stichwortverzeichnis